国内外经典教材辅导系列·统计类

《统计学》

考研真题(含复试)与典型习题详解

主编：圣才考研网

www.100xuexi.com

中国石化出版社

·北京·

内 容 提 要

统计类国内外经典教材习题详解系列是一套全面解析统计类国内外经典教材的辅导资料。贾俊平的《统计学》、袁卫的《统计学》是国内最受欢迎的统计学经典教材。本书是各个高校基础专业课统计学考研真题(含复试)与典型题详解，是参考统计学权威教材、全国各大院校统计学考卷的结构和内容、统计硕士考试大纲、同等学力人员申请硕士学位试题来编写的。本书基本遵循贾俊平的《统计学》(第9版)的章目编排，共分14章，精选了40余所高校近年的考研真题，并提供了详细的参考答案。

圣才考研网(www.100xuexi.com)提供贾俊平《统计学》网授精讲班【教材精讲+考研真题串讲】、电子书、题库。购书即可享受大礼包增值服务【本书电子书】。手机扫码(本书封底)领取本书大礼包。

图书在版编目(CIP)数据

《统计学》考研真题(含复试)与典型习题详解/圣才考研网主编.—北京:中国石化出版社,2025.4.
ISBN 978-7-5114-7917-4

Ⅰ.C8-44

中国国家版本馆CIP数据核字第2025YW2094号

中国石化出版社出版发行

地址:北京市东城区安定门外大街58号
邮编:100011 电话:(010)57512500
发行部电话:(010)57512575
http://www.sinopec-press.com
E-mail:press@sinopec.com
武汉市新华印刷有限责任公司印刷
全国各地新华书店经销

*

787毫米×1092毫米16开本18.5印张467千字
2025年4月第1版 2025年4月第1次印刷
定价:68.00元

序　言

高校历年考研专业课的试题一般没有提供答案，虽然各校所用参考教材各异，但万变不离其宗，很多考题也是大同小异。我们参考统计学权威教材、全国各大院校统计学考卷的结构和内容、统计硕士考试大纲、同等学力人员申请硕士学位试题和相关资料，收集和整理了众多高校历年考研真题和典型试题，并进行了详细的解答，以减轻读者寻找试题及整理答案的困难，让读者用最少的时间获得最多的重点题、难点题(包括参考答案)，这是本书的目的所在。

贾俊平的《统计学》是一本经典的统计学优秀教材。作为该教材的学习辅导书，本书具有以下几个方面的特点：

1. 针对性强，解决难点。精选人大、中央财大等名校统计学院的初试和复试的考研真题，既注重基础知识的掌握，又对一些难题、易错题目给出了详细的解析。本书特别适用于参加研究生入学考试和复试指定考研参考书目为贾俊平主编的《统计学》的考生。

2. 题量充足，来源广泛。主要选自40余所高校的历年考研真题、名校题库，参考众多教材和相关资料，可以说本书的试题都经过了精心挑选，博选众书，取长补短。

3. 解答详尽，条理清晰。本书所选部分考研真题有相当的难度，对每道题都尽可能给出详细的参考答案，条理分明，便于理解。

需要特别说明的是：有些考题的时间较早或内容有点过时，但很值得参考，不失为优秀考题，因此仍然选用。我们深深感谢贾俊平教授和中国人民大学出版社为我们提供了这样一本优秀的统计学教材。

要深深牢记：考研不同于一般考试，概念题(名词解释)要当作简答题来回答，简答题要当作论述题来解答，而论述题的答案要像是论文，多答不扣分。有的论述题的答案简直就是一份优秀的论文(其实很多考研真题就是选自一篇专题论文)，完全需要当作论文来回答!

购书即可享受大礼包增值服务！手机扫码(本书封底)领取本书大礼包。具体包括：本书电子书(手机版、电脑版)。

与本书相配套，圣才考研网提供贾俊平《统计学》网授精讲班【教材精讲+考研真题串讲】、电子书、题库。

圣才考研网(www.100xuexi.com)是圣才学习网旗下的考研考博专业网站，提供全国所有院校各个专业的考研考博辅导班【网授保录班、师兄师姐一对一辅导、网授精讲班等】、电子书、题库、全套资料(历年真题及答案、笔记讲义等)、统计类国内外经典教材名师讲堂、考研教辅图书等。

考研辅导：kaoyan.100xuexi.com(圣才考研网)

统计考试：www.100xuexi.com(圣才学习网)

圣才考研网编辑部

目　录

第1章　导　论 …… (1)
一、单项选择题 …… (1)
二、多项选择题 …… (5)
三、简答题 …… (6)
第2章　数据的搜集 …… (9)
一、单项选择题 …… (9)
二、多项选择题 …… (15)
三、判断题 …… (16)
四、简答题 …… (17)
第3章　数据的图表展示 …… (24)
一、单项选择题 …… (24)
二、多项选择题 …… (28)
三、简答题 …… (30)
四、计算题 …… (32)
第4章　数据的概括性度量 …… (40)
一、单项选择题 …… (40)
二、多项选择题 …… (47)
三、判断题 …… (49)
四、简答题 …… (50)
五、计算题 …… (53)
第5章　概率与概率分布 …… (64)
一、单项选择题 …… (64)
二、多项选择题 …… (74)
三、判断题 …… (75)
四、简答题 …… (76)
五、计算题 …… (79)
第6章　统计量及其抽样分布 …… (89)
一、单项选择题 …… (89)
二、多项选择题 …… (95)
三、判断题 …… (96)
四、简答题 …… (97)
五、计算题 …… (99)
第7章　参数估计 …… (104)
一、单项选择题 …… (104)
二、多项选择题 …… (112)
三、判断题 …… (114)

四、简答题 …………………………………………………………………………（116）
五、计算题 …………………………………………………………………………（117）
第 8 章　假设检验 ………………………………………………………………（132）
一、单项选择题 ……………………………………………………………………（132）
二、多项选择题 ……………………………………………………………………（141）
三、判断题 …………………………………………………………………………（143）
四、简答题 …………………………………………………………………………（144）
五、计算题 …………………………………………………………………………（148）
第 9 章　分类数据分析 …………………………………………………………（165）
一、单项选择题 ……………………………………………………………………（165）
二、简答题 …………………………………………………………………………（169）
三、计算题 …………………………………………………………………………（171）
第 10 章　方差分析 ………………………………………………………………（176）
一、单项选择题 ……………………………………………………………………（176）
二、多项选择题 ……………………………………………………………………（181）
三、判断题 …………………………………………………………………………（183）
四、简答题 …………………………………………………………………………（183）
五、计算题 …………………………………………………………………………（185）
第 11 章　一元线性回归 …………………………………………………………（198）
一、单项选择题 ……………………………………………………………………（198）
二、多项选择题 ……………………………………………………………………（204）
三、判断题 …………………………………………………………………………（206）
四、简答题 …………………………………………………………………………（207）
五、计算题 …………………………………………………………………………（212）
第 12 章　多元线性回归 …………………………………………………………（223）
一、单项选择题 ……………………………………………………………………（223）
二、多项选择题 ……………………………………………………………………（226）
三、判断题 …………………………………………………………………………（228）
四、简答题 …………………………………………………………………………（229）
五、计算题 …………………………………………………………………………（232）
第 13 章　时间序列分析和预测 …………………………………………………（244）
一、单项选择题 ……………………………………………………………………（244）
二、多项选择题 ……………………………………………………………………（249）
三、判断题 …………………………………………………………………………（249）
四、简答题 …………………………………………………………………………（250）
五、计算题 …………………………………………………………………………（254）
第 14 章　指　数 …………………………………………………………………（269）
一、单项选择题 ……………………………………………………………………（269）
二、多项选择题 ……………………………………………………………………（272）
三、判断题 …………………………………………………………………………（274）
四、简答题 …………………………………………………………………………（275）
五、计算题 …………………………………………………………………………（278）

第1章　导　论

一、单项选择题

1．统计数据按计量尺度可划分为(　　)。[河海大学 2025 研]

A．分类数据和数值数据　　B．顺序数据和数值数据

C．计量数据和分类数据　　D．分类数据和顺序数据

【解析】按照所采用的计量尺度的不同，可以将统计数据分为分类数据和数值数据两大类。

2．某研究部门准备在全市 500 万个家庭中抽取 5000 个家庭，推断该城市所有职工家庭的年人均消费。这项研究的总体是______、样本是______、参数是______。(　　)[湘潭大学 2025 研]

A．500 万个家庭；500 万个家庭的人均消费；5000 个家庭

B．500 万个家庭的人均消费；500 万个家庭；5000 个家庭

C．500 万个家庭；5000 个家庭；500 万个家庭的人均消费

D．500 万个家庭的人均消费；5000 个家庭；500 万个家庭

【解析】总体是指所要研究的对象的全部个体的集合；构成总体的每个单位称为个体；样本是从总体中抽取的一部分单位的集合，构成样本的单位个数称为样本量；参数是用来描述总体特征的概括性数字度量，它是研究者想要了解的总体的某种特征值。

3．下面变量中属于顺序变量的是(　　)。[南京邮电大学 2025 研；中央财经大学 2012 研]

A．职业　　B．产品产量　　C．年龄　　D．产品等级

【解析】顺序变量不仅用于说明类别，也用于说明这些类别间的顺序关系。本题 ABC 三项不同类别间无优劣关系，而不同等级的产品可以比较孰优孰劣。

4．在某次问卷调查中，被访者要求填写个人的民族、婚姻状况、居住地邮政编码、年龄和收入，以下说法错误的是(　　)。[对外经贸大学 2021 研]

A．民族是品质数据　　B．邮政编码是定量数据

C．年龄是连续型变量　　D．收入是定量数据

【解析】数值数据是按数字尺度测量的观察值，其结果表现为具体的数值也可称为定量数据或数量数据。根据其取值的不同，数值数据可分为离散数据和连续数据。离散数据的取值是有限的，通常可以列举。连续数据是在一个或多个区间中取任何值的数据，它的数值是连续不断的，通常不能一一列举。无序分类数据和有序分类数据说明的是事物的品质特征，通常是用文字来表述，其结果均表现为类别，因而也可统称为定性数据或品质数据。A 项属于品质数据，定性数据，CD 两项属于定量数据，B 项，邮政编码无法用数字尺度测量，说明的是事物的品质特征，是文本型数字，属于定性变量，类似的车牌号、房间号也属于定性变量。

1A　2C　3D　4B

5. 某冰箱生产厂商认为，如果流水线上组装的冰箱出现故障的比例每天不超过3%，则组装过程是令人满意的。为了检验某天冰箱生产质量，厂商从当天生产的冰箱中随机抽取了50台进行检测。厂商感兴趣的总体是(　　)。[中国海洋大学2021研]

A. 当天生产的全部冰箱　　B. 抽取的50台冰箱

C. 3%有故障的冰箱　　D. 50台冰箱的检验结果

【解析】总体是包含所研究的全部个体(或数据)的集合；样本是从总体中抽取的一部分元素的集合。对总体中的每个个体一一测定来得到总体特征，并不经济有效，这时就需要通过抽样，根据样本提供的信息推断总体的特征。为检验某天冰箱生产质量，从当天生产的冰箱中随机抽取了50台进行检测，当天生产的全部冰箱为厂商感兴趣的总体，抽取的50台冰箱为样本。

6. 在抽样推断中，总体参数是一个(　　)。[中央财经大学2018研]

A. 随机变量　B. 已知的量　C. 统计量　D. 确定的量

【解析】参数往往可以决定总体特征，是一个确定的常量，但在实际研究中，由于总体数据通常是未知的，所以参数是未知的，需要研究人员通过统计推断进行估计。

7. 统计年鉴中2016年全国各大城市的人均家庭收入数据属于(　　)。[中央财经大学2018研]

A. 定类数据　B. 定序数据　C. 截面数据　D. 时间序列数据

【解析】根据所描述现象与时间的关系，统计数据可分为截面数据和时间序列数据。其中，截面数据是在相同或近似相同的时间点上获得的不同空间的数据，用于描述现象在某一时刻的变化情况。比如，2020年我国各地区的国内生产总值。时间序列数据是在不同时间收集到的同一对象的数据，用于描述现象随时间变化的情况。比如2010～2020年我国的国内生产总值。

8. 一份研究报告显示，“由1000台手机组成的一个样本表明，国外产手机的价格明显高于国产的手机”。这一结论属于(　　)[湖南师范大学2018研]

A. 对样本的描述　B. 对总体的推断　C. 对样本的推断　D. 对总体的描述

【解析】推断统计指的是从总体中抽取样本，并利用样本数据来推断总体特征的统计方法。本题通过1000台手机的样本信息，得出“外国产手机的价格明显高于国产的手机”的结论，属于对总体的推断。

9. 在教学评估中，某省三所高校的等级分别是优秀、良好、及格，则“等级”是(　　)。[浙江工商大学2017研]

A. 品质标志　B. 数量标志　C. 标志值　D. 数量指标

【解析】“等级”属于顺序数据，只能用文字来描述，因此是品质标志，其标志值为“优秀”“良好”“及格”。

10. 下面不属于描述统计问题的是(　　)。[山东大学2015研]

A. 根据样本信息对总体进行的推断

B. 了解数据分布的特征顺序数据

5A　6D　7C　8B　9A　10A

C. 分析感兴趣的总体特征

D. 利用图、表或其他数据汇总工具分析数据

【解析】描述统计是通过图表或数学方法，对数据资料进行汇总、整理、分析，并对数据的分布状态、总体特征和随机变量之间关系进行描述的方法。BCD 三项都是描述统计问题。A 项中根据样本信息对总体进行推断则是推断统计内容。

11. 一项民意调查的目的是想确定年轻人愿意与其父母讨论的话题。调查结果表明：45% 的年轻人愿意与其父母讨论家庭财务状况，38% 的年轻人愿意与其父母讨论有关教育的话题，15% 的年轻人愿意与其父母讨论爱情问题。该调查所收集的数据是(　　)。[山东大学 2015 研]

A. 分类数据　　B. 顺序数据　　C. 数值型数据　　D. 实验数据

【解析】分类数据是指将只能归于某一类别的非数字型数据进行分类的结果，数据表现为用文字表述的类别。实验数据一般是在科学实验环境下取得的数据；观测数据是对客观现象进行实地观测所取得的数据，故该调查所搜集的数据为观测数据而非实验数据。

12. 数据分析的真正目的是(　　)。[重庆大学 2013 研]

A. 心目中有了某种结论性的东西，然后去找一些统计数据来支持已有的结论

B. 是为统计服务的，使统计变得完美无缺

C. 从数据中找出规律，从数据中寻找启发，得出结论

D. 是研究如何利用样本数据来推断总体特征，为决策者提供一个科学的依据

【解析】数据分析的目的是把隐没在一大批看来杂乱无章的数据中的信息集中、萃取和提炼出来，以找出所研究对象的内在规律。

13. 根据人的性别特征将人口划分为男性和女性两类，所采用的测度计量尺度是(　　)。[中央财经大学 2012 研]

A. 名义尺度　　B. 顺序尺度　　C. 差距尺度　　D. 比例尺度

【解析】数据的测量尺度有四种：①分类尺度，即名义尺度。按照事物的某种属性对其进行平行的分类，数据表现为类别，如“性别”。②顺序尺度。对事物类别顺序的测度，数据表现为有序的类别，如“产品等级”“受教育程度”。③差距尺度。对事物类别或次序之间间距的测度，没有绝对零点，数据表现为数字。④比例尺度。对事物类别或次序之间间距的测度，有绝对零点，数据表现为数字。

14. 以下关于参数和统计量的说法正确的是(　　)。[中央财经大学 2011 研]

A. 总体参数是随机变量

B. 样本统计量都是总体参数的无偏估计量

C. 对一个总体参数进行估计时，统计量的表达式是唯一的

D. 样本统计量是随机变量

【解析】总体参数是决定总体分布特征的固定数值，研究者所关心的参数通常有总体比例、总体平均数、总体方差等，由于总体数据通常是未知的，所以参数是一个未知的常数，需要通过抽样进行估计。无偏性要求估计量抽样分布的数学期望等于被估参数真值，只有部

11A　12C　13A　14D

分估计量具有无偏性。对总体参数进行估计时，不同的估计方法有不同的估计量，得到的结果也可能不同，比如一般情况下，极大似然估计往往比矩估计更有效。统计量是样本的函数，由于抽样是随机的，统计量也是随机的，因此统计量是随机变量。

15. 以下哪一种情形涉及定性数据的收集？(　　)[中山大学 2012 研]

A. 质量控制工程师测量电灯泡的寿命

B. 社会学家通过抽样调查来估计广州市市民的平均年收入

C. 运动器材厂家在区分各大俱乐部棒球选手是左撇子还是右撇子时做的调查

D. 婚礼策划公司通过抽样调查来估计上海市市民举办婚礼的平均开销

【解析】定性数据是描述一个事物特性的数据，不需要具体数值，通常用文字表示；定量数据通常从数值上来描述现象的数量特征。ABD 三项都需要用具体数值来描述，属于定量数据的收集。

16. 研究如何利用样本数据来推断总体特征的统计学方法是(　　)。[中央财经大学 2012 研]

A. 描述统计　　B. 理论统计　　C. 推断统计　　D. 应用统计

【解析】统计学主要分为描述统计学和推断统计学。描述统计是指描绘(describe)或总结(summarize)观察量基本情况的统计总称。推断统计是研究如何利用样本数据来推断总体特征的统计方法。

17. 制定一个完整的统计调查方案，不包括(　　)。[中央财经大学 2012 研]

A. 确定调查目的　　B. 明确调查对象和调查单位

C. 选择调查方式方法　　D. 确定调查结果的公布时间

【解析】统计调查方案的主要内容包括：调查目的、调查的对象和调查单位、调查表、调查方法和组织方式、调查经费预算。

18. 某研究部门准备在全市 500 万个家庭中抽取 5000 个家庭，推断该城市所有职工家庭的年人均消费。这项研究的统计量是(　　)。

A. 5000 个家庭　　B. 500 万个家庭

C. 5000 个家庭的年人均消费　　D. 500 万个家庭的年人均消费

【解析】统计量是用来描述样本特征的概括性数字度量，它是样本的函数，如样本平均数、样本标准差、样本比例等。5000 个家庭的年人均消费为样本平均数，因此为统计量。A 项为样本；B 项为总体；D 项为总体参数。

19. 在同一时间序列中，各指标值的时间单位一般要求(　　)。

A. 必须为月　　B. 必须为年　　C. 相同　　D. 必须为日

【解析】同一时间序列中，各指标值的时间单位一般要求相同，这样在分析研究中无须考虑时间单位不同所造成的差异。

20. 某地区 2000 ~ 2009 年的每年年末人口数是(　　)。

A. 时间序列数据　　B. 截面数据

15C　16C　17D　18C　19C　20A

C. 分类数据　　　　　　　　　　　D. 顺序数据

【解析】根据所描述现象与时间的关系，统计数据可分为截面数据和时间序列数据。时间序列数据是在不同时间上收集到的同一对象的数据，这类数据是按时间顺序收集到的，用于描述现象随时间变化的情况。

21. 为了估计某城市中拥有空调的家庭比例，抽取500个家庭的一个样本，得到拥有空调的家庭比例为80%，这里的80%是(　　)。

A. 参数值　　B. 统计量的值　　C. 样本量　　D. 变量

【解析】统计量是根据样本数据计算出来的描述样本特征的一种概括性数字度量，而参数则是用来描述总体特征的一种概括性数字度量。此题中的样本量是500，80%为统计量的值。

22. 只能归于某一有序类别的非数字型数据称为(　　)。

A. 分类数据　　B. 顺序数据　　C. 数值型数据　　D. 观测数据

【解析】顺序数据是只能归于某一有序类别的非数字型数据。顺序数据虽然也是类别，但这些类别是有序的。

23. 通过调查或观测而收集到的数据称为(　　)。

A. 观测数据　　B. 实验数据　　C. 时间序列数据　　D. 截面数据

【解析】根据获取数据的方法不同，统计数据可分为观测数据和实验数据。其中，在没有对事物进行人为控制的条件下，通过调查或观测目标对象得到的数据称为观测数据。

二、多项选择题

1. 按照所采用的计量尺度不同，可以将统计数据分为(　　)。[东北财经大学2011研]

A. 分类数据　　B. 顺序数据　　C. 截面数据　　D. 数值型数据

【解析】按照所采用的计量尺度的不同，可以将统计数据分为两大类：①分类数据。是对事物进行分类的结果，数据表现为类别，通常用文字来表述。②数值数据。是按数字尺度测量的观察值，其结果表现为具体的数值。

2. 下列变量中是连续变量的有(　　)。[首经贸2007研]

A. 产品产值　　B. 商品销售额　　C. 产品总成本　　D. 工资总额

E. 基本单位数量

【解析】离散型变量只能取有限个或可数个数值，而且其取值都以整位数断开，可以一一列举。连续型随机变量是指随机变量的所有可能取值不可以逐个列举出来，而是取数轴上某一区间内的任一点，例如，一批电子元件的寿命、实际中常遇到的测量误差等。E项是离散型变量。

3. 数值型变量根据其取值的不同，可以分为(　　)。

A. 离散变量　　B. 顺序变量　　C. 连续变量　　D. 随机变量

E. 非随机变量

【解析】数值型变量根据其取值的不同，可以分为离散变量和连续变量。其中，离散变

21B　22B　23A　▌　1AD　2ABCD　3AC

量只能取有限值，而且其取值都以整位数断开，可以一一列举；连续变量可以取无穷多个值，其取值是连续不断的，不能一一列举。

4. 分类数据和顺序数据统称(　　)。

A. 二手数据　B. 定性数据　C. 品质数据　D. 定量数据

E. 数值型数据

【解析】分类数据和顺序数据所说明的都是事物的品质特征，不能用数值表示，通常用文字表述，其结果表现为类别，故分类数据和顺序数据统称为定性数据或品质数据。

5. 连续变量具有的特点包括(　　)。

A. 可以取无穷多个值　B. 取值连续不断

C. 只可以取有限值　D. 其取值都以整位数断开

E. 取值不能一一列举

【解析】连续变量是可以在一个或多个区间中取任何值的变量，它的取值是连续不断的，不能一一列举，如"年龄""温度""零件尺寸的误差"等都是连续变量。CD两项属于离散变量的特点。

6. 变量的基本类型可以分为(　　)。

A. 分类变量　B. 有序变量　C. 顺序变量　D. 无序变量

E. 数值型变量

【解析】变量的基本类型有：①分类变量。分类变量根据取值是否有序可分为无序分类变量和有序分类变量(也称顺序变量)两种。②数值型变量。可以用数值表示其观察结果，而且这些数值具有明确的数值含义，不仅能分类而且能测量出来具体大小和差异的变量，其取值是数值型数据。

三、简答题

1. 简述统计总体和总体单位及其关系。[华中农业大学2015研]

答：(1)统计总体和总体单位的概念

①统计总体

统计总体是根据一定的目的和要求，统计所需要研究的客观事物的全体，简称总体。总体必须具备大量性、同质性和变异性三个特性。

统计总体可以分为自然总体和测量总体。自然总体就是由客观存在的具有相同性质的许多个别事物构成的整体；自然总体中的个体通常都具有多种属性，把个体所具有某种共同属性的数值的整体称为一个测量总体。

②总体单位

总体单位是组成总体的各个个体事物，简称个体；总体单位是各项统计数字最原始的承担者。

(2)统计总体和总体单位的关系

①统计总体和总体单位是相对而言的。在一次特定范围、目的的统计研究中，统计总体与总体单位是不容混淆的，二者的含义是确切的，是包含与被包含的关系。

4BC　5ABE　6AE

②统计总体和总体单位是可以相互转化的。随着统计研究目的及范围的变化，统计总体和总体单位可以相互转化，同一事物在不同情况下，可以作为总体，也可以作为总体单位。

2. 统计的基本任务是什么？如何理解它们的内在关系？［暨南大学2011研］

答：统计的基本任务是对经济社会发展情况进行统计调查、统计分析，提供统计资料和统计咨询意见，实行统计监督。

统计的信息、咨询和监督三大职能，是相互作用、相互促进、相辅相成和密切联系的。信息职能是统计最基本的职能，是保证咨询和监督职能得以有效发挥的前提。咨询和监督职能是在信息职能基础上的拓展和深化，是在充分发挥信息资源作用的基础上，对统计整体效能的提高。

3. 概念（举例解释下列概念）

总体；样本；参数；统计量。［东北财经大学2011研］

答：总体是指根据一定研究目的和要求所确定的研究事物的全体，它是由客观存在的、具有某种共同性质的许多个别事物构成的整体。总体中每个成员称为个体。比如，要检验一批灯泡的使用寿命，则总体是这批灯泡使用寿命数据构成的集合，个体是每个灯泡的使用寿命。

样本是从总体中抽取的一部分个体的集合，构成样本的个体的数量称为样本量或样本容量。比如，要检验一批灯泡的使用寿命，从这批灯泡中随机抽取50个，这50个灯泡的使用寿命数据就构成一个样本，50就是这个样本的样本量。

参数是用来描述总体特征的概括性数字度量，它是对总体特征的数量描述，例如总体平均数、总体标准差、总体比例等。由于参数是根据总体全部观察值计算的结果，所以参数值几乎总是未知的。

统计量是根据样本数据计算的用于推断总体的某些量，是对样本特征的概括性数字度量。在抽取样本前，理论上统计量是一个随机变量，但是当样本抽取出来以后，样本值是已经观察到的值，这个样本的统计量是已知的。统计量是不含任何未知参数的样本的函数，例如样本平均数、样本方差、样本比例等。

4. 分类数据、顺序数据和数值数据的区别。［安徽大学2017研；首经贸2007研］

答：根据所采用的计量尺度不同，统计数据可以分为分类数据、顺序数据和数值型数据。三者的区别主要体现在含义及性质、特点方面。

（1）含义及性质

①分类数据是按照现象的某种属性对其进行分类或分组而得到的数据，数据表现为类别，结果用文字表示，例如，人们用“1”表示性别“男”，用“2”代表性别“女”。

②顺序数据是只能归于某一有序类别的非数字型数据，例如产品质量可以分为1、2、3级品。

③数值数据是可以测量的，可以用数值表示的数据，如表示一组青少年的身高体重，某人一个月的成绩等。

分类数据和顺序数据属于定性数据；数值数据属于定量数据。

（2）特点

①分类数据只能用来区分事物，而不能用来表明事物之间的大小、优劣关系。例如，人们用“1”表示性别“男”，用“2”代表性别“女”，这些编号的主要作用在于使文字性概念成为计算机可识别的代码，但其本身并不具有计算意义上的数量差异。

②顺序数据无法计算相互之间大小、高低或优劣的距离；表示事物在性质上的差异，不能反映事物在数量上的差异。如产品质量可以分为1、2、3级品，这里的1、2、3是用来反映产品之间在质量上的性质差异的，但并不能说1级品质量比2级品质量小1，或2级品质量是1级品质量的两倍。

③数值型数据以数值形式出现。有些数值型数据只可以计算数据之间的绝对差(绝对距离)，有些数值型数据还可以计算数据之间的相对差(相对距离)。数值型数据的计量功能要远大于定性数据，其计量精度也远远高于定性数据。

(3)三种数据的应用

①对事物的描述：由定性到定量、由低级到高级、从粗略到精细。

②适用于不同数据的数据处理方法：由少到多，由易到难。

③适用范围：一般适用于数值型数据的统计方法并不适用于定性数据，但适用于定性数据的方法则大多可以应用于数值型数据。

④数值型数据的计量功能大于定性数据，其计量精度也远远高于定性数据。

因此在统计研究中，数值型数据有着最广泛的用途。

5. 什么叫变异、变量和变量值，试举例说明。[西安交大2006研]

答：标志在同一总体不同总体单位之间的差别称为变异。例如：人的性别标志表现为男、女；年龄标志表现为20岁、30岁等。

变异标志是说明现象某种特征的概念，其特点是会随着观察结果的不同而变化，因此又称为变量。变量的具体取值称为变量值。具体包括：

(1)分类变量，如"性别"就是分类变量，其变量值为"男"或"女"。

(2)顺序变量，如"产品等级"就是顺序变量，其变量值可以为"一等品""二等品""三等品""次品"等。

(3)数值型变量，如"年龄"是连续数值型变量，变量值为非负数；"企业数"是离散数值型变量，变量值为1，2，…。

6. 试述统计总体及其特征。[南京大学2000研]

答：(1)统计总体的概念

统计总体是按照一定的目标和要求确定的研究对象的总和。它是由许多客观存在并具有某种共同性质的个别事物组成的整体。比如说，如果要研究某个城市的城镇居民的收入和消费水平，就把这个城市的城镇居民作为一个整体来研究。每一个居民家庭都是客观存在的，且具有相同的性质。有了这个总量，就可以研究该市居民收入和消费的各种数量特征，如全市人均年可支配收入水平、人均年消费支出水平、人均消费结构指标等。

(2)统计总体的特征

①同质性，即总体单位都必须具有某一共同的品质标志属性或数量标志数值，它是构成总体的条件。

②大量性，即构成总体的单位数目要足够多。

③差异性，即总体单位必须具有一个或若干个品质变异标志或数量变异标志。

第2章　数据的搜集

一、单项选择题

1. 调查某个产品，让被调查者自愿填写问卷，并给被调查者发礼物，请问是什么抽样方法？（　　）［上海交通大学2025研］

A. 简单随机抽样　B. 分层抽样　C. 方便抽样　D. 配额抽样

【解析】方便抽样是调查过程中由调查员依据方便的原则，自行确定入样的单位的非概率抽样方法，如“拦截式”调查。

2. 某居民小区为了解住户对物业服务的看法，准备采取抽样调查方式搜集数据。物业管理部门利用最初的居民户登记名单进行抽样，但现在的小区中，原有的一些居民户已经搬走，同时有些是新入住的居民户。由此造成的误差属于（　　）。［厦门大学2025研；中央财经大学2018研］

A. 随机误差　B. 抽样框误差　C. 计量误差　D. 无回答误差

【解析】抽样框是指为抽样所使用的所有调查单位的名册或清单，是抽样的基础。抽样框误差指目标总体和抽样总体不一致时产生的误差。一个好的抽样框应该满足不重复地包含全部研究总体中的单位。现在的小区中，原有的一些居民户已经搬走，同时有些是新入住的居民户，这时，抽样框中的单位与研究总体的单位就不存在一一对应的关系，使用这样的抽样框抽取样本就会出现抽样框误差。

3. 指出下面的陈述中哪一个是错误的？（　　）［湘潭大学2025研；湖南师范大学2018研；山东大学2015研］

A. 抽样误差只存在于概率抽样中

B. 非抽样误差只存在于非概率抽样中

C. 无论是概率抽样还是非概率抽样都存在非抽样误差

D. 在全面调查中也存在非抽样误差

【解析】非抽样误差是指除了抽样误差之外调查中因各种原因所引起的调查误差，引起原因主要是调查程序执行中的错误与不足。抽样误差是由于抽取样本的随机性所造成的样本值与总体值之间的差异，只存在于概率抽样中；非抽样误差则不同，概率抽样、非概率抽样，全面调查、非全面调查都可能产生非抽样误差。

4. 下列不属于判断抽样的有（　　）。［郑州大学2025研］

A. 重点抽样　B. 典型抽样　C. 方便抽样　D. 代表抽样

【解析】判断抽样是调查者根据主观经验和判断从总体中选取有代表性的单位构成样本的一种非概率抽样方法，实施时根据调查者的侧重点不同，有重点抽样、典型抽样、代表抽样等方式。

5. 某购物网站调查消费者对购买过的商品的评价，有些消费者恶意差评，由此造成的

1C　2B　3B　4C　5B

误差属于(　　)。[上海交通大学2024研]

A. 随机误差　　B. 回答误差　　C. 抽样框误差　　D. 无回答误差

【解析】回答误差是指被调查者在接受调查时给出的回答与真实情况不符。恶意差评是消费者对商品给出评价，接受了调查，但是有意识地乱答，所以是回答误差。

6. 如果一个样本因人故意操纵而出现偏差，这种误差属于(　　)。[中国海洋大学2021研；杭州电子科技大学2020研；山东大学2016研]

A. 抽样误差　　B. 实验误差　　C. 设计误差　　D. 非抽样误差

【解析】非抽样误差是指除抽样误差之外的，由于其他原因引起的样本观察结果与总体真值之间的差异，分为抽样框误差、回答误差、无回答误差、调查员误差和测量误差等。因人故意操纵而出现的偏差属于非抽样误差。

7. 抽样调查的主要目的是(　　)。[中国海洋大学2020研]

A. 计算和控制抽样误差　　B. 推断总体

C. 对调查单位进行深入研究　　D. 广泛应用数学方法

【解析】抽样调查是从总体中抽选一部分单位进行调查，并据以对全部调查研究对象做出估计和推断的一种调查方法。抽样调查虽然是非全面调查，但它的主要目的却在于对总体做出估计与推断，因而也可起到全面调查的作用。

8. 为了解大学生的消费状况，一学生社团通过微信朋友圈投放调查问卷，并邀请收到问卷的同学在自己的朋友圈内分享问卷。关于这种调查方式，以下说法正确的是(　　)。[中央财经大学2018研]

A. 使用的抽样方式是简单随机抽样　　B. 使用的抽样方式是配额抽样

C. 使用的抽样方式是非概率抽样　　D. 这种调查不是抽样调查

【解析】非概率抽样并非像概率抽样那样依据随机原则，而是根据研究目的对数据的要求，采用某种主观的方法从总体中抽选单元进行调查。它不需要完整的抽样框，无法保证每个个体被抽中的概率相同，它得出的调查结果不能用来推算或估计总体的情况。题中的调查方式属于非概率抽样中的滚雪球抽样。

9. 为了快速了解北京居民对空气污染问题的态度，最适合的数据收集方式是(　　)。[中央财经大学2018研]

A. 面访　　B. 电话调查　　C. 邮寄问卷　　D. 座谈会

【解析】电话调查是指调查人员通过打电话的方式向被调查者实施调查。电话调查的最大特点是速度快，能够在很短的时间内完成调查。而面访、邮寄问卷、座谈会的调查周期都比较长。

10. 某居民小区的物业管理者怀疑有些居民有偷电行为。为了解住户每月用电情况，采取抽样调查方式对部分居民户进行调查，发现有些居民户有虚报或瞒报情况。这种调查产生的误差属于(　　)。[山东大学2018研]

A. 抽样误差　　B. 抽样框误差　　C. 有意识误差　　D. 无回答误差

【解析】当被调查的问题涉及个人隐私或利益，被调查者不愿意回答，迫于各种原因又

6D　7B　8C　9B　10C

必须回答时，可能就会有意识地提供一个不真实的数字。例如，居民受利益驱动，故虚报或瞒报用电情况，这种误差属于有意识误差。

11．为了调查某校学生的购书费用支出，将全校学生的名单按拼音顺序排列后，每隔 50 名学生抽取一名学生进行调查，这种调查方法是(　　)。[山东大学 2017 研；对外经济贸易大学 2017 研；山东师范大学 2018 研]

A．简单随机抽样　B．整群抽样　C．系统抽样　D．分层抽样

【解析】系统抽样是将总体中的调查单位按某种次序排列，随机地选定初始单位，然后按相等的间距抽取其他样本单位的抽样方法。所以将学生排序后，每隔 50 名学生抽一名进行调查，属于系统抽样。

12．一家公司的人力资源部主管需要研究公司雇员的饮食习惯，改善公司餐厅的现状。他将问卷发给就餐者，填写后再收上来。他的数据收集方法是(　　)。[山东大学 2017 研]

A．面访式问卷调查　B．自填式问卷调查

C．实验调查　D．观察式调查

【解析】自填式问卷调查是指被调查者自己独立完成问卷填写，调查员无需协助填写，只需完成问卷的发放与回收。

13．按照随机性原则，从研究现象的总体中抽取出一部分单位进行调查，从数量上对总体进行推断，这种调查方式是(　　)。[浙江工商大学 2017 研]

A．重点调查　B．典型调查　C．统计报表　D．抽样调查

【解析】重点调查和典型调查属于非概率调查，不需要注重随机性；抽样调查是按照随机原则，从调查总体中抽取部分调查单位进行观察，并根据这一部分调查单位的观察结果，从数量方面推断总体指标的一种非全面调查。

14．为了解小区居民对物业服务的意见和看法，管理人员随机抽取了 50 户居民，上门通过问卷进行调查。这种数据收集方法是(　　)。[山东大学 2016 研]

A．观察式调查　B．实验调查

C．面访式问卷调查　D．自填式问卷调查

【解析】面访调查是指调查者与被调查者通过面对面地交谈，从而得到所需数据的调查方法，其优点是能够对调查过程加以控制从而获得比较可靠的调查结果，在市场调查和社会调查中应用广泛。自填式是指被调查者自已独立完成问卷填写，调查员无需在现场协助填写，只需完成问卷的发放与回收。

15．为检验人的血压与年龄之间是否有某种近似的线性关系，对 0～20，20～30，30～40，40～50，50～60 及 60 岁以上的人进行随机抽样检测，该抽样方法属于(　　)。[武汉大学 2015 研]

A．简单抽样　B．分层抽样　C．系统抽样　D．整群抽样

【解析】分层抽样是将总体中的成员按某种原则划分成若干个子总体，每个子总体为一个层，之后在每层中独立进行简单随机抽样或其他抽样的抽样方法。题中，将人按年龄分层后进行随机抽样检测，该抽样方法属于分层抽样。

11C　12B　13D　14C　15B

16. 为了了解某地区职工的劳动强度和收入状况，并对该地区各行业职工的劳动强度和收入状况进行对比分析，有关部门需要进行一次抽样调查，应该采用(　　)。[山东大学 2015 研]

A. 简单随机抽样　B. 系统抽样　C. 分层抽样　D. 整群抽样

【解析】分层抽样是将总体中的成员按某种原则划分成若干个子总体，每个子总体为一个层，之后在每层中独立、随机地进行简单随机抽样或其他抽样的抽样方法。分层抽样可以同时对总体和各子总体参数进行估计，提高调查效率，因此为了了解某地区职工的劳动强度和收入状况并对各行业进行对比分析，应采用分层抽样的方式，先将此地区职工按行业分层，然后从各层中随机抽取调查单位进行调查。

17. 为调查微积分课程学习情况，从 186 个教学班中抽取 35 个班，对所抽班级学生的微积分考试成绩进行分析，这种抽样方法属于(　　)。[华中农业大学 2015 研]

A. 简单随机抽样　B. 分层抽样　C. 系统抽样　D. 整群抽样

【解析】整群抽样是先将总体分为 R 个群(即次级单位或子总体)，每个群包含若干总体单位；然后按某种方式从中随机抽取 r 个群，再对抽中的群中所有单位都进行调查的一种抽样方式。题中，从 186 个班中抽取 35 个班并对 35 个班中的所有学生进行调查，这种抽样方法属于整群抽样。

18. 某政府机构想尽快了解社会公众对其出台的一项政策的态度，最恰当的数据搜集方式是(　　)。[中央财经大学 2011 研]

A. 面访　B. 深度访谈

C. 计算机辅助电话调查　D. 邮寄调查

【解析】面访即调查者直接走访被调查者，当面听取被调查者的意见。形式上可以个别面谈，也可以小组座谈。面访比较全面、深入，能获得大量真实的研究资料，但这种方法容易使研究结论带有主观成分；深度访谈是一种无结构的、直接的、一对一的访问形式。最常应用于探测性调查，但是这种访谈方法所得的资料难以进行统计处理和定量分析，而且特别耗费时间，使得访谈的规模受到较大的限制；邮寄调查法，是指将事先设计好的调查问卷，通过邮政系统寄给被调查者，由被调查者根据要求填写后再寄回，是市场调查中一种比较特殊的调查方法。这种调查方法的调查周期通常比较长，时效性差；计算机辅助电话调查是利用现代化电脑程控通讯设备进行的随机电话访问方式，采用这种访问调查方式，具有调查内容客观真实、保密性强、访问效率高等特点。

19. 以下关于"非抽样误差"说法正确的是(　　)。[中央财经大学 2011 研]

A. 只有非全面调查中才有　B. 只有全面调查中才有

C. 全面调查和非全面调查中都有　D. 全面调查和非全面调查都没有

【解析】抽样误差是由于抽取样本的随机性所造成的样本值与总体值之间的差异；非抽样误差是指除了抽样误差之外调查中因各种原因所引起的调查误差，引起原因主要是调查程序执行中的错误与不足。概率抽样、非概率抽样，全面调查、非全面调查，都可能产生非抽样误差。

16C　17D　18C　19C

20. 某市场调查公司为了对一家大型商场做顾客满意度调查，对不同性别和年龄的顾客按事先规定的人数随意进行了一些调查询问，这种调查属于(　　)。[中央财经大学2012 研]

A. 任意调查　　B. 立意调查　　C. 配额抽样　　D. 整群抽样

【解析】任意抽样又称为便利抽样或偶遇抽样，它是任由调查者的便利而随意选取一些个体作为样本。立意抽样又称判断抽样，是指根据调查人员的主观经验从总体样本中选择那些被判断为最能代表总体的单位作样本的抽样方法。配额抽样也称定额抽样，是指调查人员将调查总体样本按一定标志分类或分层，确定各类(层)单位的样本数额，然后从各类(层)中主观地选取样本单位的抽样方法。整群抽样又称聚类抽样，是将总体中各单位归并成若干个互不交叉、互不重复的集合(称之为群)，然后以群为抽样单位，对中选群中的所有单位全部实施调查的一种抽样方法。

21. 某地为推广先进企业的生产经营管理经验，对效益最好的几个企业进行调查，此种调查属于(　　)。[首经贸 2007 研]

A. 重点调查　　B. 典型调查　　C. 普查　　D. 抽样调查

【解析】典型调查是指从众多的调查研究对象中，有意识地选择若干个具有代表性的典型单位进行深入、周密、系统的调查研究。进行典型调查的主要目的不在于取得社会经济现象的总体数值，而在于了解与有关数字相关的关键情况，起到“解剖麻雀”的作用。题中，为了研究先进企业的生产管理经验，选择效益最好的几个企业作为典型做深入的调查，此种调查属于典型调查。

22. 抽样误差的大小(　　)。[首经贸 2007 研]

A. 既可以避免，也可以控制　　B. 无法避免，但可以控制

C. 无法避免，也无法控制　　D. 可以避免，但无法控制

【解析】抽样误差是由于抽取样本的随机性所造成的样本值与总体值之间的差异，因此对于所有概率抽样，抽样误差不可避免。但是概率抽样的抽样误差是可以根据抽样分布计算的，因此一旦抽样误差确定下来，就可以通过控制数据精度以及样本量控制抽样误差。

23. 二手数据的特点是(　　)。

A. 搜集方便、数据采集快、采集成本低

B. 采集数据的成本低，搜集比较困难

C. 数据可靠性较好

D. 数据的相关性较好

【解析】二手数据是指来自他人调查整理基础上的次级数据。恰当地运用二手数据在实际中往往能够节约时间和费用，具有搜集方便、数据采集快、采集成本低等优点，但是得到的数据往往缺乏针对性和时效性，数据的可靠性也需要进行考量。

24. 某地区为了掌握该地区水泥生产的质量情况，拟对占该地区水泥总产量的 80% 的五个大型水泥厂的生产情况进行调查，这种调查方法是(　　)。

A. 代表抽样　　B. 典型抽样　　C. 简单随机抽样　　D. 重点抽样

20C　21B　22B　23A　24D

【解析】重点调查是在调查对象中选择一部分重点单位进行的一种非全面调查，其关键在于准确恰当地选取重点样本。选取重点样本时，一般采取系统分析、综合比较的方法，选择对总体能起主要或决定作用的因素。这些重点单位虽然数目不多，但它们具有所研究现象的总量在总体总量中占据绝大部分的特点。因此对占比重比较大的五个大型水泥厂进行调查以掌握该地区水泥生产的质量情况属于重点调查。

25. 研究人员根据对研究对象的了解有目的地选择一些单位作为样本，这种调查方式是(　　)。

A. 自愿抽样　　B. 配额抽样　　C. 方便抽样　　D. 判断抽样

【解析】判断抽样是调查者根据主观经验和判断从总体中选取有代表性的单位构成样本的一种非概率抽样方法，它不能获得估计值的精度，其精度取决于抽样者的经验，因此研究人员根据对研究对象的了解有目的地选择样本属于判断抽样。

26. 一般来说，使样本单位在总体中分布最不均匀的抽样组织方式是(　　)。

A. 简单随机抽样　　B. 分层抽样　　C. 系统抽样　　D. 整群抽样

【解析】整群抽样是先将总体分为若干子总体，然后按某种方式从中随机抽取 r 个子总体，再对抽中的子总体中所有单位进行全面调查。整群抽样的特点在于抽取样本时只对抽中的群进行调查，因此抽样相对集中，样本在总体中分布不均匀，虽然方便了调查的实施，但由于同一群内的单位或多或少有些相似，因此整群抽样的主要弱点是估计的精度较差。相较之下，简单随机抽样直接从整个总体进行抽样，分层抽样需从各层进行抽样，系统抽样在确定起点后，样本按照固定间距分布于总体，因此，整群抽样的样本分布最不均匀。

27. 如果要对稀少群体进行调查，适宜采用的调查方式是(　　)。

A. 滚雪球抽样　　B. 判断抽样　　C. 系统抽样　　D. 整群抽样

【解析】滚雪球抽样是指先随机选择一些被访者并对其实施访问，再请他们提供另外一些属于所研究目标总体的调查对象，根据所形成的线索选择此后的调查对象，它的主要优点是可以通过被访者找到其他相似的调查单位，对于特定稀少群体的调查十分方便，调查的成本也比较低。

28. 下列选项中，属于概率抽样的有(　　)。

A. 重点抽样　　B. 配额抽样　　C. 系统抽样　　D. 滚雪球抽样

【解析】调查实践中经常采用的概率抽样方式有以下几种：简单随机抽样、分层抽样、整群抽样、系统抽样、多阶段抽样。ABD 三项均为非概率抽样。

29. 先将总体中的所有单位按一定的标志(变量)分为若干类，然后在每个类中采用方便抽样或判断抽样的方式选取样本单位的抽样方式称为(　　)。

A. 分类抽样　　B. 配额抽样　　C. 系统抽样　　D. 整群抽样

【解析】配额抽样是指调查人员将调查总体样本按一定标志分类或分层，确定各类(层)单位的样本数额，在配额内任意抽选样本的抽样方法。配额抽样与概率抽样中的分层抽样都可以保证总体中不同类别的单位包括在所抽的样本中，二者的主要区别在于配额抽样在抽取样本单位时不遵循随机原则，而是依据方便原则或调查人员的主观判断进行抽样。

25D　26D　27A　28C　29B

30. 与概率抽样相比，非概率抽样的优点是(　　)。

A. 样本统计量的分布是确定的

B. 可以利用样本的结果对总体相应的参数进行推断

C. 操作简便、时效快、成本低

D. 技术含量更高

【解析】非概率抽样抽取样本时，不是依据随机原则，每个样本被抽中的概率不同且难以确定，取得的样本结果不能用于对总体参数进行估计。但由于往往采用方便原则进行抽样，非概率抽样具有操作简便、时效快、成本低，对抽样中的统计学专业技术要求不高的优点。

31. 为了了解某厂生产的电灯泡寿命，在收集数据时，最有可能采用的数据搜集方法是(　　)。

A. 普查　　B. 公开发表的资料

C. 随机抽样　　D. 实验调查

【解析】随机抽样也称概率抽样，是指按照随机性原则，保证总体中每一个对象都有已知的、非零的概率被选入作为研究的对象，保证样本的代表性。由于要了解电灯泡寿命属于破坏性试验，所以不可能进行普查，只能采取随机抽样的方法利用样本数据推断总体。

32. 下列关于抽样误差的说法，正确的是(　　)。

A. 抽样误差是针对某个具体样本的检测结果与总体真实结果的差异而言的

B. 样本量越大，抽样误差就越小

C. 抽样调查变成普查时，抽样误差大于零

D. 总体的变异性越大，抽样误差也就越小

【解析】A 项，抽样误差描述的是所有样本可能的结果与总体真值之间的平均性差异，而非某个具体样本。B 项，样本量越大，提供的总体信息越多，抽样误差就越小。C 项，普查样本量与总体单位相同，抽样误差减小到零。D 项，总体的变异性越大，即各单位之间的差异越大，则越有可能抽中特别大或特别小的样本单位，从而使样本结果显著偏大或偏小，因此抽样误差也就越大。

二、多项选择题

1. 下列关于概率抽样的说法中，正确的是(　　)。[中国海洋大学 2025 研]

A. 在概率抽样中，每个单位被抽中的概率是已知的，可以计算出来

B. 概率抽样适合探索性的研究和市场调查中的概念测试，其特点是操作简便、时效快、成本低

C. 简单随机抽样、系统抽样、分层抽样、配额抽样是概率抽样的抽样方法

D. 概率抽样中存在抽样误差和非抽样误差

E. 概率抽样的调查结果能用于对总体有关参数进行估计

【解析】B 项，非概率抽样适合探索性的研究和市场调查中的概念测试，其特点是操作简便、时效快、成本低。概率抽样的技术含量更高，无论是抽选样本还是对调查数据进行分析，都有较高的统计学专业知识要求，调查的成本也比非概率抽样高。C 项，配额抽样属于

30C　31C　32B　▌　1ADE

非概率抽样，简单随机抽样、系统抽样、分层抽样是概率抽样方法。

2．在造成抽样数据的误差中，以下哪些属于非抽样误差？(　　)［西安交大 2008 研］

A．被调查人回答误差　　B．调查员误差

C．抽样样本没有遵循随机原则　　D．样本容量太少而不具备代表性

E．被调查人无回答误差

【解析】非抽样误差与抽取样本的随机性无关。非抽样误差有以下几种类型：①抽样框误差；②回答误差；③无回答误差；④调查员误差；⑤测量误差。D 项属于抽样误差。

3．下面抽样方式中，属于非概率抽样的有(　　)。［西安交大 2007 研］

A．方便抽样　　B．滚雪球抽样　　C．配额抽样　　D．多阶段抽样

E．自愿样本

【解析】非概率抽样包括方便抽样、判断抽样、自愿样本、滚雪球抽样和配额抽样。D 项属于概率抽样。

4．评价二手资料的准则包括(　　)。

A．资料是由谁搜集的　　B．资料是为什么目的而搜集的

C．资料是怎样搜集的　　D．资料是什么时候搜集的

E．资料的搜集是否方便

【解析】评价二手资料的准则：①资料是谁搜集的？②为什么目的而搜集的？③数据是怎样搜集的？④什么时候搜集的？在使用时要避免错用、误用、滥用。此外，还要注意数据的定义、含义、计算口径和计算方法。如果公开引用未公开发表的数据需要征得数据所有者的同意，同时要为自己发布的数据负责。

5．下列关于简单随机抽样的说法，正确的有(　　)。

A．简单随机抽样是一种最基本的抽样方法，是其他抽样方法的基础

B．简单随机抽样的突出特点是简单、直观

C．在规模较大的调查中，也可以采用简单随机抽样的方法

D．抽选每个单位的概率是相同的

E．根据简单随机抽样抽出的单位比较集中

【解析】在规模较大的调查中，由于编制样本框比较困难，加上简单随机抽样抽取的样本单位可能过于分散，很少直接采用简单随机抽样，一般是把这种方法和其他抽样方法结合在一起使用。

三、判断题

1．一个具体样本的检测结果与总体真实结果之间的差异就是抽样误差。［对外经贸大学 2021 研］

【解析】抽样误差并不是针对某个具体样本的检测结果与总体真实结果之间的差异而言的，抽样误差描述的是所有样本可能的结果与总体真值之间的平均差异。

2．非抽样误差会随着样本容量的扩大而下降。(　　)［中国海洋大学 2021 研］

2ABE　3ABCE　4ABCD　5ABD　▌　1×　2×

【解析】抽样误差是由抽样的随机性引起的样本结果与总体真值之间的差异，其大小与多方面因素有关，最主要的是样本量的大小，样本量越大，抽样误差就越小；而非抽样误差是相对抽样误差而言的，是指除抽样误差之外的，由其他原因引起的样本观测结果与总体真值之间的差异，与抽取样本的随机性无关，因而与样本量的大小无关。非抽样误差控制的重要方面是调查过程的质量控制。

3．抽样调查中存在的误差都叫作抽样误差。(　　)［中国海洋大学 2021 研］

【解析】抽样调查中存在两类误差：抽样误差和非抽样误差。抽样误差是指由抽样的随机性而引起的误差，是一种随机性误差，只存在于概率抽样中。非抽样误差是相对抽样误差而言的，是指除抽样误差之外的，由其他原因引起的样本观测结果与总体真值之间的差异。测量误差、回答误差等与抽取样本的随机性无关的误差，为非抽样误差。

四、简答题

1．抽样调查与典型调查有何异同点？［安徽大学 2025 研；东北财经大学 2022 研；暨南大学 2018、2011 研］

答：抽样调查与典型调查的异同点主要表现为：

(1) 相同点

①两种抽样方式都是非全面调查；②调查单位少，可节省人力、物力、时间；③灵活性强；④属于由部分到全体的调查方式。

(2) 不同点

①定义不同。

抽样调查是按照随机原则，从调查总体中抽取部分调查单位进行观察，并根据这一部分调查单位的观察结果，从数量方面推断总体指标的一种非全面调查。

典型调查是根据调查目的和要求，在对研究对象做全面分析的基础上，有意识地从中选择少数具有代表性的典型单位进行深入细致地调查研究，以便认识事物的本质及其规律性的一种非全面调查。

②特点不同。

抽样调查的主要特点是：按随机原则抽选样本；总体中每一个单位都有一定的概率被抽中；可以用一定的概率来保证将误差控制在规定的范围之内。

典型调查的主要特点是：调查单位少、机动灵活、典型单位的选择带有一定的主观性。由于样本人为确定而没有依据随机的原则抽取，因而典型调查的调查结果不能用于对总体有关参数进行估计，但它可以用于现象数量方面的分析。

③组织形式不同。

抽样调查常用的组织方式有简单随机抽样、分层抽样、系统抽样和多阶段抽样等。

典型抽样一般有两种方式：一种是一般的典型调查，即对个别典型单位的调查研究；第二种是具有统计特征的划类选点典型调查，即将调查总体划分为若干个类，再从每类中选择若干个点进行调查，以说明各类的情况。

2．造成统计数据误差的原因有哪些？如何减少和控制统计数据中的误差？［安徽大学 2025 研；东北财经大学 2011 研］

3 ×

相关真题:

(1)什么是抽样误差?影响抽样误差的因素有哪些?[华侨大学2025研;南京邮电大学2025研]

(2)什么是抽样误差?什么是非抽样误差?[河南大学2024研]

答:统计数据的误差是指搜集数据的观测值与真实值之间的差异。数据的误差包括抽样误差和非抽样误差。

(1)抽样误差

①造成统计数据抽样误差的原因

抽样误差是由于抽取样本的随机性所造成的样本值与总体值之间的差异,也称为代表性误差。因此,造成抽样误差的原因是抽样的随机性。抽样调查中之所以会出现这样一种误差是由于样本只是总体的一部分,它对总体的代表性存在局限性,从而会造成误差。

②减少和控制抽样误差的方法

在抽样调查中,抽样误差是不可避免的。但在概率抽样中,抽样误差能够计量且可以得到控制。可以从以下几个方面入手:

a. 增大样本容量。在其他条件不变的情况下,样本容量越多,抽样误差越小。

b. 减小总体变异程度。在其他条件不变的情况下,总体标志变异程度越大,抽样误差越大。

c. 改变抽样方法。一般而言,不重复抽样的抽样误差要小于重复抽样的抽样误差。当n相对N非常小时,两种抽样方法的抽样误差相差很小,可忽略不计。

d. 改变抽样组织方式。一般而言,分层抽样的抽样误差较小,而整群抽样的抽样误差较大。

(2)非抽样误差

①造成统计数据非抽样误差的原因

非抽样误差是指除了抽样误差之外调查中因各种原因所引起的调查误差,通常认为是由于调查程序执行中的错误与不足引起的。非抽样误差不能通过增大样本量加以控制。非抽样误差包括抽样框误差、回答误差、无回答误差、调查员误差、测量误差等。

②减少和控制非抽样误差的方法

非抽样误差控制的重要方面是调查过程的质量。这包括:严格挑选调查员、做好调查员的培训工作、标准化调查程序、合理安排和分配调查员工作以及加强调查实施的监督管理。

3. 分层抽样与整群抽样有何异同?它们分别适合于什么场合?[东北大学2025研]

答:(1)分层抽样与整群抽样的异同

①相同点

分层抽样和整群抽样都是需要事先按某一标志对总体进行划分的随机抽样。

②不同点

a. 分层抽样的划分标志与调查标志有密切关系,而整群抽样的划分标志不一定与调查标志有关。

b. 分层抽样在总体的每个层内随机抽样,而整群抽样在总体全部群体中随机抽取一部分群体。

c. 比较计算公式可知,分层抽样的抽样误差取决于各层总体方差的平均数,而整群抽样的抽样误差取决于总体的群间方差。

d. 分层抽样的目的(优点)主要是缩小抽样误差，满足推断各子总体数量特征的需要，而整群抽样的目的(优点)主要是扩大抽样单位，简化抽样组织工作。

(2)分层抽样与整群抽样的适用场合

①分层抽样用于层间差异大而层内差异小的总体，以及为了满足分层次管理决策需要时。

②整群抽样用于群间差异小而群内差异大的总体，或只有以群体为抽样单位的抽样框时等。

4. 什么是非抽样误差？说明非抽样误差的主要种类。[中央财经大学 2024、2018 研；中南财经政法大学 2022 研]

相关试题：什么是回答误差？说明造成回答误差的三种主要原因。[对外经济贸易大学 2022 研]

答：(1)非抽样误差是指除了抽样误差之外调查中因各种原因所引起的调查误差，通常认为是由于调查程序执行中的错误与不足引起的，它不仅出现在概率抽样和非概率抽样中，也出现在全面调查和非全面调查中，可能产生于调查方案设计、抽样设计、数据搜集、数据处理及分析等各个阶段与环节。非抽样误差不能通过增大样本容量加以控制。

(2)非抽样误差的主要种类

①抽样框误差

抽样框是指为抽样所使用的所有调查单位的名册或清单，是抽样的基础。抽样框误差是指目标总体和抽样总体不一致时产生的误差，目标总体是指调查研究对象的全体，而抽样总体是从目标总体中抽选样本的总体。为避免抽样框误差，应尽可能使抽样框与目标总体相一致。抽样框误差包括以下几种情形：

a. 丢失目标总体单元，即抽样框没能覆盖全部总体单元。

b. 包含非目标总体单元，即抽样框包含了一些不属于研究对象的即非目标总体单元。

c. 复合连接，是指抽样框中的单元与目标总体单元不完全是一对一对应而是存在一对多或多对多的现象。

d. 不正确的辅助信息。

②应答误差

应答误差是指调查者在接受调查时给出的答案与实际情况不相符。产生应答误差的原因可能有理解、记忆、有意、被误导等多种情况。

③无回答误差

无回答误差是指在调查中由于各种原因，未对所选样本单位进行计量，以及在调查中缺乏样本单位信息而导致的误差。无回答误差可以分为单位无回答和项目无回答。单位无回答是指被调查者没有参与或拒绝接受调查；项目无回答是指被调查者虽然接受调查，但对其中的一些调查项目没有作出回答。

④调查员误差

调查员误差是指调查人员引起的调查误差，在访问调查、电话调查中很容易产生。例如，在调查过程中调查员为了节省时间没有完全准确地按问卷所给的引导语进行访问，导致被调查人员对题目的理解出现偏差；调查员在记录调查结果时出错等等。

⑤测量误差

如果调查与测量工具有关，则很可能出现测量误差。例如，对小学生视力状况进行抽样调查，视力的测量与现场照明和测试距离密切相关。如果每个测试点的照明和测试距离不同，会给测量结果带来测量误差。

5. 简述概率抽样的特点。[湘潭大学 2022 研；对外经济贸易大学 2018 研；东北财经大学 2018 研；山东大学 2015 研]

答：概率抽样也称随机抽样，是指按照随机性原则，保证总体中每一个对象都有已知的、非零的概率被选入作为研究的对象，保证样本的代表性。概率抽样的特点主要有：

(1)按照随机原则抽取样本。随机原则是指在抽取样本时排除主观上有意识地抽取调查单位，使每个单位都有一定的机会被抽中，且被抽中的概率是已知的，或是可以计算出来的。

(2)用样本统计量推断总体参数。概率抽样根据确定的概率来"抽取"样本，而不是根据某种准则来"挑选"样本。概率抽样不仅能避免调查者的各种主观因素，保证所抽取样本对调查总体的代表性，还能根据样本数据在获取总体目标量估计的同时，获得对这种估计的精度估计，其抽样结果可用于推断总体。

(3)抽样误差不可避免，但可计算并控制。

从理论上讲，概率抽样是最科学的抽样方法，它能保证抽出来的部分单位(样本单位)对总体单位的代表性。

6. 与全面调查相比，抽样调查有何优点？为什么？[暨南大学 2019 研]

答：(1)与全面调查相比，抽样调查的优点：经济性好；时效性强；适应面广；准确性高。

(2)原因：

①经济性好：由于抽样调查的样本单位通常是总体单位中很小的一部分，调查的工作量小，因此可以节省大量的人力、物力、财力和时间。

②时效性强：由于抽样调查工作量小，调查的准备时间、调查时间、数据处理时间等都可以大大缩减，从而提高数据的时效性。

③适应面广：抽样调查可以获得更广泛的信息，适用于各个领域、各种问题的调查。从适用范围和问题来看，其适用面要广于全面调查的适用面。抽样调查还适用于一些特殊现象的调查，比如产品质量检验、农产品实验、医药的临床实验等。从调查的项目和指标来看，抽样调查的内容和指标可以更详细、更深入。

④准确性高：由于抽样调查的工作量较全面调查的工作量小，因此可以减少由于工作量大、环节多而造成的误差。

7. 请给出你所知道的概率抽样的组织方式。[郑州大学 2023 研；厦门大学 2022 研；山东大学 2019 研；湖南大学 2018 研；武汉大学 2017 研；中央财经大学 2011 研]

相关试题：简述概率抽样的定义及其 5 个概率抽样的组织方式。[郑州大学 2023 研]

答：概率抽样也称随机抽样，是指按照随机性原则，保证总体中每一个对象都有已知的、非零的概率被选入作为研究的对象，保证样本的代表性。

调查的实践中经常采用的概率抽样方式有以下几种：

(1)简单随机抽样

简单随机抽样是指从总体 N 个单位中任意抽取 n 个单位作为样本，使每个可能的样本被抽中的概率相等的一种抽样方式。

①优点

a. 是最简单的抽样技术，简单直观、方便快捷。

b. 关于样本量的确定、总体估计、方差估计都有现成的标准公式可以利用，便于用样本统计量对目标量进行估计及计算估计量误差。

②缺点

a. 当总体单位个数 N 很大时，构造包含总体所有单位的抽样框困难。

b. 抽出的单位较为分散，给实施调查增加了困难。

c. 没有利用其他辅助信息以提高估计的效率。

由于以上缺点，简单随机抽样很少直接用于规模较大的调查中，一般是将其同其他抽样方法结合起来使用。

(2)分层抽样

分层抽样是将总体中的成员按某种原则划分成若干个子总体，每个子总体为一个层，之后在每层中独立进行简单随机抽样或其他抽样的抽样方法。

①优点

a. 保证了样本中包含有各种特征的抽样单位，样本结构与总体结构相似，估计精度较高。

b. 方便实施。

c. 可以对总体参数、各层的目标量同时进行估计。

②缺点

a. 不适用于整体差异不明显的情况。

b. 需要与其他抽样方法综合使用。

(3)整群抽样

整群抽样是指调查时先将总体划分成若干群，然后再以群作为调查单位从中抽取部分群，进而对抽中的各个群中所包含的所有个体单位进行调查或观察的方法。

①优点

a. 简化了抽样框的编制。

b. 调查地点相对集中，便于调查实施。

②缺点

当分群标志与调查目的相关时，同一群内的单位会有些相似，导致在样本量相同的条件下，整群抽样的抽样误差较大，估计精度较差。

(4)系统抽样

系统抽样是将总体中的调查单位按某种次序排列，随机地选定初始单位，然后按相等的间距抽取其他样本单位。其特点是只有初始单位是随机抽取的，其他样本单位随初始单位的确定而确定。

①优点

a. 操作简便。

b. 结合辅助信息可以提高估计精度。

②缺点

对估计量方差的估计比较困难。

(5)二阶及多阶段抽样

二阶段抽样是将一个总体划分为若干样本群(称一级单位)，每个群都包括许多个单位

(二级单位)。首先从总体中抽出若干个一级单位(初级样本),再从抽中的各一级单位中抽取若干个二级单位(二级样本),进行调查观测和抽样推断。若抽样按更多个阶段进行,则继续从抽中的各二级单位中抽取三级单位,以此类推,构成多阶段抽样。

①优点

a. 样本相对集中,减少调查费用。

b. 不需要包含所有低阶段抽样单位的抽样框。

②缺点

估计量方差的计算较为繁琐。

8. 下列调查问卷中的提问都有问题,请修改。

(1)您和您爱人是否对现有住房满意?

(2)您最近一次是几点上班的?

(3)绝大多数喝过明光牛奶的人都认为它口味纯正,您认为是这样的吗?[中央财经大学2011研]

答:(1)在设计调查问卷中的问题时应一项提问只包含一项内容,一个问句最好只问一个要点。应把该问题分成两个问题:您对现有住房是否满意?您爱人对现有住房是否满意?

(2)该问题的提问目的不明确,不知道它问的是何时离家去上班还是到达办公地点后何时正式开始工作。问题应改为:您最近一次是几点离家去上班的?

(3)问卷设计中,应避免诱导性、暗示性提问。因此问题应改为:您认为明光牛奶的口味纯正吗?

9. 统计数据质量的基本标准是什么?[湖南大学2007研]

答:统计数据质量的基本标准包括:

(1)准确:用数字语言来反映客观实际;

(2)快速:统计信息服务必须具有时效性和紧迫性;

(3)完整:调查单位没有遗漏,调查项目没有缺陷,资料数据齐全;

(4)精练:统计信息具有针对性、有效性、精确性。

10. 简述影响抽样误差大小的因素。[武汉理工大学2024研;山东大学2016研;河北大学2013研,中南大学2011研,江苏大学2011研;西安交大2007、2003研;湖南大学2007研]

答:影响抽样误差的因素主要有:

(1)样本单位数目。在其他条件不变的情况下,抽样数目越多,抽样误差越小;抽样数目越少,抽样误差越大。当$n=N$时,就是全面调查,抽样误差此时为零。

(2)总体标志变异程度。在其他条件不变的情况下,总体标志变异程度越大,抽样误差越大;总体变异程度越小,抽样误差越小。

(3)抽样方法。一般而言,不重复抽样的抽样误差要小于重复抽样的抽样误差。当n相对N非常小时,两种抽样方法的抽样误差相差很小,可忽略不计。

(4)抽样组织方式。采用不同的抽样组织方式,也会有不同的抽样误差。一般而言,分层抽样的抽样误差较小,而整群抽样的抽样误差较大。

11. 简述概率抽样与非概率抽样的区别。[湘潭大学2023研]

相关试题:

(1)概率抽样和非概率抽样的定义和特点。[中央民族大学2022研]

(2)简述概率抽样和非概率抽样的特点。[南京审计大学2022研]

答：概率抽样也称随机抽样，是指按照随机性原则，保证总体中每一个对象都有已知的、非零的概率被选入作为研究的对象，保证样本的代表性。非概率抽样是根据研究目的对数据的要求，采用某种方式主观地从总体中抽出部分单位对其实施调查，它不是依据随机原则抽取样本，无法保证每个个体被抽中的概率相同。

概率抽样与非概率抽样的区别：

(1)特点

①概率抽样是依据随机原则抽选样本，每一个对象都有已知的、非零的概率被抽中，样本统计量的理论分布是存在的，因此概率抽样不仅能避免调查者的各种主观因素，保证所抽取样本对调查总体的代表性，还能根据样本数据在获取总体目标量估计的同时，获得对这种估计的精度估计。

②非概率抽样是用主观方法从总体中抽选单元进行调查。它不需要完整的抽样框，调查者也不需要对总体特征有一定程度的了解，它得出的调查结果不能用来推算或估计总体的情况，而且也无法估计抽样误差，只能用来反映局部情况。

(2)应用

①概率抽样具有更广阔的应用范围，如果调查的目的在于掌握和研究总体的数量特征，得到总体参数的置信区间，则适用于概率抽样。如调查不同年龄层的消费水平、调查某地区零售店的销售情况、对某流行病进行监控和预测等都可以应用概率抽样等。

②非概率抽样适用于探索性研究，调查的结果用于发现问题，以便于进行更为深入的数量分析。当所调查的现象有丰富的调查资料供调查者参考，调查者本人也具有丰富的调查经验、对调查的现象有科学、专业、深刻、严谨的认知时，可以考虑采用非概率抽样。非概率抽样也适合市场调查中的概念测试，如产品包装测试、广告测试等，这时不需要用样本结果推断总体特征。

第3章　数据的图表展示

一、单项选择题

1. 已知一组数据的箱线图图像如下图所示，则下列关于数据分布特征的说法正确的是(　　)。[上海交通大学 2025 研]

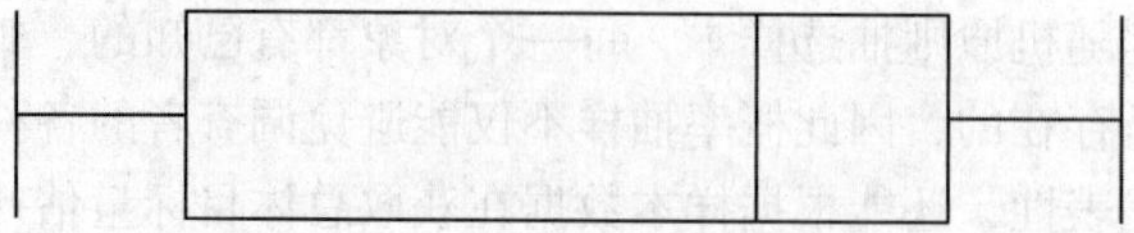

A. 左偏　　B. 右偏　　C. 分布对称　　D. 有一个离群点

【解析】根据图像可知，中位数更靠近箱子右侧，左侧尾部较长，所以数据左偏。

2. 比较不同的公司，分几个维度(如盈利，利润等五个维度)，需要与其他公司进行结构性的比较，请问下列哪个图表合适？(　　)。[上海交通大学 2025 研]

A. 饼图　　B. 雷达图　　C. 环形图　　D. 直方图

【解析】雷达图是显示多个变量的常用图示方法，在显示或对比各变量的数值总和时十分有用。利用雷达图可以研究多个样本之间的相似程度。AC 两项，饼图或环形图主要用于展示单一维度中各部分的占比关系(如某公司利润的来源构成)，无法同时体现多个维度的比较。D 项，直方图用于展示单个变量的分布情况(如某一维度数据的频率分布)，不适合多维度、多公司的结构性对比。

3. 既能给出数据的分布状况，又能保留原始数据信息的数据图示为(　　)。[中国海洋大学 2025 研]

A. 直方图　　B. 茎叶图　　C. 箱线图　　D. 雷达图

【解析】茎叶图是保留并反映原始数据分布的图形，它由茎和叶两部分构成，其图形是由数字组成的。

4. 为研究甘油三酯和血糖的关系，抽取样本进行分析，最适合的图形是(　　)。[上海交通大学 2024 研]

A. 条形图　　B. 对比条形图　　C. 散点图　　D. 饼图

【解析】散点图是展示两个数值变量之间关系的图形，是描述变量之间关系的一种直观方法，从中可以大体上看出变量之间的关系形态及关系强度。为研究甘油三酯和血糖这两个变量之间的关系，选用散点图最为合适。

5. 对于大批量的数据，最适合描述其分布的图形是(　　)。[中国海洋大学 2018 研；山东师范大学 2018 研]

A. 条形图　　B. 茎叶图　　C. 直方图　　D. 饼图

【解析】在应用方面，直方图和茎叶图都可描述数据分布，但直方图通常用于大批量数据，茎叶图通常用于小批量数据。条形图是用条形的高度表示各类别频数的多少，其宽度

1A　2B　3B　4C　5C

(表示类别)则是固定的，适用于分类数据。饼图是利用圆形及圆内扇形面积来表示数值大小的图形，用于表示一个样本(或总体)中各组成部分的数据在全部数据中的比重，主要用于研究结构性问题。

6. 用于显示时间序列数值型数据，以反映事物发展变化的规律和趋势的图是(　　)。[重庆大学 2013 研]

A. 直方图　　B. 箱线图　　C. 茎叶图　　D. 线图

【解析】线图纵轴为频率或均数等数值，横轴为时间，它用线段的上升和下降来说明事物在时间上的变化，因此可以反映事物发展变化的规律和趋势。

7. 雷达图的主要用途是(　　)。[上海交通大学 2017 研；浙江工商大学 2011 研、安徽财经大学 2012 样题]

A. 反映一个样本或总体的结构　　B. 比较多个总体的构成

C. 反映一组数据的分布　　D. 比较多个样本的相似性

【解析】雷达图，也称蜘蛛图，是专门用来进行多指标体系比较分析的专业图表。对于多个样本，可以将其多维数据投影到同一平面上，简洁、直观地得到比较结果，因此雷达图在比较样本相似性方面得到广泛应用。

8. 美国汽车制造商协会想了解消费者购车时的颜色偏好趋势，抽取新近售出的 40 辆车并记录其颜色种类(黑、白、红、绿、棕)和深浅类型(亮色、偏淡、中等、偏浓)；你认为以下展示数据的图表中，哪一种不适合用来处理这一样本数据？(　　)[中山大学 2011 研]

A. 散点图　　B. 饼图　　C. 条形图　　D. 频数图

【解析】散点图是在直角坐标系中用相对应的两个变量值作为图中一个点的横坐标和纵坐标描点得到的图形，是观察两个变量之间的相关程度和类型最直观的方法。它处理的是数值型数据。而 BCD 三项都可以用来处理分类数据和顺序数据。

9. 根据某地 6 至 16 岁学生近视情况的调查资料，反映患者的年龄分布可用(　　)。[中山大学 2011 研]

A. 线图　　B. 散点图　　C. 直方图　　D. 条形图

【解析】直方图是用来反映数据分布的直观形式，它的横坐标代表变量分组，纵坐标代表各变量值出现的频数。条形图是用来反映分类数据的，反映数值型数据一般用直方图；散点图反映两个变量间的关系；线图主要用来反映现象随时间变化的特征。

10. 对于 100 名学生某一门课程的成绩，若想得到四分之一分位数、中位数与四分之三分位数，以下哪种描述统计的办法更有效？(　　)[中山大学 2012 研]

A. 直方图　　B. 茎叶图　　C. 饼图　　D. 点图

【解析】直方图、饼图描述的数值型数据是分组数据，而茎叶图描述的是未分组的数值型数据，点图描述的是两个变量之间的关系。茎叶图保留了原始数据的信息，可以计算其分位数。

11. 某外商投资企业按工资水平分为四组：1000 元以下，1000 ~ 1500 元；1500 ~ 2000

6D　7D　8A　9C　10B　11D

元；2000 元以上。第一组和第四组的组中值分别为(　　)。[首经贸 2009 研]

A. 750 和 2500　B. 800 和 2250　C. 800 和 2500　D. 750 和 2250

【解析】根据开口组组距与相邻组组距相同，即均是 500，以及第一组的上限是 1000，第四组的下限是 2000，可得：

$$第一组的组中值 = 1000 - 500 \div 2 = 750$$

$$第四组的组中值 = 2000 + 500 \div 2 = 2250$$

12. 统计分组的核心问题是(　　)。[西安交大 2006 研]

A. 选择分组方法　B. 确定组数　C. 选择分组标志　D. 确定组中值

【解析】分组标志作为现象总体被划分为各个不同性质的组的标准或根据，选择的正确与否，关系到能否正确地反映总体的性质特征、实现统计研究的目的。

13. 组上限是指(　　)。[江苏大学 2009 研]

A. 每个组的最小值　B. 每个组的最大值

C. 每个组的中点数值　D. 每个组的起点数值

【解析】组限是指数列中每个分组两端表示各组界限的变量值。每组有两个组限：数值最小的为组的下限；数值最大的为组的上限。

14. 饼图的主要用途是(　　)。

A. 反映一个样本或总体的结构　B. 比较多个总体的构成

C. 反映一组数据的分布　D. 比较多个样本的相似性

【解析】饼图是用圆形及圆内扇形的角度来表示数值大小的图形。它主要用于表示一个样本(或总体)中各组成部分的数据占全部数据的比例，主要用于研究结构性问题。

15. 下列各项中，适合于比较研究两个或多个样本或总体的结构性问题的是(　　)。

A. 环形图　B. 饼图　C. 直方图　D. 茎叶图

【解析】环形图可以同时绘制多个样本或总体的数据系列，每一个样本或总体的数据系列为一个环，样本中的每一部分数据用环中的一段表示。因此，环形图可显示多个样本或总体各部分所占的相应比例。

16. 在连续变量或变量值较多的情况下，通常采用的分组方法是(　　)。

A. 单变量值分组　B. 组距分组

C. 等距分组　D. 连续分组

【解析】在连续变量或变量值较多的情况下，通常采用组距分组。它是将全部变量值每隔一定距离划分为一组，得到若干区间，一个组的最小值称为下限；一个组的最大值称为上限。

17. 在坐标系中，矩形的宽度表示直方图的(　　)。

A. 频数　B. 组中值　C. 组距　D. 组限

【解析】直方图是常见且非常重要的一种描述定量数据图形。它的纵坐标代表各变量值出现的频数或频率，横坐标代表变量各组的界限，因此宽度为相应的组距，各组与相应的频

12C　13B　14A　15A　16B　17C

数就形成了一个矩形。

18. 各组的组中值代表组变量值的(　　)。

A. 一般水平　　B. 最高水平　　C. 最低水平　　D. 随机水平

【解析】组中值是指组距数列每组下限与上限之间中点位置上的数值，近似地代替每组变量值的一般水平。

19. 某同学统计学考试成绩为80分，应将其计入(　　)。

A. 成绩为80分以下的人数中　　B. 成绩为70~80分的人数中

C. 成绩为80~90分的人数中　　D. 根据具体情况来具体确定

【解析】采用组距分组时，不能重复也不能遗漏，即一项数据必然唯一的出现在某一组中。为避免组限重复，通常采用“上组限不在内”的原则，即当相邻两组组限重合时，区间采取左闭右开形式。按照不重原则，该同学统计学考试成绩为80分应计入成绩为80~90分的人数中。

20. 组距、组限和组中值之间的关系是(　　)。

A. 组距=(上限-下限)÷2　　B. 组中值=(上限+下限)÷2

C. 组中值=(上限-下限)÷2　　D. 组限=组中值÷2

【解析】组距是一个组的上限与下限之间的距离，即组距=上限-下限。为方便处理，一般采用等距分组，即组距=(最大值-最小值)÷组数。而组中值是指组距数列每组下限与上限之间中点位置上的数值，故B项正确。

21. 施工单位通常在气温比较适宜的季节开工。要反映气温与建筑业增加值之间的关系，适合采用的图形是(　　)。

A. 雷达图　　B. 气泡图　　C. 散点图　　D. 箱线图

【解析】散点图是在直角坐标系中用相对应的两个变量值作为图中一个点的横坐标和纵坐标描点得到的图形，是观察两个变量之间的相关程度和类型最直观的方法。此题要反映气温和建筑业增加值两个定量变量之间的关系。因此可用散点图来描述。A项是显示多个变量之间关系的常用图示方法；B项是展示三个变量之间的关系的图示方法；D项是由一组数据的最大值、最小值、中位数、两个四分位数这五个特征值绘制而成的。

22. 用1个图形比较三个地区的居民消费结构，适用的图形是(　　)。

A. 环形图　　B. 茎叶图　　C. 雷达图　　D. 箱线图

【解析】雷达图是显示多个变量的常用图示方法，也称为蜘蛛图。雷达图也可以研究多个样本之间的相似程度。本题中有三个地区，并且研究对象是居民消费结构这样的多变量，因此雷达图最适用。

23. 5家公司的月销售额(万元)数据分别为：29，26，25，23，23。下列哪种图形不宜用于描述这些数据？(　　)

A. 茎叶图　　B. 散点图　　C. 条形图　　D. 饼图

【解析】散点图是展示两个变量之间关系的一种图形，而本题中只有一个变量即月销售

18A　19C　20B　21C　22C　23B

额数据。

24. 与直方图相比，茎叶图(　　)。

A. 没保留原始数据的信息　　B. 更适合描述分类数据

C. 不能有效展示数据的分布　　D. 保留了原始数据的信息

【解析】茎叶图与直方图都可用于描述数据分布。与直方图相比，茎叶图列出了各数据的具体数值，既能给出数据的分布状况，又保留了原始数据的信息，适合描述未分组数据。而直方图不能保留原始数值，适用于大批量数据。

25. 下列图形中，适合描述顺序数据的是(　　)。

A. 直方图　　B. 茎叶图　　C. 环形图　　D. 箱线图

【解析】顺序数据的图示方法有条形图、帕累托图、饼图、累积频数分布图和环形图等。ABD 三项适合描述数值型数据。

26. 某连续变量的分组中，其末组为开口组，下限为 200，又知其邻组的组中值为 170，则末组组中值为(　　)。

A. 185　　B. 215　　C. 230　　D. 260

【解析】缺上限的最大组的组中值 = 最大组的下限 + 相邻组的组距/2。由题可知，末组相邻组的上限即为末组的下限值 200，相邻组的组距/2 = 200 - 170 = 30。所以，末组的组中值 = 200 + 30 = 230。

27. 统计表的行标题表示各组的名称，一般应写在统计表的(　　)。

A. 上方　　B. 左方　　C. 右方　　D. 均可以

【解析】统计表一般由四个主要部分组成，即表头、行标题、列标题和数据资料。行标题和列标题通常安排在统计表的第一列和第一行，即统计表的左方和上方，分别表示的是所研究问题的类别名称和变量名称。

二、多项选择题

1. 在进行统计分析时，需要对获取的数据进行审核，请问以下哪些是需要审核的内容？(　　)[河海大学 2025 研；西安交大 2008 研]

A. 数据的完整性　　B. 数据的准确性

C. 数据的适用性　　D. 数据的时效性

E. 数据的随机性

【解析】数据审核就是检查数据中是否有错误。主要从完整性和准确性两个方面审核通过调查取得的原始数据。完整性要求每一个调查单位都接受调查，且调查项目填写完整；准确性要求正确填写数据，避免异常值出现。数据的适用性和时效性是审核通过其他渠道取得的二手数据的重点。

2. 下列哪些图形不适用于品质型数据的频数分布显示？(　　)[东北财经大学 2011 研]

A. 条形图　　B. 直方图　　C. 茎叶图　　D. 箱线图

【解析】品质型数据的图示方法包括条形图、帕累托图、饼图、环形图等，其中条形图

24D　25C　26C　27B　|　1ABCD　2BCD

用于显示数据的频数分布；数值型数据的图示方法包括直方图、茎叶图、箱线图、线图、散点图、气泡图、雷达图等，其中直方图用于显示数据的频数分布。

3. 在组距数列中，组距大小与(　　)。

A. 全距的大小成正比　　B. 全距的大小成反比

C. 只与全距大小有关　　D. 组数多少成正比

E. 组数多少成反比

【解析】组距 =(最大值 - 最小值)/组数 = 全距/组数，因此组距大小与全距的大小成正比，与组数多少成反比。

4. 从形式上看，统计表由(　　)组成。

A. 表头　　B. 行标题　　C. 列标题　　D. 数字资料

E. 宾词

【解析】统计表一般由四个主要部分组成，即表头、行标题、列标题和数字资料。此外，必要时可以在统计表的下方加上表外附加。

5. 下列关于数据分组的说法，正确的有(　　)。

A. 数据分组的组数一般与数据本身的特点及数据的多少有关

B. 对于数据分组的组数并没有什么要求，可以任意分组

C. 一般情况下，一组数据所分的组数应不少于 5 组且不多于 15 组

D. 如果组数太少，数据的分布就会过于集中

E. 一般情况下，一组数据所分的组数应大于 10 组

【解析】为了较好地呈现数据分布特征，数据分组的组数应当适中，一般根据数据本身的特点及数据的多少来确定。如果组数太少，数据往往集中于某些组中，组数太多，每组数据量就会偏少甚至为 0，数据的分布过于分散，这些都不便于观察数据分布的特征和规律。一般情况下，一组数据的组数应在 5 组到 15 组之间。

6. 对于分组数据的组中值的计算方法有(　　)。

A. 闭口组组中值 =(上限 + 下限)/2

B. 开口组末组组中值 = 下限 + 上限/2

C. 开口组首组组中值 = 上限 - 下限/2

D. 开口组首组组中值 = 上限 - 邻组组距/2

E. 开口组末组组中值 = 下限 + 邻组组距/2

【解析】组中值，各组的上限和下限之间的中点称为组中值。组中值的计算方法是：

组中值 =(上限 + 下限)/2

开口组的组中值计算方式是：

首组的组中值 = 最小组的上限 - 相邻组的组距/2

末组的组中值 = 最大组的下限 + 相邻组的组距/2

组中值代表着各组内变量值的一般水平，是各组变量值的代表值。

3AE　4ABCD　5ACD　6ADE

三、简答题

1. 简述直方图与茎叶图的区别。[东北财经大学2025研；对外经济贸易大学2016研]

答：直方图与茎叶图的区别主要表现为：

(1)图形特征

直方图是用于展示分组数据分布的一种图形，它的横坐标代表变量各组的界限，纵坐标代表各变量值出现的频数或频率，各组与相应的频数形成了一个矩形。

茎叶图是反映原始数据分布的图形，由数字组成，包括茎和叶两部分。

(2)数据处理方法

茎叶图列出了每笔数据的具体数值，既能给出数据的分布状况，又能给出每一个原始数值，保留了数据的原始信息。

直方图通过分组将数据以不同类别层级的形式展现出来，可以同时展现大量数据信息，但并未将数值型数据全部呈现，损失了部分数据描述的信息。

(3)适用范围

在应用方面，直方图通常适用于大批量分组数据，而茎叶图适用于小批量未分组数据。

2. 何谓统计分组？统计分组有哪些作用？[西安交大2005研、江苏大学2009研、上海财大2002研]

相关真题：什么是统计分组？简述统计分组的作用、原则以及统计分组标志选择的原则。[郑州大学2024研]

答：(1)统计分组的含义

统计分组是指根据统计研究的目的和客观现象的内在特点，按某个标志(或几个标志)把被研究的总体划分为若干个不同性质的组。

(2)统计分组的作用

①发现社会经济现象的特点与规律；

②将复杂的社会经济现象划分为性质不同的各种类型；

③反映总体内部结构；

④揭示现象之间的依存关系。

3. 统计中用以描述品质型数据频数分布的图形主要有哪些？各自有何特点？[东北财经大学2012研]

答：(1)品质型数据也称分类数据，包括分类数据和顺序数据。描述分类数据频数分布的图形主要有条形图、帕累托图、饼图、环形图等；描述顺序数据频数分布的图形除了以上几种，还有累计频数分布图。

(2)各种图形的特点

①条形图是用宽度相同的条形的高度或长短来表示数据变动的图形，用于观察不同类别数据的多少或分布情况。条形图可以横置或纵置，纵置时也称为柱形图。条形图有单式条形图和复式条形图等形式。绘制时，各类别可以放在纵轴，也可以放在横轴。

②帕累托图是按照各类别数据的频数多少排序(即根据频率降序排列)后绘制的柱形图，并在同一张图中画出累积百分比。

帕累托图用于观测各类数据出现的多少，同时体现帕累托原则。因此，帕累托图可以体现帕累托原则：数据的绝大部分存在于很少类别中，极少剩下的数据分散在大部分类别中。

③饼图又称圆饼图、圆形图等，是利用圆形及圆内扇形的角度来表示数值大小的图形。

它主要用于表示一个样本(或总体)中各组成部分的数据在全部数据中的比重，主要用于研究结构性问题，如三产结构、消费结构、性别结构、年龄结构等。

④环形图是由若干个“空心圆”组成的图形，其中每一个环表示一个样本(或总体)，环里的一段表示样本(或总体)中的一部分。环形图可用于结构比较研究，主要用于展示分类数据和顺序数据。

对于顺序数据，还可以计算累积频数和累积频率(百分比)。根据累积频数或累积频率，可以绘制累积频数分布或累积频率分布图。

4. 欲调查广州市初中学生的身高情况，随机抽取 100 名广州市初中学生，测量了身高。(1)用此例说明这几个统计概念，总体(population)，样本(sample)，参数(parameter)，统计量(statistics)。

(2)请说明如何对这 100 例身高数据进行描述性统计分析。[中山大学 2011 研]

答：(1)总体(population)是包含所研究的全部个体(数据)的集合，它通常由所研究的一些个体组成。本例中的总体是广州市所有初中学生。

样本(sample)是从总体中抽取的一部分个体的集合，构成样本的个体的数量称为样本量或样本容量(sample size)。本例中的样本是随机抽取的 100 名广州市初中学生。

参数往往可以决定总体特征，是研究者想要了解的总体的某种特征值。本例中广州市所有初中学生的平均身高即是一个参数。

统计量(statistic)是根据样本数据计算的用于推断总体的某些量，是对样本特征的概括性数字度量。由于抽样是随机的，因此统计量是样本的函数。随机抽取的 100 名广州市初中学生的平均身高即是一个统计量。

(2)数据的描述性统计方法通常包括三种：统计图、统计表以及数值方法。因为此例中的数据为数值型数据，故可以用直方图、茎叶图、箱线图、频数分布表等对这 100 例身高数据进行描述性统计分析，还可以计算出该组数据的平均值、中位数和方差、全距等来分别反映其集中趋势和离散程度。

5. 在盒子图(箱线图)的作图中，会使用哪些描述指标。[中央财经大学 2011 研]

答：箱线图是用于描述数据分布特征的一种图形，常用于显示未分组原始数据的分布。

箱线图由一个箱子和两条线段组成，其绘制方法是：首先找出一组数据的 5 个特征值，即最大值、最小值、中位数(M_e)和两个四分位数(下四分位数 Q_L，上四分位数 Q_U)，连接两个四分位数画出箱子，再将两个极值点与箱子相连接。

由上面叙述可知，箱线图使用的描述指标有：最大值、最小值、中位数、两个四分位数。

6. 简述统计分组的原则。[首经贸 2009 研、中南财大 2002 研]

相关真题：什么是统计分组？简述统计分组的作用、原则以及统计分组标志选择的原则。[郑州大学 2024 研]

答：科学的统计分组应遵循“不重不漏”原则：

(1)“不重原则”即“互斥原则”，是指总体中任一单位只能归属于一组，而不能同时归属于几个组。

为解决不重的问题，统计分组时习惯上规定“上组限不在内”。即在统计各组频数时，若相邻两组的上下限重叠，恰好等于某一组上限的变量值不算在本组内，而计算在下一组内，以保证一项数据只被分在某一组。

(2)"不漏原则"即"穷尽原则"，是指总体中的每一个单位都有组可归，或者说各分组的空间足以容纳总体的所有单位。

7. 统计分组标志选择的原则。[北京林业大学2004研]

相关真题：什么是统计分组？简述统计分组的作用、原则以及统计分组标志选择的原则。[郑州大学2024研]

答：在进行统计分组标志选择时要遵循三个原则：

(1)应根据研究目的与任务选择分组标志。同一研究总体，研究的目的不同，可选用的分组标志也不同。

(2)要选用能反映事物本质或主要特征的标志。一般情况下，社会经济现象有多种特征，在选择分组标志时，可以使用这种标志，也可以选择另一种标志，这就需要根据被研究对象的特征，选择主要的、能抓住事物本质的标志进行分组。

(3)要根据现象所处的历史条件及经济条件来选择标志。由于社会是不断发展的，在不同的历史条件与经济条件下，选择的分组标志也不一样，要根据情况的变化而变化。

8. 说明条形图和直方图的区别和联系。[中央财大2009研、人大2001研]

答：(1)条形图与直方图的区别

①直方图用面积表示各组频数的多少，它的横坐标代表变量各组的界限，纵坐标代表各变量值出现的频数或频率，各组与相应的频数形成了一个矩形，因此其高度与宽度均有意义；条形图用条形的高度表示各类别频数的多少，其宽度是固定的。

②由于连续分组数据往往首尾相连，直方图的各矩形通常也为连续排列；条形图表示各类的矩形为分开排列。

③直方图主要用于展示数值型数据；条形图主要用于展示分类数据。

(2)联系

二者都用来展示数据的分布情况；在平面直角坐标系中，二者的横轴都表示分组，纵轴都可表示频数或频率的大小。

四、计算题

1. 某班学生统计学期末考试成绩数据如表3-1所示。

表3-1 某班学生统计学期末考试成绩

成绩	人数	向上累积频数	向下累积频数	组中值
50~60	9			
60~70	20			
70~80	38			
80~90	18			
90~100	8			

要求：

(1)绘制频数分布直方图；

(2)填制累积频数分布表；

(3)绘制累积频数分布图；

(4)计算均值、方差及标准差。[东北财经大学2012研]

解：(1)绘制的频数分布直方图如图 3-1 所示。

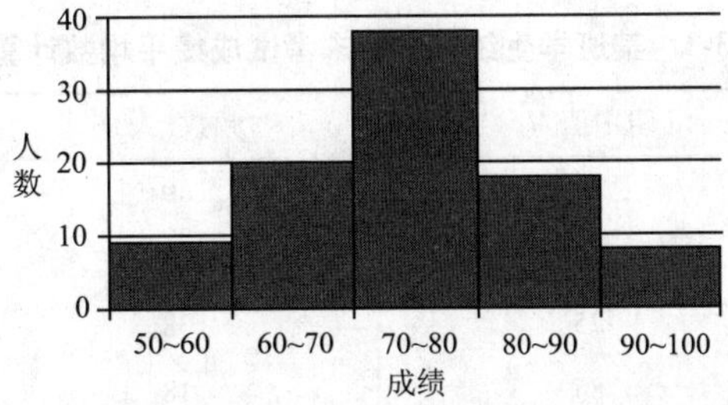

图 3-1　某班学生统计学期末考试成绩频数分布图

(2)完整的累积频数分布表如表 3-2 所示。

表 3-2　某班学生统计学期末考试成绩频数分布表

成绩	人数	向上累积频数	向下累积频数	组中值
50 ~ 60	9	9	93	55
60 ~ 70	20	29	84	65
70 ~ 80	38	67	64	75
80 ~ 90	18	85	26	85
90 ~ 100	8	93	8	95

(3)累积频数分布图如图 3-2 及图 3-3 所示。

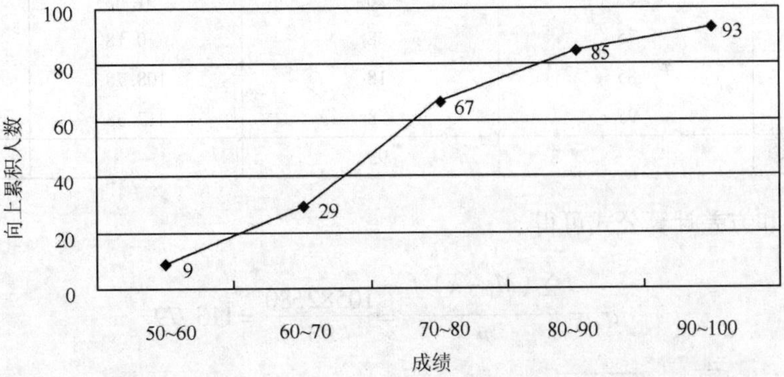

图 3-2　某班学生统计学期末考试成绩向上累积频数分布图

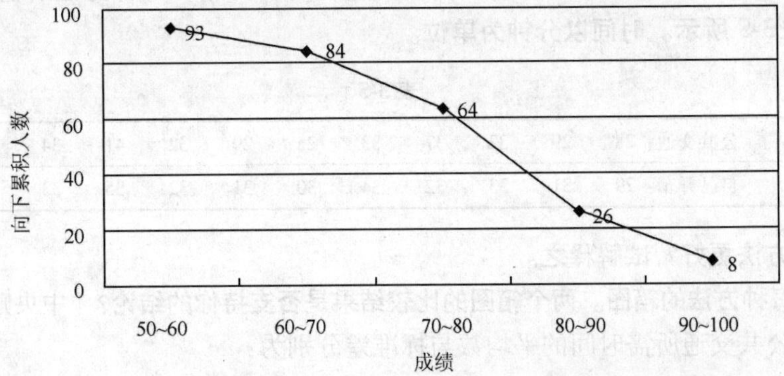

图 3-3　某班学生统计学期末考试成绩向下累积频数分布图

(4)均值计算过程如表3-3所示。

表3-3　某班学生统计学期末考试成绩平均数计算表

成绩	组中值 M_i	频数(人)f_i	M_if_i
50~60	55	9	495
60~70	65	20	1300
70~80	75	38	2850
80~90	85	18	1530
90~100	95	8	760
合计	—	93	6935

由表3-3及均值计算公式可得

$$\bar{x}=\frac{\sum_{i=1}^{k}M_i f_i}{n}=\frac{6935}{93}=74.57$$

方差计算过程如表3-4所示。

表3-4　某班学生统计学期末考试成绩方差计算表

成绩	组中值 M_i	频数(人)f_i	$(M_i-\bar{x})^2$	$(M_i-\bar{x})^2f_i$
50~60	55	9	382.98	3446.86
60~70	65	20	91.58	1831.70
70~80	75	38	0.18	7.03
80~90	85	18	108.78	1958.13
90~100	95	8	417.38	3339.08
合计	—	93	—	10582.80

由表3-4和方差计算公式可得

$$\sigma^2=\frac{\sum_{i=1}^{k}(M_i-\bar{x})^2 f_i}{n}=\frac{10582.80}{93}=113.79$$

标准差 $\sigma=\sqrt{\sigma^2}=\sqrt{113.79}=10.67$。

2. 某位职员每天上班有两种方法：公共交通和自己开车。每种方法所需的时间记录的样本数据如表3-5所示。时间以分钟为单位。

表3-5

公共交通：	28	29	32	37	33	25	29	32	41	34
自己开车：	29	31	33	32	34	30	31	32	35	33

(1)哪种方法更好？试解释之。

(2)画出每种方法的箱图。两个箱图的比较结果是否支持你的结论？［中央财大2004研］

解：(1)公共交通所需时间的平均数与标准差分别为：

$$\bar{x}_1=\frac{\sum_{i=1}^{n}x_i}{n}=\frac{28+29+\cdots+34}{10}=\frac{320}{10}=32(\text{分钟})$$

$$s_1=\sqrt{\frac{\sum_{i=1}^{n}(x_i-\bar{x}_1)^2}{n-1}}$$

$$=\sqrt{\frac{(28-32)^2+(29-32)^2+\cdots+(41-32)^2+(34-32)^2}{10-1}}$$

$$=\sqrt{\frac{194}{9}}=4.6428(\text{分钟})$$

自己开车所需时间的平均数与标准差分别为：

$$\bar{x}_2=\frac{\sum_{i=1}^{n}x_i}{n}=\frac{29+31+\cdots+33}{10}=\frac{320}{10}=32(\text{分钟})$$

$$s_2=\sqrt{\frac{\sum_{i=1}^{n}(x_i-\bar{x}_2)^2}{n-1}}$$

$$=\sqrt{\frac{(29-32)^2+(31-32)^2+\cdots+(35-32)^2+(33-32)^2}{10-1}}$$

$$=\sqrt{\frac{30}{9}}=1.8257(\text{分钟})$$

两种上班方式所需时间的平均数相等。但是自己开车所需时间的标准差比公共交通所需时间的标准差小，即自己开车比公共交通所需时间的离散程度较小。所以选择自己开车上班较为合理。

(2)将公共交通所需时间从小到大进行排序：25，28，29，29，32，32，33，34，37，41，则最大值为41；最小值为25；中位数 $=(32+32)/2=32$；下四分位数的位置 $=(10+1)/4=2.75$，故下四分位数 $=28\times0.25+29\times0.75=28.75$；上四分位数的位置 $=3\times(10+1)/4=8.25$，故上四分位数 $=34\times0.75+37\times0.25=34.75$。

同理可得，自己开车所需时间的最大值为35，最小值为29，中位数为32，下四分位数为30.75，上四分位数为33.25。则两种上班方式所需时间的箱图如图3-4所示。

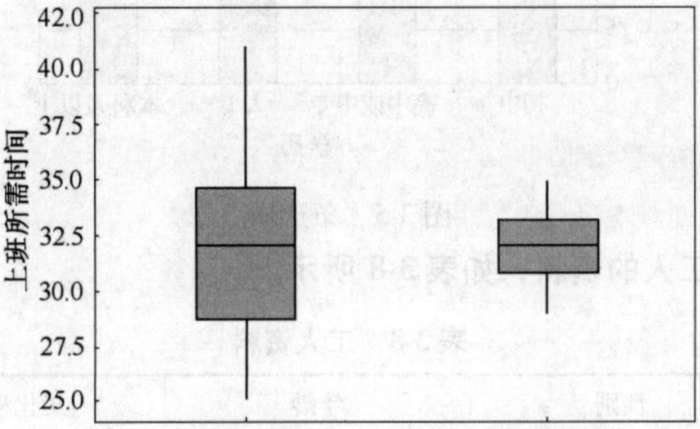

图 3-4　箱图

两个箱图的比较结果也说明上班时自己开车的方法更好。

由箱图可以看出，上班时采取公共交通和自己开车所需时间的中位数是相同的，从其离散程度来看，自己开车上班所需时间比较集中(箱子较短)，而采取公共交通的上班时间则比较分散。从分布形状上看，自己开车上班所需的时间大体上为对称分布(中位数在箱子的中间位置)。

3. 某家商场为了了解前来该商场购物的顾客的学历分布情况，随机抽取了 100 名顾客。其学历表示为：1：初中，2：高中或中专，3：大专，4：本科及以上。调查结果如表 3-6 所示。

表 3-6

4	2	2	2	4	3	4	4	1	4	2	2	4	4	4	3	2	4	2	2	3	1	2	1	4
4	1	4	2	4	2	3	3	2	1	3	4	3	4	4	3	3	1	2	4	2	4	3	2	4
2	3	2	2	2	1	2	2	4	4	2	1	2	3	3	3	3	3	3	4	2	3	4	3	3
1	3	2	3	2	4	3	1	3	4	3	4	2	1	4	2	2	4	2	3	3	4	1	2	1

(1) 上表中的数据属于什么类型?

(2) 制作一张频数分布表。

(3) 绘制一张条形图，反映顾客的学历分布。

解：(1)表中的数据属于顺序数据。

(2)制作频数分布表，如表 3-7 所示。

表 3-7 频数分布表

学历	频数(人)	频率(%)
初中	13	13.00
高中或中专	31	31.00
大专	27	27.00
本科及以上	29	29.00
合计	100	100.00

(3)绘制条形图，如图 3-5 所示。

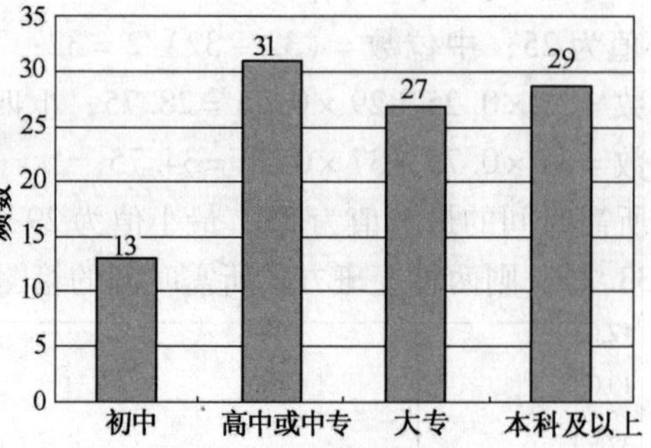

图 3-5 条形图

4. 已知一组 15 名工人的资料，如表 3-8 所示。

表 3-8 工人资料

工人编号	性别	年龄	文化程度	技术级别
1	男	52	文盲	6
2	男	30	初中	3
3	男	19	初中	2
4	男	46	高中	4
5	女	47	小学	4
6	男	34	小学	2
7	女	22	初中	8

续表

工人编号	性别	年龄	文化程度	技术级别
8	男	31	高中	5
9	男	55	高中	8
10	男	32	初中	5
11	女	49	中专	4
12	男	34	初中	4
13	男	34	初中	4
14	男	61	技工	7
15	男	36	初中	4

要求：

(1)按照性别、文化程度和技术级别分别对数据进行分组。

(2)以组距为 10 岁，20 岁以下、60 岁以上各为一组，编制频数分布表。

解：(1)按照性别进行分组，如表 3-9 所示。

表 3-9

性别	人数(人)
男	12
女	3
合 计	15

按照文化程度进行分组，如表 3-10 所示。

按技术等级进行分组，如表 3-11 所示。

表 3-10

文化程度	人数(人)
文 盲	1
小 学	2
初 中	7
高 中	3
中 专	1
技 工	1
合 计	15

表 3-11

技术等级	人数(人)
2	2
3	1
4	6
5	2
6	1
7	1
8	2
合 计	15

(2)按年龄编制频数分布表，如表 3-12 所示。

表 3-12

年龄	人数(人)
20 岁以下	1
20 ~ 30	1
30 ~ 40	7
40 ~ 50	3
50 ~ 60	2
60 岁以上	1
合计	15

5. 抽样调查某地区50户居民的月消费品支出额数据资料，如表3-13所示(单位：元)。

表3-13

886	928	999	946	950	864	1050	927	949	852	1027	928	978
816	1000	918	1040	854	1100	900	866	905	954	890	1006	926
900	999	886	1120	893	900	800	938	864	919	863	981	
916	818	946	926	895	967	921	978	821	924	651	850	

要求：

(1)试根据上述资料编制频数分布表。

(2)编制向上和向下累积频数、频率分布表。

解：(1)编制频数分布和频率分布表，如表3-14所示。

表3-14　居民户月消费品支出额频数分布和频率分布表

居民户月消费品支出额/元	频数	频率/%
800以下	1	2
800～850	4	8
850～900	12	24
900～950	18	36
950～1000	8	16
1000～1050	4	8
1050～1100	1	2
1100以上	2	4
合 计	50	100

(2)编制向上累积和向下累积频数以及频率分布表，如表3-15、3-16所示。

表3-15　居民户月消费品支出额向上累积表

居民户月消费品支出额上限/元	向上累积频数	向上累积频率/%
800	1	2
850	5	10
900	17	34
950	35	70
1000	43	86
1050	47	94
1100	48	96
1150	50	100

表3-16　居民户月消费品支出额向下累积表

居民户月消费品支出额下限/元	向下累积频数	向下累积频率/%
600	50	100
800	49	98
850	45	90

续表

居民户月消费品支出额下限/元	向下累积频数	向下累积频率/%
900	33	66
950	15	30
1000	7	14
1050	3	6
1100	2	4

6. 抽样调查某省 50 户城镇居民平均每人全年可支配收入资料，如表 3-17 所示。

表 3-17　居民年人均可支配收入　　单位：百元

88	77	66	85	74	92	67	84	77	94
58	60	74	64	75	66	78	55	70	66
78	64	65	87	49	97	77	69	68	71
65	78	77	86	78	82	98	95	86	100
66	74	70	62	68	56	83	52	71	108

要求：

(1) 试根据上述资料编制频数分布表；

(2) 根据所编制的频数分布表绘制直方图。

解： (1) 由题中数据可得频数分布表，如表 3-18 所示。

表 3-18　频数分布表

居民年人均可支配收入/百元	频数	频率/%
60 以下	5	10
60 ~ 70	14	28
70 ~ 80	16	32
80 ~ 90	8	16
90 ~ 100	5	10
100 ~ 110	2	4
合计	50	100.00

(2) 利用 Excel 可绘制直方图，如图 3-6 所示。

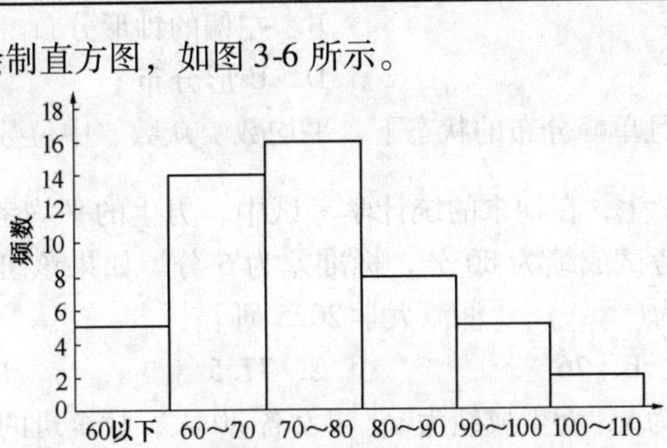

图 3-6

第4章　数据的概括性度量

一、单项选择题

1. 某一数据的偏度 = -0.79，峰度 = -0.26，则数据的分布形态为：(　　)。[上海交通大学2025研]

A. 左偏，扁平　　B. 右偏，扁平　　C. 左偏，尖峭　　D. 右偏，尖峭

【解析】偏度大于0，右偏；小于0，左偏。峰度大于0时：尖顶型；小于0时：扁平型。

2. X取 -1，1，2，概率分布是0.4，0.4，0.2，下列说法错误的是(　　)。[上海交通大学2025研]

A. 离散系数是3.6　　B. 期望为0.4

C. 方差是1.44　　D. 中位数是1

【解析】B项，期望 $E(X)=x_1p_1+x_2p_2+\cdots+x_np_n=-1\times 0.4+1\times 0.4+2\times 0.2=0.4$。C项，方差 $\mathrm{Var}(X)=E(X^2)-[E(X)]^2=(-1)^2\times 0.4+1^2\times 0.4+2^2\times 0.2-0.4^2=1.44$。A项，离散系数 = 标准差/均值 = 1.2/0.4 = 3。D项，中位数是将数据按从小到大排序后，位置居中的数值(或中间两个数的平均)，即累积概率达到或超过0.5的最小值。排序后X的取值：-1，1，2，$X=-1$时累计概率为0.4，未到50%，$X=1$时累计概率为0.4 + 0.4 = 0.8，超过50%，因此中位数为1。

3. 已知数列{1，3，3，5，5，7，7，9，122}，下面说法错误的是(　　)。[厦门大学2025研；中央财经大学2011研]

A. 算数平均数是18　　B. 中位数是5

C. 众数是5　　D. 极差是121

【解析】众数是一组数据中出现次数最多的数值，有时一组数中的众数不止一个。由题干可知，众数是3，5，7。

4. 哪种频数分布状态下平均数、众数和中位数是相等的？(　　)[安徽大学2025研；浙江财经大学2020研；东北财经大学2011研]

A. 对称的钟形分布　　B. 左偏的钟形分布

C. 右偏的钟形分布　　D. U形分布

【解析】在频数对称且单峰分布的状态下，平均数、众数、中位数相等。

5. 某班共有60名学生，在期末的统计学考试中，男生的平均考试成绩为75分，标准差为6分；女生的平均考试成绩为80分，标准差为6分。如果该班的男女学生各占一半，则全班的平均考试成绩为(　　)。[湘潭大学2025研]

A. 75　　B. 76　　C. 77.5　　D. 80

【解析】设男生成绩为x，女生成绩为y，男女各30人，故全班的平均考试成绩为：

$$\frac{\bar{x}\times n_x+\bar{y}\times n_y}{n}=\frac{30\times 75+30\times 80}{60}=77.5$$

1A　2A　3C　4A　5C

6. 两组数据的平均数不等，但标准差相等，则(　　)。[湘潭大学 2025 研；湖南师范大学 2021 研]

A. 平均数小的，离散程度大　　B. 平均数大的，离散程度大

C. 平均数小的，离散程度小　　D. 两组数据的离散程度相同

【解析】变异系数是指一组数据的标准差与其相应的平均数之比，是用来测度数据离散程度的相对统计量。其计算公式为：$v_s = s/\bar{x}$。可见，在标准差相等的情况下，平均数小的，其变异系数大，即离散程度较大。

7. 一组数据的平均值为 80.5，中位数为 85，则数据的分布(　　)。[华东师范大学 2024 研]

A. 左偏　　B. 右偏　　C. 对称　　D. 不确定

【解析】众数 > 中位数 > 均值，为左偏分布。

8. 下列四个说法中，错误的是(　　)。[上海交通大学 2024 研]

A. 离散系数越小，数据越分散　　B. 异众比率越小，数据越集中

C. 极差会受极端值影响　　D. 四分位差不是用于分类数据

【解析】A 项，离散系数小说明数据的相对离散程度也小，数据应集中而不是分散。

9. 现知道一个分布的偏态系数和峰态系数为 0.448 和 -0.306，则其分布形状为(　　)。[重庆大学 2023 研]

A. 左偏扁平　　B. 右偏扁平　　C. 左偏尖峰　　D. 右偏尖峰

【解析】当偏态系数大于零时，表示正偏离差数值较大，可判断为正偏或右偏；由于标准正态分布的峰度系数为 0，当峰度系数 >0 时为尖峰分布，数据分布的峰值比标准正态分布高，数据相对集中；当峰度系数 <0 时为扁平分布，数据分布的峰值比标准正态分布低，数据相对分散。

10. 在离散程度的测度中，最容易受极端值影响的是(　　)。[中国海洋大学 2021、2020 研]

A. 极差　　B. 四分位数　　C. 标准差　　D. 方差

【解析】极差是最大值与最小值之间的差距，直接由一组数据中的极端值计算得到，受极端值影响极大。相比之下，四分位数是一组数据排序后处于 25% 和 75% 位置上的值，与极端值没有关系。而标准差与方差是由全部数据计算得到，一定程度上削弱了极端值的影响。因此极差最容易受极端值影响。

11. 一组数据的峰度系数为 3.5，则该数据的统计分布应具有的特征是(　　)。[中央财经大学 2018 研]

A. 扁平分布　　B. 尖峰分布　　C. 左偏分布　　D. 右偏分布

【解析】峰度系数用来度量数据在中心的聚集程度。在正态分布情况下，峰度系数值是 3。大于 3 的峰度系数说明观察量更集中，有比正态分布更短的尾部；小于 3 的峰度系数说明观测量不那么集中，有比正态分布更长的尾部，类似于矩形的均匀分布。

6A　7A　8A　9B　10A　11B

12. 某企业男性职工占80%，月平均工资为450元，女性职工占20%，月平均工资为400元，该企业全部职工的平均工资为(　　)。[中央财经大学2015研]

A. 425元　　B. 430元　　C. 435元　　D. 440元

【解析】企业全部职工的平均工资=男性职工比例×男性月平均工资+女性职工比例×女性月平均工资=80%×450+20%×400=440(元)。

13. 15位同学的某门课程考试成绩中，70分出现3次，80分出现4次，85分出现6次，90分出现2次，则他们成绩的众数为(　　)。[华中农业大学2015研]

A. 80　　B. 85　　C. 81.3　　D. 90

【解析】众数是一组数据中出现次数最多的变量值。题中，85分出现次数最多，故成绩的众数为85分。

14. 一组样本的变异系数(v_s)等于10，样本均值为5，则样本方差为(　　)。[厦门大学2014研]

A. 2　　B. 4　　C. 0.5　　D. 2500

【解析】变异系数是一组数据的标准差与其相应的平均数之比，因而样本标准差=样本均值×变异系数=5×10=50，样本方差=50×50=2500。

15. 现抽取了10个同学，每个同学的月生活费数据排序后为：660，750，780，850，960，1080，1250，1500，1630，2000。则中位数的位置为(　　)。[重庆大学2013研]

A. 5.5　　B. 5　　C. 4　　D. 6

【解析】中位数是将样本排序后处于中间位置的数据，总共有10个样本，因此中位数的位次$=\frac{1+10}{2}=5.5$。

16. 统计学期中考试非常简单，为了评估简单程度，教师记录了9名学生交上考试试卷的时间如下(分钟)[东北财经大学2012研]

33　29　45　60　42　19　52　38　36

(1)这些数据的极差为(　　)。

A. 3.00　　B. -3.00　　C. 41.00　　D. -41.00

【解析】数据按从小到大排序结果如下：

19　29　33　36　38　42　45　52　60

故，极差=最大值-最小值=60-19=41。

(2)这些数据的除以样本自由度的方差为(　　)。

A. 150.00　　B. -150.00　　C. -260.00　　D. 260.00

【解析】设样本方差为s^2，除以样本自由度的方差的公式为：

$$s^2=\frac{\sum_{i=1}^{n}(x_i-\bar{x})^2}{n-1}$$

代入数据计算得到样本均值=39.33，样本方差=150.00。

12D　13B　14D　15A　16(1)C　(2)A

(3)这些数据的除以样本自由度的标准差为(　　)。

A. 29.60　　B. 12.25　　C. −12.25　　D. −29.60

【解析】方差开方后即得到标准差。

(4)这些数据的离散系数为(　　)。

A. 3.81　　B. −0.31　　C. −3.81　　D. 0.31

【解析】离散系数也称为变异系数，计算公式为：v_s = 标准差/均值 $=\frac{s}{\bar{x}}=12.25\div 39.33=0.31$。

17. 现有一份样本，为100名中学生的IQ分数，由此计算得到以下统计量：样本平均(mean)=95，中位数(median)=100，下四分位数(lower quartile)=70，上四分位数(upper quartile)=120，众数(mode)=75，标准差(standard deviation)=30。则关于这100名中学生，下面哪一项陈述正确？(　　)[山东大学2018研；中山大学2011研]

A. 有一半学生分数小于95

B. 有25%的学生分数小于70

C. 中间一半学生分数介于100到120之间

D. 出现频次最高的分数是95

【解析】一半学生分数小于中位数，即100；中间一半学生分数介于下四分位数到上四分位数之间，即介于70到120之间；出现频次最高的分数是众数，即75。下四分位数是指该样本中所有数值由小到大排列后在0.25分位点上的数字，从题干中可知有25%的学生分数小于70。

18. 投资某项目的收益率 R 是随机变量，其分布如表4-1所示；某位投资者在该项目上投资1000元，他的预期收入和预期收入的方差分别为(　　)元和(　　)(元)^2。[中山大学2011研]

A. 50，10　　B. 1050，10　　C. 1050，80　　D. 50，80

表 4-1　某投资项目收益率概率分布表

R(取值)	4%	5%	6%	7%
P_i(取值概率)	0.3	0.5	0.1	0.1

【解析】预期收益 $=1000\times(4\%\times0.3+5\%\times0.5+6\%\times0.1+7\%\times0.1)=50$(元)；预期收入 $=1000+50=1050$(元)；

预期收入的方差 $=(1000\times4\%-50)^2\times0.3+(1000\times5\%-50)^2\times0.5+(1000\times6\%-50)^2\times0.1+(1000\times7\%-50)^2\times0.1=80$(元^2)

19. 随机变量 X 的方差为2，随机变量 $Y=2X$，那么 Y 的方差是(　　)。[中央财经大学2011研]

A. 1　　B. 2　　C. 4　　D. 8

【解析】由于 $\mathrm{Var}(cX)=c^2\mathrm{Var}(X)$，故 $\mathrm{Var}(Y)=\mathrm{Var}(2X)=2^2\times\mathrm{Var}(X)=2^2\times2=8$。

(3)B　(4)D　17B　18C　19D

20. 设 X_1，X_2，…，X_n 为随机样本，则哪个统计量能较好地反映样本值的分散程度？(　　)［中山大学2012研］

A. 样本均值　　B. 样本中位数

C. 样本方差　　D. 样本的四分之一分位数

【解析】数据的集中趋势是指该组数据的数值向其中心值的靠拢程度。反映数据集中趋势的统计量有平均数、中位数、众数和四分位数；离散程度反映的是各变量值远离其中心值的程度，反映数据离散程度的统计量有异众比率、方差、标准差和四分位差等。

21. 对一组数据的描述统计分析表明，样本均值＝12.45美元，中位数＝9.21美元，方差＝22.85。由此可以计算样本数据的离散系数为(　　)。［中央财经大学2012研］

A. 0.38　　B. 0.40　　C. 0.54　　D. 2.48

【解析】离散系数也称为变异系数，计算公式为：v_s ＝标准差/均值＝$\frac{s}{\bar{x}}$。得到 v_s ＝$\frac{\sqrt{22.85}}{12.45}=0.38$。

22. 已知某工厂生产的某零件的平均厚度是2厘米，标准差是0.25厘米。如果已知该厂生产的零件厚度为正态分布，可以判断厚度在1.5厘米到2.5厘米之间的零件大约占(　　)。［浙江工商大学2011研］

A. 95%　　B. 89%　　C. 68%　　D. 99%

【解析】当一组数据对称分布时，经验法则表明：约有68%的数据在平均数±1个标准差的范围之内；约有95%的数据在平均数±2个标准差的范围之内；约有99%的数据在平均数±3个标准差的范围之内。

23. 某公司共有职工2000名，每月平均工资是2500元，标准差是500元。假定该公司职工的工资服从正态分布，月工资在2000元至3000元之间的职工人数大约为(　　)。［浙江工商大学2011研］

A. 1750人　　B. 1950人　　C. 1550人　　D. 1360人

【解析】当一组数据对称分布时，经验法则表明：约有68%的数据在平均数±1个标准差的范围之内；约有95%的数据在平均数±2个标准差的范围之内；约有99%的数据在平均数±3个标准差的范围之内。根据已知条件可知约有68%的职工工资在2000元至3000元之间，即2000×68%＝1360(人)。

24. 有下列甲、乙两组工人工资数据：甲组工人工资400，450，250，300；乙组工人工资300，475，350，275。若要比较这两组工人平均工资差异程度大小，应选用的方法是(　　)。［首经贸2006研］

A. 全距法　　B. 标准差法　　C. 离散系数法　　D. 平均数法

【解析】由甲、乙两组工人工资数据可得：

$$\bar{x}_{甲}=\frac{400+450+250+300}{4}=350,\ \bar{x}_{乙}=\frac{300+475+350+275}{4}=350$$

由于甲、乙两组工人的平均工资相同，所以可以通过标准差的方法比较这两组工人平均

20C　21A　22A　23D　24B

工资差异程度大小，标准差较大的平均工资差异程度较大。

25．平均差数值越小，则(　　)。[江苏大学 2009 研]

A．反映变量值越分散，平均数代表性越小

B．反映变量值越集中，平均数代表性越大

C．反映变量值越分散，平均数代表性越大

D．反映变量值越集中，平均数代表性越小

【解析】平均差也称平均绝对离差，它是各变量值与其平均数离差绝对值的平均数，反映各个数据与其均值的平均差距，能全面准确地反映均值的代表性。平均差越小，数据的离散程度越小，平均值代表性越大。

26．一家公司在招收职员时，首先要通过两项能力测试。在 S 项测试中，其平均分数是 125 分，标准差是 25 分；在 M 项测试中，其平均分数是 400 分，标准差是 50 分。一位应试者在 S 项测试中得了 150 分，在 M 项测试中得了 425 分。与平均分数相比，这位应试者的哪一项测试更为理想？(　　)[中南财大 2004 研]

A．S 项测试　　B．M 项测试　　C．没有区别　　D．无法判断

【解析】由标准分数的计算公式 $z=\frac{\mu-\bar{x}}{s}$，可得两次成绩的标准分数分别为：

$$z_S=\frac{150-125}{25}=1,\quad z_M=\frac{425-400}{50}=0.5$$

由于 $z_S>z_M$，故 S 项成绩更为理想。

27．某幼儿园有 58 名小朋友，其年龄(单位：周岁)的直方图如图 4-1 所示，则小朋友年龄的众数为(　　)。

A．4　　B．5　　C．25　　D．58

【解析】由直方图 4-1 可以直观地看到 4 周岁的小朋友有 25 人，人数最多，因此众数为 4。

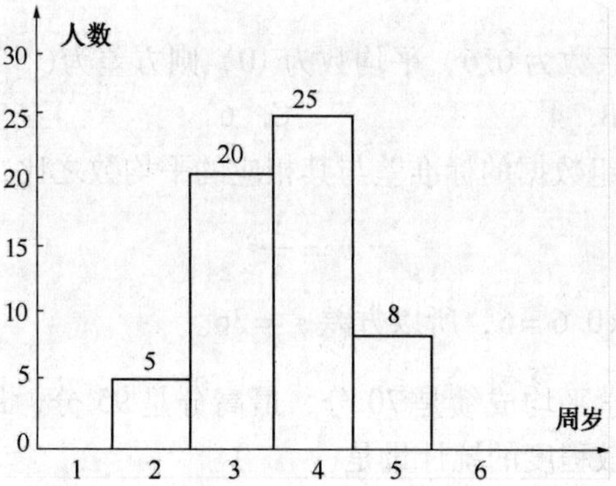

图 4-1

28．由 8 位销售员一个月销售某产品的数量制作的茎叶图如图 4-2 所示，则销售量的中位数为(　　)。

25B　26A　27A　28D

茎	叶
4	5 5
5	8 7 6 2
6	0 3

图 4-2 茎叶图

A. 5

B. 6.5

C. 45

D. 56.5

【解析】由茎叶图可知 8 个数值分别为：45，45，58，57，56，52，60，63，由小到大的排序为 45，45，52，56，57，58，60，63，所以中位数为：

$$\frac{1}{2}(x_4+x_5)=\frac{1}{2}(56+57)=56.5$$

29．如果一组数据不是对称分布，根据切比雪夫不等式，对于 $k=4$，其意义是(　　)。

A．至少有 75% 的数据落在平均数加减 4 个标准差的范围之内

B．至少有 89% 的数据落在平均数加减 4 个标准差的范围之内

C．至少有 94% 的数据落在平均数加减 4 个标准差的范围之内

D．至少有 99% 的数据落在平均数加减 4 个标准差的范围之内

【解析】根据切比雪夫不等式，至少有 $(1-1/k^2)$ 的数据落在 k 个标准差之内。其中 k 是大于 1 的任意值。对于 $k=2$、3、4，该不等式的含义是：至少有 75% 的数据落入平均数 ±2 个标准差的范围内；至少有 89% 的数据落入平均数 ±3 个标准差的范围之内；至少有 94% 的数据落入平均数 ±4 个标准差的范围之内。

30．假定一个样本由 5 个数据组成：3，7，8，9，13。该样本的方差为(　　)。

A．8　　B．9.7　　C．10.4　　D．13

【解析】5 个数据的均值为：

$$\bar{x}=\frac{x_1+x_2+\cdots+x_5}{n}=\frac{3+7+\cdots+13}{5}=8$$

根据未分组数据的样本方差公式：

$$s^2=\frac{\sum(x_i-\bar{x})^2}{n-1}=\frac{(3-8)^2+(7-8)^2+\cdots+(13-8)^2}{4}=13$$

31．一组数据的离散系数为 0.6，平均数为 10，则方差为(　　)。

A．0.4　　B．4　　C．6　　D．36

【解析】离散系数是一组数据的标准差与其相应的平均数之比，其计算公式为：

$$v_s=\frac{s}{\bar{x}}$$

则标准差 $s=\bar{x}v_s=10\times0.6=6$，所以方差 $s^2=36$。

32．某班学生的统计学平均成绩是 70 分，最高分是 95 分，最低分是 65 分，根据这些信息，可以计算的测度离散程度的统计量是(　　)。

A．方差　　B．极差　　C．标准差　　D．中位数

【解析】测度数值型数据离散程度的方法主要有极差、四分位差、平均差、方差、标准差和离散系数。其中极差是一组数据的最大值与最小值之差。由于题中只给了最低分和最高分，所以只能计算极差。

29C　30D　31D　32B

33．在某公司进行的英语水平测试中，新员工的平均得分是 80 分，标准差是 5 分，中位数是 85 分，则新员工得分的分布形状是(　　)。

A．对称的　　B．左偏的　　C．右偏的　　D．无法确定

【解析】如果数据的分布是对称的，众数、中位数和平均数必定相等；如果数据存在极小值，即呈现左偏分布，则平均数受极值影响向极小值一方靠，而中位数由于是位置代表值，不受极值的影响，因此两者之间的关系表现为：平均数 < 中位数；如果数据存在极大值，即呈现右偏分布，则平均数受极值影响向极大值一方靠，此时中位数 < 平均数。

34．对在某个高速路段行驶过的 120 辆汽车的车速进行测量后发现，平均车速是 85 公里/小时，标准差是 4 公里/小时，下列哪个车速可以看作是异常值？(　　)。

A．78 公里/小时　　B．82 公里/小时　　C．91 公里/小时　　D．98 公里/小时

【解析】根据经验法则可知，约有 99% 的数据在平均数 ±3 个标准差的范围之内，在 3 个标准差以外的数据是离群点。因此 99% 的数据应包含在(85 ±3 ×4)区间内，即(73，97)，D 项可以看作是异常值。

35．设一组数据的茎叶图如图 4-3 所示，此数据组的极差为(　　)。

0	3		
1	3	7	9
2	1	4	

图 4-3

A. 1　　B．6　　C．7　　D．21

【解析】据茎叶图，可知原数据组为 3，13，17，19，21，24，故其极差 $R = 24 - 3 = 21$。

二、多项选择题

1．在数据离散程度的测量值中，不受极端值影响的测度值有(　　)。[郑州大学 2025 研]

A．极差　　B．异众比率　　C．四分位差　　D．标准差

E．变异系数

【解析】异众比率是指非众数组的频数占总频数的比例。它是依据众数计算的，由于众数是位置代表值，是不受极端值影响的，所以异众比率也不受极端值影响。四分位差是上四分位数与下四分位数之差，而上四分位数与下四分位数都是位置代表值，都不受极端值影响，所以四分位差也不受极端值影响。

2．下列哪些情况平均数的结果不受影响？(　　)[中国海洋大学 2020 研]

A．所有变量值都增加或减少 100 个单位

B．分组后各组频数相等

C．各组频数都扩大 1/2

D．各组频数都减少 100 个单位

E．所有变量值都扩大 1/2

【解析】AE 两项，对于未分组数据，无论所有数据增加或减少一定单位，还是扩大缩小一定倍数，平均数都会进行相同的变化。BCD 三项，对于分组数据，平均数为各组均值的加权平均，权重 $= f_i/(f_1 + f_2 \cdots + f_k)$，其中，$f_i$ 为第 i 组的频数，k 为组数。若各组频数相等，则各组权重均为 $1/n$，与未分组数据的平均数相同，所以分成频数相等的组，不影响平均数

33B　34D　35D　▌　1BC　2BC

计算；若各组都扩大1/2，则分母上下可约去1/2，权重不变，平均数也不变；若频数都减少100单位，则上下不可约分，权重发生改变，平均数也随之改变。

3. 描述数据频数分布集中趋势的统计量有(　　)。[东北财经大学2014、2011研]

A. 方差　　B. 众数　　C. 中位数　　D. 平均数

【解析】数据的集中趋势是指该组数据的数值向其中心值的靠拢程度。描述数据频数分布集中趋势的统计量有众数、中位数、分位数、平均数等。方差是描述数据离散程度的统计量。

4. 偏态系数是对数据分布偏斜程度的测度，下面描述正确的是(　　)。[西安交大2008研]

A. 偏态系数=0为对称分布

B. 偏态系数>0为右偏分布

C. 偏态系数<0为右偏分布

D. 偏态系数>1或偏态系数<-1为高度偏态分布

E. 偏态系数>3或偏态系数<-3为高度偏态分布

【解析】如果一组数据的分布是对称的，则偏态系数等于0。因此如果偏态系数明显不等于0，表明分布是非对称的。若偏态系数>0，表示正离差值较大，可以判断为正偏或右偏；反之，表示负离差值较大，可判断为负偏或左偏。若偏态系数绝对值大于1，被称为高度偏态分布；若偏态系数绝对值在0.5~1之间，被认为是中等偏态分布；偏态系数越接近0，偏斜程度就越低。

5. 甲班同学的平均身高为$\bar{X}_1$，标准差为σ_1，乙班同学的平均身高为$\bar{X}_2$，标准差为σ_2，那么(　　)。[西安交大2008研]

A. $\bar{X}_1>\bar{X}_2$，$\sigma_1>\sigma_2$，则甲班身高均值的代表性低

B. $\bar{X}_1<\bar{X}_2$，$\sigma_1>\sigma_2$，则甲班身高均值的代表性低

C. $\bar{X}_1=\bar{X}_2$，$\sigma_1>\sigma_2$，则甲班身高均值的代表性低

D. $\bar{X}_1<\bar{X}_2$，$\sigma_1<\sigma_2$，则甲班身高均值的代表性低

E. $\bar{X}_1<\bar{X}_2$，$\sigma_1=\sigma_2$，则甲班身高均值的代表性低

【解析】若两总体的均值相同，则方差越大，离散程度越大，相应均值的代表性就越低。比较两个不同均值的同类现象时，采用离散系数来衡量均值的代表性大小。由于离散系数$v_\sigma=\dfrac{\sigma}{\bar{X}}$，所以当$\bar{X}_1<\bar{X}_2$，$\sigma_1>\sigma_2$时，$v_1>v_2$，即甲班身高的离散程度大，从而甲班身高均值的代表性就低。若两总体的方差相同，则均值越小，离散程度越大，均值代表性就越低。

6. 下列关于众数的叙述，正确的有(　　)。

A. 一组数据可能存在多个众数　　B. 众数主要适用于分类数据

C. 一组数据的众数是唯一的　　D. 众数不受极端值的影响

E. 众数是一个位置代表值

3BCD　4ABD　5BCE　6ABDE

【解析】众数是一组数据中出现次数最多的变量值，用 M_o 表示。众数代表数据的一般水平，适用于分类数据、顺序数据以及数值型数据集中趋势的测度。众数是一个位置代表值，它不受数据中的极端值影响。一组数据的众数可能只有一个，也可能有几个，也可能没有众数。

7. 关于极差，下列说法正确的有(　　)。

A. 只能说明变量值变异的范围

B. 不反映所有变量值差异的大小

C. 反映数据的分配状况

D. 最大的缺点是受极端值的影响

E. 最大的优点是不受极端值的影响

【解析】极差是总体中单位标志值的最大值与最小值的差距，说明标志值变动的最大范围。其计算公式为：极差 = 最大标志值 - 最小标志值。极差的优点是容易理解、计算方便；极差的缺点是不能反映中间数据的分散状况，易受到极值的影响。

8. 下列属于平均差和标准差的相同点的有(　　)。

A. 对正负离差综合平均的方法相同

B. 有简单式和加权式的计算

C. 依据同一资料进行计算结果相同

D. 将所有相关变量值都考虑在内

E. 以平均数为中心测定各变量值的离散程度

【解析】平均差和标准差的相同点：①计算方式都分为简单平均法和加权平均法两种；②范围相同，将所有变量都考虑在内；③作用相同，以平均数为中心测定各变量值的离散程度。不同点：①计算公式的依据不同；②对正负离差综合平均的方法不同；③说明同质总体的变异程度的方式有差异；④受极端值的影响程度不同。

9. 下列指标中不可能出现负值的有(　　)。

A. 众数　　B. 极差　　C. 标准差　　D. 平均差

E. 平均数

【解析】极差是指总体各单位标志值中最大值和最小值之差；标准差是平方差开平方的结果；平均差是各单位标志值对算术平均数的离差绝对值的算术平均数；众数是一组数列中出现次数最多的数，可能为负值；平均数也称为均值，它是一组数据相加后除以数据的个数得到的结果，也可能出现负值。

三、判断题

1. 可以用异众比率衡量数据离散程度。[对外经济贸易大学 2024 研]

【解析】异众比率是统计学中用于衡量分类数据离散程度的重要指标，主要反映众数对一组数据的代表性程度。

2. 如果总体服从右偏分布，那么其平均数小于中位数。[对外经贸大学 2021 研]

【解析】如果总体服从右偏分布，数据存在极大值，拉动平均数向极大值靠，此时众数 < 中位数 < 平均数。

7ABD　8BDE　9BCD　▎　1✓　2×

3．若比较两个变量分布平均数代表性的高低，则方差大者平均数的代表性好。(　　)[中国海洋大学2021研]

【解析】比较两个变量分布平均数代表性的高低时，方差越大，数据离散程度越大，数据稳定性越差，更容易出现极端值，平均数的代表性越差。

4．偏态系数的绝对值越大，偏斜越严重。(　　)[中央财经大学2018研]

【解析】如果一组数据的分布是对称的，则偏态系数等于0。因此如果偏态系数明显不等于0，表明分布是非对称的。若偏态系数绝对值大于1，被称为高度偏态分布；若偏态系数绝对值在0.5～1之间，被认为是中等偏态分布；偏态系数越接近0，偏斜程度就越低。

5．一组数据的中位数和平均数不会受到极端值的影响。(　　)[对外经济贸易大学2015研]

【解析】中位数是一组数据排序后处于中间位置上的变量值，它是一个位置代表值，不受极端值的影响；平均数也称为均值，它是由一组数据相加后除以数据个数所得的结果，会受到极端值的影响。

6．一组数据的偏态系数大于0，说明该组数据的分布呈现右偏。(　　)[对外经济贸易大学2015研]

【解析】偏态系数是测度偏态的统计量，如果一组数据的分布是对称的，则偏态系数等于0；当偏态系数为正值时，表示正离差值较大，可以判断为正偏或右偏；反之，当偏态系数为负值时，表示负离差值较大，可判断为负偏或左偏。

四、简答题

1．简述众数、中位数和平均数的特点及联系。[重庆邮电大学2025研；河海大学2020研；厦门大学2018研；山东大学2018研；对外经济贸易大学2015研；中央财大2005研；北京林业大学2005研]

相关试题：

(1)简述众数、中位数和均值的特点和应用场合。[福州大学2025研；华侨大学2025研；安徽师范大学2021研]

(2)简述算术平均数，中位数，众数的优缺点以及它们之间的关系。[华东师范大学2025研]

答：(1)众数、中位数和平均数的特点

①众数(M_o)

众数是一组数据中出现次数最多的变量值。

众数是一组数据分布的峰值，不受极端值的影响。众数具有不唯一性，可能有一个或多个，也可能没有。众数代表数据的一般水平，适用于分类数据、顺序数据以及数值型数据集中趋势的测度。一般情况下，只有在数据量较大的情况下，众数才有意义。

②中位数(M_e)

中位数是一组数据排序后处于中间位置上的变量值。它将全部数据等分成比中位数大与比中位数小两部分，每部分包含50%的数据。

3× 4√ 5× 6√

中位数是一个位置代表值，特点是不受极端值的影响。中位数适用于测度顺序数据与数值型数据的集中趋势，但不适用于分类数据。

③平均数($\bar{x}$)

平均数也称为均值，是指一组数据中所有数据之和除以这组数据个数的比值。

平均数在统计学中具有重要的地位，是集中趋势的最主要测度值，它主要适用于数值型数据，而不适用于分类数据和顺序数据。由于平均数包含了所有数值的信息，因此易受数据极端值的影响，对于偏态分布的数据，平均数的代表性较差。

(2)众数、中位数和平均数的联系

众数、中位数和平均数都是用来度量数据的集中趋势的数值。从分布形态的角度看，众数是一组数据分布的最高峰值，中位数是一组数据中间位置上的值，前后各有50%的数据，平均数是全部数据的算术平均。

对于具有单峰分布的大多数数据而言，众数、中位数和平均数三者关系如下：

①当数据呈对称分布时，众数、中位数和平均数三者大小相等，即 $M_o = M_e = \bar{x}$；

②当数据呈左偏分布时，数据存在极小值，拉动平均数向极小值一方靠拢，众数和中位数是位置代表值，不受极端值的影响，此时 $\bar{x} < M_e < M_o$；

③当数据呈右偏分布时，数据存在极大值，拉动平均数向极大值一方靠拢，此时 $M_o < M_e < \bar{x}$。

2. 简述衡量数据离散程度的统计量有哪些，并说明各自的适用范围。［安徽大学 2025研；西安交通大学 2015 研；东北财经大学 2014 研；中央财经大学 2013 研］

答：离散程度是在统计学上描述观测值偏离中心位置的程度，反映了所有观测值偏离中心的分布情况。数据的离散程度越大，越偏离中心位置，集中趋势的测度值对该组数据的代表性就越差；离散程度越小，越向中心位置集中，其代表性就越好。离散程度的指标主要有：

(1)异众比率

异众比率是指非众数值的次数之和在总次数中所占比重，用 V_r 表示，计算公式为：$V_r = 1 - \frac{f_0}{\sum f}$，其中 $\sum f_i$ 为总次数，f_0 为众数值次数。

异众比率主要用于衡量一组数据以众数为分布中心的集中程度，即衡量众数代表一组数据一般水平的代表性。异众比率的数值越小，说明数据的集中程度越高，众数的代表性越大；反之，异众比率的数值越大，说明数据的集中程度越低，众数的代表性越小。异众比率主要用于测定定性变量的离散程度，也可以用于测定定量变量(数值型数据)的离散程度，但运用较少。

(2)四分位差

四分位差又称内距或四分位距，是上四分位数与下四分位数之差，用 Q_d 表示。

四分位差实质上是两端各去掉四分之一的数据以后的极差，表示占全部数据一半的中间数据的离散程度。四分位差越大，表示数据离散程度越大。四分位差是对极差一定程度上的改进，避免了极端值的干扰。四分位差主要用于测度顺序数据的离散程度。对于数值型数据也可以计算四分位距，但它不适合分类数据。

(3)极差

极差，又称全距，是指一组数据的最大值与最小值之差，通常用 R 表示。用公式表示为：$R=\max(x_i)-\min(x_i)$。

极差计算简单，含义直观，易于理解。极差仅受最大值和最小值的影响，不能反映一组数据变量分布的情况，而且它非常容易受数据中极端值的影响。因此，不能准确地描述数据的分散程度。

(4)平均差

平均差又称平均绝对离差，是一组数据与其均值之差的绝对值的平均数，用 M_d 表示。

平均差利用了全部数据计算，因此容易受到极端值的影响，主要用于数值型数据，因其计算不便，数学性质较差，因而在实际中应用较少。

(5)方差 s^2 与标准差 s

方差是各个变量值与其均值离差平方的平均数，它反映了样本中各个观测值到其均值的平均离散程度；标准差是方差的平方根。

方差和标准差是测度数据离散程度最重要和最常用的指标。

(6)离散系数

离散系数又称变异系数、标准差系数，它是将一组数据的标准差除以其均值，用来测度数据离散程度的相对数。

离散系数大，说明数据越分散；离散系数小，说明数据越集中。当进行两个或多个资料变异程度的比较时，如果各样本的度量单位、平均数相同，可以直接利用标准差来比较。当各样本的单位或平均数不同时，比较其变异程度就不能采用标准差，而需采用标准差与平均数的比值(相对值)来比较。

3. 为什么要计算变异系数？[浙江财经大学 2020 研；杭州电子科技大学 2020 研；江苏大学 2012 研]

相关试题：离散系数是什么？为什么有了标准差还要计算离散系数？[河南大学 2025 研；中南财经政法大学 2022 研]

答：离散系数又称变异系数、标准差系数，它是将一组数据的标准差除以其均值，用来测度数据离散程度的相对数，计算公式为：

$$v_s=\frac{\text{标准差}}{\text{均值}}=\frac{s}{\bar{x}}$$

一般情况下，可以用方差和标准差来衡量数据的离散程度，但方差和标准差有一定的局限性：

(1)标准差的大小会受到数据本身数值大小或者计量单位不同的影响，如数列 1、2、3、4、5 的均值为 3，标准差为 1.58；而数列 1001、1002、1003、1004、1005 的均值为 1003，标准差为 1.58。虽然这两个数列的标准差相同，但是两数列的差异程度却不相同，明显地第一个数列的差异程度要大于第二个数列。

(2)不同的计量单位的数列，不能直接用标准差比较其离散程度。假设数列 1、2、3、4、5 是以米为单位计量的，但若改用厘米为计量单位，则数列就变为 100、200、300、400、500，其均值为 300，标准差为 158。这时不能说数列的离散程度发生了变化。

因此，为了消除变量值水平高低和计量单位不同对离散程度测度值的影响，更准确地反映研究现象的差异程度，需要计算变异系数。

4. 简述标志变异指标的意义和作用。［浙江工商大学 2011 研］

答：标志变异指标又称为标志变动度，是反映总体各单位标志值之间差异程度大小的综合指标。标志变异指标说明的是变量的集中趋势，标志变异度越小，则测定集中趋势的指标的代表性越好。

标志变异指标的意义和作用是：①衡量平均指标代表性的尺度；②衡量研究现象的稳定性和均衡性；③为科学确定抽样单位数提供依据。测量标志变异的主要指标有极差、平均差、方差、标准差和标志变动系数等。

5. 什么是集中趋势和离散趋势？它们常用的指标有哪些？［华东师范大学 2022 研；西安交大 2006 研］

答：(1)数据的集中趋势是指较大和较小的观测值出现的频率比较低，大多数观测值密集分布在中心附近，使数据呈现出向某一中心值聚集或靠拢的态势。

测度数据集中趋势的指标有两大类：一类是数值平均数，它们是根据全部数据计算得到的代表值，主要有算术平均数、调和平均数及几何平均数；另一类是位置代表值，是根据数据所处位置直接观察或根据与特定位置有关的部分数据来确定的代表值，主要有众数和中位数。

(2)数据的离散趋势描述了观测值偏离中心位置的趋势，反映了平均数的代表性与数据之间差异程度的大小。数据的离散程度越大，越偏离中心位置，集中趋势的测度值对该组数据的代表性就越差；离散程度越小，越向中心位置集中，集中趋势的测度值代表性就越好。

常用的变异指标主要有两类：一类是用绝对数或平均数表示的，主要有极差、四分位差、平均差、标准差等，这类变异指标的计量单位与数据的计量单位相同；另一类是用相对数表示的，主要有离散系数、异众比率等，是没有量纲的比率。

6. 简述标准化值的意义及计算公式。［中央财大 2006 研］

答：标准化值也称 z 分数，是一种具有相等单位的量数，它是将原始分数与平均数之差除以标准差所得的商数，是以标准差为单位度量原始分数离开其平均数多少个标准差。其计算公式为：

$$z_i=\frac{x_i-\bar{x}}{s}$$

式中 z_i 为变量 x_i 的标准化值，$\bar{x}$ 是该组数据均值，s 为该组数据的标准差。

标准化实际上是一种线性变换，将不同均值和标准差的总体都转换为均值为 0、标准差为 1 的总体，将各个体的数据转换为它在其总体中的相对位置。因此标准化值的比较只有相对意义，没有绝对意义。

五、计算题

1. 某车间有甲、乙两个生产组，甲组平均每个工人的日产量为 36 件，标准差为 9.6 件；乙组工人日产量资料如下：

日产量	人数
15	15
25	38
35	34
45	13

要求：

(1)计算乙组平均每个工人的日产量和标准差；

(2)比较甲、乙两个生产小组哪个组的日产量更有代表性？［湘潭大学 2025 研］

解：(1)乙组平均每个工人的日产量 =(15×15+25×18+35×34+45×13)/(15+38+34+13)=29.5(件)。

方差 $=[(15-29.5)^2\times15+(25-29.5)^2\times38+(35-29.5)^2\times34+(45-29.5)^2\times13]/100=80.75$ 件。

标准差 $=\sqrt{80.75}\approx8.99$(件)。

(2)甲组离散系数 =36/9.6×100% =26.67%，乙组离散系数 =8.99/29.5×100% =30.47%，

离散系数越小，表示数据的离散程度相对均值越小，即更有代表性。因此，甲组的日产量更有代表性。

2. 如果投资项目 A 的预期回报率为 8%，标准差为 5%；而投资项目 B 的预期回报率为 12%，标准差为 7%，如何帮助投资者作出选择？［对外经济贸易大学 2015 研］

解：由题可得：$E(X_A)=8\%$，$\sigma_A=5\%$；$E(X_B)=12\%$，$\sigma_B=7\%$。

计算标准差系数得：

$$v_A=\sigma_A/E(X_A)=5\%\div8\%=0.625$$

$$v_B=\sigma_B/E(X_B)=7\%\div12\%=0.583$$

因为，$v_A>v_B$，即项目 B 的投资风险小于项目 A，且项目 B 的预期回报率高于项目 A，所以，投资者应该选择投资项目 B。

3. 下表的样本数据代表 30 个稀土公司一个月的产量(单位：kg)。

1467.8	228	111.3	76	55.1	40
318	222.6	89.1	72.5	54.1	32.4
296.9	214.6	82	66	50	30.9
256	207.3	81.5	60.4	50	30.3
254.5	120.7	78.8	60	44.5	30

(1)计算这组数据的均值、中位数和标准差。

(2)产量落在均值附近 2 个标准差范围内的占多大比例？

(3)表中第一个公司的产量极大，为 1467.8kg。将这个数据删除后重新计算产量的均值、中位数和标准差。

(4)解释被删除的数据 1467.8 是如何影响三个描述性统计量的。［北京交通大学 2015 研］

解：(1)均值 $\bar{x}=\frac{\sum_{i=1}^{n}x_i}{n}=\frac{1467.8+228+111.3+\cdots+30}{30}\approx159.38$。

将此 30 个数据按从大到小依次排列为 1467.8，318，296.9，…，30.3，30；

则可得第 15 位和第 16 位数分别为 78.8 和 76，所以中位数 $=\frac{78.8+76}{2}=77.4$。

标准差 $s=\sqrt{\frac{1}{n-1}\sum_{i=1}^{n}(x_i-\bar{x})^2}=262.48$。

(2)根据(1)计算结果，可知均值附近 2 个标准差范围为(-365.58，684.34)；

由表中数据可知除 1467.8 外，其他样本都在该范围内，所以产量落在均值附近 2 个标准差范围内的比例为 29÷30×100% =96.7%。

(3)由题可计算出均值、中位数和标准差分别如下：

$$\bar{x}' = \frac{\sum_{i=1}^{n'} x_i}{n'} = \frac{228 + 111.3 + \cdots + 30}{29} \approx 114.26$$

$$M_e = 76$$

$$s' = \sqrt{\frac{1}{n'-1}\sum_{i=1}^{n'}(x_i - \bar{x})^2} = 90.04$$

(4)删除的 1467.8 为极大值，对样本均值和标准差存在影响，删除后，样本均值和标准差均减小；而对位置平均数中位数几乎没有影响。

4. 一项调查获得如表 4-2 所示容量为 20 的样本数据。

表 4-2

2	5	10	12	4	4	5	17	11	8
9	8	12	21	6	8	7	13	18	3

要求：

(1)确定该数据的中位数。

(2)以 0～4、5～9、10～14 等为组限，绘制等距式频数分布表及累积频数分布表。

(3)绘制频数分布直方图和累积频数分布图。

(4)指出该数据所属的频数分布类型。［东北财经大学 2011 研］

解：(1)将数据按照升序重新排序，结果如下：

2 3 4 4 5 5 6 7 8 8 8 9 10 11 12 12 13 17 18 21

中位数位置 $=\frac{20+1}{2}=10.5$

所以中位数为：$\frac{8+8}{2}=8$，即 $M_e=8$。

(2)绘制等距式频数分布表及累积频数分布表如表 4-3 所示。

表 4-3 等距式频数分布及累积频数分布表

分组	频数	频率(%)	向上累积		向下累积	
			频数	频率(%)	频数	频率(%)
0～4	4	20	4	20	20	100
5～9	8	40	12	60	16	80
10～14	5	25	17	85	8	40
15～19	2	10	19	95	3	15
20～24	1	5	20	100	1	5
合计	20	100	—	—	—	—

(3)绘制频数分布直方图如图 4-4 所示。

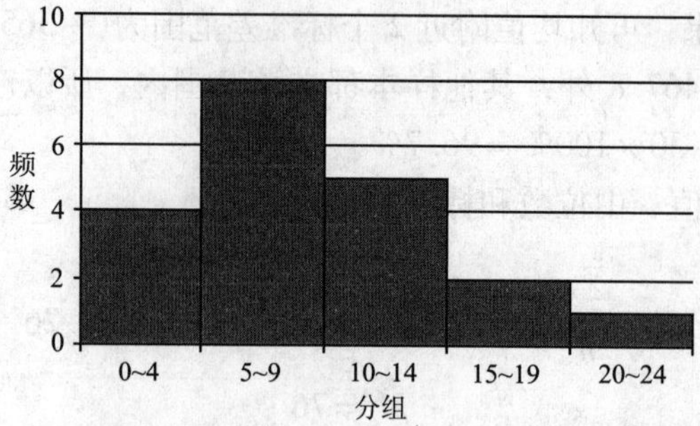

图 4-4　频数分布直方图

累计频数分布图如图 4-5 及图 4-6 所示。

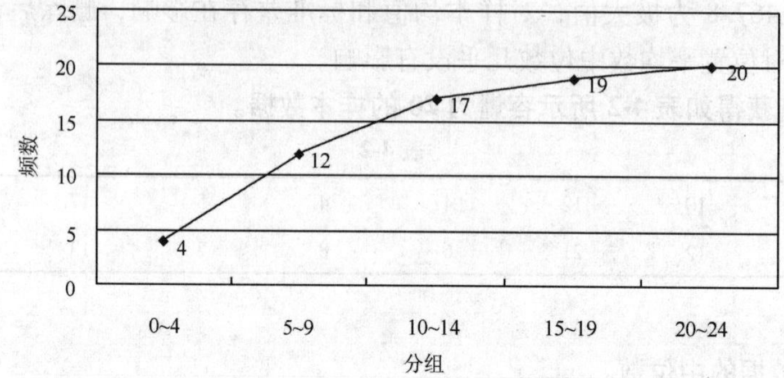

图 4-5　向上累积频数分布图

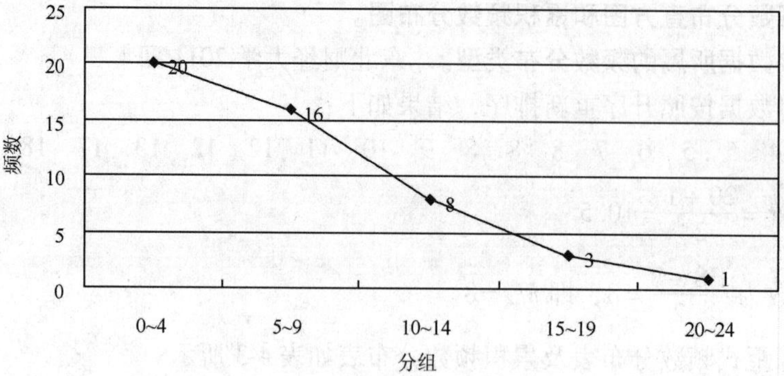

图 4-6　向下累积频数分布图

(4)
$$\bar{x}=\frac{\sum_{i=1}^{n}x_i}{n}=\frac{\sum_{i=1}^{20}x_i}{20}=9.15$$

$$s=\sqrt{\frac{\sum_{i=1}^{n}(x_i-\bar{x})^2}{n-1}}=\sqrt{\frac{\sum_{i=1}^{20}(x_i-\bar{x})^2}{20-1}}=5.18$$

$$SK=\frac{n\sum(x_i-\bar{x})^3}{(n-1)(n-2)s^3}=\frac{20\times\sum(x_i-\bar{x})^3}{(20-1)(20-2)s^3}=0.796$$

$$K=\frac{n(n+1)\sum(x_i-\bar{x})^4-3[\sum(x_i-\bar{x})^2]^2(n-1)}{(n-1)(n-2)(n-3)s^4}$$

$$=\frac{20\times 21\times\sum(x_i-\bar{x})^4-3\times 19\times[\sum(x_i-\bar{x})^2]^2}{19\times 18\times 17\times s^4}=0.081$$

$SK=0.796$ 说明该频数分布中等右偏分布，$K=0.081$ 说明该频数分布为尖峰分布，即与正态分布相比，该数据分布更集中。

5. 甲乙两个班级统计学考试成绩资料如下：

甲班的平均分数为 75 分，标准差为 7 分；乙班的考试成绩频数分布表如表 4-4 所示。

表 4-4　乙班考试成绩频数分布表

分数(分)	人数(人)
60 以下	4
60 ~ 70	8
70 ~ 80	13
80 ~ 90	7
90 以上	5

要求：

(1) 计算乙班的平均考试分数。

(2) 计算乙班考试分数的方差及标准差。

(3) 计算乙班考试分数的离散系数。

(4) 比较甲乙两个班级考试分数的离散程度的大小。［东北财经大学 2011 研］

解：(1) 乙班平均考试分数计算过程如表 4-5 所示。

表 4-5

分数(分)	组中值 M_i	人数(人) f_i	M_if_i
60 分以下	55	4	220
60 ~ 70	65	8	520
70 ~ 80	75	13	975
80 ~ 90	85	7	595
90 以上	95	5	475
合计	—	37	2785

由表 4-5 中数据可得

$$\bar{x}_{乙}=\frac{\sum_{i=1}^{k}M_if_i}{n}=\frac{2785}{37}=75.27$$

(2) 方差计算过程如表 4-6 所示。

表 4-6

分数(分)	组中值 M_i	人数(人) f_i	$(M_i-\bar{x})^2$	$(M_i-\bar{x})^2f_i$
60 分以下	55	4	410.873	1643.492
60 ~ 70	65	8	105.473	843.783
70 ~ 80	75	13	0.073	0.948
80 ~ 90	85	7	94.673	662.710
90 以上	95	5	389.273	1946.365
合计	—	37	1000.365	5097.298

由表 4-6 数据可得

$$s_{乙}^2=\frac{\sum_{i=1}^{k}(M_i-\bar{x})^2f_i}{n}=\frac{5097.298}{37}=137.76$$

$$s_{乙}=\sqrt{s_{乙}^2}=\sqrt{137.76}=11.74$$

(3) $v_{s乙}=\frac{s_{乙}}{\bar{x}_{乙}}=\frac{11.74}{75.27}=0.156$

(4) $v_{s甲}=\frac{s_{甲}}{\bar{x}_{甲}}=\frac{7}{75}=0.093$

$v_{s乙}>v_{s甲}$，说明两个班的统计学考试成绩相比较，甲班的成绩较集中，乙班的成绩较分散。

6. 随机抽取 25 个网络用户，得到他们的年龄数据如表 4-7 所示。

表 4-7　　单位：周岁

19	15	29	25	24
23	21	38	22	18
30	20	19	19	16
23	27	22	34	24
41	20	31	17	23

要求：(1) 计算众数、中位数。(2) 计算平均数和标准差。(3) 计算偏态系数和峰态系数。(4) 对网民年龄的分布特征进行综合分析。［南京大学 2009 研］

解：(1) 对表中数据按从小到大顺序排列：

15　16　17　18　19　19　19　20　20　21　22　22
23　23　23　24　24　25　27　29　30　31　34　38　41

由排序数据可知，年龄出现频数最多的是 19 和 23，都出现 3 次，所以有两个众数，即 $M_o=19$ 和 $M_o=23$。

由于中位数位置 $=\frac{n+1}{2}=\frac{25+1}{2}=13$，所以 $M_e=23$。

(2) 平均数 $\bar{x}=\frac{\sum_{i=1}^{n}x_i}{n}=\frac{19+15+\cdots+23}{25}=\frac{600}{25}=24$

由平均数 $\bar{x}=24$ 可得标准差：

$$s=\sqrt{\frac{\sum_{i=1}^{n}(x_i-\bar{x})^2}{n-1}}$$

$$=\sqrt{\frac{(19-24)^2+(15-24)^2+\cdots+(17-24)^2+(23-24)^2}{25-1}}$$

$$=6.65$$

(3) 偏态系数：

$$SK=\frac{n\sum(x_i-\bar{x})^3}{(n-1)(n-2)s^3}=\frac{25\sum(x_i-24)^3}{(25-1)(25-2)\times6.65^3}=1.08$$

峰态系数：

$$K=\frac{n(n+1)\sum(x_i-\bar{x})^4-3[\sum(x_i-\bar{x})^2]^2(n-1)}{(n-1)(n-2)(n-3)s^4}$$

$$=\frac{25(25+1)\sum(x_i-24)^4-3[\sum(x_i-24)^2]^2(25-1)}{(25-1)\times(25-2)\times(25-3)\times 6.65^4}=0.77$$

(4)对网民年龄的分布特征进行综合分析的结果如下：从众数、中位数和平均数来看，网民年龄在 23 ~ 24 岁的人数占多数。由于标准差较大，说明网民年龄之间有较大差异。从偏态系数来看，年龄分布为右偏。并且偏态系数大于 1，所以偏斜程度很大，说明年龄较大的网民人数相对于年轻网民人数来说很少。峰态系数为正值，所以为尖峰分布，说明网民的年龄分布相对集中。

7. 下面是 CAILY 大学田径队纪录的 1/4 英里和 1 英里赛跑每次所用时间的数据(以分钟计)。

1/4 英里的时间：	**0.92**	**0.98**	**1.04**	**0.90**	**0.99**
1 英里的时间：	**4.52**	**4.35**	**4.60**	**4.70**	**4.50**

根据这些数据，一个教练评论说，1/4 英里所用的时间已经趋于一致了，1 英里所用时间差别较大。请用适当的指标来概括数据的特性并说明该教练的说法是否合理？［中央财大 2006 研］

解： 根据已知数据，可以分别计算出 1/4 英里和 1 英里所用时间的样本均值和标准差。

1/4 英里所用时间的样本均值为：

$$\bar{x}_1=\frac{0.92+0.98+1.04+0.90+0.99}{5}=0.966$$

样本标准差为：

$$s_1=\sqrt{\frac{\sum_{i=1}^{n}(x_i-\bar{x}_1)^2}{n-1}}=\sqrt{\frac{(0.92-0.966)^2+(0.98-0.966)^2+\cdots+(0.99-0.966)^2}{5-1}}=0.056$$

1 英里所用时间的样本均值为：

$$\bar{x}_2=\frac{4.52+4.35+4.60+4.70+4.50}{5}=4.534$$

样本标准差为：

$$s_2=\sqrt{\frac{\sum_{i=1}^{n}(x_i-\bar{x}_2)^2}{n-1}}=\sqrt{\frac{(4.52-4.534)^2+(4.35-4.534)^2+\cdots+(4.50-4.534)^2}{5-1}}=0.130$$

由上面的计算结果可知，两个样本的均值不相同，因此不能简单地用标准差来比较这两个样本的离散程度。这两个样本的离散系数分别为：

1/4 英里所用时间的离散系数 $v_1=\frac{s_1}{\bar{x}_1}=\frac{0.056}{0.966}=0.058$

1 英里所用时间的离散系数 $v_2=\frac{s_2}{\bar{x}_2}=\frac{0.130}{4.534}=0.029$

因为 $v_1>v_2$，所以可知 1/4 英里所用时间的离散程度大于 1 英里所用时间的离散程度。由此可以判断该教练的说法不合理。

8. 下面是 A、B 两个班学生的数学考试成绩数据如表 4-8，4 –9 所示。

A 班：

表 4-8

55	76	66	85	75	62	79	73	93	76
67	85	74	61	78	71	92	79	65	83
73	57	77	70	90	75	63	81	73	96

B 班：

表 4-9

34	71	56	90	66	48	81	58	96	71
55	85	62	44	79	57	95	68	54	84
61	39	73	57	94	68	51	82	61	100

(1)将两个班的考试成绩用一个公共的茎制成茎叶图，比较两个班考试成绩分布的特点。

(2)两个班考试成绩的描述统计量如表 4-10 所示。试进行比较分析。

表 4-10

A 班		B 班	
平均	75	平均	68
中位数	75	中位数	67
众数	73	众数	57
标准偏差	10.44	标准偏差	17.64
样本方差	108.90	样本方差	311.10
峰值	-0.35	峰值	-0.76
偏斜度	0.11	偏斜度	0.11
极差	41	极差	66
最小值	55	最小值	34
最大值	96	最大值	100

(3)要判断考试成绩是否有离群点，可使用哪些方法？

(4)要判断考试成绩是否服从正态分布，可使用哪些描述性方法？［人大 2004 研］

解：(1)构建两个班考试成绩的茎叶图，如图 4-7 所示。

A 班		树茎	B 班	
数据个数	树叶		树叶	数据个数
0		3	94	2
0		4	84	2
2	57	5	8776541	7
6	123567	6	886211	6
14	01333455667899	7	9311	4
4	1355	8	5421	4
4	0236	9	6540	4
0		10	0	1

图 4-7　两个班考试成绩的茎叶图

从茎叶图可以看出，A 班考试成绩的分布比较集中，B 班考试成绩的分布比 A 班分散。

(2)从平均数、众数与中位数可以看出 A 班成绩明显好于 B 班；A 班成绩的标准差小于 B 班，说明 A 班成绩相对于 B 班比较集中；两个班成绩的偏斜度较低，成绩分布比较对称；从极差可以看出 B 班的成绩差异大于 A 班。

(3)可使用“3σ”准则：A 班学生的数学成绩全部在 ±3 个标准差之内，即 $75 \pm 3 \times 10.44 = (43.68, 106.32)$，所以 A 班学生的成绩中没有离群点。

B 班学生的数学成绩全部在 ±3 个标准差之内，即 $68 \pm 3 \times 17.64 = (15.08, 120.92)$，所以 B 班学生的成绩中没有离群点。

还可以使用四分位数的方法：当观测值落在区间$(Q_U + 3IQR, +\infty)$或$(-\infty, Q_L - 3IQR)$上时，认为该观测值为离群值。其中，$IQR = Q_U - Q_L$ 为四分位距，Q_U 和 Q_L 分别为上、下四分位数。

(4)可使用偏度系数和峰度系数：由于 A 班的偏度系数 $SK = 0.11 > 0$，峰度系数 $K = -0.35 < 0$，说明 A 班学生成绩的分布为右偏分布，且与正态分布相比略有一些扁平。

B 班的偏度系数 $SK = 0.11$，峰度系数 $K = -0.76 < 0$，说明 B 班学生成绩的分布也为右偏分布，且与正态分布相比较为扁平。

还可以使用箱线图的方法：当数据服从正态分布时箱线图应该是对称的；当 M_e(中位数)在箱子内部靠左时，数据呈右偏分布；当 M_e(中位数)在箱子内部靠右时，数据呈左偏分布。

9. 某银行为缩短顾客到银行办理业务等待的时间，准备采用两种排队方式进行试验：一种是所有顾客都进入一个等待队列；另一种是顾客在三个业务窗口处列队三排等待。为比较哪种排队方式使顾客等待的时间更短，两种排队方式各随机抽取的 9 名顾客，得到第一种排队方式的平均等待时间为 7.2 分钟，标准差为 1.97 分钟，第二种排队方式的等待时间(单位：分钟)如下：

5.5　　6.6　　6.7　　6.8　　7.1　　7.3　　7.4　　7.8　　7.8

(1)画出第二种排队方式等待时间的茎叶图。

(2)比较两种排队方式等待时间的离散程度。

(3)如果让你选择一种排队方式，你会选择哪一种？试说明理由。［人大 2006 研］

解：(1)第二种排队方式等待时间的茎叶图如图 4-8 所示。

叶单位 = 0.1

5	5
6	6 7 8
7	1 3 4
7	8 8

图 4-8　第二种排队方式等待时间的茎叶图

(2)第二种排队方式等待时间的均值为：

$$\bar{x}_2 = \frac{\sum x}{n} = \frac{5.5 + 6.6 + \cdots + 7.8}{9} = 7$$

标准差为：

$$s_2 = \sqrt{\frac{\sum (x_i - \bar{x}_2)^2}{n-1}} = \sqrt{\frac{(5.5-7)^2 + (6.6-7)^2 + \cdots + (7.8-7)^2}{8}} = \sqrt{0.51} = 0.71$$

第一种排队方式的均值 $\bar{x}_1=7.2$ 分钟，标准差 $s_1=1.97$ 分钟，则离散系数 $v_1=\frac{s_1}{\bar{x}_1}=\frac{1.97}{7.2}=0.274$。第二种排队方式的离散系数 $v_2=\frac{s_2}{\bar{x}_2}=\frac{0.71}{7}=0.101$。

由于 $v_1>v_2$，因此第二种排队方式的离散程度较小。

(3)由于第二种排队方式的平均等待时间小于第一种排队方式，并且离散程度较小，所以会选择第二种排队方式。

10. 一家网吧想了解上网人员的年龄分布状况，随机抽取 25 人，得到他们的年龄数据如表 4-11 所示。

表 4-11

15	19	22	24	30
16	19	22	24	31
17	20	23	25	34
18	20	23	27	38
19	21	23	29	41

(1)画出该组数据的茎叶图。

(2)画出该组数据的箱线图。

(3)根据茎叶图和箱线图说明上网者年龄分布的特征。[人大 2005 研]

解：(1)该组数据的茎叶图如图 4-9 所示。

1	5678999
2	0012233344
2	579
3	014
3	8
4	1

图 4-9 上网人员的年龄分布的茎叶图

(2)由表中数据可得：

最大值 = 41，最小值 = 15

中位数的位置 $=\frac{n+1}{2}=\frac{25+1}{2}=13$，所以中位数 = 23。

下四分位数 Q_L 的位置 $=\frac{n+1}{4}=\frac{26}{4}=6.5$

即 Q_L 在第 6 个数值(19)和第 7 个数值(19)之间 0.5 的位置上，因此 $Q_L=19\times0.5+19\times0.5=19$。

上四分位数 Q_U 的位置 $=\frac{3(n+1)}{4}=\frac{3\times26}{4}=19.5$

即 Q_U 在第 19 个数值(27)和第 20 个数值(29)之间 0.5 的位置上，因此 $Q_U=27\times0.5+29\times0.5=28$。

由以上数据可得箱线图，如图 4-10 所示。

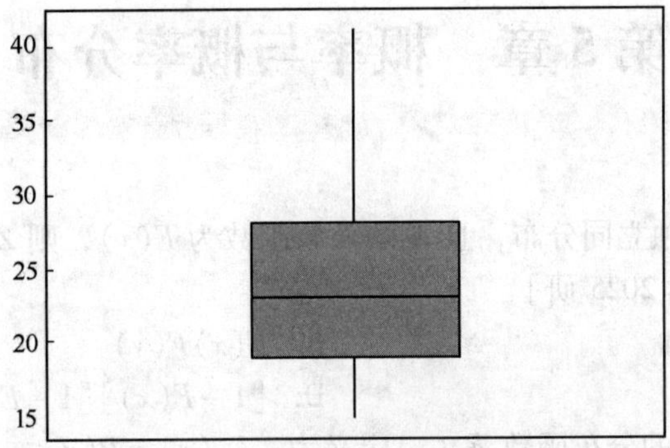

图 4-10　上网人员的年龄分布的箱线图

(3) 由茎叶图和箱线图可以看出，上网者年龄为右偏分布。

第5章 概率与概率分布

一、单项选择题

1. 随机变量 X，Y 独立同分布，且 X 的分布函数为 $F(x)$，则 $Z=\max\{X, Y\}$ 的分布函数为(　　)。[山东大学2025研]

A. $F^2(x)$　　　　B. $F(x)F(y)$

C. $1-[1-F(x)]^2$　　　　D. $[1-F(x)][1-F(y)]$

【解析】随机变量 Z 的分布函数 $F_Z(x)$ 定义为：$F_Z(x)=P(Z\leqslant x)$。

由于 $Z=\max\{X, Y\}$，$\max\{X, Y\}$ 即 $X\leqslant x$ 且 $Y\leqslant x$(因为最大值不超过 x 时，两个变量都必须不超过 x)，因此：$F_Z(x)=P(X\leqslant x$ 且 $Y\leqslant x)$。

已知 X 和 Y 独立，根据独立随机变量的性质：$P(X\leqslant x$ 且 $Y\leqslant x)=P(X\leqslant x)\cdot P(Y\leqslant x)$。

由于 X 和 Y 同分布，且分布函数为 $F(x)$，因此：$P(X\leqslant x)=F(x)$，$P(Y\leqslant x)=F(x)$，代入上式得：$F_Z(x)=F(x)\cdot F(x)=F^2(x)$。

2. 有三个班，男生女生的分布如下表所示，从三个班中抽取两个人，令 A_1：至少有一人来自甲班；A_2：至少一人是男生，则：(　　)。[上海交通大学2025研]

性别/班级	甲班	乙班	丙班	行和
男生	10	10	20	40
女生	10	20	30	60
总计	20	30	50	100

A. $P(A_2)=1-\dfrac{C_{60}^2}{C_{100}^2}$，$P(A_1\cup A_2)=1-\dfrac{C_{50}^2}{C_{100}^2}$

B. $P(A_2)=\dfrac{C_{60}^2}{C_{100}^2}$，$P(A_1\cup A_2)=\dfrac{C_{50}^2}{C_{100}^2}$

C. $P(A_2)=1-\dfrac{C_{60}^2}{C_{100}^2}$，$P(A_1\cup A_2)=\dfrac{C_{50}^2}{C_{100}^2}$

D. $P(A_2)=\dfrac{C_{60}^2}{C_{100}^2}$，$P(A_1\cup A_2)=1-\dfrac{C_{50}^2}{C_{100}^2}$

【解析】从三个班共100人中抽取2人，总可能的组合数为组合数 C_{100}^2。女生总人数为60人，抽取2人全是女生的组合数为 C_{60}^2。事件 A_2 的对立事件为“全是女生”，因此 $P(A_2)=1-P(\text{全是女生})=1-\dfrac{C_{60}^2}{C_{100}^2}$。

$P(A_1\cup A_2)=1-P(A_1A_2)=1-\dfrac{C_{50}^2}{C_{100}^2}$。

3. 假设随机变量 X 的概率密度函数为 $f(x)=\dfrac{1}{2\lambda}e^{-\frac{|x|}{\lambda}}$，求 $Y=x^2$ 的概率密度函数为

1A　2A　3D

（　　）。[上海交通大学2025研]

A. $f_Y(y)=\frac{1}{2}\lambda e^{-\lambda\sqrt{y}}$，$y>0$　　B. $f_Y(y)=\lambda y e^{-\lambda y^2}$，$y>0$

C. $f_Y(y)=\frac{1}{4\lambda}y^{-\frac{1}{2}}e^{-\frac{\sqrt{y}}{\lambda}}$，$y>0$　　D. $f_Y(y)=\frac{1}{2\lambda}y^{-\frac{1}{2}}e^{-\frac{\sqrt{y}}{\lambda}}$，$y>0$

【解析】首先$f(x)=\frac{1}{2\lambda}e^{-\frac{|x|}{\lambda}}$关于$x=0$对称，$F_Y(y)=P(Y\leqslant y)=P(X^2\leqslant y)=P(-\sqrt{y}\leqslant X\leqslant\sqrt{y})$。

由于$f(x)$关于$x=0$对称，我们可以将积分拆分为两部分：

$$F_Y(y)=\int_{-\sqrt{y}}^{\sqrt{y}}f_X(x)\mathrm{d}x=2\int_0^{\sqrt{y}}f_X(x)\mathrm{d}x=2\int_0^{\sqrt{y}}\frac{1}{2\lambda}e^{-\frac{x}{\lambda}}\mathrm{d}x=\frac{1-e^{-\frac{\sqrt{y}}{\lambda}}}{\lambda^2},$$

则Y的PDF为$f_Y(y)=\frac{1}{2\sqrt{y}\lambda}e^{-\frac{\sqrt{y}}{\lambda}}$，$y>0$。

4．假设X_1，…，$X_n\overset{i.i.d.}{\sim}Poisson(\lambda)$，下列说法错误的是（　　）。[上海交通大学2025研]

A. $\frac{1}{n}\sum_{i=1}^{n}X_i\xrightarrow{p}\lambda$　　B. $\frac{1}{n}\sum_{i=1}^{n}X_i^2\xrightarrow{p}\lambda^2$

C. $\left(\frac{1}{n}\sum_{i=1}^{n}X_i\right)^2\xrightarrow{p}\lambda^2$　　D. $\frac{\sum_{i=1}^{n}(X_i-\lambda)}{\sqrt{n\lambda}}\xrightarrow{L}N(0,1)$

【解析】A项，根据大数定律，因为X_1，…，X_n独立同分布，且$E(X_i)=\lambda$，所以$\frac{1}{n}\sum_{i=1}^{n}X_i\xrightarrow{p}\lambda$。

B项，由于X_1，…，$X_n\overset{i.i.d.}{\sim}Poisson(\lambda)$，则$E(X_i^2)=\mathrm{Var}(X_i)+[E(X_i)^2]=\lambda+\lambda^2$。再根据大数定律，$\frac{1}{n}\sum_{i=1}^{n}X_i^2\xrightarrow{p}E(X_i^2)=\lambda+\lambda^2\neq\lambda^2$。

C项，根据大数定律，$\frac{1}{n}\sum_{i=1}^{n}X_i$依概率收敛于$\lambda$，因此，$\left(\frac{1}{n}\sum_{i=1}^{n}X_i\right)^2\xrightarrow{p}\lambda^2$。

D项，根据中心极限定理，$\frac{\sum_{i=1}^{n}(X_i-\lambda)}{\sqrt{n\lambda}}$依分布收敛于标准正态分布$N(0,1)$。

5．篮球比赛10个队分成两组，两个强队同属一个小组的概率？（　　）[对外经济贸易大学2025研]

A. 1/9　　B. 2/9　　C. 4/9　　D. 5/9

【解析】10个队分成两组，总分组方式$=C_{10}^5/2=126$。假设两个强队为甲、乙，当甲、乙在同一组时，需从剩余8队中再选3队加入该组（使该组共5人），剩余5队自动为另一组，组合数为$C_8^3=56$。故两个强队同属一个小组的概率$=56/126=4/9$。

6．掷一枚质地均匀的骰子两次，在两次点数之和为5的情况下，有1点出现的概率为（　　）。[深圳大学2025研]

A. 1/2　　B. 1/3　　C. 1/4　　D. 1/5

【解析】掷一枚骰子两次，两次点数之和为5的所有组合有如下4种情况：①第一次1

4B　5C　6A

点，第二次4点(1，4)；②第一次2点，第二次3点(2，3)；③第一次3点，第二次2点(3，2)；④第一次4点，第二次1点(4，1)。在上述4种情况中，包含1点的组合是：(1，4)和(4，1)，共2种情况。所以概率为2/4 = 1/2。

7. 一射手进行了三次射击，A_i表示第i次射击击中目标这一事件，下面正确表述了事件$A_1A_2+A_1A_3+A_2A_3$的是(　　)。[郑州大学2024研；武汉大学2015研]

A. 恰有两次击中目标　　B. 至少两次击中目标

C. 最多两次击中目标　　D. 三次都击中目标

【解析】并集表示集合中的事件至少有一个发生，则事件$A_1A_2+A_1A_3+A_2A_3$中A_1A_2、A_1A_3和A_2A_3中至少有一个发生，即至少两次击中目标。

8. 下列对于古典概率空间的描述错误的是(　　)。[北京师范大学2022研]

A. 样本点对应基本事件概率和一定为1

B. 各样本点对应基本事件概率一定相同

C. 样本空间中元素个数可能无限

D. 各事件P一定正比于事件中包含的样本点个数

【解析】概率的古典定义是，如果某一随机试验的结果有限，而且各个结果出现的可能性相等，则某一事件A发生的概率为该事件所包含的基本事件个数m与样本空间中所包含的基本事件个数n的比值，古典概率局限在随机试验只有有限个可能结果的范围内。

9. 圆盘$d\sim U(a, b)$，则该圆盘平均面积为(　　)。[北京师范大学2022研]

A. $\frac{\pi}{16}(a^2+b^2+2ab)$　　B. $\frac{\pi}{4}(a^2+b^2+2ab)$

C. $\frac{\pi}{3}(a^2+b^2+ab)$　　D. $\frac{\pi}{12}(a^2+b^2+ab)$

【解析】直径$d\sim U(a, b)$，$E(d)=\frac{a+b}{2}$，$D(d)=\frac{(b-a)^2}{12}$，因而有$E(d^2)=D(d)+E^2(d)=\frac{a^2+b^2+ab}{3}$，所以平均面积$E(S)=\frac{\pi}{4}E(d^2)=\frac{\pi}{12}(a^2+b^2+ab)$。

10. X，Y独立，X，Y均服从$B(1, \frac{2}{5})$，则$P(X=Y)=$(　　)。[北京师范大学2022研]

A. 1　　B. 6/25　　C. 13/25　　D. 0

【解析】由题意有：

$$P(X=Y)=P(X=0, Y=0)+P(X=1, Y=1)=P(X=0)P(Y=0)+P(X=1)P(Y=1)$$
$$=\frac{3}{5}\times\frac{3}{5}+\frac{2}{5}\times\frac{2}{5}=\frac{13}{25}$$

11. 由3个独立工作的元件串联的电路中，若每个元件发生故障的概率依次为0.3、0.4和0.6，则电路发生故障的概率是(　　)。[对外经贸大学2021研]

A. 0.832　　B. 0.168　　C. 0.072　　D. 0.760

【解析】“元件发生故障”服从0-1分布，三个元件相互独立。由于三个元件串联，因此

7B　8C　9D　10C　11A

至少一个原件发生故障就会导致电路发生故障，进而可知电路发生故障的对立事件是三个元件均正常工作，电路发生故障的概率为：1 - P（三个元件均正常工作）= 1 - (1 - 0.3)(1 - 0.4)(1 - 0.6) = 0.832。

12. 从一批灯泡随机抽取一只灯泡，观察其使用寿命 t，其样本空间为 Ω =（　　）。［中国海洋大学2021研］

A. $\{t=0\}$　　B. $\{t<0\}$　　C. $\{t>0\}$　　D. $\{t\geqslant 0\}$

【解析】样本空间指一个试验中所有的基本事件的全体，也称基本空间。灯泡的使用寿命样本空间为 $\Omega=\{t\geqslant 0\}$。

13. 设二维随机变量（X，Y）的联合密度函数为 $p(x,y)=\begin{cases}k(6-x-y), & 0<x<2,\ 2<y<4\\ 0, & 其他\end{cases}$，则 $P(X+Y\leqslant 4)$ 为（　　）。［湖南师范大学2021研］

A. 2/3　　B. 3/8　　C. 1/3　　D. 1/8

【解析】由 $k\int_2^4(6-x-y)\mathrm{d}y\int_0^2\mathrm{d}x=1$，可得 $k=\frac{1}{8}$，所以 $P(X+Y\leqslant 4)=\frac{1}{8}\int_0^2(6-x-y)\mathrm{d}x\int_2^{4-x}\mathrm{d}y=\frac{2}{3}$。

14. 两个独立随机变量 X 和 Y 的方差分别是4和2，则随机变量 $(3X-2Y)$ 的方差等于（　　）。［中国海洋大学2020研、浙江工商大学2011研］

A. 8　　B. 44　　C. 32　　D. 16

【解析】由于 X 和 Y 是两个独立随机变量，因此两者之和的方差即方差的和，即

$$\mathrm{Var}(3X—2Y)=\mathrm{Var}(3X)+\mathrm{Var}(2Y)=9\mathrm{Var}(X)+4\mathrm{Var}(Y)=9\times 4+4\times 2=44$$

15. 某班学生的平均成绩是80分，标准差是10分。如果已知该班学生的考试分数为对称分布，可以判断成绩在70～90分之间的学生大约占（　　）。［中央财经大学2015研］

A. 95%　　B. 89%　　C. 68%　　D. 99%

【解析】根据 3σ 准则，成绩落在（80 - 10，80 + 10）内的概率为68%，即成绩在70～90分之间的学生大约占68%。

16. 假设随机变量 X 的概率密度函数为 $f(x)$，即 $X\sim f(x)$，数学期望 μ 和方差 σ^2 都存在。样本 X_1，…，X_n 取自 X，$\overline{X}$ 是样本均值，则有（　　）。［山东大学2015研］

A. $\overline{X}\sim f(x)$　　B. $\min\limits_{1\leqslant i\leqslant n}X_i\sim f(x)$

C. $\max\limits_{1\leqslant i\leqslant n}X_i\sim f(x)$　　D. $(X_i,\cdots,X_n)\sim\prod\limits_{i=1}^{n}f(x_i)$

【解析】A项，样本均值 $\overline{X}$ 的数学期望为 μ，方差为 σ^2/n，故 $\overline{X}$ 的概率密度函数不是 $f(x)$。B项，$\min\limits_{1\leqslant i\leqslant n}X_i$ 的分布函数为 $1-[1-F(x)]^n$，故 $\min\limits_{1\leqslant i\leqslant n}X_i$ 的概率密度函数为 $n[1-F(x)]^{n-1}\cdot f(x)$。C项，$\max\limits_{1\leqslant i\leqslant n}X_i$ 的分布函数为 $F^n(x)$，故 $\max\limits_{1\leqslant i\leqslant n}X_i$ 的概率密度函数为 $nF^{n-1}(x)\cdot f(x)$。D项，由于样本 $X_1,\cdots,X_n$ 取自 X，则 $X_1,\cdots,X_n$ 相互独立，故其联合概率

12D　13A　14B　15C　16D

密度函数为 $\prod_{i=1}^{n} f(x_i)$。

17. 已知 $P(A)=a$，$P(B)=b$，$P(A\cup B)=c$，则 $P(A\overline{B})$ 为(　　)。[对外经济贸易大学 2015 研]

A. $a(1-b)$　　B. $a-b$　　C. $c-b$　　D. $a(1-c)$

【解析】$P(A\overline{B})=P(A)-P(AB)=P(A)-[P(A)+P(B)-P(A\cup B)]=a-(a+b-c)=c-b$。

18. 设 A、B 是概率不为 0 的不相容事件，下列结论中正确的是(　　)。[华中农业大学 2015 研]

A. $\overline{A}$ 与 $\overline{B}$ 相容　　B. $\overline{A}$ 与 $\overline{B}$ 不相容

C. $P(AB)=P(A)P(B)$　　D. $P(B-A)=P(B)$

【解析】A 与 B 互不相容，则 $B-A=B$，即 $P(B-A)=P(B)$。A 项，当 A 与 B 不对立时才成立；B 项，当 A 与 B 对立时才成立；C 项，由于 A、B 不相容，所以 $P(AB)=0$，又因为 A、B 概率不为 0，所以 $P(A)P(B)$ 不为 0。

19. 设某人打靶每次击中靶心的概率为 $\frac{1}{3}$，四次独立重复射击中，至少有一次击中的概率是(　　)。[浙江工商大学 2011 研]

A. $\frac{8}{81}$　　B. $\frac{16}{81}$　　C. $\frac{36}{81}$　　D. $\frac{65}{81}$

【解析】至少有一次击中的概率 $=1-$ 全没击中的概率 $=1-(1-\frac{1}{3})^4=\frac{65}{81}$。

20. 设离散型随机变量 ξ 的分布律为 $P\{\xi=k\}=\frac{A}{3^k k!}$，$k=0,1,2,3\cdots\cdots$，则常数 A 应为(　　)。[浙江工商大学 2011 研]

A. $e^{\frac{1}{3}}$　　B. $e^{-\frac{1}{3}}$　　C. e^{-3}　　D. e^3

【解析】由随机变量分布的性质可知，$\sum_{k=0}^{\infty} P\{\xi=k\}=1$，即 $\sum_{k=0}^{\infty}\frac{A}{3^k k!}=A\sum_{k=0}^{\infty}\frac{1}{3^k k!}=1$，由于 $\sum_{k=0}^{\infty}\frac{1}{3^k k!}=e^{\frac{1}{3}}$，所以 $A=e^{-\frac{1}{3}}$。

21. 设随机变量 ξ 的概率密度为 $f(x)=\frac{1}{2\sqrt{\pi}}e^{-\frac{(x-3)^2}{4}}(-\infty<x<+\infty)$，则 $\eta=(\quad)\sim N(0,1)$。[浙江工商大学 2011 研]

A. $\frac{\xi+3}{2}$　　B. $\frac{\xi+3}{\sqrt{2}}$　　C. $\frac{\xi-3}{2}$　　D. $\frac{\xi-3}{\sqrt{2}}$

【解析】设 $X\sim N(\mu,\sigma^2)$，则 $Z=\frac{X-\mu}{\sigma}\sim N(0,1)$。

正态分布的概率密度函数为：

17C　18D　19D　20B　21D

$$f(x)=\frac{1}{\sigma\sqrt{2\pi}}=\mathrm{e}^{-\frac{1}{2\sigma^2}(x-\mu)^2}$$

由 ξ 的概率密度函数可知：$\xi\sim N(3,\sqrt{2}^2)$，故 $\eta=\frac{\xi-3}{\sqrt{2}}\sim N(0,1)$。

22．随机事件 A，B，C 中恰有两个事件发生的复合事件为（　　）。（这里，$A\cap B$ 表示事件 A 与 B 都发生）[中山大学 2011 研]

A．$(A\cap B)\cup(A\cap C)\cup(B\cap C)$

B．$\overline{A\cup B\cup C}$

C．$(A\cap B\cap\overline{C})\cup(A\cap\overline{B}\cap C)\cup(\overline{A}\cap B\cap C)$

D．$(A\cap\overline{B}\cap\overline{C})\cup(\overline{A}\cap\overline{B}\cap C)\cup(\overline{A}\cap B\cap\overline{C})$

【解析】恰有两个事件发生是指有两个事件发生而第三个事件不发生，则可能的情况有：事件 A，B 发生而事件 C 不发生，事件 A，C 发生而事件 B 不发生，事件 B，C 发生而事件 A 不发生，对三种情况求并即为答案。

23．已知 $P(A)=0.4$，$P(B)=0.25$，$P(A-B)=0.25$，则 $P(A\cup B)=$（　　）。[中山大学 2011 研]

A．0.4　　B．0.5　　C．0.6　　D．0.65

【解析】由 $P(A-B)=P(A)-P(AB)$ 得：$P(AB)=P(A)-P(A-B)=0.4-0.25=0.15$。所以 $P(A\cup B)=P(A)+P(B)-P(AB)=0.4+0.25-0.15=0.5$。

24．设函数 $f(x)$ 在区间 (a,b) 上等于 0.4，在此区间之外等于 0，如果 $f(x)$ 可以作为某连续型随机变量的密度函数，则区间 (a,b) 可以是（　　）。[中央财经大学 2011 研]

A．(0，0.5)　　B．(0.5，2.5)　　C．(1，2.5)　　D．(0，2.5)

【解析】根据概率密度函数的性质可知

$$\int_{-\infty}^{+\infty}f(x)\,\mathrm{d}x=\int_a^b 0.4\,\mathrm{d}x=0.4(b-a)=1$$

解得，$b-a=2.5$，只有 D 项满足条件。

25．设两事件 A 与 B 独立，其概率分别为 0.5 与 0.6，则 $P(A+B)=$（　　）。[中山大学 2012 研]

A．0.6　　B．0.7　　C．0.8　　D．0.9

【解析】两事件 A 与 B 独立，故 $P(AB)=P(A)P(B)=0.5\times0.6=0.3$，$P(A+B)=P(A)+P(B)-P(AB)=0.5+0.6-0.3=0.8$。

26．设事件 C 发生时事件 D 发生的条件概率 $P(D\mid C)=0.4$，若 $P(C)=0.5$，$P(D)=0.4$，则 $P(C\mid D)=$（　　）。[中山大学 2012 研]

A．0.4　　B．0.5　　C．0.6　　D．0.7

【解析】$P(CD)=P(C)P(D\mid C)$，则

$$P(C\mid D)=\frac{P(CD)}{P(D)}=\frac{P(C)P(D\mid C)}{P(D)}=\frac{0.5\times0.4}{0.4}=0.5$$

22C　23B　24D　25C　26B

27. 设随机变量 X 与 Y 的相关系数为0.5，期望分别为2与3，标准差分别为1与2，则随机变量 XY 的期望为(　　)。[中山大学2012研]

A. 6　　B. 7　　C. 8　　D. 9

【解析】$\rho_{XY}=\frac{\mathrm{Cov}(X,\ Y)}{\sqrt{\mathrm{Var}(X)\mathrm{Var}(Y)}}=\frac{E[X-E(X)][Y-E(Y)]}{\sqrt{\mathrm{Var}(X)\mathrm{Var}(Y)}}=\frac{E(XY)-E(X)E(Y)}{\sqrt{\mathrm{Var}(X)\mathrm{Var}(Y)}}$

代入数据得，$0.5=\frac{E(XY)-2\times 3}{1\times 2}$，解得 $E(XY)=7$。

28. 甲乙两人独立对同一个目标各射击一次，命中率分别是0.6和0.5，现已知目标被射中，则该目标是甲射中的概率为(　　)。[浙江工商大学2012研]

A. 0.6　　B. $\frac{5}{11}$　　C. $\frac{6}{11}$　　D. 0.75

【解析】记事件 A_1，A_2 分别表示甲乙两人独立对同一目标击中，事件 B 为目标被击中。由于事件 A_1 与事件 A_2 是相互独立的，故有 $P(A_1A_2)=P(A_1)P(A_2)=0.5\times 0.6=0.3$。

$$P(B)=P(A_1\cup A_2)=P(A_1)+P(A_2)-P(A_1A_2)=0.6+0.5-0.3=0.8$$

$$P(A_1\mid B)=\frac{P(A_1B)}{P(B)}=\frac{P(A_1)}{P(B)}=\frac{0.6}{0.8}=0.75$$

29. 两个口袋中各有外观一致的球3个，分别标记号码 -1，0，1；从这两个口袋中随机地各摸出一个球，摸出的两个球的号码分别记作 X 与 Y，则随机变量 X 与随机变量函数 XY 的(　　)。[中山大学2012研]

A. 分布不同　　B. 期望不同　　C. 方差相同　　D. 中位数不同

【解析】随机变量 X 的分布如表5-1所示。

表5-1

X	-1	0	1
P	$\frac{1}{3}$	$\frac{1}{3}$	$\frac{1}{3}$

$$E(X)=\sum_{i=1}^{3}p_ix_i=(-1)\times\frac{1}{3}+0\times\frac{1}{3}+1\times\frac{1}{3}=0$$

$$\mathrm{Var}(X)=E(X-E(X))^2=E(X^2)=\sum_{i=1}^{3}p_ix_i^2=(-1)^2\times\frac{1}{3}+0\times\frac{1}{3}+1^2\times\frac{1}{3}=\frac{2}{3}$$

随机变量 XY 的分布如表5-2所示。

表5-2

XY	-1	0	1
P	$\frac{2}{9}$	$\frac{5}{9}$	$\frac{2}{9}$

(其中事件 $XY=-1$ 的可能结果为：$(-1,\ 1)$，$(1,\ -1)$，事件 $XY=0$ 的可能结果为：$(-1,\ 0)$，$(1,\ 0)$，$(0,\ 0)$，$(0,\ -1)$，$(0,\ 1)$，事件 $XY=1$ 的可能结果为：$(-1,\ -1)$，$(1,\ 1)$，事件的所有可能结果有 $3\times 3=9$ 个，由此即可得出随机变量 XY 的分布)

27B　28D　29A

$E(XY)=\sum_{i=1}^{3}p_ix_iy_i=(-1)\times\frac{2}{9}+0\times\frac{5}{9}+1\times\frac{2}{9}=0$

$\mathrm{Var}(XY)=E(XY-E(XY))^2=E(XY)^2=\sum_{i=1}^{3}p_i(x_iy_i)^2=(-1)^2\times\frac{2}{9}+0\times\frac{5}{9}+1^2\times\frac{2}{9}=\frac{4}{9}$

中位数均为 0，由此可知，两个随机变量的分布、方差不相同，但期望和中位数相同。

30. 设 $F_1(x)$ 与 $F_2(x)$ 分别为随机变量 X_1 与 X_2 的分布函数，为使 $F(x)=aF_1(x)-bF_2(x)$ 是某一随机变量的分布函数，应取（　　）。[华中科大 2004 研]

A. $a=3/5$，$b=-2/5$　　　　B. $a=2/5$，$b=2/3$

C. $a=-1/2$，$b=3/2$　　　　D. $a=1/2$，$b=-3/2$

【解析】 由分布函数的性质知，$F_1(+\infty)=F_2(+\infty)=F(+\infty)=1$，所以 $a-b=1$。故只有 A 项符合要求。

31. 设当事件 A，B 同时发生时，事件 C 必然发生，则有（　　）。[杭州电子科技大学 2020 研；浙江财经大学 2019 研；东北财大 2005 研；江西财大 2007 研]

A. $P(C)\leqslant P(A)+P(B)-1$　　　　B. $P(C)\geqslant P(A)+P(B)-1$

C. $P(C)=P(AB)$　　　　D. $P(C)=P(A\cup B)$

【解析】 由于当事件 A，B 同时发生时，事件 C 必然发生，从而事件 C 包含事件 $A\cap B$。所以有 $P(C)\geqslant P(A\cap B)$，即 $P(C)\geqslant P(A)+P(B)-P(A\cup B)\geqslant P(A)+P(B)-1$。

32. 设随机变量 X 和 Y 独立同分布，分布列为 $\begin{pmatrix}-1 & 1\\ 1/2 & 1/2\end{pmatrix}$，则下列各式中成立的是（　　）。[东北财大 2006 研]

A. $X=Y$　　B. $P\{X=Y\}=1$　　C. $P\{X=Y\}=0$　　D. $P\{X=Y\}=1/2$

【解析】 因为随机变量 X 和 Y 相互独立，且取值只能是 1 或者 -1，所以

$$\begin{aligned}P(X=Y)&=P(X=Y=1)+P(X=Y=-1)\\&=P(X=1)P(Y=1)+P(X=-1)P(Y=-1)\\&=\frac{1}{2}\end{aligned}$$

33. 若 A、B 为任意两个事件，且 $A\subset B$，$P(B)>0$，则下列选项必成立的是（　　）。[东北财大 2004 研]

A. $P(A)<P(A|B)$　　　　B. $P(A)\leqslant P(A|B)$

C. $P(A)>P(A|B)$　　　　D. $P(A)\geqslant P(A|B)$

【解析】 因为 $A\subset B$，所以 $P(AB)=P(A)$。故 $P(A|B)=\frac{P(AB)}{P(B)}=\frac{P(A)}{P(B)}$。则 $P(A)-P(A|B)=\left[1-\frac{1}{P(B)}\right]P(A)$。又 $0<P(B)\leqslant 1$，所以 $P(A)-P(A|B)\leqslant 0$，即 $P(A)\leqslant P(A|B)$。

34. 设 A，B 是两事件，$0<P(A)<1$，$P(B)>0$，$P(B|A)=P(B|\bar{A})$，则必有（　　）。[浙江财经大学 2019 研；江西财大 2006 研]

30A　31B　32D　33B　34C

A. $P(A \mid B)=P(\bar{A} \mid B)$　　B. $P(A \mid B) \neq P(\bar{A} \mid B)$

C. $P(AB)=P(A)P(B)$　　D. $P(AB) \neq P(A)P(B)$

【解析】$P(B \mid A)=\frac{P(AB)}{P(A)}$，$P(B \mid \bar{A})=\frac{P(\bar{A}B)}{P(\bar{A})}=\frac{P(B)-P(AB)}{1-P(A)}$，已知 $P(B \mid A)=P(\bar{B} \mid A)$，即$\frac{P(AB)}{P(A)}=\frac{P(B)-P(AB)}{1-P(A)}$，则有：

$$P(AB)-P(A)P(AB)=P(A)P(B)-P(A)P(AB)$$

即 $P(AB)=P(A)P(B)$。

35. 将一枚硬币独立地掷两次，设 $A_1=\{$掷第一次出现正面$\}$，$A_2=\{$掷第二次出现正面$\}$，$A_3=\{$正、反各出现一次$\}$，$A_4=\{$正面出现两次$\}$，则(　　)。[中山大学 2019、2015、2013 研；华中科大 2005 研]

A. A_1，A_2，A_3 相互独立　　B. A_2，A_3，A_4 相互独立

C. A_1，A_2，A_3 两两独立　　D. A_2，A_3，A_4 两两独立

【解析】由题意可得：

$$P(A_1)=0.5,\ P(A_2)=0.5,\ P(A_3)=0.5,\ P(A_4)=0.25$$
$$P(A_1A_2)=0.25=P(A_1)P(A_2)$$
$$P(A_2A_3)=0.25=P(A_2)P(A_3)$$
$$P(A_1A_3)=0.25=P(A_1)P(A_3)$$
$$P(A_1A_2A_3)=0 \neq P(A_1)P(A_2)P(A_3)$$

所以 A_1，A_2，A_3 两两独立，但不相互独立。

36. 设随机变量 X 的密度函数为 $f(x)=\begin{cases} k\frac{1}{\theta}e^{-\frac{x}{\theta}}, & x \geq 0 \\ 0, & \text{其他} \end{cases}$，已知 $P\{X>1\}=\frac{1}{2}$，则 $\theta=$(　　)。[中南财大 2005 研]

A. 1　　B. 1/ln2　　C. 1/2　　D. ln2

【解析】由于 $\int_{-\infty}^{+\infty} f(x)\mathrm{d}x=\int_0^{+\infty} k\frac{1}{\theta}e^{-\frac{x}{\theta}}\mathrm{d}x=k=1$，又 $P\{X>1\}=\frac{1}{2}$，则有：

$$P\{X \leq 1\}=\int_0^1 \frac{1}{\theta}e^{-\frac{x}{\theta}}\mathrm{d}x=-e^{-\frac{x}{\theta}}\Big|_0^1=1-e^{-\frac{1}{\theta}}=\frac{1}{2}$$

所以 $e^{-\frac{1}{\theta}}=\frac{1}{2}$，即 $\theta=\frac{1}{\ln 2}$。

37. 设 X，Y 是相互独立的随机变量，它们的分布函数分别为 $F_X(x)$，$F_Y(y)$。则 $Z=\max(X, Y)$ 的分布函数是(　　)。[中南财大 2004 研]

A. $F_Z(z)=\max[F_X(z), F_Y(z)]$　　B. $F_Z(z)=\max\{|F_X(z)|, |F_Y(z)|\}$

C. $F_Z(z)=F_X(z)F_Y(z)$　　D. $F_Z(z)=1-\max[F_X(z), F_Y(z)]$

【解析】因为 X，Y 是相互独立的随机变量，所以有：

35C　36B　37C

$$F_Z(z)=P(Z\leqslant z)=P(\max(X,Y)\leqslant z)=P(X\leqslant z,Y\leqslant z)$$
$$=P(X\leqslant z)P(Y\leqslant z)=F_X(z)F_Y(z)$$

38. $X\sim N(\mu,\sigma^2)$，$m>0$，则 X 落在区间$(\mu-m\sigma,\mu+m\sigma)$内的概率(　　)。[杭州电子科技大学 2020 研；中南财大 2003 研]

A. 只与 m 有关　　B. 只与 m，μ 有关

C. 只与 μ，σ 有关　　D. 与 μ，σ^2，m 有关

【解析】X 落在区间$(\mu-m\sigma,\mu+m\sigma)$内的概率为：

$$P(\mu-m\sigma<X<\mu+m\sigma)=P\left(\left|\frac{X-\mu}{\sigma}\right|<m\right)$$

因为 $X\sim N(\mu,\sigma^2)$，所以$\frac{X-\mu}{\sigma}\sim N(0,1)$，从而 $P\left(\left|\frac{X-\mu}{\sigma}\right|<m\right)$只与 m 有关，而与 μ，σ^2 无关。

39. 设(X,Y)服从参数为$(\mu_1,\mu_2,\sigma_1^2,\sigma_2^2,\rho)$的二元正态分布，则 X 与 Y 相互独立是 X 与 Y 不相关的(　　)。[中南财大 2004 研]

A. 无关条件　　B. 充分条件　　C. 必要条件　　D. 充要条件

【解析】若 X 与 Y 是相互独立随机变量，则 X 与 Y 不相关，反之不然。但是在二维正态分布场合，不相关与独立等价。

40. 设二维随机变量(X,Y)服从二维正态分布，则随机变量 $\xi=X+Y$ 与 $\eta=X-Y$ 不相关的充要条件是(　　)。[华中科大 2004 研]

A. $E(X)=E(Y)$　　B. $E(X^2)+[E(X)]^2=E(Y^2)+[E(Y)]^2$

C. $E(X^2)=E(Y^2)$　　D. $D(X)=D(Y)$

【解析】由于二维随机变量(X,Y)服从二维正态分布，$\xi=X+Y$，$\eta=X-Y$，故由正态变量的线性变换不变性可知(ξ,η)也服从二维正态分布，因此随机变量 ξ 和 η 不相关等价于 ξ 和 η 相互独立。

当 ξ 和 η 相互独立时，有

$$D(\xi+\eta)=D(\xi-\eta)=D(\xi)+D(\eta)$$

而 $D(\xi+\eta)=D(2X)=4D(X)$，$D(\xi-\eta)=D(2Y)=4D(Y)$，故有：$D(X)=D(Y)$。

反过来，当 $D(X)=D(Y)$时，$\mathrm{Cov}(X+Y,X-Y)=\mathrm{Cov}(X,X)-\mathrm{Cov}(Y,Y)=D(X)-D(Y)=0$，即 ξ 和 η 不相关。

综上所述，$\xi=X+Y$ 与 $\eta=X-Y$ 不相关的充要条件是 $D(X)=D(Y)$。

41. $D(X)=4$，$D(Y)=1$，$\rho_{XY}=0.6$，则 $D(3X-2Y)$的值为(　　)。[华中科大 2004 研]

A. 40　　B. 14　　C. 25.6　　D. 17.6

【解析】$\mathrm{Cov}(X,Y)=\rho_{XY}\sqrt{D(X)D(Y)}=0.6\times 2=1.2$，所以

$$D(3X-2Y)=9D(X)+4D(Y)-12\mathrm{Cov}(X,Y)$$
$$=9\times 4+4\times 1-12\times 1.2=25.6$$

38A　39D　40D　41C

42. 已知 X 服从二项分布，且 $EX=2.4$，$DX=1.44$，则二项分布的参数为(　　)。[东北财大 2005 研]

A. $n=4$，$p=0.6$　B. $n=6$，$p=0.4$　C. $n=8$，$p=0.3$　D. $n=24$，$p=0.1$

【解析】已知二项分布的期望为 $EX=np=2.4$，方差为 $DX=npq=1.44$，所以 $q=0.6$，因此求得 $n=6$，$p=0.4$。

43. 设 X 是一随机变量，X_0 为任意实数，EX 为 X 的数学期望，则有(　　)。[东北财大 2005 研]

A. $E(X-X_0)^2=E(X-EX)^2$　B. $E(X-X_0)^2<E(X-EX)^2$

C. $E(X-X_0)^2\geqslant E(X-EX)^2$　D. $E(X-X_0)^2=1$

【解析】计算 $E(X-X_0)^2$，$E(X-EX)^2$ 两个式子的差，得：

$$\begin{aligned}&E(X-X_0)^2-E(X-EX)^2\\&=E(X^2-2XX_0+X_0^2)-E[X^2-2XEX+(EX)^2]\\&=-2X_0EX+X_0^2+(EX)^2\\&=(X_0-EX)^2\geqslant 0\end{aligned}$$

44. 处于正态分布概率密度函数与横轴之间并且大于均值部分的面积为(　　)。

A. 大于 0.5　B. -0.5　C. 1　D. 0.5

【解析】对于正态分布的概率分布函数，当 $x<\mu$ 时，$F(x)<0.5$；当 $x=\mu$ 时，$F(x)=0.5$；当 $x>\mu$ 时，$F(x)>0.5$。题中大于均值的面积 $S=1-F(\mu)=1-0.5=0.5$。

二、多项选择题

1. 设 A、B 为任意两事件，则下列关系成立的有(　　)。

A. $(A\cup B)\bar{B}=A$　B. $(A\cup B)\bar{B}\subset A$　C. $(A\bar{B})\cup B=A$　D. $(A\bar{B})\cup B=A\cup B$

E. $\overline{AB}B=A\bar{B}$

【解析】AB 两项，$(A\cup B)\bar{B}=A\bar{B}\cup B\bar{B}=A\bar{B}\subset A$；CD 两项，$(A\bar{B})\cup B=(A\cup B)\cap(\bar{B}\cup B)=(A\cup B)\cap\Omega=A\cup B$；E 项，$\overline{AB}B=(\bar{A}\cup\bar{B})B=(\bar{A}B)\cup(\bar{B}B)=\bar{A}B$。

2. 常见的离散型分布有(　　)。

A. 二点分布　B. 二项分布　C. 均匀分布　D. 泊松分布

E. 超几何分布

【解析】随机变量是取值具有随机性的变量，如果随机变量所有可能的取值是有限个或可数个，这种随机变量称为离散型随机变量，其概率分布即为离散型分布，常见的离散型分布有二点分布、二项分布、泊松分布和超几何分布。均匀分布的可能取值是数轴上连续的数值，因此属于连续型分布。

3. 常见的连续型分布有(　　)。

A. 二项分布　B. 均匀分布　C. 泊松分布　D. 超几何分布

E. 正态分布

42B　43C　44D　▎　1BD　2ABDE　3BE

【解析】随机变量是取值具有随机性的变量，如果随机变量的全体可能取值不能一一列举，而是在数轴上连续的数值，则该变量称为连续型随机变量，其概率分布为连续型分布。正态分布、均匀分布属于连续型分布。二项分布、泊松分布和超几何分布的取值可以一一列举，因此属于离散型分布。

4. 概率密度曲线（　　）。

A. 位于 X 轴的上方　　B. 位于 X 轴的下方

C. 与 X 轴之间的面积为 0　　D. 与 X 轴之间的面积为 1

E. 与 X 轴之间的面积为无穷大

【解析】连续性随机变量的密度函数满足：$f(x) \geqslant 0$，$\int_{-\infty}^{\infty} f(x) = 1$。因此概率密度曲线位于 X 轴的上方并且与 X 轴之间的面积为 1。

5. 下列选项中正确的是（　　）。

A. 设 $A_1, A_2, \cdots, A_n$ 是一个完备事件组，则：$P(B) = \sum_{i=1}^{n} P(A_i)P(B \mid A_i)$

B. 设 $A_1, A_2, \cdots, A_n$ 是一个完备事件组，则：$P(A_i \mid B) = \dfrac{P(A_i)P(B \mid A_i)}{\sum_{j=1}^{n} P(A_j)P(B \mid A_j)}$

C. $P(AB) = P(A)P(B)$

D. $P(A \cup B) = P(A) + P(B)$

E. $P(A \mid B) = P(A)/P(B)$

【解析】当事件 A 和 B 相互独立时，才有 $P(AB) = P(A)P(B)$；由于 $P(A \cup B) = P(A) + P(B) - P(AB)$，所以当 $P(AB) = 0$ 时，$P(A \cup B) = P(A) + P(B)$ 才成立；$P(A \mid B) = P(AB)/P(B)$，所以当 $P(AB) = P(A)$，即 $A \subset B$ 时，才有 $P(A \mid B) = P(A)/P(B)$。A 项考察的是全概率公式，B 项考察的是贝叶斯公式。

三、判断题

1. 超几何分布在一定条件下可以近似服从于二项分布。［对外经济贸易大学 2024 研］

【解析】在一定条件下，超几何分布可以近似服从二项分布，具体来说，当总体容量 N 远大于样本容量 n 时，超几何分布可近似为二项分布。

2. 概率为零的事件与任何事件都必定是独立的。［对外经贸大学 2021 研］

【解析】设 $P(A) = 0$，B 为任一事件，由于 AB 包含于 A，因此 $P(AB) \leqslant P(A) = 0$，而 $P(A)P(B) = 0$，因此总有 $P(AB) = P(A)P(B)$，这就是说 A，B 独立。

3. 若事件 A，B 满足 $P(A) > 0$，$P(B) > 0$，且相互独立，则 A，B 一定是互斥的。（　　）［对外经济贸易大学 2015 研］

【解析】事件 A 与 B 相互独立表示 $A(B)$ 的发生与否对 $B(A)$ 发生的可能性不会产生任何影响，但允许 A，B 两个事件同时发生；而 A 和 B 互斥是指 A，B 不能同时发生。题中，由 A，B 相互独立不能推出 A，B 一定是互斥的。

4AD　5AB　▍　1✓　2✓　3×

4．设随机变量 X 服从 $N(\mu_1, \sigma_1^2)$，Y 服从 $N(\mu_2, \sigma_2^2)$，且 $P\{|X-\mu_1|<1\}>P\{|Y-\mu_2|<1\}$,则必有 $\sigma_1<\sigma_2$。(　　)［对外经济贸易大学2015研］

【解析】由题可得：

$$P\left\{\frac{|X-\mu_1|}{\sigma_1}<\frac{1}{\sigma_1}\right\}>P\left\{\frac{|Y-\mu_2|}{\sigma_2}<\frac{1}{\sigma_2}\right\}$$

即 $\Phi\left(\frac{1}{\sigma_1}\right)>\Phi\left(\frac{1}{\sigma_2}\right)$，所以，$\frac{1}{\sigma_1}>\frac{1}{\sigma_2}$，即：$\sigma_1<\sigma_2$。

5．概率的基本法则是，如果一个给定事件的所有可能性都相同，那么某个特定结果出现的概率等于1除以所有可能性的个数。(　　)［西安交大2005研］

【解析】概率的古典定义是，如果某一随机试验的结果有限，而且各个结果出现的可能性相等，则某一事件 A 发生的概率为该事件所包含的基本事件数 m 与样本空间中所包含的基本事件数 n 的比值。题目中并未说明给定事件的可能结果有限。

6．任意随机变量 X 的数学期望和方差都存在。(　　)［东北财大2005研］

【解析】柯西分布的数学期望和方差都不存在，其密度函数为

$$f(x)=\frac{1}{\pi(1+x^2)},\ -\infty<x<+\infty$$

7．若两个独立随机变量 X 和 Y 均服从二项分布，而 $X+Y$ 不一定服从二项分布。(　　)［东北财大2005研］

【解析】若两个独立的随机变量 X 和 Y 均服从二项分布，且参数 p 相同，则 $X+Y$ 也服从二项分布。

8．设 A、B 为两事件，并且 $P(A)=P(B)=\frac{1}{4}$，则 $P(A\cup B)=\frac{1}{2}$。(　　)

【解析】若 A 与 B 互不相容，则 $P(A\cup B)=P(A)+P(B)=\frac{1}{2}$；若 A 与 B 相容，则 $P(A\cup B)=P(A)+P(B)-P(AB)=\frac{1}{2}-P(AB)<\frac{1}{2}$。故 $P(A\cup B)\leqslant\frac{1}{2}$。

9．若在实际应用中所处理的变量并不是严格的连续型变量，则不能使用正态分布。(　　)

【解析】在实际应用中，如果所处理的变量并不是严格的连续型变量，则可以通过连续校正，然后再使用正态分布。

四、简答题

1．事件 A 与 B 独立，B 与 C 独立，但 $A+B$ 与 C 不一定独立，举例说明。［武汉大学2015研］

答：举例说明：

将一枚均匀硬币独立地抛掷两次，设事件 A =｛第一次出现正面｝，事件 B =｛第二次出现正面｝，事件 C =｛正、反各出现一次｝，则

4✓　5×　6×　7✓　8×　9×

$P(A)=0.5$，$P(B)=0.5$，$P(C)=0.5$，$P(A\cup B)=0.75$

$P(AB)=0.25=P(A)P(B)$

$P(BC)=0.25=P(B)P(C)$

$P((A\cup B)C)=0.5\neq P(A\cup B)P(C)$

即事件 A 与 B 独立，B 与 C 独立，但 $A+B$ 与 C 不独立。

2. 简述指数分布。［南京大学2015研］

答：(1)指数分布的概念

如果随机变量 X 的概率密度函数为：

$$f(x)=\begin{cases}\lambda e^{-\lambda x}, & x\geqslant 0(\lambda>0)\\ 0, & 其他\end{cases}$$

则称 X 服从参数为 λ 的指数分布，记作 $X\sim \mathrm{Exp}(\lambda)$。

(2)指数分布的期望值和方差

如果随机变量 $X\sim \mathrm{Exp}(\lambda)$，则 $E(X)=1/\lambda$，$D(X)=1/\lambda^2$。

(3)指数分布的无记忆性

如果随机变量 $X\sim \mathrm{Exp}(\lambda)$，则对任意的 $s>0$，$t>0$，有

$$P(X>s+t\mid X>s)=P(X>t)$$

指数分布有无记忆性，直观地讲就是，从原分布的任意一时刻开始的分布与原分布相同。故又把指数分布称为“永远年轻”的分布。

(4)指数分布与泊松分布的联系

如果某一事件在特定时间间隔内发生的次数服从泊松分布，则该事件先后两次发生之间的时间间隔服从指数分布。

3. 在测量一物体长度时，一般采用多次测量结果的平均值作为长度的估计值。试用重复独立实验(随机变量序列)的数字特征给出合理的解释。［华中农业大学2015研］

答：由大数定理和中心极限定理可知，独立同分布的随机变量 X_1，X_2，…，X_n 的算术平均 $\overline{X}=\frac{1}{n}\sum_{k=1}^{n}X_k$，当 n 充分大时近似地服从均值为 μ，方差为 σ^2/n 的正态分布。因而，进行大量的重复独立实验下，序列 $\frac{1}{n}\sum_{k=1}^{n}X_k$ 依概率收敛于 μ，即 $\overline{X}\xrightarrow{P}\mu$，故可以用多次测量结果的平均值作为物体长度的估计值。

4. 正态分布的概率密度函数 $f(x)$ 有两个参数 μ 和 σ，请结合函数 $f(x)$ 的几何形状说明 μ 和 σ 的意义。［安徽财经大学2012样题］

答：正态分布的概率密度曲线是一个左右对称的钟形曲线，参数 μ 是这个曲线的对称轴，同时也决定了曲线的位置，且 $f(x)$ 在 $x=\mu$ 处达到最大值，此时 $f(\mu)=1/\sqrt{2\pi}\,\sigma$，同时 μ 也是正态分布的数学期望；而参数 σ 的大小决定了曲线的陡峭程度，σ 越小，则曲线的形状越陡峭，越集中在对称轴 $x=\mu$ 的附近，这和 σ^2 是正态分布的方差的直观意义一致。当 $\mu=0$，$\sigma^2=1$ 时，称为标准正态分布，即为 $N(0, 1)$。

5. 如果有百分之五的人是左撇子，而小明和他弟弟都是左撇子；那么小明和他弟弟都是左撇子这个事件的概率是不是 $0.05\times0.05=0.0025$？为什么？［中央财经大学2011研］

答：不是。当两个事件相互独立时，$P(AB)=P(A)P(B)$；当两个事件不相互独立时，$P(AB)=P(A)P(B\mid A)=P(BA)=P(B)P(A\mid B)$。很明显小明是左撇子和他弟弟是左撇子

这两个事件不相互独立，所以需要用后面一个计算公式。

6. 简述古典概率法和经验概率法如何定义事件发生的概率。［中央财经大学2012研］

答：概率的古典定义是，如果一项随机试验的全部基本事件总数有限，并且各基本事件出现的可能性都相同，事件A由若干基本事件所组成，则事件A发生的概率为：

$$P(A)=\text{事件}A\text{所包含的所有基本事件个数}/\text{基本事件总数}$$

经验概率又称主观概率，是指对于一些无法重复的试验，决策者综合各种信息，并依靠其经验和判断力对事件概率做出估计。主观概率并不假定现象的可重复性，甚至可以根据一次性试验做出判断。例如，请资深体育评论员对即将参赛的两支足球队的胜、负可能性进行估计。在对事件出现的真实可能性缺乏有效估计时，主观概率法也可作为解决问题的一种方法。

7. 全概率公式与逆概率公式分别用于什么场合？

答：(1)全概率公式为：

$$P(A)=\sum_{i=1}^{n}P(AB_i)=\sum_{i=1}^{n}P(B_i)P(A\mid B_i)$$

其中，B_1，B_2，…，B_n是互不相容的事件且$B_1\cup B_2\cup\cdots\cup B_n=\Omega$，$P(B_i)>0$，$i=1$，2，…，$n$。

如果对于某一复杂事件A的概率，能够构造合适的完备事件组，使得这些事件的概率和这些事件下A的条件概率较易于确定，就可以用全概率公式。

(2)逆概率公式也称贝叶斯公式，即

$$P(B_j\mid A)=\frac{P(B_j)P(A\mid B_j)}{\sum_{i=1}^{n}P(B_i)P(A\mid B_i)},\ j=1,\ \cdots,\ n$$

式中：B_1，B_2，…，B_n表示完备事件组。

逆概率公式是要在事件A已经发生的条件下来计算完备事件组B_1，B_2，…，B_n中每个事件的发生概率。

8. 正态分布所描述的随机现象有什么特点？为什么许多随机现象服从或近似服从正态分布？

答：(1)正态分布所描述的随机现象具有如下特点：

①正态曲线的图形是关于$x=\mu$的对称钟形曲线，且峰值在$x=\mu$处；

②正态分布的两个参数均值μ和标准差σ一旦确定，正态分布的具体形式也就唯一确定，不同参数取值的正态分布构成一个完整的“正态分布族”；

③正态分布的均值μ可以是实数轴上的任意数值，它决定正态曲线的具体位置，标准差σ相同而均值不同的正态曲线在坐标轴上体现为水平位移；

④正态分布的标准差σ为大于零的实数，它决定正态曲线的“陡峭”或“扁平”程度。σ越大，正态曲线越扁平；σ越小，正态曲线越陡峭；

⑤当X的取值向横轴左右两个方向无限延伸时，正态曲线的左右两个尾端无限渐近横轴，但理论上永远不会与之相交；

⑥与其他连续型随机变量相同，正态随机变量在特定区间上的取值概率由正态曲线下的面积给出，而且其曲线下的总面积等于1。

(2)如果原有总体是正态分布，那么，无论样本量的大小是多少，样本均值的抽样分布都服从正态分布。若原有总体的分布是非正态分布，随着样本量n的增大(通常要求$n\geq$

30），不论原来的总体是否服从正态分布，样本均值的抽样分布都将趋于正态分布，其分布的数学期望为总体均值 μ，方差为总体方差的 $1/n$。这就是统计上著名的中心极限定理。因此许多随机现象服从或近似服从正态分布。

五、计算题

1. 设完成作业的时间为 $x(h)$，密度函数 $f(x)=\begin{cases} cx^2+x, & 0\leqslant x\leqslant 0.5 \\ 0, & 其他 \end{cases}$，要求：

(1) 求常数 c 的值；

(2) 求分布函数 $F(x)$；

(3) 求完成一道题需要 10 分钟以上的概率。［东北财经大学 2025 研］

解：(1)根据概率密度函数的性质，已知 $f(x)=\begin{cases} cx^2+x, & 0\leqslant x\leqslant 0.5 \\ 0, & 其他 \end{cases}$，

则 $\int_0^{0.5}(cx^2+x)\mathrm{d}x=1$。又因为 $\int_0^{0.5}(cx^2+x)\mathrm{d}x=c\int_0^{0.5}x^2\mathrm{d}x+\int_0^{0.5}x\mathrm{d}x=c\cdot\frac{1}{3}x^3\big|_0^{0.5}+\frac{1}{2}x^2\big|_0^{0.5}=c\cdot\frac{0.125}{3}+\frac{0.25}{2}=\frac{c}{24}+\frac{1}{8}$，

解得 $c=21$。

(2)分布函数 $F(x)=\int_{-\infty}^{x}f(t)\mathrm{d}t$。

①当 $x<0$ 时，$F(x)=0$；

②当 $0\leqslant x\leqslant 0.5$ 时，$F(x)=\int_0^x(21t^2+t)\mathrm{d}t=21\cdot\frac{t^2}{3}\big|_0^x+\frac{t^2}{2}\big|_0^x=7x^3+\frac{x^2}{2}$；

③当 $x>0.5$ 时，$F(x)=1$。

综上，分布函数 $F(x)=\begin{cases} 0, & x<0 \\ 7x^3+\frac{x^2}{2}, & 0\leqslant x\leqslant 0.5 \\ 1, & x>0.5 \end{cases}$。

(3)求完成一道题需要 10 分钟以上的概率，即是求 $P(x>1/6)$。

$P(x>\frac{1}{6})=1-P(x\leqslant\frac{1}{6})=1-F(\frac{1}{6})=1-\frac{5}{108}=\frac{103}{108}$。

所以完成一道题需要 10 分钟以上的概率为 103/108。

2. X_1，…，X_n 为 n 个独立同分布随机变量服从指数分布 $E(\beta)$，$Y=\max\{X_1,\cdots,X_n\}$，求 Y 的概率密度函数。［西南财经大学 2023 研］

解：

$$p(x)=\begin{cases} \beta e^{-\beta x}, & x>0 \\ 0, & x\leqslant 0 \end{cases}$$

$$F(x)=\begin{cases} 1-e^{-\beta x}, & x>0 \\ 0, & x\leqslant 0 \end{cases}$$

因此 Y 的概率密度函数为

$$p_Y(x)=n\left(F(x)\right)^{n-1}p(x)=\begin{cases} \mathrm{n}(1-\mathrm{e}^{-\beta x})^{n-1}\beta\mathrm{e}^{-\beta x}, & x>0 \\ 0, & x\leqslant 0 \end{cases}$$

3. 一个信息从 a 传到 b，从 b 传到 c，再由 c 公布信息。每次一个人接收到一个信息

后，能将接收到的信息正确的传给下一个人的概率为 1/3(包括 c 最后公布信息的时候)。设 a 最初接收到的信息为 R，最后 c 公布的信息也为 R，问 a 正确传递消息的概率。[上海交通大学 2016 研]

解：记 a 公布的信息为 R(即传递了正确信息)为事件 A，b 公布的信息为 R 为事件 B，c 公布的信息为 R 为事件 C。则当 a 最初收到的信息为 R，c 公布的信息也为 R 的消息传递情况有以下四种，如表 5-3 所示。

表 5-3

a	b	c	$P_i(i=1, 2, 3, 4)$
R	R	R	$\frac{1}{27}$
$\overline{R}$	R	R	$\frac{4}{27}$
R	$\overline{R}$	R	$\frac{4}{27}$
$\overline{R}$	$\overline{R}$	R	$\frac{4}{27}$

$$P_1=P(A)P(B|A)P(C|B)=\frac{1}{3}\times\frac{1}{3}\times\frac{1}{3}=\frac{1}{27}$$

$$P_2=P(\overline{A})P(B|\overline{A})P(C|B)=\frac{2}{3}\times\frac{2}{3}\times\frac{1}{3}=\frac{4}{27}$$

$$P_3=P(A)P(\overline{B}|A)P(C|\overline{B})=\frac{1}{3}\times\frac{2}{3}\times\frac{2}{3}=\frac{4}{27}$$

$$P_4=P(\overline{A})P(\overline{B}|\overline{A})P(C|\overline{B})=\frac{2}{3}\times\frac{1}{3}\times\frac{2}{3}=\frac{4}{27}$$

则在 a 最初接收到的信息为 R，最后 c 公布的信息也为 R 的条件下，a 正确传递消息的概率为：

$$P(A|C)=\frac{P_1+P_3}{P_1+P_2+P_3+P_4}=\frac{5}{13}$$

4. 甲乙两个抽屉中各有 3 个白球、2 个黑球，从甲抽屉中取 1 个球放入乙抽屉中，再从乙抽屉取 4 个球放入甲抽屉，X 表示 4 个球中黑球的个数，求 X 的分布律?[南开大学 2016 研]

解：记从甲抽屉中取得 1 个球为黑色为事件 A，则 $P(A)=\frac{2}{5}$。

由题可知 X 的取值可以为 0，1，2，3。则 X 的分布律为：

$$P(X=0)=P(A)P(X=0|A)+P(\overline{A})P(X=0|\overline{A})=0+\frac{3}{5}\times\frac{C_4^4}{C_6^4}=\frac{1}{25}$$

$$P(X=1)=P(A)P(X=1|A)+P(\overline{A})P(X=1|\overline{A})=\frac{2}{5}\times\frac{C_3^1C_3^3}{C_6^4}+\frac{3}{5}\times\frac{C_2^1C_4^3}{C_6^4}=\frac{2}{5}$$

$$P(X=2)=P(A)P(X=2|A)+P(\overline{A})P(X=2|\overline{A})=\frac{2}{5}\times\frac{C_3^2C_3^2}{C_6^4}+\frac{3}{5}\times\frac{C_2^2C_4^2}{C_6^4}=\frac{12}{25}$$

$$P(X=3)=P(A)P(X=3|A)+P(\overline{A})P(X=3|\overline{A})=\frac{2}{5}\times\frac{C_3^3C_3^1}{C_6^4}+0=\frac{2}{25}$$

5. 随机变量 X、Y 独立同分布，X、Y 取 -1，0，1 的概率分别为 1/4，1/2，1/4。

$$U=\begin{cases}1, & (X\geqslant Y)\\ 0, & (X<Y)\end{cases}$$

要求：

(1)求 (X, Y) 的联合分布。

(2) U 与 X 是否独立，说明理由。

(3)求 $Z=X^2+1$ 的分布函数。［南开大学2016研］

解：(1)由题可得 (X, Y) 的联合分布如表5-4所示。

表5-4

Y \ X	-1	0	1
-1	$\frac{1}{16}$	$\frac{1}{8}$	$\frac{1}{16}$
0	$\frac{1}{8}$	$\frac{1}{4}$	$\frac{1}{8}$
1	$\frac{1}{16}$	$\frac{1}{8}$	$\frac{1}{16}$

(2) $P(X=-1)=\frac{1}{4}$；

$P(U=0)=P(X<Y)=P(X=-1, Y=0)+P(X=-1, Y=1)+P(X=0, Y=1)=\frac{5}{16}$；

$P(X=-1, U=0)=P(X=-1, X<Y)=P(X=-1, Y=0)+P(X=-1, Y=1)=\frac{3}{16}$；

所以，$P(X=-1, U=0)\neq P(X=-1)P(U=0)$，故 U 与 X 不独立。

(3)由 X 取 -1，0，1 得 Z 取1，2，则

$$P(Z=1)=P(X=0)=\frac{1}{2}$$

$$P(Z=2)=P(X=-1)+P(X=1)=\frac{1}{2}$$

则 Z 的分布函数为：

$$F(z)=\begin{cases}0, & z<1\\ \frac{1}{2}, & 1\leqslant z<2\\ 1, & z\geqslant 2\end{cases}$$

6. 设随机变量 X 具有概率密度 $f_X(x)\ (-\infty<x<+\infty)$，求 $Y=X^2$ 的概率密度 $f_Y(y)$。［山东大学2015研］

解：当 $y>0$ 时，Y 的分布函数 $F_Y(y)$：

$$\begin{aligned}F_Y(y)&=P(Y\leqslant y)=P(X^2\leqslant y)=P(-\sqrt{y}\leqslant X\leqslant\sqrt{y})\\&=\int_{-\sqrt{y}}^{\sqrt{y}}f_X(x)\,\mathrm{d}x\end{aligned}$$

因而，Y 的概率密度函数为：

$$f_Y(y)=\begin{cases}[F_Y(y)]'=\left[\int_{-\sqrt{y}}^{\sqrt{y}}f_X(x)\,\mathrm{d}x\right]'=\frac{1}{2\sqrt{y}}\left[f_X(\sqrt{y})+f_X(-\sqrt{y})\right], & y>0\\ 0, & 其他\end{cases}$$

7. 工厂生产的某种设备的寿命 X(以年计)服从指数分布，概率密度函数为

$$f(x)=\begin{cases}\frac{1}{4}e^{-\frac{x}{4}}, & x>0\\ 0, & x\leqslant 0\end{cases}$$

为确保消费者的利益，工厂规定出售的设备若在一年内损坏可以调换。若售出一台设备，工厂获利 100 元，而调换一台则损失 200 元，计算工厂出售一台设备获利的数学期望。［对外经济贸易大学 2015 研］

解：设工厂出售一台设备获得的利润为 Y 元。

由题可知，调换一台设备损失 200 元，即 $Y=-200$ 的概率为：

$$P(\text{调换})=\int_0^1\frac{1}{4}e^{-\frac{x}{4}}dx=1-e^{-\frac{1}{4}}$$

出售一台设备获利 100 元，即 $Y=100$ 的概率为：

$$P(\text{出售})=\int_1^{+\infty}\frac{1}{4}e^{-\frac{x}{4}}dx=e^{-\frac{1}{4}}$$

Y 的概率分布列为：

Y	-200	100
P	$1-e^{-\frac{1}{4}}$	$e^{-\frac{1}{4}}$

则工厂出售一台设备获利的数学期望为：

$$E(Y)=-200\times(1-e^{-\frac{1}{4}})+100\times e^{-\frac{1}{4}}\approx 33.64(\text{元})$$

8. 设随机变量 X 的密度函数为：

$$p(x)=\begin{cases}\frac{1}{5}e^{-\frac{x}{5}}, & x>0\\ 0, & x\leqslant 0\end{cases}$$

(1)计算概率 $P(0<X\leq 5)$。

(2)$E(X)$。［暨南大学 2011 研］

解：(1) $P(0<X\leq 5)=\int_0^5 p(x)dx=\int_0^5\frac{1}{5}e^{-\frac{x}{5}}dx=-e^{-\frac{x}{5}}\big|_0^5=1-e^{-1}$

(2) $E(X)=\int_{-\infty}^{+\infty}xp(x)dx=\int_0^{+\infty}\frac{1}{5}xe^{-\frac{x}{5}}dx=-\int_0^{+\infty}xde^{-\frac{x}{5}}=-xe^{-\frac{x}{5}}\big|_0^{+\infty}+\int_0^{\infty}e^{-\frac{x}{5}}dx$

$=0-5e^{-\frac{x}{5}}\big|_0^{+\infty}=5$

9. 假设某厂家生产的仪器，以概率 0.7 可以直接出厂，以概率 0.3 需进一步调试。经调试以后以概率 0.8 可以出厂，以概率 0.2 为不合格品不能出厂。现该厂新生产了 10 台仪器，分别求：

(1)全部能出厂的概率 P_1；

(2)其中恰有两台不能出厂的概率 P_2。［浙江工商大学 2011 研］

解：根据全概率公式计算可得，一台机器能出厂的概率 $p=0.7+0.3\times0.8=0.94$，一台机器不能出厂的概率 $q=0.3\times0.2=0.06$。

(1) $P_1=p^{10}=0.94^{10}=0.54$

即全部能出厂的概率为 0.54。

(2) $P_2 = C_{10}^2 p^8 q^2 = C_{10}^2 \times 0.94^8 \times 0.06^2 = 0.10$

即恰有两台不能出厂的概率为 0.10。

10. 用 A，B，C 三类不同元件连接成两个系统 N_1 和 N_2。当元件 A，B，C 都正常工作时，系统 N_1 正常工作；当元件 A 正常工作且元件 B，C 中至少有一个正常工作时，系统 N_2 正常工作。已知元件 A，B，C 正常工作的概率依次为 0.80，0.90，0.90，且某个元件是否正常工作与其他元件无关。分别求系统 N_1 和 N_2 正常工作的概率 P_1 和 P_2。［安徽财经大学 2012 样题］

解： 分别记元件 A，B，C 正常工作为事件 A，B，C，由已知条件可得

$$P(A)=0.8,\ P(B)=0.9,\ P(C)=0.9$$

记系统 N_1 正常工作为事件 N_1，则有

$$P_1=P(N_1)=P(ABC)$$

由于事件 A，B，C 相互独立，所以

$$P_1=P(A)P(B)P(C)=0.8\times0.9\times0.9=0.648$$

记系统 N_2 正常工作为事件 N_2，则有

$$P_2=P(N_2)=P(A\cap(B\cup C))$$

由于 A，B，C 相互独立，则有

$$\begin{aligned}P_2&=P(A)[1-P(\overline{B})P(\overline{C})]=P(A)[1-(1-P(B))(1-P(C))]\\&=0.8\times[1-0.1\times0.1]=0.792\end{aligned}$$

11. 某公司的一种设备从甲、乙、丙三个厂进货。甲、乙、丙三厂的进货比例分别占 30%，20%和 50%，甲、乙、丙三厂生产的设备的次品率分别为 3%，3%和 2%。

(1) 现从这批进货中任取一件，求取到的设备是次品的概率；

(2) 经检验发现取到的设备是次品，求该设备是丙厂生产的概率。［中山大学 2011 研］

解： (1) 令 A_1、A_2、A_3 分别表示“产品来自甲、乙、丙厂”，B 为“取到次品”。

根据全概率公式可得

$$P(B)=\sum_{i=1}^{n=3}P(A_i)P(B\mid A_i)=30\%\times3\%+20\%\times3\%+50\%\times2\%=2.5\%$$

所以，从这批进货中任取一件，取到设备是次品的概率为 2.5%。

(2) 根据贝叶斯公式，有

$$P(A_3\mid B)=\frac{P(A_3)P(B\mid A_3)}{P(B)}=\frac{50\%\times2\%}{2.5\%}=40\%$$

即经检验发现取到的设备是次品，则该设备是丙厂生产的概率为 40%。

12. 离散型随机变量 X 的概率分布列如表 5-5 所示。

表 5-5

X	1	2	3	4
P	0.2	0.1	0.3	a

(1) 确定概率分布列中 a 的值。

(2) 试给出随机变量 X 的分布 $F(x)$。

(3) 计算随机变量 X 的均值和方差。［中央财经大学 2011 研］

解： (1) 根据离散型随机变量的概率分布列的特征可知：$0.2+0.1+0.3+a=1$。

解得，$a=0.4$。

(2)当 $x<1$ 时，$F(x)=0$；

当 $1\leqslant x<2$ 时，$F(x)=0.2$；

当 $2\leqslant x<3$ 时，$F(x)=0.2+0.1=0.3$；

当 $3\leqslant x<4$ 时，$F(x)=0.2+0.1+0.3=0.6$；

当 $x\geqslant 4$ 时，$F(x)=0.2+0.1+0.3+0.4=1$。

所以随机变量 X 的分布为：

$$F(x)=\begin{cases}0, & x<1\\ 0.2, & 1\leqslant x<2\\ 0.3, & 2\leqslant x<3\\ 0.6, & 3\leqslant x<4\\ 1, & x\geqslant 4\end{cases}$$

(3)$E(X)=\sum_{i=1}^{4}x_ip_i=1\times 0.2+2\times 0.1+3\times 0.3+4\times 0.4=2.9$

$$\begin{aligned}\mathrm{Var}(X)&=E[X-E(X)]^2=\sum_{i=1}^{4}(x_i-E(X))^2p_i\\&=(1-2.9)^2\times 0.2+(2-2.9)^2\times 0.1+(3-2.9)^2\times 0.3+(4-2.9)^2\times 0.4\\&=1.29\end{aligned}$$

13. 已知某种病菌在全人口中的带菌率为10%。在检测时，带菌者呈阳性和阴性反应的概率分别为95%和5%，而不带菌呈阳性和阴性反应的概率分别为20%和80%。

(1)随机地抽出一个人进行检测，求结果为阳性的概率；

(2)已知某人检测的结果为阳性，求这个人是带菌者的条件概率。［中山大学2012研］

解：设 A_1、A_2 分别代表事件“一个人带菌”、“一个人不带菌”，B_1、B_2 分别代表事件“检测结果为阳性”、“检测结果为阴性”。

(1)根据全概率公式得

$$\begin{aligned}P(B_1)&=P(A_1B_1)+P(A_2B_1)\\&=P(A_1)P(B_1\mid A_1)+P(A_2)P(B_1\mid A_2)\\&=10\%\times 95\%+90\%\times 20\%=27.5\%\end{aligned}$$

即随机地抽出一个人进行检测，结果为阳性的概率为27.5%。

(2)根据条件概率公式

$$P(A_1\mid B_1)=\frac{P(A_1B_1)}{P(B_1)}=\frac{P(A_1)P(B_1\mid A_1)}{P(B_1)}=\frac{10\%\times 95\%}{27.5\%}=34.5\%$$

即已知某人检测结果为阳性，这个人是带菌者的条件概率是34.5%。

14. 盒子中有10个球，6个红球和4个黑球，无放回随机选出4个球。计算选出球中包含黑球数的期望和方差。［中央财经大学2012研］

答：设 X 表示事件取出黑球个数所对应的随机变量，则

$$P\{X=0\}=\frac{C_4^0C_6^4}{C_{10}^4}=\frac{1}{14},\ P\{X=1\}=\frac{C_4^1C_6^3}{C_{10}^4}=\frac{8}{21},\ P\{X=2\}=\frac{C_4^2C_6^2}{C_{10}^4}=\frac{3}{7},$$

$$P\{X=3\}=\frac{C_4^3C_6^1}{C_{10}^4}=\frac{4}{35},\ P\{X=4\}=\frac{C_4^4C_6^0}{C_{10}^4}=\frac{1}{210}。$$

$$E(X)=\sum_{i=0}^{4}iP\{X=i\}=\frac{8}{21}+\frac{2\times 3}{7}+\frac{3\times 4}{35}+\frac{4}{210}=\frac{8}{5},$$

$$E(X^2)=\sum_{i=0}^{4}i^2P\{X=i\}=\frac{8}{21}+\frac{2^2\times3}{7}+\frac{3^2\times4}{35}+\frac{4^2}{210}=\frac{16}{5},$$

$$D(X)=E(X^2)-(E(X))^2=\frac{16}{5}-(\frac{8}{5})^2=\frac{16}{25}。$$

所以选出球中包含黑球数的期望为$\frac{8}{5}$，方差为$\frac{16}{25}$。

15. 某人乘公共汽车或地铁上班的概率分别为0.4和0.6，当他乘公共汽车时，有30%的日子迟到；当他乘地铁时，有10%的日子迟到。问此人上班迟到的概率是多少？若此人在某一天迟到，则他在该天恰好乘地铁的概率是多少？［天津财大2006研］

解： 设$A=\{$乘公共汽车上班$\}$，$B=\{$乘地铁上班$\}$，$C=\{$上班迟到$\}$。依题意有：

$$P(A)=0.4,\ P(B)=0.6,\ P(C\mid A)=0.3,\ P(C\mid B)=0.1$$

此人上班迟到的概率为：

$$P(C)=P(AC)+P(BC)=P(A)P(C\mid A)+P(B)P(C\mid B)$$
$$=0.4\times0.3+0.6\times0.1=0.18$$

若此人在某一天迟到，则他在该天恰好乘地铁的概率为：

$$P(B\mid C)=\frac{P(BC)}{P(C)}=\frac{P(B)P(C\mid B)}{P(C)}=\frac{0.6\times0.1}{0.18}=0.33$$

16. 盒中放有12个乒乓球，其中9个是新的。第一次比赛时从中任取3个来使用，比赛后仍放回盒中。第二次比赛时，再从盒中任取3个球，求：(1)第二次取出的球都是新球的概率；(2)已知第二次使用时取到的是三只新球，而第一次使用时取到的是一只新球的概率。［江西财大2007研］

解： (1)令A_i表示第一次任取3个球使用时，取出i个新球的事件($i=0$、1、2、3)。令B表示第二次任取的3个球都是新球的事件。则有

$$P(A_0)=\frac{C_3^3}{C_{12}^3}=\frac{1}{220},\ P(A_1)=\frac{C_3^2C_9^1}{C_{12}^3}=\frac{27}{220}$$

$$P(A_2)=\frac{C_3^1C_9^2}{C_{12}^3}=\frac{108}{220},\ P(A_3)=\frac{C_9^3}{C_{12}^3}=\frac{84}{220}$$

根据全概率公式，计算第二次取出的球都是新球的概率为：

$$P(B)=P(A_0)P(B\mid A_0)+P(A_1)P(B\mid A_1)+P(A_2)P(B\mid A_2)+P(A_3)P(B\mid A_3)$$

$$=\frac{1}{220}\times\frac{C_9^3}{C_{12}^3}+\frac{27}{220}\times\frac{C_8^3}{C_{12}^3}+\frac{108}{220}\times\frac{C_7^3}{C_{12}^3}+\frac{84}{220}\times\frac{C_6^3}{C_{12}^3}$$

$$=\frac{441}{3025}=0.146$$

(2)根据条件概率公式，计算第二次取到三个新球时第一次取到一个新球的概率为：

$$P(A_1\mid B)=\frac{P(A_1)P(B\mid A_1)}{P(B)}=\frac{P(A_1)P(B\mid A_1)}{\sum P(A_i)P(B\mid A_i)}=\frac{\frac{C_8^3}{C_{12}^3}\times\frac{27}{220}}{\frac{441}{3025}}=\frac{3}{14}$$

17. 某技术部门招工需经过四项考核，设能够通过第一、二、三、四项考核的概率分别为0.6，0.8，0.9和0.65，各项考核是独立的。每个应招者都要经过全部四项考核，只要有一项不通过即被淘汰。求：(1)这项招工的淘汰率；(2)通过一、三项考核但是仍被淘汰的

概率；(3)假设考核按顺序进行，被考核人员一旦经某项考核不合格即被淘汰(不再参加后面的考核)，求这种情况下的淘汰率。［江西财大2007研］

解：令 B 为最终通过考核，$A_i(i=1,2,3,4)$ 表示分别通过第一、第二、第三、第四项考核。

(1)因为各项考核是相互独立的，所以这项招工的通过率为：

$$P(B)=0.6\times0.8\times0.9\times0.65=0.2808$$

因此该项招工的淘汰率为：

$$P(\bar{B})=1-P(B)=1-0.2808=0.7192$$

(2)在通过一、三项考核的情况下考核全部通过的概率为：

$$P(B\mid A_1A_3)=\frac{P(B)}{P(A_1A_3)}=\frac{0.2808}{0.6\times0.9}=0.52$$

因此，通过一、三项考核但是仍被淘汰的概率为：

$$1-P(B\mid A_1A_3)=1-0.52=0.48$$

(3)在考核按顺序进行的情况下，淘汰率为：

$$P(\bar{B})=0.4+0.6\times(1-0.8)+0.6\times0.8\times(1-0.9)+0.6\times0.8\times0.9\times(1-0.65)=0.7192$$

18. 设随机变量 X 的概率分布列为

X	−2	−1	0	1	3
P	1/5	1/6	1/5	1/15	11/30

求：$Y=X^2$ 的概率分布列。［湖南大学2007研］

解：由题意知，$Y=X^2$ 的所有可能取值为0，1，4，9。相应的概率为：

$P(Y=0)=P(X=0)=1/5$

$P(Y=1)=P(X^2=1)=P(X=1)+P(X=-1)=1/15+1/6=7/30$

$P(Y=4)=P(X=-2)=1/5$

$P(Y=9)=P(X=3)=11/30$

故 Y 的概率分布列为：

Y	0	1	4	9
P	1/5	7/30	1/5	11/30

19. 设随机变量 X 的密度函数为：

$$f(x)=\begin{cases}kx, & 0\leqslant x<1\\ k(2-x), & 1\leqslant x\leqslant2\\ 0, & \text{其他}\end{cases}$$

(1)求参数 k；(2)求 X 的分布函数。［深圳大学2004研］

解：(1)由于 $\int_{-\infty}^{+\infty}f(x)\mathrm{d}x=1$，即 $\int_0^1 kx\mathrm{d}x+\int_1^2 k(2-x)\mathrm{d}x=1$，解得 $k=1$。

(2)当 $x<0$ 时，$F(x)=0$；

当 $0\leqslant x<1$ 时，$F(x)=\int_{-\infty}^{x}f(t)\mathrm{d}t=\int_0^x t\mathrm{d}t=\frac{x^2}{2}$；

当 $1 \leqslant x \leqslant 2$ 时，$F(x) = \int_{-\infty}^{x} f(t)\mathrm{d}t = \int_0^1 t\mathrm{d}t + \int_1^x (2-t)\mathrm{d}t = 2x - \frac{x^2}{2} - 1$；

当 $x > 2$ 时，$F(x) = 1$。

故 X 的分布函数为

$$F(x) = \begin{cases} 0, & x < 0 \\ \frac{x^2}{2}, & 0 \leqslant x < 1 \\ 2x - \frac{x^2}{2} - 1, & 1 \leqslant x \leqslant 2 \\ 1, & x > 2 \end{cases}$$

20. 假定随机向量 (X, Y) 服从二维正态分布，且 X 和 Y 分别服从正态分布 $N(1, 3^2)$ 和 $N(0, 4^2)$，并已知它们的相关系数为 $\rho(X, Y) = -1/2$，现做变换：$Z = \frac{X}{3} + \frac{Y}{2}$

(1) 试求 Z 的数学期望 $E(Z)$ 和方差 $D(Z)$；

(2) 试求 X 与 Z 的相关系数 $\rho(X, Z)$；

(3) 试判断 X 与 Z 的独立性(说明理由)。［东北财大 2008 研］

解：(1) $E(Z) = E\left(\frac{X}{3} + \frac{Y}{2}\right) = \frac{1}{3}E(X) + \frac{1}{2}E(Y) = \frac{1}{3} \times 1 + \frac{1}{2} \times 0 = \frac{1}{3}$

$$\begin{aligned} D(Z) &= D\left(\frac{X}{3} + \frac{Y}{2}\right) = D\left(\frac{X}{3}\right) + D\left(\frac{Y}{2}\right) + 2 \times \frac{1}{3} \times \frac{1}{2}\mathrm{Cov}(X, Y) \\ &= \frac{1}{9}D(X) + \frac{1}{4}D(Y) + \frac{1}{3}\rho(X, Y)\sqrt{D(X)}\sqrt{D(Y)} \\ &= \frac{1}{9} \times 3^2 + \frac{1}{4} \times 4^2 + \frac{1}{3} \times \left(-\frac{1}{2}\right) \times 3 \times 4 \\ &= 3 \end{aligned}$$

(2)
$$\begin{aligned} \mathrm{Cov}(X, Z) &= \mathrm{Cov}\left(X, \frac{X}{3} + \frac{Y}{2}\right) = \mathrm{Cov}\left(X, \frac{X}{3}\right) + \mathrm{Cov}\left(X, \frac{Y}{2}\right) \\ &= \frac{1}{3}D(X) + \frac{1}{2}\mathrm{Cov}(X, Y) = \frac{1}{3}D(X) + \frac{1}{2}\rho(X, Y)\sqrt{D(X)}\sqrt{D(Y)} \\ &= \frac{1}{3} \times 3^2 + \frac{1}{2} \times \left(-\frac{1}{2}\right) \times 3 \times 4 \\ &= 0 \end{aligned}$$

所以，$\rho_{XZ} = \frac{\mathrm{Cov}(X, Z)}{\sqrt{D(X)}\sqrt{D(Z)}} = 0$。

(3) 由于随机向量 (X, Y) 服从二维正态分布，$Z = \frac{X}{3} + \frac{Y}{2}$，则由正态变量的线性变换不变性可知 (X, Z) 服从二维正态分布。又由(2)知 $\rho_{XZ} = 0$，所以 X 与 Z 相互独立。

21. 设某种商品每周的需求量 X 是服从区间 [10, 30] 上均匀分布的随机变量，而经销商店进货量为区间 [10, 30] 中的某一整数，商店每销售一单位商品可获利 500 元，若供大于求，则削价处理，每处理一单位商品亏损 100 元；若供不应求，则可从外部调剂供应，此时 1 单位商品仅获利 300 元。为使商品所获利润期望值不少于 9280 元，试确定最少进货量。［首经贸 2009、2004 研；江西财大 2008 研］

解：该种商品每周的需求量 X 服从[10，30]上的均匀分布，设商店所获利润为 Z，商店进货量为 y，则有：

$$Z=\begin{cases}600X-100y & 10\leqslant X<y\leqslant 30\\ 300X+200y & 10\leqslant y<X\leqslant 30\end{cases}$$

则商品所获利润期望值为：

$$E(Z)=\int_{10}^{y}(600x-100y)\frac{1}{20}\mathrm{d}x+\int_{y}^{30}(300x+200y)\frac{1}{20}\mathrm{d}x$$
$$=-7.5y^2+350y+5250$$

若使商品所获利润期望值不少于 9280 元，只需满足：

$$-7.5y^2+350y+5250\geqslant 9280$$

解得，$20.7\leqslant y\leqslant 26$。因为进货量为区间[10，30]中的某一整数，故所获利润期望值不少于 9280 元，最小进货量为 21 个单位。

22．某厂生产某产品 1000 件，其价格为 $P=2000$ 元/件，其使用寿命 X(单位：天)的分布密度为

$$f(x)=\begin{cases}\dfrac{1}{20000}\mathrm{e}^{-\frac{1}{20000}(x-365)} & x\geqslant 365\\ 0 & x<365\end{cases}$$

现由某保险公司为其质量进行保险：厂方向保险公司交保费 P_0 元/件，每件产品若寿命小于 1095 天(3 年)，则由保险公司按原价赔偿 2000 元/件，试由中心极限定理计算：

(1)若保费 $P_0=100$ 元/件，保险公司亏本的概率？

(2)试确定保费 P_0，使保险公司亏本概率不超过 1%。

($\mathrm{e}^{-0.0365}\approx 0.96$，$\Phi(1.45)=0.926$，$\Phi(1.61)=0.946$，$\Phi(2.33)=0.99$)[首经贸 2008 研]

解：(1)设该厂出现产品寿命小于 1095 天的总产品件数是 Y。保险公司刚好亏本时，产品寿命小于 1095 天的总产品件数是 y，则

$$1000P_0=2000y$$

当 $P_0=100$ 时，$y=50$。所以保险公司亏本的概率为：$P(Y>50)=1-P(Y\leqslant 50)$

每件产品寿命小于 1095 天的概率为：

$$P(X\leqslant 1095)=\int_{365}^{1095}\frac{1}{20000}\mathrm{e}^{-\frac{1}{20000}(x-365)}\mathrm{d}x=1-\mathrm{e}^{-0.0365}=0.04$$

1000 件产品中寿命小于 1095 天的总产品件数 $Y\sim B(1000，0.04)$，所以

$$E(Y)=np=1000\times 0.04=40，D(Y)=np(1-p)=38.4$$

由中心极限定理：$P(Y\leqslant 50)=P\left(\dfrac{Y-40}{\sqrt{38.4}}\leqslant\dfrac{50-40}{\sqrt{38.4}}\right)=\Phi(1.61)=0.946$，所以公司亏本的概率是 $1-0.946=0.054$。

(2)由题意保费 P_0 满足 $P(2000Y>1000P_0)\leqslant 1\%$，则

$$P\left(Y>\frac{P_0}{2}\right)=P\left(\frac{Y-40}{\sqrt{38.4}}>\frac{\frac{P_0}{2}-40}{\sqrt{38.4}}\right)=P\left(z>\frac{\frac{P_0}{2}-40}{\sqrt{38.4}}\right)\leqslant 1\%$$

可得，$\dfrac{\frac{P_0}{2}-40}{\sqrt{38.4}}\geqslant 2.33$，$P_0\geqslant 108.88$。即保费至少是 108.88，才能使保险公司亏本的概率不超过 1%。

第6章　统计量及其抽样分布

一、单项选择题

1．下列说法中错误的是(　　)。[中国海洋大学2025研]

A．在样本量相同的条件下，整群抽样的抽样误差比分层抽样大

B．在重复抽样下的样本均值的方差小于不重复抽样下样本均值方差

C．抽样误差只存在于概率抽样中

D．在概率抽样中，每个单位被抽中的概率是已知的，可以计算出来

【解析】B项，在重复抽样下，样本均值的方差等于总体方差除以样本量。在不重复抽样下，样本均值的方差等于总体方差除以样本量乘以(1－样本量/总体量)。因此，在不重复抽样下，样本均值的方差更小。

2．从某车厂抽了20辆同一类型的车进行测试，根据这20辆车的数据得出结论，这类型车百公里耗油量小于7.1L，这一结论属于(　　)[上海交通大学2024研]

A．对样本的描述　　B．对总体的推断

C．对样本的推断　　D．对总体的描述

【解析】总体是包含所研究的全部个体(数据)的集合；样本是从总体中抽取的一部分元素的集合。抽样的目的是根据样本提供的信息推断总体的特征。本题通过20辆车的样本信息，得出结论，属于对总体的推断。

3．在抽样推断中，样本统计量是(　　)。[安徽大学2024研；中央财经大学2015研]

A．未知但确定的量　　B．一个已知的量

C．随机变量　　D．唯一的

【解析】统计量是用来描述样本特征的概括性数字度量。统计量是样本的函数，随着样本的改变而改变，因此统计量是随机变量。

4．s^2是标准正态分布$N(0,1)$中抽取容量为16的样本方差，则$\mathrm{Var}(s^2)=$(　　)。[北京师范大学2022研]

A. 1/15　　B. 2/15　　C. 2/16　　D. 1

【解析】已知$n=16$，$\sigma=1$，$\frac{(n-1)s^2}{\sigma^2}\sim\chi^2(n-1)$，根据卡方分布的方差可得出$\mathrm{Var}\left[\frac{(n-1)s^2}{\sigma^2}\right]=2(n-1)=30$，即$\frac{(n-1)^2}{\sigma^4}\mathrm{Var}(s^2)=30$，得出$\mathrm{Var}(s^2)=\frac{2}{15}$。

5．样本X_1，X_2，X_3，X_4取自正态分布总体X，$E(X)=\mu$为已知，而$D(X)=\sigma^2$未知，则下列随机变量中不能作为统计量的是(　　)。[浙江工商大学2018研]

A．$\overline{X}=\frac{1}{4}\sum_{j=1}^{4}X_i$　　B．$X_1+X_4+2\mu$

1B　2B　3C　4B　5C

C. $\frac{1}{\sigma^2}\sum_{i=1}^{4}(X_i-\overline{X})^2$　　D. $\frac{1}{3}\sum_{i=1}^{4}(X_i-\overline{X})^2$

【解析】统计量是用来描述样本特征的概括性数字度量，是关于样本的函数，且不含有未知参数。$D(X)=\sigma^2$ 是未知的，所以C项中包含了未知参数，所以C项不是统计量。而ABD三项中均不包含未知参数。

6. 在一个饭店门口等待出租车的时间是左偏的，均值为12分钟，标准差为3分钟。如果从饭店门口随机抽取100名顾客并记录他们等待出租车的时间，则该样本均值的分布服从(　　)。[山东大学2015研]

A. 正态分布，均值为12分钟，标准差为0.3分钟

B. 正态分布，均值为12分钟，标准差为3分钟

C. 左偏分布，均值为12分钟，标准差为3分钟

D. 左偏分布，均值为12分钟，标准差为0.3分钟

【解析】根据中心极限定理，从均值为μ、方差为σ^2的总体中，抽取样本量为n的随机样本，当n充分大时(通常要求$n\geqslant30$)，样本均值的分布近似服从均值为μ、方差为σ^2/n的正态分布。本题样本量为100，故即使总体是左偏分布，该样本均值仍服从正态分布，其均值为12，标准差为3/10=0.3。

7. 设总体$X\sim N(2,\ \sigma^2)$，X_1，…，X_{16}是来自总体X的样本，$\overline{X}=\frac{1}{16}\sum_{i=1}^{16}X_i$，则$\frac{4\overline{X}-8}{\sigma}$服从的分布是(　　)。[对外经济贸易大学2015研]

A. $t(15)$　　B. $t(16)$　　C. $\chi^2(15)$　　D. $N(0,\ 1)$

【解析】由题可知样本均值$\overline{X}\sim N(2,\ \frac{\sigma^2}{16})$，则$\frac{\overline{X}-2}{\sigma/4}\sim N(0,\ 1)$，即$\frac{4\overline{X}-8}{\sigma}\sim N(0,\ 1)$。

8. 1000名学生参加某课程的考试，平均成绩是82分，标准差是8分，从学生中随机抽取100个同学作为样本，则样本均值的数学期望和抽样分布的标准差分别为(　　)。[华中农业大学2015研]

A. 82，8　　B. 82，0.8　　C. 82，64　　D. 86，1

【解析】由中心极限定理得，在大样本条件下，样本均值$\overline{X}$的抽样分布近似服从均值为μ方差为σ^2/n的正态分布。故该样本均值的数学期望为82，标准差为8/10=0.8。

9. 若总体服从均值为μ，标准差为σ的正态分布，从中抽出一个容量为10的简单随机样本，则样本平均的抽样分布为(　　)。[中山大学2011研]

A. $N(\mu,\ \sigma^2/10)$　　B. $N(\mu/10,\ \sigma^2)$

C. $N(\mu/10,\ \sigma^2/100)$　　D. $N(\mu,\ \sigma^2/100)$

【解析】当总体分布为正态分布$N(\mu,\ \sigma^2)$时，可得：$\overline{X}$的抽样分布仍为正态分布，$\overline{X}$的数学期望为μ，方差为$\frac{\sigma^2}{n}$，则$\overline{X}\sim N(\mu,\ \frac{\sigma^2}{n})$。

10. 有一个样本容量为10的样本，其均值为1300小时，方差为8175.56。若按放回抽

6A　7D　8B　9A　10B

样计算，则样本均值的标准误差是(　　)。[中央财经大学2012研]

A. 28.35小时　　B. 28.59小时　　C. 29.61小时　　D. 30.02小时

【解析】简单随机抽样、重复抽样时，样本均值的标准误计算公式为：

$$\sigma_{\bar{x}}=\frac{\sigma}{\sqrt{n}}=\frac{\sqrt{8175.56}}{\sqrt{10}}=28.59(\text{小时})$$

11. 设X_1，X_2，…，X_n是取自总体$X\sim N(\mu,\ \sigma^2)$的样本，$\overline{X}$是样本均值，设

$$Y=\frac{\sum_{i=1}^{n}(X_i-\overline{X})^2}{\sigma^2}$$

则Y服从(　　)。[浙江工商大学2017研]

A. $\chi^2(n-1)$　　B. $\chi^2(n)$　　C. $N(\mu,\ \sigma^2)$　　D. $N(\mu,\ \sigma^2/n)$

【解析】设样本方差为s^2，则在正态总体下，有

$$Y=\frac{\sum_{i=1}^{n}(X_i-\overline{X})}{\sigma^2}=\frac{(n-1)s^2}{\sigma^2}\sim\chi^2(n-1)$$

12. 用简单随机重复抽样方法选择样本单位，如果要使抽样平均误差降低50%，则抽样单位数需要增加到原单位数的(　　)。[中央财经大学2012研]

A. 2倍　　B. 3倍　　C. 4倍　　D. 1倍

【解析】在简单随机抽样时，重复抽样条件下样本均值$\bar{x}$的抽样平均误差计算公式为$\frac{\sigma}{\sqrt{n}}$或$\frac{s}{\sqrt{n}}$，所以要使抽样平均误差降低50%，则抽样单位数需要增加到原单位数的4倍。

13. 设总体$X\sim\chi^2(n)$，X_1，X_2，…，X_n是样本，$\overline{X}$是样本均值，则(　　)。[杭州电子科技大学2020研；江西财大2007研]

A. $E(\overline{X})=n$，$D(\overline{X})=2$　　B. $E(\overline{X})=n$，$D(\overline{X})=2n$

C. $E(\overline{X})=1$，$D(\overline{X})=2$　　D. $E(\overline{X})=\frac{1}{n}$，$D(\overline{X})=n$

【解析】总体$X\sim\chi^2(n)$，则总体的均值和方差分别为：$\mu=n$，$\sigma^2=2n$。所以$E(\overline{X})=\mu=n$，$D(\overline{X})=\sigma^2/n=2n/n=2$。

14. 设X_1，X_2，X_3，X_4是取自总体$X\sim N(\mu,\ \sigma^2)$的样本，则$Y=(X_3-X_4)/\sqrt{\sum_{i=1}^{2}(X_i-\mu)^2}$服从(　　)分布。[中南财大2005研]

A. $t(2)$　　B. $t(3)$　　C. $F(2,\ 2)$　　D. $N(0,\ 1)$

【解析】依题意有$\frac{X_3-X_4}{\sqrt{2}\sigma}\sim N(0,\ 1)$，$\frac{\sum_{i=1}^{2}(X_i-\mu)^2}{\sigma^2}\sim\chi^2(2)$，且$\frac{X_3-X_4}{\sqrt{2}\sigma}$与$\frac{\sum_{i=1}^{2}(X_i-\mu)^2}{\sigma^2}$相互

11A　12C　13A　14A

独立，则

$$\frac{X_3 - X_4}{\sqrt{2}\sigma}\Bigg/\sqrt{\frac{\sum_{i=1}^{2}(X_i-\mu)^2}{2\sigma^2}} = \frac{X_3 - X_4}{\sqrt{\sum_{i=1}^{2}(X_i-\mu)^2}} \sim t(2)$$

15. 设 X_1，X_2，…，X_5 为来自总体 $X \sim N(0, 1)$ 的简单随机样本，为使统计量 $\lambda \frac{X_1 + X_2}{\sqrt{X_3^2 + X_4^2 + X_5^2}} \sim t(3)$，则常数 $\lambda =$(　　)。[东北财大 2004 研]

A. 2/3　　B. 3/2　　C. $\sqrt{2/3}$　　D. $\sqrt{3/2}$

【解析】易知 $X_1 + X_2 \sim N(0, 2)$，$\frac{X_1 + X_2}{\sqrt{2}} \sim N(0, 1)$；$X_3^2 + X_4^2 + X_5^2 \sim \chi^2(3)$，且 X_1，X_2，…，X_5 相互独立，所以$\dfrac{\frac{X_1 + X_2}{\sqrt{2}}}{\sqrt{\frac{X_3^2 + X_4^2 + X_5^2}{3}}} \sim t(3)$，即常数 $\lambda = \sqrt{\frac{3}{2}}$。

16. 设随机变量 $X \sim t(n)$，其中，$n > 1$，令 $Y = \frac{1}{X^2}$，则(　　)。[中南财大 2006 研]

A. $Y \sim \chi^2(n-1)$　　B. $Y \sim \chi^2(n)$　　C. $Y \sim F(1, n)$　　D. $Y \sim F(n, 1)$

【解析】因为随机变量 $X \sim t(n)$，所以令 $X = \frac{X_1}{\sqrt{X_2/n}}$，则有 $X_1 \sim N(0, 1)$，$X_2 \sim \chi^2(n)$，且两个变量相互独立。进而可知，$Y = \frac{1}{X^2} = \frac{X_2/n}{X_1^2}$服从自由度为$(n, 1)$的 F 分布。

17. 某地区居民收入的方差为 900，随机抽取 400 户调查，则调查户平均收入的方差为(　　)。[西安交大 2007 研]

A. 30　　B. 900　　C. 300　　D. 2.25

【解析】根据中心极限定理，样本均值的方差为$\frac{\sigma^2}{n}$，已知 $\sigma^2 = 900$，$n = 400$，所以平均收入的方差为 2.25。

18. 当抽样单位数增加 3 倍时，随机重复抽样平均误差比原来(　　)。[首经贸 2007 研]

A. 减少 1/2　　B. 增加 1/2　　C. 减少 1/3　　D. 增加 1/3

【解析】在重复抽样条件下，样本均值的标准差(抽样平均误差)为总体标准差的$\frac{1}{\sqrt{n}}$，即 $\sigma_{\bar{x}} = \frac{\sigma}{\sqrt{n}}$。当抽样单位数增加 3 倍时，即 $n' = 4n$，则

$$\sigma_{\bar{x}'} = \frac{\sigma}{\sqrt{n'}} = \frac{\sigma}{\sqrt{4n}} = \frac{\sigma}{2\sqrt{n}} = \frac{1}{2}\sigma_{\bar{x}}$$

15D　16D　17D　18A

19. 重复抽样与不重复抽样相比，其样本均值抽样分布的标准差(　　)。[西安交大 2007 研]

A. 重复抽样大　　　　B. 不重复抽样大

C. 一样大　　　　D. 不一定

【解析】在不重复抽样中，样本均值抽样分布的标准差为$\sqrt{\left(\frac{N-n}{N-1}\right)\frac{\sigma^2}{n}}$；重复抽样下的样本均值抽样分布的标准差为$\frac{\sigma}{\sqrt{n}}$。由于$0<\frac{N-n}{N-1}<1$，所以重复抽样条件下的标准差要大。

20. 从均值为μ，方差为σ^2的总体中抽取一个样本，根据中心极限定理可知，当样本容量充分大时，样本均值的抽样分布服从正态分布，其分布的均值和方差分别为(　　)。

A. μ；σ^2　　B. μ/n；σ^2/n　　C. μ/n；σ^2　　D. μ；σ^2/n

【解析】当$n\to\infty$时，$\sqrt{n}(\bar{X}-\mu)/\sigma\sim N(0,\ 1)$，即样本均值分布的均值为$\mu$，方差为$\sigma^2/n$。

21. 从一个均值$\mu=20$，标准差$\sigma=1.2$的总体中随机选取容量为$n=36$的样本。假定该总体并不是很偏，则样本均值$\bar{X}$小于 19.8 的近似概率为(　　)。

A. 0.1268　　B. 0.1587　　C. 0.2735　　D. 0.6324

【解析】由于$n=36\geqslant 30$，根据中心极限定理有：$\bar{X}\sim N\left(\mu,\ \frac{\sigma^2}{n}\right)=N(20,\ 0.04)$。故

$$P(\bar{X}<19.8)=P\left(\frac{\bar{X}-20}{0.2}<\frac{19.8-20}{0.2}\right)=\Phi(-1)=1-\Phi(1)=1-0.8413=0.1587$$

22. 假设总体服从泊松分布，从此总体中抽取容量为 100 的样本，则样本均值的抽样分布(　　)。

A. 服从泊松分布　　　　B. 服从χ^2分布

C. 抽样分布无法得到　　　　D. 近似服从正态分布

【解析】根据中心极限定理，不管总体分布是什么，当样本容量n比较大($n>30$)时，样本均值的抽样分布近似服从正态分布。

23. 从服从正态分布的无限总体中分别抽取容量为 7，20，80 的样本，当样本容量增大时，样本均值的数学期望______，标准差______。(　　)

A. 保持不变；增加　　　　B. 保持不变；减小

C. 增加；保持不变　　　　D. 减小；保持不变

【解析】由于总体服从正态分布，所以样本均值的抽样分布仍为正态分布，数学期望不变；方差为$\frac{\sigma^2}{n}$，标准差为$\frac{\sigma}{\sqrt{n}}$，故当样本容量n增大时，标准差减小。

24. 某厂家生产的灯泡寿命的均值为 1000 小时，标准差为 4 小时。如果从中随机抽取 16 只灯泡进行检测，则样本均值(　　)。

A. 抽样分布的标准差为 1 小时

19A　20D　21B　22D　23B　24A

B. 抽样分布近似等同于总体分布

C. 抽样分布的中位数为 1000 小时

D. 抽样分布服从正态分布，均值为 1000 小时

【解析】由于 $n=16<30$，并且总体的分布未知，所以抽样分布的形状未知。但是抽样分布的均值仍为 1000 小时，标准差为 $\frac{\sigma}{\sqrt{n}}=\frac{4}{\sqrt{16}}=1$(小时)。

25. 假设总体比例为 0.2，从此总体中抽取容量为 100 的样本，则样本比例的标准差为(　　)。

A. 0.2　　B. 0.02　　C. 0.04　　D. 0.16

【解析】由二项分布的原理和渐进分布的理论可知，设总体比例为 π，当 n 充分大($n=100\geqslant30$)时，样本比例的标准差为 $\sqrt{\frac{\pi(1-\pi)}{n}}=\sqrt{\frac{0.2\times(1-0.2)}{100}}=0.04$。

26. 大样本的样本比例的抽样分布服从(　　)。[中国海洋大学 2018 研]

A. 正态分布　　B. t 分布　　C. F 分布　　D. χ^2 分布

【解析】由二项分布的原理和渐近分布的理论可知，总体比例为 π，当 n 充分大(大样本)时，样本比例的抽样分布服从均值为 π，方差为 $\frac{\pi(1-\pi)}{n}$ 的正态分布。

27. 设总体均值为 100，总体方差为 25，在大样本情况下，无论总体的分布形式如何，样本平均数的分布都是服从或近似服从(　　)。

A. $N(100, 25)$　　B. $N(100, 5/\sqrt{n})$

C. $N(100/n, 25)$　　D. $N(100, 25/n)$

【解析】根据中心极限定理可知，在大样本情况下，样本平均数 $\bar{X}$ 的抽样分布近似服从平均值为 μ 和样本方差为 $\frac{\sigma^2}{n}$ 的正态分布。由题知，$\mu=100$，$\sigma^2=25$，所以 $\bar{X}\sim N\left(100, \frac{25}{n}\right)$。

28. 设随机变量 X 和 Y 相互独立且都服从正态分布 $N(0, 3^2)$，而 $X_1, X_2, \cdots, X_9$ 和 $Y_1, Y_2, \cdots, Y_9$ 分别是来自总体 X 和 Y 的简单随机样本，则统计量 $U=\frac{X_1+\cdots+X_9}{\sqrt{Y_1^2+\cdots+Y_9^2}}$ 服从______分布，且其参数为______。(　　)

A. t; 8　　B. t; 9

C. 正态分布; (0, 1)　　D. χ^2 分布; 9

【解析】因为 X 服从正态分布 $N(0, 3^2)$，所以 $X_1+X_2+\cdots+X_9\sim N(0, 9\times3^2)$，$\frac{X_1+X_2+\cdots+X_9}{9}\sim N(0, 1)$；因为 Y 服从正态分布 $N(0, 3^2)$，所以

$$\frac{Y-0}{3}\sim N(0, 1), \left(\frac{Y_1}{3}\right)^2+\left(\frac{Y_2}{3}\right)^2+\cdots+\left(\frac{Y_9}{3}\right)^2\sim\chi^2(9)$$

25C　26A　27D　28B

从而$\dfrac{\dfrac{X_1+X_2+\cdots+X_9}{9}}{\sqrt{\dfrac{\left(\dfrac{Y_1}{3}\right)^2+\left(\dfrac{Y_2}{3}\right)^2+\cdots+\left(\dfrac{Y_9}{3}\right)^2}{9}}}\sim t(9)$，即 $U=\dfrac{X_1+\cdots+X_9}{\sqrt{Y_1^2+\cdots+Y_9^2}}$服从参数为 9 的 t 分布。

二、多项选择题

1．下列关于统计量的表述中，正确的有(　　)。[郑州大学 2025 研]

A．统计量是样本的函数　　B．统计量是用来估计总体参数的

C．统计量是随机变量　　D．统计量不包含任何总体参数

E．以上说法都正确

【解析】统计量是用来描述样本特征的概括性数字度量，它是根据样本数据计算出来的一个量，是样本的函数；由于抽样的随机性它又是一个随机变量，且不依赖于任何未知参数。在估计总体参数时可以采用不同的估计方法，从而得到多个不同的样本统计量作为总体参数估计量。

2．下面为统计量的是(　　)。[中国海洋大学 2021 研]

A．样本总数　　B．样本均值　　C．样本方差　　D．样本偏度

E．样本极差

【解析】设 X_1，X_2，…，X_n是从总体 X 中抽取的容量为 n 的一个样本，如果由此样本构造一个函数 $T(X_1, X_2, \cdots, X_n)$，不依赖于任何未知参数，则称函数 $T(X_1, X_2, \cdots, X_n)$是一个统计量。即给定样本的一组具体观测值 x_1，x_2，…，x_n时，代入 T，能够计算出统计量 $T(x_1, x_2, \cdots, x_n)$具体的数值。显然 A 项样本总数不是样本观测值的函数，因而不是统计量。样本均值、样本方差、样本偏度、样本极差均是由样本数值直接构造函数而不含任何参数得到的。

3．下列关于抽样平均误差、总体变异程度及样本容量之间关系的陈述，正确的有(　　)。[西安交大 2008 研]

A．总体变异程度一定时，样本容量愈大，抽样平均误差愈大

B．总体变异程度一定时，样本容量愈大，抽样平均误差愈小

C．样本容量一定时，总体变异程度愈大，抽样平均误差愈大

D．样本容量一定时，总体变异程度愈大，抽样平均误差愈小

E．样本容量一定时，总体变异程度不影响抽样平均误差的大小

【解析】抽样平均误差为$\dfrac{\sigma}{\sqrt{n}}$，则当总体变异程度 σ 一定时，样本容量 n 越大，抽样平均误差越小；当样本容量 n 一定时，总体变异程度 σ 越大，则抽样平均误差越大。

4．以下关于χ^2 分布的描述中，哪些是正确的？(　　)[西安交大 2008 研]

A．其变量值始终为正　　B．属于左偏分布

C．随着自由度的增大趋于对称　　D．具有可加性

E．可用于单因素方差分析

1ABC　2BCDE　3BC　4ACD

【解析】由χ^2分布的概率密度曲线可知，χ^2分布是在$(0, +\infty)$上的右偏分布；且当自由度增加到足够大时，χ^2分布的概率密度曲线趋于对称。由χ^2分布的定义可知，χ^2分布具有可加性。E项，单因素方差用于研究某一因素对试验指标的影响是否显著，检验的统计量为F分布。χ^2分布一般用于检验方差是否等于某一特定值。

5. 下列属于次序统计量的有（　　）。

A. 中位数　　B. 均值　　C. 四分位数　　D. 极差

E. 样本方差

【解析】设$X_1, X_2, \cdots, X_n$是从总体X中抽取的一个样本，$X_{(i)}$称为第i个次序统计量，它是样本$(X_1, X_2, \cdots, X_n)$满足如下条件的函数：每当样本得到一组观测值$x_1, x_2, \cdots, x_n$时，其由小到大的排序$x_{(1)} \leqslant x_{(2)} \leqslant \cdots x_{(i)} \leqslant \cdots x_{(n)}$中，第$i$个值$x_{(i)}$作为$X_{(i)}$的观测值，而$X_{(1)}, X_{(2)}, \cdots, X_{(n)}$就称为次序统计量。中位数、分位数、极差$(X_{(n)} - X_{(1)})$都是与$X_i$的大小次序相关的统计量，属于次序统计量；而均值、方差与X_i的大小次序无关，不是次序统计量。

三、判断题

1. 精确的抽样分布是当样本量n无限增大时样本统计量的极限分布。［对外经贸大学2021研］

【解析】渐近分布是当样本量n无限增大时样本统计量的极限分布。精确的抽样分布很难求出。在总体X的分布类型已知时，若对任一自然数n都能导出统计量$T = T(X_1, X_2, \cdots, X_n)$的分布的数学表达式，这种分布称为精确的抽样分布。它对样本量n较小的统计推断问题非常有用。精确的抽样分布大多是在正态总体情况下得到的。

2. 用来描述总体的特征的概括性数字度量，称为统计量。（　　）［中央财经大学2018研］

【解析】用来描述样本的特征的概括性数字度量，称为统计量。

3. 设总体$\xi \sim N(\mu, \sigma^2)$，则样本均值$\bar{\xi} \sim N(\mu, \sigma^2)$。（　　）［东北财大2004研］

【解析】若总体$\xi \sim N(\mu, \sigma^2)$，则样本均值的方差为$\frac{\sigma^2}{n}$，从而$\bar{\xi} \sim N(\mu, \frac{\sigma^2}{n})$。

4. t分布与正态分布的区别是前者的分布形态是不对称的，后者是对称的。（　　）

【解析】t分布和正态分布都是对称分布，在样本容量n较小时，两者分布区别较大，当n足够大时，t分布近似于正态分布。

5. 样本均值的标准差也称抽样估计的标准误差，可用公式表示为$s = \frac{\sigma}{n}$。（　　）

【解析】样本均值的标准差也称抽样估计的标准误差，可用公式表示为$s = \frac{\sigma}{\sqrt{n}}$。

6. 样本均值的抽样分布形式仅与样本量n的大小有关。（　　）

【解析】当所抽取的样本为小样本时，样本均值的抽样分布不仅与样本量n有关，还与

5ACD　▎　1×　2×　3×　4×　5×　6×

总体的分布形式有关；当为大样本时，由中心极限定理可知，样本均值的抽样分布近似服从正态分布。

7. 分别来自两个总体的两个样本，当样本容量足够大时，样本均值之差的抽样分布服从正态分布。(　　)

【解析】由中心极限定理可知，对于来自任意总体的样本，当样本容量足够大时，样本均值的抽样分布近似服从正态分布；而又由正态变量的线性变换不变性可知，此时样本均值之差的抽样分布也服从正态分布。

四、简答题

1. 简述中心极限定理及意义。［中国人民大学 2025 研；东北财经大学 2022 研；首都经济贸易大学 2022 研；山西财经大学 2019 研；武汉大学 2017 研；对外经济贸易大学 2015 研；西安交通大学 2014 研］

答：(1)中心极限定理

从均值为μ、方差为σ^2的总体中，抽取样本量为n的随机样本，当n充分大时(通常要求$n \geqslant 30$)，样本均值的分布近似服从均值为μ、方差为σ^2/n的正态分布。

(2)中心极限定理的意义

①中心极限定理提出大量的独立随机变量之和趋于正态分布，阐明了正态分布的重要性，解释了很多自然群体的经验频率呈现出钟形(即正态)曲线这一事实，揭示了产生正态分布变量的源泉，使正态分布有了广泛的应用，同时为计算独立随机变量之和的近似概率提供了简单方法。

②中心极限定理的结论使正态分布在数理统计中具有很重要的地位，为数理统计在统计学中的应用铺平了道路。用样本推断总体的关键在于掌握样本特征值的抽样分布，而中心极限定理表明：只要样本容量足够大，那么未知总体的样本特征值就近似服从正态分布。从而，只要采用大量观察法获得足够多的随机样本数据，几乎就可以把数理统计的全部处理问题的方法应用于统计学，这在实际应用中是非常有效且重要的。这从另一个方面也间接地开辟了统计学的方法领域，其在现代推断统计学方法论中居于主导地位。

2. 简述样本均值和总体分布之间的关系，样本均值分布在统计推断中的具体应用。［中国人民大学 2014 研］

答：(1)样本均值和总体分布之间的关系

①如果总体是正态分布，无论样本容量的大小，样本均值也服从正态分布。其分布的数学期望为总体均值，方差为总体方差的$1/n$。

②根据中心极限定理，在样本容量足够大的情况下，不管总体分布是什么，样本均值都会近似地服从正态分布；

③样本均值的期望和方差受总体分布的影响。一个期望为μ，方差为σ^2的总体，从其中抽取一个容量为n的样本，则样本均值的期望为μ，方差为$\frac{\sigma^2}{n}$。

(2)样本均值分布在统计推断中的具体应用

在统计推断中，样本均值的分布一定程度上是由总体分布决定的。因此，样本均值的分

7 ✓

布有如下的应用：

①利用样本均值的分布可推测总体的分布；

②利用样本均值的分布可以构建总体均值的置信区间；

③利用样本均值的分布可以对总体的参数进行假设检验。

3. 何谓统计量？χ^2分布、t 分布、F 分布是不是统计量？它们在统计分析中各有何用处？[西南财大2003研]

答：统计量是用于推断总体的不含任何未知参数的样本的函数，是对样本特征的某个概括性度量。由于样本是从总体中随机抽取的，样本具有随机性，由样本数据计算出的统计量也是随机的。所以在抽取样本前，理论上统计量是一个随机变量，具有概率分布。

样本统计量的概率分布被称为抽样分布，在正态总体条件下，χ^2分布、t 分布以及 F 分布被称为统计三大分布。即χ^2分布、t 分布、F 分布是统计量服从的分布，而非统计量本身，因此χ^2分布、t 分布、F 分布都不是统计量。

χ^2分布：χ^2分布可以用来构造 t 分布与 F 分布，并且可以用来构造非参数检验中χ^2拟合优度检验的检验统计量，该检验统计量常用于列联分析。

t 分布：一般当 $n \geqslant 30$ 时，t 分布与标准正态分布就非常接近。t 分布常用于小样本条件下，例如在单样本、两个样本的均值假设检验与线性回归方程中回归系数的显著性检验中，当样本量较小时，一般用 t 分布来构造检验统计量。

F 分布：在比较两个总体方差的假设检验时通常用 F 统计量，且 F 分布常被用来构造检验统计量以应用于线性回归方程的整体显著性检验与方差分析中。

4. 什么是统计量？为什么要引进统计量？统计量中为什么不含任何未知参数？

答：(1)统计量是用于推断总体的不含任何未知参数的样本的函数，是对样本特征的某个概括性度量。由于样本是从总体中随机抽取的，样本具有随机性，由样本数据计算出的统计量也是随机的。所以在抽取样本前，理论上统计量是一个随机变量，具有概率分布。

(2)引进统计量的原因：在实际应用中，当从某总体中抽取一个样本后，由于其并不具备总体全部信息，较为分散，因此并不能直接用它去对总体的有关性质和特征进行推断，必须针对不同的研究目的，构造不同的样本函数，即统计量，利用统计量的概率分布，对总体参数在一定把握下进行估计。

(3)统计量中不含未知参数的原因：样本统计量所形成的概率分布被称为抽样分布，是进行统计推断的基础。如果统计量中含有未知参数，那么抽样分布就无法确定，也就无法利用概率论知识对总体进行推断，因此统计量中不能含有任何未知参数。

5. 什么是χ^2分布？请简述χ^2分布的特点。

答：(1)若 n 个相互独立的随机变量 X_1，X_2，…，X_n 均服从标准正态分布，则这 n 个服从标准正态分布的随机变量的平方和$\sum_{i=1}^{n} X_i^2$ 服从自由度为 n 的χ^2分布。

(2)χ^2分布的特点：

①χ^2分布值都是正值。

②χ^2分布值呈正偏态(右偏态)，自由度越小，分布越偏斜。随着自由度的增大，分布趋近于正态分布。

③χ^2分布密度曲线下的面积都是1。

6. 重复抽样和不重复抽样相比，抽样均值分布的标准差有什么不同？

答：样本均值的方差与抽样方法有关。在重复抽样条件下，样本均值的方差为总体方差的 $1/n$，即 $\sigma_{\bar{x}}^2=\dfrac{\sigma^2}{n}$；在不重复抽样条件下，样本均值的方差则需要用修正系数$\dfrac{N-n}{N-1}$去修正重复抽样时样本均值的方差，即 $\sigma_{\bar{x}}^2=\dfrac{\sigma^2}{n}\left(\dfrac{N-n}{N-1}\right)$。

对于无限总体进行不重复抽样时，可以按重复抽样来处理，因为其修正系数$\dfrac{N-n}{N-1}$趋向于1；对于有限总体，当 N 很大而 n 很小时，其修正系数$\dfrac{N-n}{N-1}$也趋向于1，这时样本均值的方差也可以按公式 $\sigma_{\bar{x}}^2=\dfrac{\sigma^2}{n}$来计算。

五、计算题

1. 某药厂试制了一种新药，声称对贫血患者的治疗有效率达到 80%。医药监管部门准备对 100 个贫血患者进行此药的临床试验，若这 100 人中至少有 75 人用药有效，就批准此药的生产。如果该药的有效率确实达到 80%，利用中心极限定理求此药被批准生产的概率至少是多少？［东北师范大学 2024 研］

答：设 X 为 100 个贫血患者中用药有效的人数。由于每个患者的用药效果是独立的伯努利试验，因此 X 服从二项分布，即：$X\sim B(n,\ p)$，其中：$n=100$(样本量)，$p=0.8$(有效率)。

根据中心极限定理，当样本量 n 足够大时，二项分布可近似为正态分布。其中：均值 $\mu=np=100\times0.8=80$，方差 $\sigma^2=np(1-p)=100\times0.8\times0.2=16$，$\sigma=4$。因此，$X\sim N(80,\ 16)$。

为了计算 $P(X\geqslant75)$，我们需要进行连续性修正：$P(X\geqslant75)\approx P(X\geqslant74.5)$。

将 X 标准化为标准正态变量：$Z=(X-\mu)/\sigma=(74.5-80)/4=-5.5/4=-1.375$，因此，$P(X\geqslant74.5)\approx P(Z\geqslant-1.375)=1-P(Z\leqslant-1.375)$，查标准正态分布表：$P(Z\leqslant-1.375)\approx0.0846$，$P(Z\geqslant-1.375)=1-0.0846=0.9154$。

所以此药被批准生产的概率至少约为 91.55%。

2. 老师认为学校的统计学成绩不低于 72 分，然后抽取两个班，分别是 68 和 73，标准差是 12 和 15，人数是 60 和 40，验证老师的说法是否准确（置信水平为 95%）。［西南财经大学 2023 研］

答：原假设 H_0：$\mu\geqslant72$，备择假设 H_1：$\mu<72$。

$$\bar{x}=\frac{68\times60+73\times40}{100}=70$$

总方差 = 组内方差 + 组间方差，

$$\sigma^2=\overline{\sigma}^2+\delta^2=176.4+6=182.4,\quad \sigma=\sqrt{182.4}=13.5$$

$$\overline{\sigma}^2=\frac{12^2\times60+15^2\times40}{100}=176.4$$

$$\delta^2=\frac{(68-70)^2\times60+(73-70)^2\times40}{100}=6$$

$$Z=\frac{\bar{x}-\mu}{\sigma/\sqrt{n}}=\frac{70-72}{13.5/\sqrt{100}}=-1.48$$

$$Z_\alpha=-1.645<-1.48$$

所以不拒绝原假设，老师的说法是准确的。

3. 从正态总体 $N(3.4, 6^2)$ 中抽取容量为 n 的样本，如果要求其样本均值位于区间 $(1.4, 5.4)$ 内的概率不小于 0.95，问样本容量 n 至少应取多大？［重庆大学2013研］

附表：标准正态分布表

$$\Phi(z)=\int_{-\infty}^{z}\frac{1}{\sqrt{2\pi}}e^{-t^2/2}dt$$

z	1.28	1.645	1.96	2.33
$\Phi(z)$	0.900	0.950	0.975	0.990

解：以 $\overline{X}$ 表示样本均值，则 $\frac{\overline{X}-3.4}{6}\sqrt{n}\sim N(0,1)$，从而有：

$$\begin{aligned}P(1.4<\overline{X}<5.4)&=P(-2<\overline{X}-3.4<2)\\&=P(|\overline{X}-3.4|<2)\\&=P\left(\left|\frac{\overline{X}-3.4}{6}\sqrt{n}\right|<\frac{2\sqrt{n}}{6}\right)\\&=2\Phi\left(\frac{\sqrt{n}}{3}\right)-1\geqslant 0.95\end{aligned}$$

所以，$\Phi\left(\frac{\sqrt{n}}{3}\right)\geqslant 0.975$，则 $\frac{\sqrt{n}}{3}\geqslant 1.96$，即 $n\geqslant 34.5744$。

因此，样本容量 n 至少应取35。

4. 某保险公司为50个集体投保人提供医疗保险，假设他们医疗花费相互独立，且花费（单位为百元）服从相同的分布律 $\begin{bmatrix}0 & 0.5 & 1.5 & 3\\0.2 & 0.3 & 0.4 & 0.1\end{bmatrix}$。当花费超过百元时，保险公司应支付超过百元的部分；当花费不超过百元时，由患者自己负担费用。如果以总支付费 X 的期望值 $E(X)$ 作为预期的总支付费，那么，保险公司应收取总保险费为 $(1+\theta)E(X)$，其中 θ 为相对附加保费。为使公司获利的概率超过95%，附加保费 θ 至少应为多少？（已知 $\Phi(1.41)=0.92$，$\Phi(1.65)=0.95$）［中南财大2005研］

解：设 $Y_i(i=1, 2, \cdots, 50)$ 为保险公司支付给每个投保人的费用，且 $X=\sum_{i=1}^{50}Y_i$，则由题意知 $Y_i(i=1, 2, \cdots, 50)$ 相互独立并且分布律为：

$$P(Y_i=0)=0.5,\ P(Y_i=0.5)=0.4,\ P(Y_i=2)=0.1$$

因此

$$E(Y_i)=0\times 0.5+0.5\times 0.4+2\times 0.1=0.4$$

$$D(Y_i)=E(Y_i^2)-(EY_i)^2=0^2\times 0.5+0.5^2\times 0.4+2^2\times 0.1-0.4^2=0.34$$

$$EX=E(\sum_{i=1}^{50}Y_i)=0.4\times 50=20,\ DX=D(\sum_{i=1}^{50}Y_i)=0.34\times 50=17$$

那么，由中心极限定理可得：

$$\begin{aligned}P[X<(1+\theta)E(X)]&=P\left(\frac{X-E(X)}{\sqrt{D(X)}}<\frac{\theta E(X)}{\sqrt{D(X)}}\right)=P\left(\frac{X-20}{\sqrt{17}}<\frac{20\theta}{\sqrt{17}}\right)\\&=\Phi\left(\frac{20\theta}{\sqrt{17}}\right)=95\%\end{aligned}$$

可得$\frac{20\theta}{\sqrt{17}}=1.65$，$\theta=\frac{1.65\times\sqrt{17}}{20}=0.34$。即为使公司获利的概率超过95%，相对附加保费$\theta$至少应为0.34。

5. 设总体$x\sim N(\mu,4)$，$x_1,x_2,\cdots,x_n$是取自总体x的简单随机样本。试问n取多大，才能使得$E|\bar{x}-\mu|^2\leqslant 0.1$？［深圳大学2006研］

解：由题意得

$$\bar{x}\sim N\left(\mu,\frac{4}{n}\right)$$

即

$$\bar{x}-\mu\sim N\left(0,\frac{4}{n}\right)$$

$$E|\bar{x}-\mu|^2=E(\bar{x}-\mu)^2=E^2(\bar{x}-\mu)+D(\bar{x}-\mu)=0+\frac{4}{n}=\frac{4}{n}\leqslant 0.1$$

故$n\geqslant 40$。

6. 甲、乙两家化肥厂生产化肥。甲厂平均每小时生产100袋化肥，且服从正态分布，标准差为25袋；乙厂平均每小时生产110袋化肥，也服从正态分布，标准差为30袋。现从甲、乙两厂各随机抽取5小时计算单位时间的产量，问出现乙厂比甲厂单位时间产量少的概率为多大？

解：由于两个已知总体都服从正态分布，所以5小时的单位时间产量$\bar{x}_1$和$\bar{x}_2$也分别服从正态分布且相互独立，从而$\bar{x}_1-\bar{x}_2$服从以均值为$\mu_1-\mu_2$、方差为$\left(\frac{\sigma_1^2}{n_1}+\frac{\sigma_2^2}{n_2}\right)$的正态分布，即

$$(\bar{x}_1-\bar{x}_2)\sim N\left(\mu_1-\mu_2,\frac{\sigma_1^2}{n_1}+\frac{\sigma_2^2}{n_2}\right)$$

根据题意，乙厂的单位时间产量少于甲厂的单位时间产量，就意味着$\bar{x}_1>\bar{x}_2$，即$\bar{x}_1-\bar{x}_2>0$，则

$$P\{\bar{x}_1-\bar{x}_2>0\}=1-P\{\bar{x}_1-\bar{x}_2\leqslant 0\}=1-P\left\{\frac{\bar{x}_1-\bar{x}_2-(\mu_1-\mu_2)}{\sqrt{\frac{\sigma_1^2}{n_1}+\frac{\sigma_2^2}{n_2}}}\leqslant\frac{0-(100-110)}{\sqrt{\frac{25^2}{5}+\frac{30^2}{5}}}\right\}$$

$$=1-P\left\{z\leqslant\frac{10}{\sqrt{305}}\right\}=1-\Phi(0.5726)=0.2835$$

即出现乙厂比甲厂单位时间产量少的概率为0.2835。

7. 设总体X服从正态分布$N(\mu,\sigma^2)$，$(X_1,X_2,\cdots,X_{10})$为来自总体X的简单随机样本，试求下列概率：

(1)$P\left(\frac{\sigma^2}{2}\leqslant\frac{1}{10}\sum_{i=1}^{10}(X_i-\mu)^2\leqslant\frac{3\sigma^2}{2}\right)$；

(2)$P\left(\frac{\sigma^2}{2}\leqslant\frac{1}{10}\sum_{i=1}^{10}(X_i-\bar{X})^2\leqslant\frac{3\sigma^2}{2}\right)$；

(3)$P\left(\frac{\sigma^2}{3}\leqslant S^2\leqslant\frac{2\sigma^2}{3}\right)$。

解：(1)由于$\frac{\sum_{i=1}^{n}(X_i-\mu)^2}{\sigma^2}\sim\chi^2(n)$，因此

$$P\left\{\frac{\sigma^2}{2}\leqslant\frac{1}{10}\sum_{i=1}^{10}(X_i-\mu)^2\leqslant\frac{3\sigma^2}{2}\right\}=P\left\{5\leqslant\frac{\sum_{i=1}^{10}(X_i-\mu)^2}{\sigma^2}\leqslant 15\right\}$$

$$=P\{\chi^2(10)\geqslant 5\}-P\{\chi^2(10)\geqslant 15\}$$

$$=0.8912-0.1321$$

$$=0.7591$$

(2)由于$\frac{\sum_{i=1}^{n}(X_i-\bar{X})^2}{\sigma^2}\sim\chi^2(n-1)$，因此

$$P\left\{\frac{\sigma^2}{2}\leqslant\frac{1}{10}\sum_{i=1}^{10}(X_i-\bar{X})^2\leqslant\frac{3\sigma^2}{2}\right\}=P\left\{5\leqslant\frac{\sum_{i=1}^{10}(X_i-\bar{X})^2}{\sigma^2}\leqslant 15\right\}$$

$$=P\{\chi^2(9)\geqslant 5\}-P\{\chi^2(9)\geqslant 15\}$$

$$=0.8343-0.0909$$

$$=0.7434$$

(3)由于$\frac{(n-1)S^2}{\sigma^2}\sim\chi^2(n-1)$，因此$\frac{9S^2}{\sigma^2}\sim\chi^2(9)$，则

$$P\left\{\frac{\sigma^2}{3}\leqslant S^2\leqslant\frac{2\sigma^2}{3}\right\}=P\left\{3\leqslant\frac{9S^2}{\sigma^2}\leqslant 6\right\}=P\{\chi^2(9)\geqslant 3\}-P\{\chi^2(9)\geqslant 6\}$$

$$=0.9643-0.7399$$

$$=0.2244$$

8. 假设$(X_1, X_2, \cdots, X_9)$和$(Y_1, Y_2, \cdots, Y_{16})$为来自总体$N(\mu, 2^2)$的两个相互独立的简单随机样本，令

$$Q_1=\sum_{i=1}^{9}(X_i-\bar{X})^2,\ Q_2=\sum_{i=1}^{16}(Y_i-\bar{Y})^2$$

求满足下列各式的常数a，b和c：

$$P\left\{\frac{|\bar{Y}-\mu|}{\sqrt{Q_1}}\leqslant a\right\}=0.95;\ P\left\{b\leqslant\frac{Q_1}{Q_2}\leqslant c\right\}=0.95$$

解：由条件知：$\frac{Q_1}{4}\sim\chi^2(8)$，$\frac{Q_2}{4}\sim\chi^2(15)$，$\frac{\bar{Y}-\mu}{2/\sqrt{16}}=2(\bar{Y}-\mu)\sim N(0, 1)$。

因此

$$t=\frac{2(\bar{Y}-\mu)}{\sqrt{\frac{Q_1}{4}/8}}=8\sqrt{2}\frac{\bar{Y}-\mu}{\sqrt{Q_1}}\sim t(8)$$

$$F=\frac{\frac{Q_1}{4}/8}{\frac{Q_2}{4}/15}=\frac{15Q_1}{8Q_2}\sim F(8, 15)$$

所以

$$P\left\{\frac{|\bar{Y}-\mu|}{\sqrt{Q_1}}\leqslant a\right\}=P\left\{8\sqrt{2}\frac{|\bar{Y}-\mu|}{\sqrt{Q_1}}\leqslant 8\sqrt{2}a\right\}=P\{|t|\leqslant 8\sqrt{2}a\}=0.95$$

查表得 $t_{0.05/2}(8)=2.306$，即 $8\sqrt{2}a=2.306$，解得 $a=0.2038$。

又 $P\left\{b\leqslant\frac{Q_1}{Q_2}\leqslant c\right\}=P\left\{\frac{15}{8}b\leqslant\frac{15Q_1}{8Q_2}\leqslant\frac{15}{8}c\right\}=P\left\{\frac{15}{8}b\leqslant F\leqslant\frac{15}{8}c\right\}=0.95$，查表得 $F_{0.025}(8,15)=3.20$，$F_{0.975}(8,15)=1/F_{0.025}(15,8)=\frac{1}{4.10}$，即

$$\frac{15}{8}b=\frac{1}{4.10},\ \frac{15}{8}c=3.20$$

解得 $b=0.1301$，$c=1.7067$。

第7章　参数估计

一、单项选择题

1．样本量 $n=10$，正态分布 $N(\mu, \sigma^2)$，样本均值为 $\overline{X}$，样本方差为 S^2，下列说法正确的是（　　）。[上海交通大学2025研]

A．样本均值95%的置信区间是$\left[\overline{X}-t_{0.025}(9)\frac{S}{\sqrt{10}}, \overline{X}+t_{0.025}(9)\frac{S}{\sqrt{10}}\right]$

B．样本均值95%的置信区间是$\left[\overline{X}-t_{0.025}(9)\frac{S}{3}, \overline{X}+t_{0.025}(9)\frac{S}{3}\right]$

C．样本均值95%的置信区间是$\left[\overline{X}-t_{0.025}(10)\frac{S}{\sqrt{10}}, \overline{X}+t_{0.025}(10)\frac{S}{\sqrt{10}}\right]$

D．样本均值95%的置信区间是$\left[\overline{X}-t_{0.025}(10)\frac{S}{3}, \overline{X}+t_{0.025}(10)\frac{S}{3}\right]$

【解析】对于正态分布 $N(\mu, \sigma^2)$ 的样本均值 $\overline{X}$，当样本量 n 较小（如 $n=10$）且总体方差 σ^2 未知时，我们使用 t 分布来计算置信区间，$t=\frac{\sqrt{n}(\overline{X}-\mu)}{S}$，样本均值 $\overline{X}$ 的95%置信区间公式为：$\overline{X}\pm t_{\alpha/2}(n-1)\frac{S}{\sqrt{n}}$，其中：$t_{\alpha/2}(n-1)$ 是 t 分布的临界值，对于 $n=10$ 和 $\alpha=0.05$，自由度 $df=n-1=9$，则95%置信区间为：$\overline{X}\pm t_{0.025}(9)\frac{S}{\sqrt{10}}$。

2．下列关于点估计的说法，正确的有（　　）。[湘潭大学2025研]

A．不考虑抽样误差及可靠程度　　B．考虑抽样误差及可靠程度

C．适用于推断准确度要求高的情况　　D．无需考虑无偏性、有效性、一致性

【解析】点估计是指在不考虑抽样误差及可靠程度情况下，对未知的总体参数进行估计的统计方法。适用于推断的准确度不太高的情况，需要考虑无偏性、有效性、一致性的统计量的估计标准。

3．男生身高服从正态分布，$\sigma=6\text{cm}$，估计平均身高95%的置信误差为1，样本至少取（　　）。[北京师范大学2022研]

A．139　　B．2238　　C．48　　D．934

【解析】已知 $\sigma=6$，$E=1$，置信水平为95%可得 $z_{\alpha/2}=1.96$，确定样本量公式为 $n=\frac{(z_{\alpha/2})^2\sigma^2}{E^2}=\frac{1.96^2\times 6^2}{1^2}=138.2976\approx 139$。

4．关于置信区间的说法，错误的是（　　）。[对外经贸大学2021研]

A．当样本量给定时，置信区间的宽度随着置信水平的增大而增大

B．当置信水平固定时，置信区间的宽度随着样本量的增大而增大

1A　2A　3A　4B

C. 置信区间是一个随机区间

D. 置信区间要么包含总体参数，要么不包含总体参数

【解析】当样本量给定时，置信区间的宽度随着置信系数的增大而增大。从直觉上说，区间比较宽时，才会使这一区间有更大的可能性包含参数的真值；当置信水平固定时，置信区间的宽度随样本量的增大而减小，较大的样本所提供的有关总体的信息要比较小的样本多。

5. 在无放回简单随机抽样中，设 $\hat{Y}$ 为总体总量的估计，$V(\hat{Y})$ 为其方差，N 和 n 分别为总体总量和样本量，f 为抽样比，s^2 为样本方差，则 $V(\hat{Y})$ 的样本无偏估计为：(　　)。[湖南师范大学2021研]

A. $\frac{N^2}{n}s^2$　　B. $\frac{N(1-f)}{n}s^2$　　C. $\frac{(1-f)}{n}s^2$　　D. $\frac{N^2(1-f)}{n}s^2$

【解析】对于简单随机抽样，$\bar{y}$ 方差为 $V(\bar{y})=\frac{1-f}{n}s^2$，所以 $V(\bar{y})$ 的无偏估计是 $V(\bar{y})=\frac{1-f}{n}s^2$。而对于简单随机抽样来说，总体总值的简单估计是样本均值的 N 倍，即总体均值的简单估计量是 $\hat{y}=N\bar{y}$，所以 $V(\hat{Y})$ 的样本无偏估计是 $V(\hat{Y})=N^2V(\bar{y})=\frac{N^2(1-f)}{n}s^2$。

6. 某传媒公司欲调查电视台某综艺节目收视率 p，为使得 p 的 $1-\alpha$ 置信区间长度不超过 $2d$，则至少调查多少用户？(　　)[湖南师范大学2021研]

A. $\left(\frac{u_{1-\frac{\alpha}{2}}}{d}\right)^2$　　B. $\frac{u_{1-\frac{\alpha}{2}}^2}{2d^2}$　　C. $\left(\frac{u_{1-\frac{\alpha}{2}}}{2d}\right)^2$　　D. $\left(\frac{u_{1-\frac{\alpha}{2}}}{2d^2}\right)^2$

【解析】总体比例的置信区间可表示为：$p\pm u_{1-\frac{\alpha}{2}}\sqrt{\frac{p(1-p)}{n}}$，其 $1-\alpha$ 置信区间长度为 $2u_{1-\frac{\alpha}{2}}\sqrt{\frac{p(1-p)}{n}}$。由题意可知，$2u_{1-\frac{\alpha}{2}}\sqrt{\frac{p(1-p)}{n}}\leqslant 2d$，得 $n\geqslant\frac{u_{1-\frac{\alpha}{2}}^2p(1-p)}{d^2}$，又 $p(1-p)$ 在 $p=1/2$ 时取得最大值 $1/4$，所以 $n\geqslant\left(\frac{u_{1-\frac{\alpha}{2}}}{2d}\right)^2$。

7. 设随机变量 $X_1,\cdots,X_n$ 相互独立且同分布，$DX_i=\sigma^2$，$\bar{X}=\frac{1}{n}\sum_{i=1}^{n}X_i$，$S^2=\frac{1}{n-1}\sum_{i=1}^{n}(X_i-\bar{X})^2$，则 S(　　)。[山东大学2017研]

A. 是 σ 的无偏估计　　B. 是 σ 的极大似然估计

C. 是 σ 的一致估计　　D. 与 $\bar{X}$ 相互独立

【解析】由于 $D(S)=E(S^2)-(ES)^2$，而 S^2 是 σ^2 的无偏估计，即 $E(S^2)=\sigma^2$，故 $E(S)=\sqrt{E(S^2)-D(S)}=\sqrt{\sigma^2-D(S)}<\sigma$，因此 S 不是 σ 的无偏估计，A项错误；但是随着样本容量的扩大，样本与总体逐渐接近，样本标准差也与总体标准差逐渐接近，所以 S 是 σ 的一致估计。由于随机变量分布函数形式未知，所以无法知道 S 是否是 σ 的最大似然估计，B项错误。

5D　6C　7C

8. 在参数估计中，要求通过样本的统计量来估计总体参数，评价统计量的标准之一是使它与总体参数的离差越小越好。这种评价标准称为(　　)。[山东师范大学2018研；山东大学2015研]

A. 无偏性　　B. 有效性　　C. 一致性　　D. 充分性

【解析】有效性是指对同一总体参数的无偏估计量，方差越小的估计量越有效。统计量与总体参数的离差可以用统计量的方差描述，因此题目中描述的标准为有效性。

9. 一项研究表明，大公司的女性管理人员与小公司的女性管理人员颇为相似。该项研究抽取了两个独立的随机样本，小公司抽取86名女性经理，大公司抽取91名女性经理，根据若干个与工作有关的变量做了比较，其中所提出的一个问题是"如果有机会的话，你是否会改变所从事的工作?"小公司的86名经理中有65人作了否定回答，大公司的91名经理中有51人作了否定回答。两组女性经理中有机会改变工作的比例之差的95%的置信区间为(　　)。[山东大学2015研]

A. 0.195±0.017　　B. 0.195±0.117　　C. 0.195±0.127　　D. 0.195±0.137

【解析】当两个总体比例 π_1 和 π_2 未知时，可用样本比例 p_1 和 p_2 来代替，根据正态分布建立的两个总体比例之差 $\pi_1-\pi_2$ 在 $1-\alpha$ 置信水平下的置信区间为：

$$(p_1-p_2)\pm z_{\alpha/2}\sqrt{\frac{p_1(1-p_1)}{n_1}+\frac{p_2(1-p_2)}{n_2}}$$

$$=\left(\frac{40}{91}-\frac{21}{86}\right)\pm 1.96\times\sqrt{\frac{\frac{40}{91}\left(1-\frac{40}{91}\right)}{91}+\frac{\frac{21}{86}\left(1-\frac{21}{86}\right)}{86}}$$

$$=0.195\pm 0.137$$

10. 以样本统计量估计总体参数时，要求估计量的数学期望等于被估计的总体参数，这一数学性质称为(　　)。[华中农业大学2015研；浙江工商大学2011研]

A. 无偏性　　B. 有效性　　C. 一致性　　D. 期望性

【解析】无偏性是指估计量抽样分布的期望值等于被估计的总体参数；有效性是指对同一总体参数的两个无偏估计量，方差更小的估计量更有效；一致性是指样本量越大，点估计量的值越接近被估总体的参数。

11. 汽车销售人员每年销售的汽车数量是服从正态分布的，标准差是15，抽取400名销售员组成的随机样本，发现每年平均销售量是75辆。[东北财经大学2012研]

(1)总体均值的置信度为95%($z_{0.025}=1.96$)的估计区间为(　　)。

A. (74.93，75.07)　　B. (73.53，76.47)

C. (76.47，73.53)　　D. (75.07，74.93)

【解析】在大样本条件下总体均值 μ 在 $1-\alpha$ 置信水平下的置信区间可以写为：

$$\bar{x}\pm z_{\alpha/2}\frac{s}{\sqrt{n}}$$

代入数据即得答案为B项。

8B　9D　10A　11(1)B

(2) 总体均值的置信度为 95.45%（$z_{0.02275}=2.00$）的估计区间为（　　）。

A. (74.25，75.75)　　B. (75.75，74.25)

C. (73.50，76.50)　　D. (76.50，73.50)

【解析】按照上题解析中的公式，代入数据即得答案为 C 项。

(3) 欲在缩小估计区间宽度的同时，提高置信度，唯一途径为（　　）。

A. 以样本标准差替代总体标准差　　B. 减少样本容量

C. 以样本中位数替代样本均值　　D. 增加样本容量

【解析】由(1)题解析中的公式可知，置信度提高，区间宽度随之扩大，要在缩小估计区间宽度的同时提高置信度只能增加样本容量，故本题答案是 D 项。

12. 如果把 α 从 5% 降到 2.5%，则置信程度为 $1-\alpha$ 的样本均值的置信区间的宽度将（　　）。[中国海洋大学 2020 研；中山大学 2019、2011 研]

A. 增加　　B. 不变

C. 降低　　D. 可能增加，也可能降低

【解析】当样本量给定时，置信区间的宽度随着置信系数的增大而增大，从直观上说，区间比较宽时，才会使这一区间有更大的可能性包含参数的真值。

13. 考虑总体均值的 95.44% 置信度的置信区间，已知总体服从正态分布且标准差为 10；要使得到的置信区间的半径不超过 1，需要的最小样本容量为（　　）。[中山大学 2011、2012 研]

A. 100　　B. 400　　C. 900　　D. 1600

【解析】置信区间半径 $=\dfrac{z_{\alpha/2}\sigma}{\sqrt{n}}=\dfrac{2.0\times 10}{\sqrt{n}}\leqslant 1$，解得 $n\geqslant 400$。

14. 95% 置信水平的区间估计中 95% 的置信水平是指（　　）。[山东大学 2019 研；山东师范大学 2018 研；湘潭大学 2015 研；厦门大学 2014 研；江苏大学 2012 研；北京工业大学 2012 研；中央财经大学 2011 研]

A. 总体参数落在一个特定的样本所构造的区间内的概率为 95%

B. 总体参数落在一个特定的样本所构造的区间内的概率为 5%

C. 在用同样方法构造的总体参数的多个区间中，包含总体参数的区间比例为 95%

D. 在用同样方法构造的总体参数的多个区间中，包含总体参数的区间比例为 5%

【解析】AB 两项，总体参数是一个未知但确定的常数，因此“参数落入某一区间”的说法是错误的，只能说“区间包含参数”。CD 两项，在代入具体的样本观测值前，置信区间是随机变量，会随着抽样结果的不同而变化。置信水平 95% 是指在用同一方法多次抽样构造的多个具体的置信区间中，有 95% 的区间包含总体参数的真值，5% 的区间不包含总体参数的真值。

15. 以下关于估计量的论断中，哪一项成立？（　　）[中山大学 2012 研]

A. 极大似然估计量一定是无偏估计量

B. 极大似然估计量一定是相合估计量

(2) C　(3) D　12A　13B　14C　15B

C. 有效估计量一定是最小方差无偏估计量

D. 相合估计量一定是最小方差无偏估计量

【解析】极大似然估计量具有相合性、渐近正态性、渐近有效性等性质。有效性是指对同一总体参数的两个无偏估计量，方差更小的估计量更有效。说一个估计量有效是相对于另一个估计量而言的，此时并不知道它是否在所有的估计量中方差最小。

16. 根据抽样调查资料，某企业工人生产定额平均完成105%，抽样平均误差为1%，置信概率为0.9545($t=2$)时，可以确定该企业生产定额平均完成百分比(　　)。[中央财经大学2012研]

A. 大于107%　　　　B. 在104%和106%之间

C. 在103%和107%之间　　　　D. 小于103%

【解析】总体比例π在95.45%置信水平下的置信区间为：

$$\left[p-2\frac{\sqrt{\pi\times(1-\pi)}}{\sqrt{n}},\ p+2\frac{\sqrt{\pi\times(1-\pi)}}{\sqrt{n}}\right]=[105\%-2\times1\%,\ 105\%+2\times1\%]$$

$$=[103\%,\ 107\%]$$

17. 设总体X服从参数为λ的泊松分布，$\lambda>0$未知，X_1，X_2，…，X_n是总体的一个样本，$\hat{\lambda}_1$是参数λ的矩估计，$\hat{\lambda}_2$是参数λ的最大似然估计，则$\hat{\lambda}_1$与$\hat{\lambda}_2$的关系为(　　)。[浙江工商大学2012研]

A. $\hat{\lambda}_1=\hat{\lambda}_2$　　B. $\hat{\lambda}_1=\frac{1}{n}\hat{\lambda}_2$　　C. $\hat{\lambda}_1=n\hat{\lambda}_2$　　D. $\hat{\lambda}_1=\frac{1}{\sqrt{n}}\hat{\lambda}_2$

【解析】由X服从参数为λ的泊松分布可得：

$$E(X)=\sum_{k=1}^{+\infty}k\frac{\lambda^k}{k!}\mathrm{e}^{-\lambda}=\mathrm{e}^{-\lambda}\lambda\sum_{k=1}^{+\infty}\frac{\lambda^{k-1}}{(k-1)!}=\mathrm{e}^{-\lambda}\lambda\cdot\mathrm{e}^{\lambda}=\lambda$$

可知总体的数学期望为λ，则参数λ的矩估计$\hat{\lambda}_1=\frac{1}{n}\sum_{i=1}^{n}x_i=\bar{X}$。

似然函数：$L(\lambda)=\prod_{i=1}^{n}f(x_i\mid\lambda)=\prod_{i=1}^{n}\frac{\lambda x_i}{x_i!}\mathrm{e}^{-\lambda}=\mathrm{e}^{-n\lambda}\lambda^{\sum_{i=1}^{n}x_i}\prod_{i=1}^{n}(x_i!)^{-1}$

对数似然函数：$\ln L(\lambda)=-n\lambda+(\sum_{i=1}^{n}x_i)\ln\lambda-\sum_{i=1}^{n}\ln(x_i!)$

似然方程：$\frac{\partial\ln L(\lambda)}{\partial\lambda}=-n+\frac{1}{\lambda}\sum_{i=1}^{n}x_i=0$，得$\hat{\lambda}_2=\frac{1}{n}\sum_{i=1}^{n}x_i=\bar{X}$

则$\hat{\lambda}_1=\hat{\lambda}_2$。

18. 设X_1，X_2，…，X_n是来自正态总体$N(\mu,\sigma^2)$的样本，则下面结论错误的是(　　)。[中南财大2003研]

A. $\bar{X}$是μ的无偏估计量　　　　B. $\bar{X}$是μ的一致估计量

C. S^2是σ^2的无偏估计量　　　　D. S^2是σ^2的极大似然估计量

(其中$\bar{X}=\frac{1}{n}\sum_{i=1}^{n}X_i$，$S^2=\frac{1}{n-1}\sum_{i=1}^{n}(X_i-\bar{X})^2$)

16C　17A　18D

【解析】D项，σ^2 的极大似然估计量是 $\frac{1}{n}\sum_{i=1}^{n}(X_i-\bar{X})^2$。

19．设总体 X 服从参数为 λ 的泊松分布，$(X_1, \cdots, X_n)$ 是取自总体 X 的样本，$\bar{X}=\frac{1}{n}\cdot\sum_{i=1}^{n}X_i$，$S^2=\frac{1}{n-1}\sum_{i=1}^{n}(X_i-\bar{X})^2$ 分别是样本均值和样本方差，则下列哪个不是 λ 的无偏估计？(　　)［中南财大2005研］

A．$\bar{X}$　　B．S^2　　C．$\frac{1}{3}\bar{X}+\frac{2}{3}S^2$　　D．$\frac{1}{4}\bar{X}+\frac{1}{3}S^2$

【解析】由于 X 服从参数为 λ 的泊松分布，则 $E(X)=D(X)=\lambda$。又 $\bar{X}=\frac{1}{n}\sum_{i=1}^{n}X_i$，$S^2=\frac{1}{n-1}\sum_{i=1}^{n}(X_i-\bar{X})^2$ 分别为均值和方差的无偏估计，即 $E(\bar{X})=\lambda$，$E(S^2)=\lambda$。D项，$E\left(\frac{1}{4}\bar{X}+\frac{1}{3}S^2\right)=\frac{1}{4}\lambda+\frac{1}{3}\lambda\neq\lambda$。

20．对总体 $X\sim N(\mu, \sigma^2)$ 的均值 μ 作区间估计，得到置信度为95%的置信区间，其意是指这个区间(　　)。［中南财大2006研］

A．平均含总体95%的值　　B．平均含样本95%的值

C．有95%的机会含 μ 的值　　D．有95%的机会含样本的值

【解析】由100个样本构造的总体参数的100个置信区间中，有95%的区间包含总体参数的真值，而5%没包含，则95%这个值被称为置信水平。一般地，同一方法多次抽样构造的多个具体的置信区间中，包含总体参数真值的次数所占的比例称为置信水平。

21．在进行区间估计时(　　)。［西安交大2007研］

A．置信概率越小，相应的置信区间越小

B．置信概率越小，相应的置信区间越大

C．置信概率越大，相应的置信区间越小

D．置信概率的大小不影响置信区间的大小

【解析】以总体均值的区间估计为例，其置信区间的宽度为 $2z_{\alpha/2}\frac{\sigma}{\sqrt{n}}$ 或 $2t_{\alpha/2}\frac{s}{\sqrt{n}}$，所以在其他条件不变的情况下，置信概率 $1-\alpha$ 越小，则 $z_{\alpha/2}$ 或 $t_{\alpha/2}$ 越小，相应的置信区间也越小。

22．在一定的抽样平均误差条件下，(　　)。［浙江财经大学2020研；上海财经大学2013研；江苏大学2014研；西安交大2006研］

A．扩大极限误差范围，可以提高推断的可靠程度

B．扩大极限误差范围，会降低推断的可靠程度

C．缩小极限误差范围，可以提高推断的可靠程度

D．缩小极限误差范围，不改变推断的可靠程度

【解析】极限误差又称边际误差，在置信水平 $1-\alpha$ 下的极限误差为 $z_{\alpha/2}\frac{\sigma}{\sqrt{n}}$ 或 $t_{\alpha/2}\frac{s}{\sqrt{n}}$。在一

19D　20C　21A　22A

定抽样平均误差$\frac{\sigma}{\sqrt{n}}$或$\frac{s}{\sqrt{n}}$下，提高可靠程度(置信水平)$1-\alpha$，$z_{\alpha/2}$或$t_{\alpha/2}$均增大，即极限误差范围扩大。

23. 在其他条件不变的情况下，提高抽样估计的可靠程度，其精确程度将(　　)。[首经贸2006研]

A. 保持不变　　B. 随之扩大　　C. 随之缩小　　D. 无法确定

【解析】以估计总体均值时的置信区间$\bar{X} \pm z_{\alpha/2}\frac{\sigma}{\sqrt{n}}$为例，在重复抽样或无限总体抽样条件下，边际误差为$z_{\alpha/2}\frac{\sigma}{\sqrt{n}}$。$z_{\alpha/2}$的值和样本量$n$共同确定了边际误差的大小。在其他条件不变时，当提高估计可靠程度(即减小α)时，$z_{\alpha/2}$也随之变大，边际误差会变大，精确程度将随之缩小。

24. 设总体$X \sim N(\mu, \sigma^2)$，σ^2未知，若样本容量n和置信度$1-\alpha$均不变，则对于不同的样本观察值，总体均值μ的置信区间的长度(　　)。[中南财大2003研]

A. 变长　　B. 变短　　C. 不能确定　　D. 不变

【解析】总体服从正态分布，σ^2未知，所以用t统计量来估计样本区间。总体均值μ在$1-\alpha$下的置信区间长度为$2t_{\alpha/2}\frac{s}{\sqrt{n}}$。样本容量$n$和置信度$1-\alpha$均不变，对于不同的样本观察值，样本标准差$s$可能不同，所以置信区间的长度不能确定。

25. 设正态总体X的方差为1，据来自X的容量为100的样本，测得样本均值为5，则X的期望μ的置信度为0.95的置信区间为(　　)。[东北财大2008研]

A. [3.162, 6.097]　　B. [4.804, 5.196]

C. [4.523, 5.115]　　D. [3.217, 5.989]

【解析】由于总体服从正态分布，且方差已知，故X的期望μ的置信度为0.95的置信区间为：$\bar{x} \pm z_{\alpha/2}\frac{\sigma}{\sqrt{n}} = 5 \pm 1.96 \times \frac{1}{\sqrt{100}} = 5 \pm 0.196$，即[4.804, 5.196]。

26. 某银行职工的月收入服从$N(\mu, \sigma^2)$，现随机抽取30名职工进行调查，求得他们的月收入的平均值$\bar{x}=696.2$元，标准差$s=136.1$元，则μ的置信水平为0.95的置信区间为(　　)。[东北财大2005研]

A. [345.3, 541.7]　　B. [645.38, 747.02]

C. [597.4, 805.6]　　D. [416.8, 865.4]

【解析】查表得$t_{\alpha/2}(29)=2.0452$。则由已知条件可得μ的置信水平为0.95的置信区间为：

$$\bar{x} \pm t_{\alpha/2}\frac{s}{\sqrt{n}} = 696.2 \pm 2.0452 \times \frac{136.1}{\sqrt{30}}$$
$$= 696.2 \pm 50.81984$$

23C　24C　25B　26B

即[645.38，747.02]。

27. 在其他条件不变的情况下，要使置信区间的宽度缩小一半，样本量应增加(　　)。

A. 一半　　B. 一倍　　C. 三倍　　D. 四倍

【解析】以总体方差 σ^2 已知的总体均值区间估计为例，其置信区间为 $\left(\bar{x}-z_{\alpha/2}\frac{\sigma}{\sqrt{n}},\ \bar{x}+z_{\alpha/2}\frac{\sigma}{\sqrt{n}}\right)$，置信区间宽度为 $2z_{\alpha/2}\frac{\sigma}{\sqrt{n}}$，故在其他条件不变的情况下，要使置信区间的宽度缩小一半，则样本量应该为原来的4倍，即样本量应增加3倍。

28. 抽样估计的有效性，是指作为优良估计量的方差，应该比其他估计量的方差(　　)。

A. 大　　B. 小　　C. 相等　　D. 无关

【解析】估计量方差越小，越有效。

29. 在总体均值和总体比例的区间估计中，边际误差由(　　)。[中国海洋大学2021研]

A. 置信水平确定

B. 统计量的抽样标准差确定

C. 置信水平和统计量的抽样标准差确定

D. 统计量的抽样方差确定

【解析】在总体均值和总体比例的区间估计中，边际误差是由置信水平和统计量的抽样标准差确定。总体均值的区间估计中边际误差表达式为：$z_{\alpha/2}\frac{\sigma}{\sqrt{n}}$，总体比例的区间估计中边际误差的表达式为：$z_{\alpha/2}\sqrt{\frac{p(1-p)}{n}}$。

30. 当正态总体的方差未知，且为小样本时，构造总体均值的置信区间使用的分布是(　　)。

A. 正态分布　　B. t 分布　　C. χ^2 分布　　D. F 分布

【解析】如果总体方差未知，且为小样本，需要用样本方差代替总体方差，样本均值经过标准化以后的随机变量服从自由度为$(n-1)$的 t 分布，需要采用 t 分布来建立总体均值的置信区间。

31. 当正态总体的方差已知，且为大样本时，估计总体均值使用的分布是(　　)。

A. 正态分布　　B. t 分布　　C. χ^2 分布　　D. F 分布

【解析】当总体服从正态分布且方差已知，且为大样本时，样本均值经标准化以后的随机变量服从标准正态分布，以此估计总体均值，建立总体均值的置信区间。

32. 对于非正态总体，在大样本条件下，估计总体均值使用的分布是(　　)。

A. 正态分布　　B. t 分布　　C. χ^2 分布　　D. F 分布

【解析】如果总体并不服从正态分布，只要是在大样本条件下，总体方差都可以用样本方差来代替，样本均值经标准化以后的随机变量服从标准正态分布，以此来估计总体均值，

27C　28B　29C　30B　31A　32A

建立总体均值的置信区间。

33．根据两个独立的大样本估计两个总体均值之差，当两个总体的方差未知时，使用的分布是(　　)。[湖南师范大学 2018 研]

A．t 分布　　B．χ^2 分布　　C．F 分布　　D．正态分布

【解析】如果两个总体不服从正态分布，但两个独立的样本都是大样本，当两个总体方差未知时，可用两个样本方差来代替，两个样本均值之差经标准化后服从标准正态分布，以此来估计两个总体均值之差。

34．根据两个独立的小样本估计两个总体均值之差，当两个总体的方差未知但相等时，使用的分布是(　　)。

A．正态分布　　B．t 分布　　C．χ^2 分布　　D．F 分布

【解析】当两个总体的方差未知但相等时，需要用两个样本的方差来估计，两样本均值之差经标准化后服从自由度为(n_1+n_2-2)的 t 分布(其中 n_1、n_2分别为两个样本的样本量)，以此来估计两个总体均值之差。

35．某企业根据对顾客随机抽样的样本信息推断：对本企业产品表示满意的顾客比例的95%置信度的置信区间是(56%，64%)。下列正确的表述是(　　)。

A．总体比率的95%置信度的置信区间为(56%，64%)

B．总体真实比率有95%的可能落在(56%，64%)中

C．区间(56%，64%)有95%的概率包含了总体真实比率

D．由100次抽样构造的100个置信区间中，约有95个覆盖了总体真实比率

【解析】根据样本比率估计得到的总体比率的95%置信度的置信区间为(56%，64%)，该区间是一个特定的区间，而不再是随机区间，所以无法知道这个样本所产生的区间是否包含总体比例的真值。换言之，这个区间要么包含总体比例的真值，要么不包含总体比例的真值，所以BC两项的说法都是错误的。D项的表述与本题无关。

二、多项选择题

1．使用同一组样本根据正态分布估计总体均值时，如果我们将置信度由95%调整为99%，则(　　)。[中国海洋大学 2025 研；中央财经大学 2017 研]

A．$z_{\alpha/2}$将增大　　B．$z_{\alpha/2}$将减小

C．样本均值保持不变　　D．置信区间宽度减小

E．置信区间宽度增加

【解析】由于使用同一组样本，故样本均值保持不变，C项正确。因置信度为$(1-\alpha)\times$ 100%，故置信度提高时，α 的值减小，z 分数的上 $\alpha/2$ 分位数增大，从而置信区间 $\bar{x}+z_{\alpha/2}\dfrac{\sigma}{\sqrt{n}}$ 宽度增大。

2．参数估计中评价估计量的三个标准是(　　)。[东北财经大学 2011 研]

A．无偏性　　B．有效性　　C．对称性　　D．一致性

【解析】统计学家给出的评价估计量的标准主要有：无偏性、有效性、一致性。对称性

33D　34B　35A　▎　1ACE　2ABD

常用来描述样本的分布形态。

3．在进行参数估计之前，首先应该确定一个适当的样本容量，决定样本容量大小的因素包括（　　）。[东北财经大学 2011 研]

A．置信水平　　B．边际误差　　C．总体方差　　D．分布类型

【解析】决定样本容量大小的因素有以下三点：①总体方差数值大小；②可靠性程度的高低；③允许误差的大小。

4．在进行区间估计时，影响区间宽度的因素有（　　）。[西安交大 2007 研]

A．置信水平$(1-\alpha)$　　B．数据的离散程度

C．点估计值　　D．样本容量

E．以上都是

【解析】置信区间的宽度为$2z_{\alpha/2}\frac{\sigma}{\sqrt{n}}$或$2t_{\alpha/2}\frac{s}{\sqrt{n}}$，与置信水平$(1-\alpha)$、数据的离散程度$\sigma$或$s$、样本容量$n$有关。

5．点估计的优点有（　　）。

A．能够提供总体参数的具体估计值　　B．能够提供总体参数的估计范围

C．表达更直观、简练　　D．提供信息量大

E．能提供估计的误差和把握程度方面的信息

【解析】点估计的优点在于它能够提供总体参数的具体估计值，其表达更直观、简练，并可以作为行动决策的数量依据。但其不足之处也很明显：点估计所提供的信息量比较少，尤其不能提供估计的误差和把握程度方面的信息。

6．区间估计的三要素包括（　　）。

A．点估计值　　B．抽样平均误差　　C．估计的可靠度　　D．抽样极限误差

E．总体的分布形式

【解析】抽样极限误差又称边际误差，在置信水平$1-\alpha$下的抽样极限误差为$z_{\alpha/2}\frac{\sigma}{\sqrt{n}}$或$t_{\alpha/2}\frac{s}{\sqrt{n}}$，它同时包含了抽样平均误差$\frac{\sigma}{\sqrt{n}}$（或$\frac{s}{\sqrt{n}}$）和估计可靠度的信息。

7．一盒中装有大量的红、蓝两色的弹子，但比例未知。现随机摸出 100 粒弹子，发现 53 颗是红的，盒子中红弹子的百分比估计为 53%，标准差为 5%，下列陈述正确的有（　　）。

A．53% 是盒中红弹子比例的点估计

B．5% 度量了抽样误差的可能大小

C．可能偏离盒子中红弹子的百分数在 5% 左右

D．盒子中红弹子百分数的近似 95% 置信区间为从 43% 到 63%

E．样本中红弹子百分数的近似 95% 置信区间为从 43% 到 63%

【解析】抽样误差反映所有可能样本的估计值$\hat{\theta}$与相应总体参数θ的平均误差程度，计

3ABC　4ABD　5AC　6ABC　7ABCD

算公式为 $\sigma_{\hat{\theta}}=\sqrt{E(\hat{\theta}-\theta)^2}$，即统计量 $\hat{\theta}$ 的抽样分布的标准差。D 项，盒子中红弹子百分比的置信区间为：

$$\left[\hat{p}-z_{\alpha/2}\sqrt{\frac{\hat{p}(1-\hat{p})}{n}},\ \hat{p}+z_{\alpha/2}\sqrt{\frac{\hat{p}(1-\hat{p})}{n}}\right]$$

代入数据可得，其 95% 的置信区间为[43%，63%]；E 项，样本中红弹子百分比为 53%，是个确定的数。

8. 在其他条件不变时，抽样估计的置信度 $(1-\alpha)$ 越大，则(　　)。

A. 允许误差范围越大　　B. 允许误差范围越小

C. 抽样估计的精确度越高　　D. 抽样估计的精确度越低

E. 抽样估计的可靠性越高

【解析】置信度表达了区间估计的可靠性，置信区间表达了区间估计的精确性。在其他条件不变时，置信度越大，抽样估计的置信区间就越宽，允许误差范围越大，可靠性越高；同时，由于误差的大小与估计的精确度是反向变化的关系，所以置信度越大，估计的精确度就越低。

三、判断题

1. 所有参数都有无偏估计量。[对外经济贸易大学 2024 研]

【解析】无偏性是指估计量抽样分布的数学期望等于被估计的总体参数。设总体参数为 θ，所选择的估计量为 $\hat{\theta}$，如果 $E(\hat{\theta})=\theta$，则称 $\hat{\theta}$ 为 θ 的无偏估计量。但在一些情况下，无论构造怎样的统计量，都无法满足无偏性的要求，所以并非所有参数都有无偏估计量。

2. 根据一个具体的样本求出总体均值的 95% 的置信区间，则总体参数落入该区间的概率为 95%。(　　)[中央财经大学 2018 研]

【解析】总体参数是一个未知但确定的常数，因此"参数落入某一区间"的说法是错误的，只能说"区间包含参数"。

3. 其他条件不变，在区间估计中置信度越大则置信区间越宽。(　　)[中央财经大学 2018 研；对外经济贸易大学 2015 研]

【解析】置信度是指将同一构造置信区间的过程步骤重复多次得到的多个不同置信区间中，包含总体参数真值的个数占所有区间个数的比例。因此，在其他条件不变的情况下，区间包含参数的概率越大，意味着区间的宽度越大。

4. 设总体 $\xi\sim N(\mu,\ 0.9^2)$，样本容量 $n=9$，样本均值 $\bar{\xi}=5$，则在保留三位小数下，未知参数 μ 的置信度为 0.95 的置信区间是[4.412，5.588]。(　　)[东北财大 2004 研]

【解析】样本方差已知，且总体服从正态分布，故而未知参数 μ 的置信度为 0.95 的置信区间为：

$$\left[\bar{\xi}-z_{\alpha/2}\frac{\sigma}{\sqrt{n}},\ \bar{\xi}+z_{\alpha/2}\frac{\sigma}{\sqrt{n}}\right]=\left[5-1.96\times\frac{0.9}{\sqrt{9}},\ 5+1.96\times\frac{0.9}{\sqrt{9}}\right]=[4.412,\ 5.588]$$

8ADE　|　1×　2×　3✓　4✓

5. 设总体 X 具有分布密度 $P(X;\ a)=(a+1)X^a$，$0<X<1$，其中 $a>-1$ 是未知参数。X_1，X_2，…，X_n 为一个样本，参数 a 的矩估计为 $\frac{2\bar{X}-1}{1-\bar{X}}$。(　　)［西南财大 2002 研］

【解析】由 $\mu=(a+1)\int_0^1 x^a\cdot x\mathrm{d}x=(a+1)\cdot\frac{1}{a+2}$，则根据矩估计方法令 $\bar{X}=(a+1)\cdot\frac{1}{a+2}$，可得 $\hat{a}=\frac{2\bar{X}-1}{1-\bar{X}}$。

6. 设 X_1、X_2、…、X_N 是总体的一个样本，则 $\hat{\mu}_1=0.2x_1+0.3x_2+0.5x_3$，$\hat{\mu}_2=\frac{1}{3}x_1+\frac{1}{4}x_2+\frac{5}{12}x_3$ 都是总体均值 μ 的无偏估计，且 $\hat{\mu}_1$ 比 $\hat{\mu}_2$ 更有效。(　　)［东北财大 2005 研］

【解析】令总体 X 的均值为 μ，方差为 σ^2，则有：

$$\begin{aligned}E(\hat{\mu}_1)&=E(0.2x_1+0.3x_2+0.5x_3)\\&=0.2E(x_1)+0.3E(x_2)+0.5E(x_3)\\&=0.2E(X)+0.3E(X)+0.5E(X)\\&=E(X)=\mu\end{aligned}$$

$$\begin{aligned}D(\hat{\mu}_1)&=D(0.2x_1+0.3x_2+0.5x_3)\\&=0.2^2D(X)+0.3^2D(X)+0.5^2D(X)\\&=0.38D(X)=0.38\sigma^2\end{aligned}$$

同理可以计算得 $E(\hat{\mu}_2)=\mu$，$D(\hat{\mu}_2)=0.3472\sigma^2$。

于是有 $E(\hat{\mu}_1)=E(\hat{\mu}_2)=\mu$，$D(\hat{\mu}_1)>D(\hat{\mu}_2)$，所以 $\hat{\mu}_2$ 比 $\hat{\mu}_1$ 更有效。

7. 点估计是用样本的统计量直接估计和代表总体参数。(　　)

【解析】点估计是用样本统计量的某个实际取值直接作为相应的总体参数的估计值来代表总体参数；而区间估计是在点估计的基础上，利用统计量的概率分布，给出总体参数估计的一个区间范围。

8. 有 50 个调查者分别对同一个正态总体进行抽样，样本量都是 100，总体方差未知。他们分别根据各自的样本数据得到总体均值的一个置信度为 90% 的置信区间(双侧)，则这些置信区间中正好有 45 个区间会覆盖总体均值。(　　)

【解析】从大量样本来看，约有 90% 的置信区间会覆盖总体真值，但对 50 次抽样的结果来看，不一定刚好占 90%。

9. 在设计一个抽样方案时，样本量应该越大越好。(　　)

【解析】样本量过大，会造成人力、物力和财力的浪费；样本量过小，会造成抽样误差增大，影响抽样推断的可靠程度。在组织抽样调查时，应根据具体情况确定合理的样本量。

5✓　6×　7✓　8×　9×

四、简答题

1．评价估计量的主要标准有哪些？请对每一个标准做出说明。［湘潭大学 2025 研；华中科技大学 2022 研；东北财经大学 2018 研；中央财经大学 2017 研；对外经济贸易大学 2016 研；厦门大学 2014 研；西安交大 2007 研］

答：用不同的估计方法得到的参数估计结果存在差异，通常用以下三个标准评价估计量的好坏：

(1)无偏性

无偏性是指估计量抽样分布的期望值等于被估计的总体参数，即在进行多次重复抽样估计的过程中，所有估计值的平均数应该等于待估计的总体参数，这表明估计量没有系统偏差。设总体参数为 θ，估计量为 $\hat{\theta}$，如果 $E(\hat{\theta})=\theta$，则称 $\hat{\theta}$ 为 θ 的无偏估计量。

(2)有效性

有效性又称最小方差性，是指估计量的方差尽可能小，这要求无偏估计量的样本观测值能够尽量集中在总体参数的附近，也就是说，在 θ 的所有无偏估计量中，有更小方差的估计量更有效。

假设 $\hat{\theta}_1$ 和 $\hat{\theta}_2$ 是用于估计总体参数的两个无偏估计，$D(\hat{\theta}_1)$ 和 $D(\hat{\theta}_2)$ 分别表示其抽样分布的方差，如果 $D(\hat{\theta}_1)<D(\hat{\theta}_2)$，则称 $\hat{\theta}_1$ 是比 $\hat{\theta}_2$ 更有效的一个估计量。

(3)一致性

一致性是指样本量越大，估计量的值越接近被估计总体的参数，或者说，对于任意给定的偏差控制水平，两者间偏差高于此控制水平的可能性越来越小，接近于 0。在实际工作中，在大样本情况下给出的估计比小样本更可能接近参数真值，因此样本量应当尽可能多。

根据样本均值的抽样分布可知，样本均值抽样分布的标准差为 $\sigma_{\bar{x}}=\sigma/\sqrt{n}$，样本量 n 越大，$\sigma_{\bar{x}}$ 越小。因此，大样本量给出的估计量更接近总体均值 μ，此时样本均值是总体均值的一个一致估计量。

2．参数的点估计与区间估计有什么区别？［南京财经大学 2025 研；山西大学 2025 研；东北财经大学 2022 研；湘潭大学 2022 研；中南财大 2002 研］

答：点估计也称定值估计，它是以一次抽样得到的样本统计量的取值 $\hat{\theta}$ 直接作为总体参数 θ 的估计值。区间估计是在点估计的基础上，利用估计量的抽样分布，给出总体参数估计的一个区间范围。

点估计与区间估计都是参数估计的一种形式，两者的区别是：

(1)形式不同。点估计得出的是一个具体的值，而区间估计是一个区间。

(2)评价标准不同。点估计用无偏性、有效性、一致性等标准来评价；而区间估计用可靠性(置信度)、精确度等标准来评价。

3．什么是极大似然估计法？它具有哪些优点？［中南财经政法大学 2022 研；暨南大学 2011 研］

答：(1)极大似然估计是 1922 年由 R. A. Fisher 提出的一种参数估计方法。

设 $X=(X_1, \cdots, X_n)$ 为从具有概率函数 f 的总体中抽取的样本，θ 为未知参数或者参数向量。$x=(x_1, \cdots, x_n)$ 为样本的观察值。若在给定 x 时，$\hat{\theta}=\hat{\theta}(x)$ 满足下式

$$L(\hat{\theta})=\max_{\theta\in\Theta}L(x;\ \theta)$$

则称 $\hat{\theta}$ 为参数 θ 的极大似然估计值，而 $\hat{\theta}(x)$ 称为参数 θ 的极大似然估计量。若待估参数为 θ 的函数 $g(\theta)$，则称 $g(\theta)$ 的极大似然估计量为 $g(\hat{\theta})$。

(2)极大似然估计的优点：①极大似然估计具有渐近有效性。随着样本容量的增大，极大似然估计量相比于其他估计量方差最小；②极大似然估计具有相合性。当 $n\to\infty$ 时，极大似然估计法的解依概率收敛于真值。③极大似然估计具有渐近正态性。当样本量趋于无穷时，极大似然估计量渐近服从正态分布。④极大似然估计具有不变性，$\hat{\theta}(x)$ 称为参数 θ 的极大似然估计量，待估参数为 θ 的函数 $g(\theta)$，则 $g(\theta)$ 的极大似然估计量为 $g(\hat{\theta})$。

4．考虑总体参数 θ 的估计量，简述无偏估计量与最小方差无偏估计量的定义。[中山大学 2011 研]

答：无偏性要求多次试验中所得到的估计量的平均值与参数的真实值相吻合。因此，无偏估计量 $\hat{\theta}$ 是指抽样分布的期望值与被估计的总体参数 θ 相等的估计量，即满足 $E(\hat{\theta})=\theta$。

最小方差无偏估计 $\hat{\theta}$ 是指在 θ 所有无偏估计量中，方差最小的估计量，即对于 θ 的任一方差存在的无偏估计量 $\bar{\theta}$，都有 $\mathrm{Var}(\hat{\theta})\leqslant\mathrm{Var}(\bar{\theta})$。一致最小方差无偏估计记为 UMVUE。

5．如何解决推断统计中的精度(误差范围)与置信度(可靠程度)之间的矛盾？[首经贸 2007 研]

答：统计精度即置信区间的宽度。置信度是指将同一构造置信区间的过程步骤重复多次得到的多个不同置信区间中，包含总体参数真值的个数占所有区间个数的比例，也称为置信度或置信系数。

在样本量给定的情况下，统计精度越大，要求置信区间宽度越小，包含参数真值的概率越小，置信度越小，精度与置信度反向变动。当置信度给定时，样本量越大，抽样分布方差越小，置信区间宽度越小，精度越大。因此，可通过选取较大的样本量来解决精度与置信度之间的矛盾。

6．什么是置信区间？说明置信区间对应的置信度的含义。[杭州电子科技大学 2020 研；中央财大 2010 研]

答：置信区间是指在区间估计中，由样本统计量所构造的总体参数的估计区间。

置信度，也称为置信水平，是指将同一构造置信区间的过程步骤重复多次得到的多个不同置信区间中，包含总体参数真值的个数占所有区间个数的比例。

置信度 $1-\alpha$ 的含义：在随机抽样中，若重复抽样多次，得到样本 X_1，X_2，…，X_n 的多个样本值 x_1，x_2，…，x_n，对应每个样本值都确定了一个置信区间 $\hat{\theta}_1<\hat{\theta}_2$，每个这样的区间要么包含了 θ 的真值，要么不包含 θ 的真值。根据伯努利大数定理，当抽样次数充分大时，这些区间中包含 θ 的真值的频率接近于置信度(即概率)，即在这些区间中包含真值的区间大约有 $100(1-\alpha)\%$ 个，不包含真值的区间大约有 $100\alpha\%$ 个。

五、计算题

1．设随机变量 Y_1，Y_2，…，Y_n。和固定的常数 X_1，X_2，…，X_n，用回归模型 $Y_i=\beta\ln X_i+\varepsilon_i$，$i=1, 2, \cdots, n$ 拟合，其中 $\varepsilon_i \overset{iid}{\sim} N(0, \sigma^2)$，$X_1$，$X_2$，…，$X_n$ 为样本，σ^2 未知：

(1)求 β 的极大似然估计 $\hat{\beta}$，求 $\hat{\beta}$ 的分布；

(2)求 σ^2 的无偏估计量。[华中科技大学 2025 研]

解：(1)由题意知：$Y_i \sim N(\beta \ln X_i, \sigma^2)$，

似然函数为：$L(\beta,\sigma^2) = \prod_{i=1}^{n} \frac{1}{\sqrt{2\pi\sigma^2}} \exp\left(-\frac{(Y_i - \beta \ln X_i)^2}{2\sigma^2}\right)$，

对数似然函数：$\ln L(\beta, \sigma^2) = \frac{n}{2}\ln(2\pi) - \frac{n}{2}\ln(\sigma^2) - \frac{1}{2\sigma^2}\sum_{i=1}^{n}(Y_i - \beta \ln X_i)^2$，

对 β 求偏导并令其为 0：$\frac{\partial \ln L}{\partial \beta} = \frac{1}{\sigma^2}\sum_{i=1}^{n}(Y_i - \beta \ln X_i)\ln X_i = 0$，

解这个方程得：$\hat{\beta} = \frac{\sum_{i=1}^{n} Y_i \ln X_i}{\sum_{i=1}^{n}(\ln X_i)^2}$。

因为 Y_i 是正态随机变量，$\hat{\beta}$ 是 Y_i 的线性组合，所以 $\hat{\beta}$ 也服从正态分布。

计算期望 $E(\hat{\beta}) = \beta$，方差 $Var(\hat{\beta}) = \frac{\sigma^2}{\sum_{i=1}^{n}(\ln X_i)^2}$，因此，$\hat{\beta} \sim N\left(\beta, \frac{\sigma^2}{\sum_{i=1}^{n}(\ln X_i)^2}\right)$。

(2)构造 σ^2 的估计量：首先计算残差平方和 $Q = \sum_{i=1}^{n}(Y_i - \hat{\beta}\ln X_i)^2$，

可以证明 $E(Q) = (n-1)\sigma^2$，令 $\hat{\sigma}^2 = \frac{Q}{n-1} = \frac{1}{n-1}\sum_{i=1}^{n}(Y_i - \hat{\beta}\ln X_i)^2$，则 $E(\hat{\sigma}^2) = \sigma^2$，

所以 $\hat{\sigma}^2$ 是 σ^2 的无偏估计量。

2. 已知

$$f(x) = \begin{cases} (a+1)x^a, & 0 < x < 1 \\ 0, \end{cases}$$

且 X_1、X_2，…，X_n 为简单随机样本，求 a 的矩估计和极大似然估计。［南开大学 2023、2018 研］

解：由题意知：

$$E(X) = \int_0^1 (a+1)x^{a+1}\mathrm{d}x = \frac{a+1}{a+2}x^{a+2}\bigg|_0^1 = \frac{a+1}{a+2} = \bar{x}$$

$$a+1 = (a+2)\bar{x}$$

则 a 的矩估计为

$$\hat{a} = \frac{2\bar{x}-1}{1-\bar{x}}$$

样本似然函数为

$$L(a) = (a+1)^n \prod_{i=1}^{n} x_i^a$$

$$\ln L(a) = n\ln(a+1) + a\sum_{i=1}^{n}\ln x_i$$

令 $\frac{\partial \ln L(x;\ a)}{\partial a} = \frac{n}{a+1} + \sum_{i=1}^{n}\ln x_i = 0$，解得 a 的极大似然估计为

$$a^* = -\frac{n}{\sum_{i=1}^{n}\ln x_i} - 1$$

3. 某灯泡厂某日生产了 10 万只灯泡，现采用不重复的简单随机抽样方式抽取 100 只灯泡进行寿命检验，测试结果如下表所示：

耐用时间	灯泡数目
400 小时以下	10
400 ~ 600 小时	20
600 ~ 800 小时	40
800 ~ 1000 小时	20
1000 小时以上	10
合计	100

根据上述资料：

(1)计算该样本的平均耐用时间；

(2)在95%的置信度下，估计10万只灯泡平均耐用时间的区间范围。［暨南大学2021研］

注：可能需要使用的值。

$z_{0.05}=1.645$，$z_{0.025}=1.96$，$t_{0.025}(4)=2.776$，$t_{0.05}(4)=2.132$，$t_{0.025}(5)=2.571$，$t_{0.05}(5)=2.015$

解：(1)计算该样本的平均耐用时间即求分组数据的样本均值，样本数据被分成5组，各组的组中值m_1，m_2，…，m_5分别为300、500、700、900、1100，各组的频数f_1，f_2，…，f_5分别为10、20、40、20、10，则：

$$\bar{x}=\frac{\sum_{i=1}^{5}m_if_i}{n}=\frac{300\times10+500\times20+700\times40+900\times20+1100\times10}{100}=\frac{70000}{100}=700$$

该样本的平均耐用时间为700小时。

(2)分组数据的样本方差：

$$s^2=\frac{\sum_{i=1}^{5}(m_i-\bar{x})^2f_i}{n-1}$$

$$=\frac{(300-700)^2\times10+(500-700)^2\times20+(700-700)^2\times40+(900-700)^2\times20+(1100-700)^2\times10}{100-1}$$

$$=48484.8485$$

已知$n=100$，$1-\alpha=95\%$，$z_{\alpha/2}=1.96$。由于总体方差未知，但为大样本，可用样本方差来代替总体方差，则有：

$$\bar{x}\pm z_{\alpha/2}\frac{s}{\sqrt{n}}=700\pm1.96\times\frac{220.19}{\sqrt{100}}$$

即$700\pm43.16=(656.84,743.16)$，在95%的置信度下，10万只灯泡平均耐用时间的置信区间为656.84~743.16小时。

4. 厂商声称白糖平均每包重量≥500g，抽100包，如下

i	每包x(克)	包数
1	498 - 499	10
2	499 - 500	20
3	500 - 501	50
4	501 - 502	20
合计		100

（1）求均值和标准差

（2）求μ的99%的置信区间（$t_{0.005}(99)=2.626$）

（3）$\alpha=0.01$水平下，检验厂商说法可信度（$t_{0.01}(99)\approx 2.364$）

（4）利用正态分布近似，以95%概率对该批糖达到500g的比例作区间估计（$z_{0.025}=1.96$）［北京师范大学2022研］

解：（1）如下表所示：

i	每包x（克）	组中值（m_i）	包数（f_i）	$(m_i-\bar{x})^2$	$(m_i-\bar{x})^2f_i$
1	498－499	498.5	10	3.24	32.4
2	499－500	499.5	20	0.64	12.8
3	500－501	500.5	50	0.04	2
4	501－502	501.5	20	1.44	28.8
合计			100	5.36	76

均值 $\bar{x}=\frac{\sum_{i=1}^{4}m_if_i}{n}=\frac{50030}{100}=500.3$；

标准差 $s=\sqrt{\frac{\sum_{i=1}^{4}(m_i-\bar{x})^2f_i}{n-1}}=\sqrt{\frac{76}{99}}=0.8762$。

（2）已知$n=100$，$1-\alpha=99\%$，$t_{0.005}(99)=2.626$。由于总体方差未知，但为大样本，可用样本方差来代替总体方差。

总体均值99%的置信区间为：

$$\bar{x}\pm t_{\alpha/2}\frac{s}{\sqrt{n}}=500.3\pm 2.626\times\frac{0.8762}{10}=(500.07,\ 500.53)$$

因此，μ的99%的置信区间为500.07～500.53克。

（3）厂商声称白糖平均每包重量≥500g，即此题为单侧检验问题。由于总体σ未知，且样本量n较小，所以应采用t统计量。

原假设H_0：$\mu\leq 500$；备择假设H_1：$\mu>500$。

已知条件为：$\mu_0=500$，$\bar{x}=500.3$，$s=0.8762$，$n=100$，$\alpha=0.01$，则：

$$t=\frac{\bar{x}-\mu_0}{s/\sqrt{n}}=\frac{500.3-500}{0.8762/10}\approx 3.4239>t_{0.01}(99)\approx 2.364$$

因此，样本统计量落入拒绝域，故拒绝H_0，说明厂商说法可信。

（4）已知$p=70/100=70\%$，$n=100$，$z_{0.025}=1.96$，可得总体比例的置信区间为：

$$p\pm z_{\alpha/2}\sqrt{\frac{p(1-p)}{n}}=70\%\pm 1.96\times\sqrt{\frac{70\%(1-70\%)}{100}}=(61.02\%,\ 78.98\%)$$

即以95%概率对该批糖达到500g的比例作区间估计为61.02%～78.98%。

5．为调查某校学生每月手机话费支出情况，现从全校2000名学生中，采用不重复的简单随机抽样方法抽出一个40个学生的样本。对每个抽中的学生调查其上个月手机话费支出额y_i，通过调查样本数据计算得到：$\sum_{i=1}^{n}y_i=1880$（元），$s_y^2=\frac{\sum_{i=1}^{n}(y_i-\bar{y})^2}{n-1}=1146.53$，且上个月

话费额超过 60 元的有 8 人。

(1) 在 95% 置信度下给出该校学生上个月平均话费支出额的区间估计；

(2) 在 95% 置信度下给出该校学生上个月话费支出超出 60 元的人数比例的区间估计。[暨南大学 2020 研]

注：可能需要使用的值 $z_{0.05}=1.645$，$z_{0.025}=1.96$，$z_{0.005}=2.58$。

解：(1) 样本均值 $\bar{y}=\sum y_i/n=47$(元)

在大样本条件下，样本均值的抽样分布为：

$$\frac{\bar{y}-\mu}{s/\sqrt{n}}\sim N(0,\ 1)$$

因而，该校学生上个月平均话费支出额 μ 的 95% 的置信区间为：

$$\bar{y}\pm z_{0.025}\frac{s_y}{\sqrt{n}}=47\pm 1.96\times\frac{\sqrt{1146.53}}{\sqrt{40}}=[36.5065,\ 57.4935]$$

(2) 样本上个月话费支出超出 60 元的人数比例 $\hat{p}=8/40=0.2$，而在大样本条件下，抽样分布为：

$$p\sim N\left(\hat{p},\ \frac{\hat{p}(1-\hat{p})}{n}\right)$$

因而，该校学生上个月话费支出超出 60 元的人数比例 95% 的置信区间为：

$$\hat{p}\pm z_{\alpha/2}\sqrt{\frac{\hat{p}(1-\hat{p})}{n}}=0.2\pm 1.96\times\sqrt{\frac{0.2\times 0.8}{40}}$$
$$=0.2\pm 0.1240=[0.076,\ 0.324]$$

6. 对某地区居民家庭月平均生活费用进行抽样调查，样本容量为 400 户，其中有 80 户为贫困户，样本平均数为 1250 元，标准差为 140 元。以 95% 的置信度推断 (已知 $z_{0.025}=1.96$)：

(1) 该地区居民家庭月平均生活费用的置信区间 (保留 2 位小数)。

(2) 若贫困率定义为贫困户占总户数的比重，试给出贫困率的置信区间 (保留 2 位小数)。

(3) 要使月平均生活费用的最大容许误差不超过 10 元，则至少应抽多少户做样本。[中央财经大学 2015 研]

解：(1) 在大样本条件下，总体均值的抽样分布为：$\frac{\bar{x}-\mu}{s/\sqrt{n}}\sim N(0,\ 1)$。

因而，该地区居民家庭月平均生活费用 μ 的 95% 的置信区间为：

$$\bar{x}\pm z_{0.025}\frac{s}{\sqrt{n}}=1250\pm 1.96\times\frac{140}{\sqrt{400}}=[1236.28,\ 1263.72]$$

(2) 样本的贫困率 $\hat{p}=80/400=0.2$，而在大样本条件下，总体比例的抽样分布为：

$$p\sim N\left(\hat{p},\ \frac{\hat{p}(1-\hat{p})}{n}\right)$$

因而，该地区贫困率的 95% 的置信区间为：

$$\hat{p}\pm z_{\alpha/2}\sqrt{\frac{\hat{p}(1-\hat{p})}{n}}=0.2\pm 1.96\times\sqrt{\frac{0.2\times 0.8}{400}}=0.2\pm 0.0392=[0.16,\ 0.24]$$

(3)当月平均生活费用的最大容许误差不超过 10 元时，由样本量确定公式有：

$$n=\frac{z_{\alpha/2}^2\cdot s^2}{\Delta^2}=\frac{1.96^2\times 140^2}{10^2}=752.95$$

因此，至少应抽 753 户做样本。

7. 某地区为了了解在校大学生生活消费支出的情况，从该地区高校中随机抽取了 100 名学生进行调查，结果如下：

按月生活费支出分组(元)	人数
200 以下	10
200～300	20
300～400	30
400～500	20
500～600	10
600 以上	10
合计	100

(1)试求该 100 名学生平均月生活费支出；

(2)在 95% 的置信度下，对该地区全体在校大学生人均月生活费支出进行区间估计；

(3)进行 95% 的置信区间估计时，如果要求区间长度不超过 25 元，问样本容量为 100 是否合理？并给出理由(已知 $t_{0.025}(99)=1.96$，$z_{0.05}=1.645$，$z_{0.025}=1.96$)。[山东大学 2015 研]

解：(1)计算各组组中值如下：

组中值	150	250	350	450	550	650
人数	10	20	30	20	10	10

学生平均月生活费支出为：

$$\bar{x}\frac{\sum x_if_i}{\sum f_i}=\frac{10\times 150+20\times 250+30\times 350+20\times 450+10\times 550+10\times 650}{100}=380(\text{元})$$

(2)由样本计算得：

$$s^2=\frac{\sum(M_i-\bar{x})^2f_i}{\sum f_i-1}=\frac{2010000}{99}=20303$$

故 $\bar{x}$ 的 95% 的置信区间为：

$$\bar{x}\pm z_{\alpha/2}\sqrt{\frac{s^2}{n}}=380\pm 1.96\times\sqrt{\frac{20303}{100}}=[352.1,\ 407.9]$$

(3)如果区间长度不超过 25 元，则样本容量至少为：

$$n=\frac{(z_{0.025})^2s^2}{\Delta^2}=\frac{1.96^2\times 20303}{(25/2)^2}=499>100$$

所以，样本容量 100 太小。

8. 一家研究机构拟评估在校大学生每月网购的平均花费，为此随机抽取 25 名在校大学生进行调查，得到样本均值为 160 元，标准差为 50 元。假定在校大学生每月网购的花费服

从正态分布，求平均花费的 90% 的置信区间。［对外经济贸易大学 2015 研］

解：由题可知，$n=25$，$\bar{x}=160$（元），$s=50$（元）。

由于总体方差未知，且为小样本，则平均花费的 90% 的置信水平下的置信区间为：

$$\bar{x}\pm t_{0.05}(n-1)\frac{s}{\sqrt{n}}=160\pm1.71\times\frac{50}{\sqrt{25}}$$

即平均花费的 90% 的置信水平下的置信区间为（142.9，177.1）。

9. 某公司雇用 3000 名推销员，为了发放外出补贴，需要估计推销员每年的平均乘车里程。从过去的经验可知，通常每位推销员乘车里程的标准差为 4000 公里。随机选取 16 名推销员，得到他们的年平均乘车里程为 12000 公里。

（1）总体均值 μ 的估计量是多少？

（2）确定总体均值 μ 的 95% 置信区间；

（3）公司经理们认为均值应介于 11000 到 13000 公里之间，那么该估计的置信度是多少？

（4）如果在（3）的估计中希望有 95% 的置信水平，这时所要求的样本容量是多少？［北京交通大学 2015 研］

解：（1）样本均值为总体均值的无偏估计量，由题中所给的数据，总体均值 μ 的估计值为 $\hat{\mu}=12000$。

（2）从推销员中抽取了 16 个样本，总体的标准差为 4000，因此样本平均数的误差 $=4000/\sqrt{16}=1000$，构建置信区间为：

置信区间 $=12000\pm z_{(1-\frac{\alpha}{2})}\times1000=12000\pm1960$

即总体均值 μ 的 95% 置信区间为：（10040，13960）。

（3）若使均值处于 11000 到 13000 之间，那么置信度 $1-\alpha=P(11000<\mu<13000)$

$$1-\alpha=P\left(\frac{11000-12000}{1000}<\frac{\mu-12000}{1000}<\frac{13000-12000}{1000}\right)=P\left(-1<\frac{\mu-12000}{1000}<1\right)=0.68$$

所以得到置信度为 0.68。

（4）若使均值处于 11000 到 13000 之间的概率为 95%，则

$$1-\alpha=P\left(\frac{11000-12000}{4000/\sqrt{n}}<\frac{\mu-12000}{4000/\sqrt{n}}<\frac{13000-12000}{4000/\sqrt{n}}\right)=95\%$$

即

$$\frac{13000-12000}{4000/\sqrt{n}}=1.96$$

解得：$n=61.47$，即此时所要求的样本容量为 62。

10. 某外贸公司对一批共 1 万台的进口彩电采用简单随机不重复抽样法进行抽查，抽 120 台作样本。抽查结果，发现有 6 台不合格。当概率为 95.45%（$t=2$），（1）试求该批彩电的合格率区间；（2）如果使合格率的抽样极限误差缩小为原来的 1/2，作下次抽样调查，则需要抽取多少样本单位数？［暨南大学 2011 研］

解：（1）由于 $120/10000=1.20\%$，故可作为重复抽样来进行计算。

由题意可知，合格产品的概率为 $p=\frac{120-6}{120}=95.00\%$，则在 95.45% 的概率保证程度下，这批产品的合格率范围是：

$$p \pm t\sqrt{\frac{p(1-p)}{120}} = 95.00\% \pm 2\times\sqrt{\frac{95.00\%\times 5.00\%}{120}} = 95.00\% \pm 3.98\%$$

即(91.02%，98.98%)。

(2)此处抽样极限误差为 $t\sqrt{\frac{p(1-p)}{n}}$，如果要使合格率的抽样极限误差缩小为原来的1/2，那么抽样的样本单位数应该为原来的4倍，即需要抽取480个样本单位。

11. 设总体 X 服从参数为 λ 的指数分布，其概率密度函数为：

$$f(x;\ \lambda) = \begin{cases} \lambda e^{-\lambda x}, & x>0 \\ 0, & x\leq 0 \end{cases}$$

其中，参数 $\lambda>0$ 未知，X_1，X_2，…，X_n 为来自 X 的样本。

试证明：$\bar{X}$ 和 $V=nX_{(1)}$ 都是 $\frac{1}{\lambda}$ 的无偏估计量。［东北财经大学2012研］

证明：指数分布的均值为：

$$E(X) = \int_0^{\infty} x\lambda e^{-\lambda x}dx = -\int_0^{\infty} x de^{-\lambda x} = -xe^{-\lambda x}\Big|_0^{\infty} + \int_0^{\infty} e^{-\lambda x}dx = -\frac{1}{\lambda}e^{-\lambda x}\Big|_0^{\infty} = \frac{1}{\lambda}$$

X_1，X_2，…，X_n 独立同分布于参数为 λ 的指数分布，则根据指数分布的性质，有

$$E(X_i) = \frac{1}{\lambda},\ i=1,\ 2,\ \cdots,\ n$$

则 $E(\bar{X}) = \frac{1}{n}\sum_{i=1}^{n}E(X_i) = \frac{n}{n\lambda} = \frac{1}{\lambda}$，所以 $\bar{X}$ 是 $\frac{1}{\lambda}$ 的无偏估计量。

由 $f(x;\ \lambda) = \begin{cases} \lambda e^{-\lambda x}, & x>0 \\ 0, & x\leq 0 \end{cases}$，得 $F(x) = \begin{cases} 1-e^{-\lambda x}, & x>0 \\ 0, & x\leq 0 \end{cases}$

最小次序统计量 $X_{(1)}$ 的密度函数为

$$g_1(x) = \begin{cases} n[1-F(x)]^{n-1}f(x), & x>0 \\ 0, & x\leq 0 \end{cases}$$

即

$$g_1(x) = \begin{cases} n\lambda e^{-n\lambda x}, & x>0 \\ 0, & x\leq 0 \end{cases}$$

$$E(X_{(1)}) = \int_0^{\infty} n\lambda x e^{-n\lambda x}dx = \frac{1}{n\lambda}, E(V) = E(nX_{(1)}) = nE(X_{(1)}) = \frac{1}{\lambda}$$

所以 $V=nX_{(1)}$ 也是 $\frac{1}{\lambda}$ 的无偏估计量。

综上可得，$\bar{X}$ 和 $V=nX_{(1)}$ 都是 $\frac{1}{\lambda}$ 的无偏估计量。

12. 从均值为 μ，方差为 σ^2 的正态总体中分别抽取容量为 n_1 和 n_2 的两组独立样本，$\bar{X}_1$ 和 $\bar{X}_2$ 分别为两组样本的样本均值。

(1)试证明对于任何常数 a，$b(a+b=1)$，$Y=a\bar{X}_1+b\bar{X}_2$ 都是 μ 的无偏估计；

(2)求 a，b 的值，使 $Y=a\bar{X}_1+b\bar{X}_2$ 在此形式的估计量中最有效。［东北财大2008研］

证明：(1)由于 $\bar{X}_1$ 和 $\bar{X}_2$ 分别为两组独立样本的样本均值，且两组独立样本均来自均值为 μ 的总体，所以

$$E(\bar{X}_1)=\mu,\ E(\bar{X}_2)=\mu$$

又 $a+b=1$，则

$$E(Y)=E(a\bar{X}_1+b\bar{X}_2)=E(a\bar{X}_1)+E(b\bar{X}_2)$$
$$=aE(\bar{X}_1)+bE(\bar{X}_2)=a\mu+b\mu=\mu$$

即当 $a+b=1$ 时，$Y=a\bar{X}_1+b\bar{X}_2$ 是 μ 的无偏估计。

(2)由于 $\bar{X}_1$ 和 $\bar{X}_2$ 分别为容量为 n_1 和 n_2 的两组独立样本，所以

$$DY=D(a\bar{X}_1+b\bar{X}_2)=a^2D(\bar{X}_1)+b^2D(\bar{X}_2)$$
$$=\frac{a^2}{n_1}\sigma^2+\frac{b^2}{n_2}\sigma^2=\frac{a^2n_2+b^2n_1}{n_1n_2}\sigma^2$$

要使 $Y=a\bar{X}_1+b\bar{X}_2(a+b=1)$ 在此形式的估计量中最有效，需使 $D(Y)$ 达到最小，即 $a^2n_2+b^2n_1$ 达到最小。

由于 $a+b=1$，故 $a^2n_2+b^2n_1=(n_1+n_2)a^2-2n_1a+n_1$，则当 $a=\frac{n_1}{n_1+n_2}$ 时该式有最小值。

所以

$$a=\frac{n_1}{n_1+n_2},\ b=\frac{n_2}{n_1+n_2}$$

13. 设 X_1，X_2，…，X_n 是来自总体 $X\sim N(\mu,\sigma^2)$ 的一个样本，为使 $c\sum\limits_{i=1}^{n-1}(X_{i+1}-X_i)^2$ 为 σ^2 的无偏估计，试确定常数 c。［华中科大2004研］

解：由于 X_1，X_2，…，X_n 是来自总体 $X\sim N(\mu,\sigma^2)$ 的一个样本，所以

$$E[c\sum_{i=1}^{n-1}(X_{i+1}-X_i)^2]=c[\sum_{i=1}^{n-1}(EX_{i+1}^2-2E(X_{i+1}X_i)+EX_i^2)]$$
$$=c[\sum_{i=1}^{n-1}(EX_{i+1}^2-2EX_{i+1}EX_i+EX_i^2)]$$
$$=2c(n-1)\sigma^2$$

要使 $c\sum\limits_{i=1}^{n-1}(X_{i+1}-X_i)^2$ 为 σ^2 的无偏估计，需要 $E[c\sum\limits_{i=1}^{n-1}(X_{i+1}-X_i)^2]=\sigma^2$，即 $2c(n-1)\sigma^2=\sigma^2$，因此 $c=\frac{1}{2(n-1)}$。

14. 设总体 $X\sim N(\mu,\sigma^2)$，其中 μ 未知，x_1，x_2，x_3 为其样本。有下述统计量：

A. $\hat{\mu}_1=\frac{1}{4}x_1+\frac{1}{2}x_2+\frac{1}{4}x_3$　　B. $\hat{\mu}_2=\frac{1}{3}x_1+\frac{1}{3}x_2+\frac{1}{3}x_3$

C. $\hat{\mu}_3=\frac{1}{5}x_1+\frac{3}{5}x_2+\frac{1}{5}x_3$　　D. $\hat{\mu}_4=\frac{1}{6}x_1+\frac{5}{6}x_3$

(1)试验证上述量都是 μ 的无偏估计量；

(2)指出哪个估计量"最有效"。［深圳大学2004研］

解：(1)$E(\hat{\mu}_1)=E\left(\frac{1}{4}x_1+\frac{1}{2}x_2+\frac{1}{4}x_3\right)=E\left(\frac{1}{4}x_1\right)+E\left(\frac{1}{2}x_2\right)+E\left(\frac{1}{4}x_3\right)$

$$=\frac{1}{4}E(x_1)+\frac{1}{2}E(x_2)+\frac{1}{4}E(x_3)$$

$$=\frac{1}{4}\mu+\frac{1}{2}\mu+\frac{1}{4}\mu$$

$$=\mu$$

$$E(\hat{\mu}_2)=E\left(\frac{1}{3}x_1+\frac{1}{3}x_2+\frac{1}{3}x_3\right)=E\left(\frac{1}{3}x_1\right)+E\left(\frac{1}{3}x_2\right)+E\left(\frac{1}{3}x_3\right)$$

$$=\frac{1}{3}E(x_1)+\frac{1}{3}E(x_2)+\frac{1}{3}E(x_3)$$

$$=\frac{1}{3}\mu+\frac{1}{3}\mu+\frac{1}{3}\mu$$

$$=\mu$$

$$E(\hat{\mu}_3)=E\left(\frac{1}{5}x_1+\frac{3}{5}x_2+\frac{1}{5}x_3\right)=E\left(\frac{1}{5}x_1\right)+E\left(\frac{3}{5}x_2\right)+E\left(\frac{1}{5}x_3\right)$$

$$=\frac{1}{5}E(x_1)+\frac{3}{5}E(x_2)+\frac{1}{5}E(x_3)$$

$$=\frac{1}{5}\mu+\frac{3}{5}\mu+\frac{1}{5}\mu$$

$$=\mu$$

$$E(\hat{\mu}_4)=E\left(\frac{1}{6}x_1+\frac{5}{6}x_3\right)=E\left(\frac{1}{6}x_1\right)+E\left(\frac{5}{6}x_3\right)$$

$$=\frac{1}{6}E(x_1)+\frac{5}{6}E(x_3)$$

$$=\frac{1}{6}\mu+\frac{5}{6}\mu$$

$$=\mu$$

即这四个统计量均为 μ 的无偏估计量。

(2) $$D(\hat{\mu}_1)=D\left(\frac{1}{4}x_1+\frac{1}{2}x_2+\frac{1}{4}x_3\right)=D\left(\frac{1}{4}x_1\right)+D\left(\frac{1}{2}x_2\right)+D\left(\frac{1}{4}x_3\right)$$

$$=\frac{1}{4^2}D(x_1)+\frac{1}{2^2}D(x_2)+\frac{1}{4^2}D(x_3)$$

$$=\frac{1}{16}\sigma^2+\frac{1}{4}\sigma^2+\frac{1}{16}\sigma^2$$

$$=\frac{3}{8}\sigma^2$$

$$D(\hat{\mu}_2)=D\left(\frac{1}{3}x_1+\frac{1}{3}x_2+\frac{1}{3}x_3\right)=D\left(\frac{1}{3}x_1\right)+D\left(\frac{1}{3}x_2\right)+D\left(\frac{1}{3}x_3\right)$$

$$=\frac{1}{3^2}D(x_1)+\frac{1}{3^2}D(x_2)+\frac{1}{3^2}D(x_3)$$

$$=\frac{1}{9}\sigma^2+\frac{1}{9}\sigma^2+\frac{1}{9}\sigma^2$$

$$=\frac{1}{3}\sigma^2$$

$$D(\hat{\mu}_3)=D\left(\frac{1}{5}x_1+\frac{3}{5}x_2+\frac{1}{5}x_3\right)=D\left(\frac{1}{5}x_1\right)+D\left(\frac{3}{5}x_2\right)+D\left(\frac{1}{5}x_3\right)$$

$$=\frac{1}{5^2}D(x_1)+\frac{3^2}{5^2}D(x_2)+\frac{1}{5^2}D(x_3)$$

$$=\frac{1}{25}\sigma^2+\frac{9}{25}\sigma^2+\frac{1}{25}\sigma^2$$

$$=\frac{11}{25}\sigma^2$$

$$D(\hat{\mu}_4)=D\left(\frac{1}{6}x_1+\frac{5}{6}x_3\right)=D\left(\frac{1}{6}x_1\right)+D\left(\frac{5}{6}x_3\right)$$

$$=\frac{1}{6^2}D(x_1)+\frac{5}{6^2}D(x_3)$$

$$=\frac{1}{36}\sigma^2+\frac{25}{36}\sigma^2$$

$$=\frac{13}{18}\sigma^2$$

$D(\hat{\mu}_2)$最小，因此$\hat{\mu}_2$是最有效的统计量。

15. 某灯泡厂对生产的10000只日光灯进行质量检验，随机抽取100只，测得灯管的平均发光时间为2000小时，发光时间的标准差为50小时。在95.45%的概率保证下，试估计这批灯管平均发光时间的范围。如果要求最大允许误差不超过15小时，试问这批灯管的平均发光时间范围又是多少？其估计的概率保证程度又是多大？［江西财大2006研］

解：(1)在95.45%的概率保证下，这批灯管平均发光时间的置信区间为：

$$\bar{x}\pm z_{\alpha/2}\frac{s}{\sqrt{n}}=2000\pm 2\times\frac{50}{\sqrt{100}}=2000\pm 10$$

即(1990，2010)小时。

(2)假如最大允许误差不超过15小时，则这批灯管的平均发光时间范围是2000±15，即(1985，2015)小时。最大容许误差满足

$$z_{\alpha/2}\frac{s}{\sqrt{n}}=z_{\alpha/2}\frac{50}{\sqrt{100}}=5z_{\alpha/2}\leqslant 15$$

因此有$z_{\alpha/2}\leqslant 3$，所以估计的概率保证程度为$1-\alpha\leqslant 2\Phi(3)-1=99.73\%$。

16. 假定某高校学生的日常消费服从正态分布，抽取了100名同学的月消费总额构成了一随机样本，现：

(1)若已知总体标准差为160元、样本均值$\bar{x}$为605元，求总体均值μ在95%的置信水平下的置信区间；

(2)若总体标准差为未知，样本标准差s为170元，求总体标准差σ在95%的置信水平下的置信区间。［首经贸2008研］

解：(1)根据题意可知，总体服从正态分布，且方差已知，样本均值也服从正态分布。

由$\sigma=160$，$\bar{x}=605$，$n=100$，$\alpha=0.05$，$z_{\alpha/2}=1.96$，可得总体均值μ在95%的置信水平下的置信区间为：

$$\bar{x}\pm z_{\alpha/2}\frac{\sigma}{\sqrt{n}}=605\pm 1.96\times\frac{160}{\sqrt{100}}=605\pm 31.36$$

即(573.64，636.36)。

(2)根据样本方差的抽样分布可知，样本方差可构成如下服从自由度为$(n-1)$的χ^2分布

的统计量:

$$\frac{(n-1)s^2}{\sigma^2} \sim \chi^2(n-1)$$

已知 $s=170$，$\alpha=0.05$，$n-1=100-1=99$，查 χ^2 分布表可得

$$\chi^2_{\alpha/2}(99)=\chi^2_{0.025}(99)=128.42199$$

$$\chi^2_{1-\alpha/2}(99)=\chi^2_{0.975}(99)=73.36108$$

所以，总体标准差 σ 的置信区间为:

$$\sqrt{\frac{(n-1)s^2}{\chi^2_{\alpha/2}}} \leqslant \sigma \leqslant \sqrt{\frac{(n-1)s^2}{\chi^2_{1-\alpha/2}}}$$

$$\sqrt{\frac{99\times170^2}{128.42199}} \leqslant \sigma \leqslant \sqrt{\frac{99\times170^2}{73.36108}}$$

即 $149.2612 \leqslant \sigma \leqslant 197.4848$，$\sigma$ 的置信区间为[149.2612，197.4848]。

17. 某地区有1000名外事服务人员，随机抽选100名，其月工资情况如表7-1所示。

表 7-1

按月工资分组(元)	人数比重%
1400 以下	3
1400～1800	7
1800～2200	18
2200～2600	23
2600～3000	21
3000～3400	18
3400～3800	6
3800 以上	4
合计	100

试以95.45%($t=2$)的可靠性推断;

(1)平均每名外事服务人员的月工资范围是多少?

(2)估计月工资在3000元以上的外事服务人员比重的区间范围。[首经贸2009研]

解: (1)由分组数据求平均值

$$\bar{x}=\frac{\sum_{i=1}^{k}M_i f_i}{n}=\frac{1200\times3+1600\times7+\cdots+4000\times4}{100}=2600(\text{元})$$

$$s^2=\frac{\sum(M_i-\bar{x})^2 f_i}{n-1}=418585.9$$

$$s=647$$

根据区间估计公式得

$$\bar{x}\pm t\frac{s}{\sqrt{n}}=2600\pm2\times\frac{647}{\sqrt{100}}$$

即(2470.6，2729.4)，该地区平均每名外事服务人员的月工资范围是2470.6～2729.4元。

（2）根据抽样结果计算的样本比例为：

$$p=\frac{18+6+4}{100}=0.28$$

由比例估计公式得

$$p\pm t\sqrt{\frac{p(1-p)}{n}}=0.28\pm 2\times\sqrt{\frac{0.28\times(1-0.28)}{100}}$$

即 $0.28\pm 0.0898=(0.19,\ 0.37)$，故月工资在3000元以上的外事服务人员比重的区间范围是(0.19，0.37)。

18．为比较A、B两城市居民的生活水平，分别调查150户和100户家庭的人均生活费支出。按所得数据算得样本均值分别是55.91元和67.76元（2004年统计资料），样本方差分别为64.91元^{2}和69.37元^2。假设两城市家庭人均生活费支出都可以认为服从正态分布且方差相等，试以95%的置信概率估计两城市人均生活费支出相差的幅度。（$t_{0.025}(248)=1.96$）［中南财大2006研］

解： 已知两总体均服从正态分布，且方差相等，则合并估计量为：

$$s_p=\sqrt{\frac{(n_A-1)s_A^2+(n_B-1)s_B^2}{n_A+n_B-2}}=\sqrt{\frac{149\times 64.91+99\times 69.37}{248}}=8.17$$

已知 $\bar{x}_A=55.91$，$s_A^2=64.91$，$\bar{x}_B=67.76$，$s_B^2=69.37$，$n_A=150$，$n_B=100$，$t_{\alpha/2}(n_1+n_2-2)=t_{0.025}(248)=1.96$，所以B城市与A城市人均生活费支出相差的幅度在95%下的置信区间为：

$$(\bar{x}_B-\bar{x}_A)\pm t_{\alpha/2}(n_A+n_B-2)s_p\sqrt{\frac{1}{n_A}+\frac{1}{n_B}}=(67.76-55.91)\pm 1.96\times 8.17\times\sqrt{\frac{1}{150}+\frac{1}{100}}$$

即(9.78，13.92)。

19．某住宅调查居民用水情况，该区共有 $N=1000$ 户，采用无放回抽样随机抽取了 $n=100$ 户，测得 $\bar{y}=12.5$ 吨，$s^2=12.52$，其中有40户用水超过了规定标准。要求计算（列出计算公式）：

（1）该住宅区的总用水量及95%的置信区间；

（2）若要求估计的相对误差不超过10%，应抽多少户作样本；

（3）以95%的可靠性估计用水超过标准的户数；

（4）若认为估计用水的超标户的置信区间过宽，要求缩短一半，这时应抽多少户作样本。［人大2002研］

解：（1）本题采用无放回抽样。已知 $N=1000$，$n=100$，$f=n/N=0.1$，$\bar{y}=12.5$，$s^2=12.52$

①估计住宅总的用水量

$$\hat{Y}=N\bar{y}=1000\times 12.5=12500（吨）$$

②估计住宅总的用水量 Y 的方差和标准差

$$V(\hat{Y})=N^2V(\bar{y})=N^2\frac{1-f}{n}s^2=1000^2\times\frac{1-0.1}{100}\times 12.52=112680$$

$$S(\hat{Y})=\sqrt{V(\hat{Y})}=\sqrt{112680}=335.68$$

因此，在95%的置信度下，该住宅区的总用水量的95%的置信区间为：

$$\hat{Y} \pm z_{0.025} S(\hat{Y}) = 12500 \pm 1.96 \times 335.68$$

即(11842.07，13157.93)

(2)根据题意，要求估计的相对误差不超过10%，即 $r \leqslant 0.1$，则：

$$d = r\hat{Y} = rN\bar{y}$$

$$\frac{d}{\sqrt{V(y)}} = z_{\alpha/2}$$

即

$$N^2 \frac{1-f}{n} s^2 = \left(\frac{d}{z_{\alpha/2}}\right)^2$$

故

$$n = \frac{1}{\left(\frac{r\bar{y}}{z_{\alpha/2} s}\right)^2 + \frac{1}{N}} \approx 29.86$$

即至少应抽取30户作为样本。

(3)设用户超过标准的比例为 p，由于是无放回抽样，从而 p 的95%的置信区间为 $p_0 \pm z_{0.025}\sqrt{\frac{p_0(1-p_0)}{n-1}\left(1-\frac{n}{N}\right)}$，其中 $p_0 = 0.4$，代入数据解得(0.308，0.492)，所以以95%的可靠性估计用水超过标准的户数在308与492之间。

(4)若要求置信区间的宽度缩小为原来的一半，即要求应抽取的户数 n_1 满足方程：$z_{0.025}\sqrt{\frac{p_0(1-p_0)}{n_1-1}\left(1-\frac{n_1}{N}\right)} = \frac{1}{2} z_{0.025}\sqrt{\frac{p_0(1-p_0)}{100}\left(1-\frac{100}{N}\right)}$，代入数据解得 $n_1 = 306.25$。即若使用水的超标户的置信区间缩短一半，则应取307户作样本。

20. 政府部门想了解当地群众的收入状况，为此进行了一次小样本抽样调查，其数据如表7-2所示。如果希望调查拥有95%的可靠性，而且使得调查数据与实际收入的差距在50元以内，请计算，这样的调查需要多大的样本？($z_{0.05/2} = 1.96$)［西安交大2006研］

表7-2

当地群众	收入(元)
1	1700
2	2000
3	1500
4	2600
5	1800
6	1700
7	1800
8	2400
9	1200
10	1300

解：根据已知样本数据，计算样本的均值为：

$$\bar{x}=\frac{\sum x}{n}=\frac{1700+2000+\cdots+1300}{10}=1800$$

标准差为：

$$s=\sqrt{\frac{\sum(x-\bar{x})^2}{n-1}}=\sqrt{\frac{(1700-1800)^2+\cdots+(1300-1800)^2}{10-1}}=442.22$$

又已知 $z_{0.05/2}=1.96$，$E=50$，所以需要的调查样本量为：

$$n=\frac{(z_{\alpha/2})^2s^2}{E^2}=\frac{1.96^2\times 442.22^2}{50^2}\approx 301$$

第 8 章　假设检验

一、单项选择题

1. 在假设检验中，H_0为原假设，H_1为备择假设，则犯第二类错误为(　　)。[山东大学 2025 研]

A. H_1不真，接受H_1　　B. H_1不真，接受H_0

C. H_0不真，接受H_1　　D. H_0不真，接受H_0

【解析】二类错误指的是原假设为伪我们却没有拒绝，犯这种错误的概率用β表示，所以也称β错误或取伪错误。原假设H_0是错误的，但我们认为原假设H_0是成立的，即在假设检验中没有拒绝错误的原假设，这时犯了取伪错误。

2. 有 2023 年 12 月和 2024 年 12 月两个月的样本，方差相同但未知的正态分布，原假设为均值是否相等，下列说法正确的是(　　)。[上海交通大学 2025 研]

A. 检验统计量是 $t=\dfrac{\bar{x}_1-\bar{x}_2}{\sqrt{\dfrac{s_1^2+s_2^2}{30}}}$，分布是 $t(60)$

B. 检验统计量是 $t=\dfrac{\bar{x}_1-\bar{x}_2}{\sqrt{\dfrac{s_1^2+s_2^2}{30}}}$，分布是 $t(58)$

C. 检验统计量是 $t=\dfrac{\bar{x}_1-\bar{x}_2}{\sqrt{\dfrac{s_1^2+s_2^2}{31}}}$，分布是 $t(62)$

D. 检验统计量是 $t=\dfrac{\bar{x}_1-\bar{x}_2}{\sqrt{\dfrac{s_1^2+s_2^2}{31}}}$，分布是 $t(60)$

【解析】在 $\sigma_1^2=\sigma_1^2=\sigma^2$ 但未知时，检验统计量为：$\bar{x}-\bar{y}\sim N\left(\mu_1-\mu_2,\ (\frac{1}{m}+\frac{1}{n})\sigma^2\right)$，$m=n=31$

$\frac{1}{\sigma^2}\sum_{i=1}^{m}(x_i-\bar{x})^2\sim\chi^2(m-1)$，$\frac{1}{\sigma^2}\sum_{i=1}^{n}(y_i-\bar{y})^2\sim\chi^2(n-1)$，

$\frac{1}{\sigma^2}(\sum(x_i-\bar{x})^2+\sum(y_i-\bar{y})^2)\sim\chi^2(m+n-2)$，

$$s_w^2=\frac{1}{m+n-2}[\sum_{i=1}^{m}(x_i-\bar{x})^2+\sum_{i=1}^{n}(y_i-\bar{y})^2]=\frac{30S_1^2+30S_2^2}{60}$$

于是有：$t=\dfrac{\bar{x}-\bar{y}}{s_w\sqrt{\dfrac{1}{m}+\dfrac{1}{n}}}\sim t(m+n-2)$，$t=\dfrac{\bar{x}-\bar{y}}{s_w\sqrt{\dfrac{1}{30}+\dfrac{1}{30}}}=\dfrac{\bar{x}-\bar{y}}{\sqrt{\dfrac{S_1^2+S_2^2}{31}}}\sim t(60)$。

1D　2D

3．在假设检验中，不拒绝原假设意味着(　　)。[深圳大学 2025 研；湘潭大学 2025 研；中国海洋大学 2020 研；山东大学 2015 研]

A．原假设肯定是正确的　　B．原假设肯定是错误的

C．没有证据证明原假设是正确的　　D．没有证据证明原假设是错误的

【解析】假设检验的目的是寻找足够的证据来拒绝原假设。不拒绝原假设意味着在统计意义上没有证据证明原假设是错误的。

4．在假设检验中，如果所计算出的 P 值越小，说明检验的结果(　　)。[重庆邮电大学 2025 研；对外经济贸易大学 2016 研；中央财经大学 2011 研、安徽财经大学 2012 样题]

A．越显著　　B．越不显著　　C．越真实　　D．越不真实

【解析】P 值是指当原假设为真时，出现抽样结果或比抽样结果更违背原假设情况的概率，因此被称为观测的显著性水平。P 值很小，说明若原假设为真，则抽样结果出现的可能很小，但现在抽样结果出现了，根据小概率原理，认为原假设错误。因此 P 值越小，拒绝原假设的把握越大，检验结果越显著。

5．P 值所反映的是(　　)。[中国海洋大学 2021 研]

A．拒绝域的大小

B．若假设检验 H_0 为真，所得到的样本结果会像实际结果那么极端的概率

C．决定统计量的大小

D．事先给定的显著性水平的大小

【解析】P 值是指当原假设为真时样本观察结果或更极端结果出现的概率。如果 P 值很小，说明当原假设为真时实际结果发生的概率很小，如果这种情况出现了，根据小概率原理，我们就有理由拒绝原假设，因此 P 值越小，拒绝原假设的理由就越充分。

6．在假设检验中，根据事先给定的显著性水平进行决策的不足是(　　)。[中国海洋大学 2020 研]

A．无法确定出拒绝域

B．无法给出观测数据与原假设之间不一致程度的精确度量

C．无法确定检验的统计量

D．无法给出观测数据与拒绝域之间不一致程度的精确度量

【解析】事先给定的显著性水平 α 是原假设为真却被拒绝的概率，代表着能容忍的样本对正常值偏离的最小程度，因此可以根据 α 确定拒绝域的边界值，通过判断统计量代入样本观测值得到的具体数值是否落入拒绝域，做出拒绝或不拒绝原假设的决定。但仅能做出是否的二元决策，无法给出观测数据与原假设之间不一致程度的精确度量。为弥补该不足，可以采用 P 值进行决策，P 值即观测数据与原假设之间不一致程度的精确度量。

7．某航空公司分析得到销售一张机票的平均时间为 2 分钟。抽取一个由十名顾客购买机票使用时间组成的随机样本，结果为：1.9，1.7，2.8，2.4，2.6，2.5，2.8，3.2，1.6，2.5 分钟。在 $\alpha=0.05$ 的显著性水平下，检验平均售票时间是否超过 2 分钟，建立的原假设和备择假设为(　　)。[中国海洋大学 2020 研]

3D　4A　5B　6B　7B

A. H_0: $\mu \geqslant 2$, H_1: $\mu < 2$　　B. H_0: $\mu \leqslant 2$, H_1: $\mu > 2$

C. H_0: $\mu = 2$, H_1: $\mu = 2$　　D. H_0: $\mu < 2$, H_1: $\mu \geqslant 2$

【解析】本题要检验检验平均售票时间是否超过 2 分钟，令平均售票时间为 μ，即检验 $\mu > 2$ 是否成立。一方面，题目显示该公司购票时间的正常情况为 2 分钟，应该将未改变前的正常水平放于原假设；另一方面，根据假设设置的基本原则，等号应该放于原假设。综上，H_0: $\mu \leqslant 2$，H_1: $\mu > 2$。

8. 从两个独立的正态分布的总体中分别抽取容量为 n_1 和 n_2 的样本，则两个样本方差比的抽样分布服从(　　)。[中国海洋大学 2020 研]

A. 自由度为 $n_1 + n_2 - 1$ 的 χ^2 分布

B. 自由度为 $n_1 + n_2 - 1$ 的 t 分布

C. 自由度为 $(n_1 - 1, n_2 - 1)$ 的 F 分布

D. 自由度为 (n_1, n_2) 的 F 分布

【解析】在两个总体方差是否相等的假设检验中，采用两个总体的方差比作为检验统计量，在正态总体的条件下，两个样本方差比服从自由度为 $(n_1 - 1, n_2 - 1)$ 的 F 分布，因此采用 F 检验。

9. 一项研究表明，男人和女人对产品质量的评估角度有所不同。在对某一产品的质量评估中，被调查的 500 个女人中有 58% 对该产品的评分等级是“高”，而被调查的 500 个男人中给同样评分的却只有 43%。要检验对该产品的质量评估中，女人评高分的比例是否超过男人(π_1 为女人的比例，π_2 为男人的比例)。在 $\alpha = 0.01$ 的显著性水平下，检验假设 H_0: $\pi_1 - \pi_2 \leqslant 0$，$H_1$: $\pi_1 - \pi_2 > 0$，得到的结论是(　　)。[山东大学 2018 研]

A. 拒绝 H_0　　B. 不拒绝 H_0

C. 可以拒绝也可以不拒绝 H_0　　D. 可能拒绝也可能不拒绝 H_0

【解析】本题是检验两总体比例之差是否大于 0 的假设检验问题。根据两总体的样本比例差构造 z 统计量进行检验。对产品的总满意率 p 为：

$$p = \frac{p_1 n_1 + p_2 n_2}{n_1 + n_2} = \frac{0.58 \times 500 + 0.43 \times 500}{1000} = 0.505$$

在大样本条件下，构造检验统计量 $z = \dfrac{p_1 - p_2}{\sqrt{p(1-p)\left(\dfrac{1}{n_1} + \dfrac{1}{n_2}\right)}}$

原假设为真时 $z \sim N(0, 1)$，当 $z > z_{0.01} = 2.33$ 时，拒绝原假设。

代入数据，计算在大样本条件下，检验统计量的值为：

$$z = \frac{p_1 - p_2}{\sqrt{p(1-p)\left(\frac{1}{n_1} + \frac{1}{n_2}\right)}} = \frac{58\% - 43\%}{\sqrt{0.505 \times (1 - 0.505) \times \left(\frac{1}{500} + \frac{1}{500}\right)}} = 4.744$$

因为 $z = 4.744 > z_{0.01} = 2.33$，所以在显著性水平 $\alpha = 0.01$ 下，拒绝 H_0。

10. 指出下列假设检验形式的写法哪一个是错误的？(　　)[山东大学 2017 研]

A. H_0: $\mu = \mu_0$，H_1: $\mu \neq \mu_0$　　B. H_0: $\mu \geqslant \mu_0$，H_1: $\mu < \mu_0$

8C　9A　10D

C. $H_0:\mu\leqslant\mu_0$，$H_1:\mu>\mu_0$　　D. $H_0:\mu>\mu_0$，$H_1:\mu\leqslant\mu_0$

【解析】做假设检验时通常将等号放在原假设里，所以D项错误。

11. 在假设检验中，如果我们相信原假设是真的，而犯第Ⅱ类错误又不会造成太大的影响，此时，检验的显著性水平应该取（　　）。[中央财经大学2015研]

A. 大些　　B. 小些　　C. 无法确定　　D. 等于0.05

【解析】由于犯第Ⅰ类错误的概率和犯第Ⅱ类错误的概率是此消彼长的关系，题中我们相信原假设为真，并且第Ⅱ类错误并不会造成较大影响，因此如果要拒绝原假设应该提高更显著的证据，所以犯第Ⅰ类错误的概率应取小些。而在假设检验中检验的显著性水平即为犯第Ⅰ类错误的概率，故显著性水平应该取小些。

12. 抽取样本容量为100的随机样本对总体的均值进行检验，检验的假设为H_0：$\mu\leqslant\mu_0$，H_1：$\mu>\mu_0$，显著性水平$\alpha=0.05$，z_c为检验统计量的样本值，那么P值为（　　）。[对外经济贸易大学2015研]

A. $P(z>z_c)$　　B. $P(z<z_c)$　　C. $P(z>1.96)$　　D. $P(z<-1.96)$

【解析】题中，样本量$n=100\geqslant30$，σ^2未知，在给定的显著性水平α下，对于右单侧检验而言，P值为检验统计量的值超过由样本所计算出的检验统计量的数值的概率，即P值$=P(z>z_c)$。

13. 对正态总体的数学期望μ进行假设检验，若在显著水平0.05下接受H_0：$\mu=\mu_0$，那么在显著水平0.01下，下列结论正确的是（　　）。[浙江工商大学2019研；华中农业大学2015研]

A. 可能接受假设，也可能拒绝假设　　B. 拒绝假设

C. 接受假设　　D. 不接受假设，也不拒绝假设

【解析】在显著性水平0.05下接受H_0，说明根据样本计算的结果P值大于0.05，所以同样的样本在显著性水平0.01下，P值大于0.01，所以接受原假设。

14. 在假设检验中，两个总体$X\sim N(\mu_1,\sigma_1^2)$，$Y\sim N(\mu_2,\sigma_2^2)$，其中$\mu_1$，$\mu_2$未知，检验$\sigma_1^2$是否等于$\sigma_2^2$应用（　　）。[浙江工商大学2011研]

A. μ检验法　　B. t检验法　　C. F检验法　　D. χ^2检验法

【解析】在两个正态总体条件下，样本方差除以总体方差之比服从F分布，所以检验两个总体方差是否相等，应用F检验法。

15. 超人电池制造商宣称他所制造的电池可使用超过330小时，为检验这一说法是否属实，研究人员从中抽取了12个电池进行测试，建立的原假设和备择假设为H_0：$\mu\leqslant330$，H_1：$\mu>330$。检验结果是没有拒绝原假设，这表明（　　）。[浙江工商大学2011研；安徽财经大学2012研]

A. 有充分证据证明电池的使用寿命小于330小时

B. 电池的使用寿命小于等于330小时

C. 没有充分证据表明电池的使用寿命超过330小时

11B　12A　13C　14C　15C

D. 有充分证据证明电池的使用寿命超过 330 小时

【解析】检验结果没有拒绝原假设，说明没有充分证据表明接受备择假设，即没有充分证据表明电池的使用寿命超过 330 小时。

16. 过去海山集团一直向 A 公司订购原材料，但是 A 公司发货比较慢。现 B 公司声称其发货速度要远快于 A 公司，于是海山集团倾向于向 B 公司订购原材料，为检验 B 公司的说法是否属实，随机抽取向 B 公司订的 8 次货进行检验。该检验的原假设所表达的是（　　）。[浙江工商大学 2011 研]

A. B 公司交货日期比 A 公司短

B. B 公司交货日期比 A 公司长

C. B 公司交货日期不比 A 公司短

D. B 公司交货日期不比 A 公司长

【解析】通常把研究者要证明的结论作为备择假设。由于海山集团倾向于向 B 公司订货，故备择假设应为 B 公司交货日期比 A 公司短；而原假设与备择假设互斥，故原假设为 B 公司交货日期不比 A 公司短。

17. 在假设检验中，如果检验结果是拒绝零假设；那么，以下哪一种情形的检验结果更显著？（　　）[中山大学 2011 研]

A. 样本平均值更小　　B. P 值更小

C. 样本平均值更大　　D. P 值更大

【解析】P 值是指当原假设为真时，出现抽样结果或比抽样结果更违背原假设情况的概率，因此被称为观测的显著性水平。P 值很小，说明若原假设为真，则抽样结果出现的可能很小，但现在抽样结果出现了，根据小概率原理，认为原假设错误。因此 P 值越小，拒绝原假设的把握越大，检验结果越显著。

18. 1998 年的一次网络民意调查中共 7553 人接受调查，其中 4381 人认为："白水事件"调查执行官 Kenneth Start 应该询问所有可以找到的证人，包括时任总统克林顿的助手。由此，你能得出以下哪一个结论？（　　）[山东大学 2017 研；中山大学 2011 研]

A. 以上数据提供了充分证据，说明多数人认为 Kenneth Start 应该询问所有可以找到的证人，包括时任总统克林顿的助手

B. 以上数据未提供充分证据，说明多数人认为 Kenneth Start 应该询问所有可以找到的证人，包括时任总统克林顿的助手

C. 以上数据提供了充分证据，说明多数人认为 Kenneth Start 不应询问所有可以找到的证人，包括时任总统克林顿的助手

D. 以上数据未提供充分证据，说明多数人认为 Kenneth Start 不应询问所有可以找到的证人，包括时任总统克林顿的助手

【解析】本题属于总体比例的检验，假设：H_0：$\pi \leqslant 50\%$，H_1：$\pi > 50\%$，其中 π 为总体中认为"应该"的调查者所占的比例。样本比例 $p = \dfrac{4381}{7553} \times 100\% = 58.00\%$，$z = \dfrac{p - \pi_0}{\sqrt{\dfrac{\pi_0(1-\pi_0)}{n}}} =$

16C　17B　18A

$\frac{58.00\% - 50\%}{\sqrt{\frac{50\% \times (1 - 50\%)}{7553}}} = 13.91$，$z > z_{0.001} = 3.09$，所以在 0.001 的显著性水平下，拒绝原假设。即有充分证据说明：多数人认为应该询问所有可能找到的证人，包括克林顿的助手。

19．官方数据显示，2008 年，北京地区移动电话用户的月均电话费为 50 元；从 2009 年 3 月份的用户费用清单中，随机抽取 40 人，发现他们的月均话费为 60 元；移动电话公司想通过假设检验来判断“2009 年的月均话费是否显著提高”，设定原假设为“H_0：2009 年和 2008 年的月均话费没有显著差别”，那么，备择假设应该选取为（　　）。［中山大学 2011 研］

A．H_1：跟 2008 年相比，2009 年的月均话费有显著减少

B．H_1：跟 2008 年相比，2009 年的月均话费没有显著减少

C．H_1：跟 2008 年相比，2009 年的月均话费有显著增加

D．H_1：跟 2008 年相比，2009 年的月均话费没有显著增加

【解析】通常将观察现象新的性质或研究者要证明的结论作为备择假设。

20．考虑关于两个正态总体的均值 μ_1 与 μ_2 的假设检验，经常用到的零假设为（　　）。［中山大学 2011 研］

A．H_0：$\mu_1 + \mu_2 = 0$　　B．H_0：$\mu_1 - \mu_2 = 0$

C．H_0：$\mu_1 \times \mu_2 = 0$　　D．H_0：$\mu_1 \div \mu_2 = 0$

【解析】关于两个正态总体的均值 μ_1 与 μ_2 的假设检验，经常需要检验的是两个均值是否相等，所以用到的零假设为 $\mu_1 - \mu_2 = 0$。

21．假设检验中，若零假设是简单的，则显著性水平 α 指（　　）。［中山大学 2011、2012 研］

A．犯第Ⅰ类错误的概率　　B．犯第Ⅱ类错误的概率

C．置信水平　　D．P 值

【解析】假设检验遵循的原则是：在严格控制犯第Ⅰ类错误的概率的条件下，尽量控制犯第Ⅱ类错误的概率。为了突出这个原则，又把犯第Ⅰ类错误的概率称作显著性水平 α。

22．假设检验难免犯错误，以下论断中不正确的是（　　）。［中山大学 2011 研］

A．第Ⅰ类错误是指零假设成立时，拒绝零假设

B．第Ⅱ类错误是指零假设不成立时，接受零假设

C．其他条件不变，显著性水平 α 定得越高，犯第Ⅰ类错误的机会越小

D．其他条件不变，显著性水平 α 定得越高，犯第Ⅱ类错误的机会越小

【解析】第Ⅰ类错误是原假设 H_0 为真却被拒绝了，第Ⅱ类错误是原假设为伪却没有被拒绝。当样本量一定时犯第Ⅰ类错误和犯第Ⅱ类错误的概率是此消彼长的关系；当显著性水平 α 定得越高时，检验 P 值小于 α 的可能性越大，即拒绝原假设的可能性越大，从而犯第Ⅰ类错误的机会越大，犯第Ⅱ类错误的机会越小。

23．根据有关专家的建议，51 岁以下成年女性每日的铁摄入量应为 16 毫克；为了解这一人群铁摄入量的情况，有人抽取一个容量为 45 的样本并取得她们在 24 小时内的铁摄入

19C　20B　21A　22C　23B

量，所得数据列如表8-1所示。

表 8-1

15.0	18.1	14.4	14.6	10.9	18.1	18.2	18.3	15.0
16.0	12.6	16.6	20.7	19.8	11.6	12.8	15.6	11.0
15.3	9.4	19.5	18.3	14.5	16.6	11.5	16.4	12.5
14.6	11.9	12.5	18.6	13.1	12.1	10.7	17.3	12.4
17.0	6.3	16.8	12.5	16.3	14.7	12.7	16.3	11.5

经过计算可知，样本平均值为14.680，样本标准差为3.083；假定每日的铁摄入量近似服从正态分布，根据以上数据，在5%显著性水平下可以认为51岁以下成年女性的铁摄入量(　　)。［中山大学2011研］

A. 跟建议值没有显著差别　　B. 显著偏低

C. 显著偏高　　D. 无法判断

【解析】假设：H_0：$\mu=16$，H_1：$\mu\neq16$。统计量 $z=\frac{\bar{x}-\mu_0}{s/\sqrt{n}}=\frac{14.680-16}{3.083/\sqrt{45}}=-2.87$

当 $\alpha=0.05$ 时，$z_{\alpha/2}=1.96$。因为 $|z|>z_{\alpha/2}$，所以拒绝原假设，认为观测值和建议值存在显著差别。又令 H_0：$\mu\geqslant16$，H_1：$\mu<16$，此时 $z=-2.87<-z_{0.05}=-1.645$，故拒绝原假设，认为观测值与建议值相比显著偏低。

24. 若假设检验 H_0：新工艺不比旧工艺好，H_1：新工艺好于旧工艺，则下列属于犯第Ⅱ类错误的是(　　)。

A. 新工艺较好，采用新工艺　　B. 新工艺较好，保留旧工艺

C. 新工艺不好，采用新工艺　　D. 新工艺不好，保留旧工艺

【解析】当原假设 H_0 为假时，却被接受了，犯了第Ⅱ类错误，即取伪的错误。题中新工艺好的条件下(即 H_0 为假)，却保留旧工艺(即接受了 H_0)，是犯了第Ⅱ类错误。

25. 将由显著性水平所规定的拒绝域平分为两部分，置于概率分布的两边，每边占显著性水平的1/2，这是(　　)。

A. 单侧检验　　B. 双侧检验　　C. 右单侧检验　　D. 左单侧检验

26. 比较两个总体均值是否相同的假设检验中，采用 t 检验的条件是(　　)。

A. 两总体为正态分布，方差已知　　B. 两总体为正态分布，方差未知

C. 两总体非正态分布，方差已知　　D. 两总体非正态分布，方差未知

【解析】对两个总体的均值进行比较时，若总体服从正态分布且方差未知，在小样本情况下，采用 t 检验；其他情况均采用 z 检验。

27. 从两个非正态总体中各抽取一个独立的大样本，要检验总体均值是否相等，应采用(　　)统计量。

A. z　　B. t　　C. χ^2　　D. F

【解析】检验统计量与总体的分布与方差是否已知及样本容量的大小都有关。当两个总

24B　25B　26B　27A

体均服从正态分布且方差已知或两个总体均为大样本时，均采用 z 检验。

28. P 值越小，(　　)。

A. 拒绝原假设的可能性越小　　B. 拒绝原假设的可能性越大

C. 拒绝备择假设的可能性越大　　D. 不拒绝备择假设的可能性越小

【解析】P 值是指当原假设为真时，出现抽样结果或比抽样结果更违背原假设情况的概率。P 值很小，说明若原假设为真，则抽样结果出现的可能很小，但现在抽样结果出现了，根据小概率原理，认为原假设错误。因此 P 值越小，拒绝原假设的概率越大。

29. 从方差未知的正态总体中随机抽取容量为 n 的一个小样本，在显著性水平为 α 的条件下，检验的假设为 H_0：$\mu=\mu_0$，H_1：$\mu\neq\mu_0$，则拒绝域为(　　)。

A. $t<-t_\alpha$　　B. $t>t_\alpha$　　C. $|t|>t_{\alpha/2}$　　D. $|t|<t_{\alpha/2}$

30. 检验一个正态总体的方差所使用的分布为(　　)。

A. 正态分布　　B. t 分布　　C. χ^2分布　　D. F 分布

【解析】要检验一个正态总体的方差，当均值已知时，构造统计量 $\frac{\sum_{i=1}^{n}(X_i-\mu)^2}{\sigma^2}\sim\chi^2(n)$；当均值未知时，构造统计量 $\frac{\sum_{i=1}^{n}(X_i-\overline{X})^2}{\sigma^2}\sim\chi^2(n-1)$。

31. 随机抽取一个 $n=100$ 的样本，计算得到 $\bar{x}=60$，$s=15$，要检验假设 H_0：$\mu=65$，H_1：$\mu\neq65$，检验的统计量的值为(　　)。

A. -3.33　　B. 3.33　　C. -2.36　　D. 2.36

【解析】由于 $n=100>30$ 为大样本，所以检验统计量 $z=\frac{\bar{x}-\mu}{s/\sqrt{n}}=\frac{60-65}{15/\sqrt{100}}=-3.33$。

32. 设 z_c 为检验统计量的计算值，检验的假设为 H_0：$\mu\leqslant\mu_0$，H_1：$\mu>\mu_0$，当 $z_c=1.645$ 时，计算出的 P 值为(　　)。

A. 0.05　　B. 0.01　　C. 0.025　　D. 0.0025

【解析】由已知得，检验的统计量为 z，根据单侧检验 P 值的计算方法可得：P 值 $=P(z>z_c)=P(z>1.645)=0.05$。

33. 由 49 个观测数据组成的随机样本得到的计算结果为 $\sum x=50.3$，$\sum x^2=68$。取显著性水平 $\alpha=0.01$，检验假设 H_0：$\mu\geqslant1.18$，H_1：$\mu<1.18$，得到的检验结论是(　　)。

A. 拒绝原假设　　B. 不拒绝原假设

C. 可以拒绝也可以不拒绝原假设　　D. 可能拒绝也可能不拒绝原假设

【解析】检验统计量为 $z=\frac{\bar{x}-\mu_0}{s/\sqrt{n}}=\frac{\sqrt{n}(\bar{x}-\mu_0)}{\sqrt{\frac{\sum(x_i-\bar{x})^2}{n-1}}}=\frac{\sqrt{n}(\bar{x}-\mu_0)}{\sqrt{\frac{\sum x_i^2-n(\bar{x})^2}{n-1}}}$，代入数据计算得 $z=-1.8398$。当 $\alpha=0.01$ 时，$-z_\alpha=-z_{0.01}=-2.33$，由于 $z=-1.8398>-z_\alpha=-2.33$，所

28B　29C　30C　31A　32A　33B

以在显著性水平 $\alpha=0.01$ 下，不能拒绝原假设。

34. 从一个二项总体中随机抽出一个 $n=135$ 的样本，得到 $p=0.63$，在 $\alpha=0.01$ 的显著性水平下，检验假设 H_0：$\pi=0.63$，H_1：$\pi\neq0.63$，所得的结论是(　　)。

A. 拒绝原假设　　B. 接受原假设

C. 可以拒绝也可以接受原假设　　D. 可能拒绝也可能接受原假设

【解析】已知 $p=0.63$，检验统计量 $z=\dfrac{p-\pi}{\sqrt{\dfrac{\pi(1-\pi)}{n}}}=0$，$z_{\alpha/2}=z_{0.005}=2.58$，由于 $-z_{\alpha/2}<z<z_{\alpha/2}$，所以接受原假设。

35. 从正态总体中随机抽取一个 $n=35$ 的随机样本，计算得到 $\bar{x}=20$，$s^2=18$，假定 $\sigma_0^2=20$，要检验假设 H_0：$\sigma^2=\sigma_0^2$，则检验统计量的值为(　　)。

A. $\chi^2=19.2$　　B. $\chi^2=18.7$　　C. $\chi^2=30.6$　　D. $\chi^2=34$

【解析】检验统计量的值为：$\chi^2=\dfrac{(n-1)s^2}{\sigma_0^2}=\dfrac{(35-1)\times18}{20}=30.6$。

36. 检验假设 H_0：$\pi=0.3$，H_1：$\pi\neq0.3$，由 $n=100$ 组成的一个随机样本，得到样本比例为 $p=0.295$。用于检验的 P 值为 0.2，在 $\alpha=0.05$ 的显著性水平下，得到的结论是(　　)。

A. 拒绝 H_0　　B. 不拒绝 H_0

C. 可以拒绝也可以不拒绝 H_0　　D. 可能拒绝也可能不拒绝 H_0

【解析】因为检验 P 值 $=0.2>\alpha/2=0.025$，所以在显著性水平 $\alpha=0.05$ 下，不能拒绝 H_0。

37. 从均值为 μ_1 和 μ_2 的两个总体中，随机抽取两个大样本，在 $\alpha=0.05$ 的显著性水平下，要检验假设 H_0：$\mu_1-\mu_2=0$，H_1：$\mu_1-\mu_2\neq0$，则拒绝域为(　　)。

A. $|z|>1.96$　　B. $z>2.58$　　C. $z<-2.58$　　D. $|z|>1.645$

【解析】因为这是大样本的两个总体均值之差的检验，所以应该采用 z 检验统计量。由题中的假设可知，为双侧检验，故拒绝域为 $|z|\geq z_{\alpha/2}=1.96$。

38. 根据两个随机样本，计算得到 $s_1^2=2$，$s_2^2=4$，要检验假设 H_0：$\dfrac{\sigma_1^2}{\sigma_2^2}\leq1$，$H_1$：$\dfrac{\sigma_1^2}{\sigma_2^2}>1$，则检验统计量的 F 值为(　　)。

A. 0.5　　B. 2　　C. 4　　D. 8

【解析】$F=\dfrac{s_1^2}{s_2^2}\cdot\dfrac{\sigma_2^2}{\sigma_1^2}=\dfrac{2}{4}=0.5$。

39. 来自总体 1 的一个容量为 16 的样本的方差 $s_1^2=6$，来自总体 2 的一个容量为 20 的样本的方差 $s_2^2=3$。在 $\alpha=0.05$ 的显著性水平下，检验假设 H_0：$\sigma_1^2\leq\sigma_2^2$，H_1：$\sigma_1^2>\sigma_2^2$，得到的结论是(　　)。

34B　35C　36B　37A　38A　39B

A．拒绝 H_0　　B．接受 H_0
C．可以拒绝也可以接受 H_0　　D．可能拒绝也可能接受 H_0

【解析】由于是右侧检验，所以拒绝域是：$F > F_{\alpha}(n_1-1, n_2-1)$。$F=\frac{s_1^2/\sigma_1^2}{s_2^2/\sigma_2^2}=\frac{6}{3}=2$（因原假设等价于 H_0：$\frac{\sigma_1^2}{\sigma_2^2}\leqslant 1$，故在 F 统计量中将$\frac{\sigma_1^2}{\sigma_2^2}$取值为 1），$F_{0.05}(15, 19)=2.234$，$F < F_{0.05}(15, 19)$，所以在显著性水平 $\alpha=0.05$ 下，接受 H_0。

二、多项选择题

1．假设检验的基本步骤包括（　　）。[中国海洋大学 2021 研]
A．提出原假设和备择假设　　B．确定显著性水平
C．计算检验统计值　　D．根据抽样分布确定接受域与拒绝域
E．做出接受或拒绝原假设的判断

【解析】假设检验的基本流程是：①提出原假设和备择假设；②确定适当的检验统计量，并计算其数值；③给定显著性水平；④根据预先指定的显著性水平以及检验统计量的抽样分布确定接受域与拒绝域；⑤做出接受或拒绝原假设的判断。

2．下面关于假设检验的陈述中正确的有（　　）。[中央财经大学 2015 研]
A．拒绝原假设意味着原假设一定不正确
B．拒绝原假设意味着原假设不正确的可能性很大
C．不拒绝原假设意味着原假设就是正确的
D．不拒绝原假设意味着没有证据证明原假设是错误的
E．样本量越大就越有可能拒绝原假设

【解析】ABCD 四项，假设检验是依据样本提供的信息进行判断的，即由部分来推断总体，因而判断有可能正确，也有可能不正确。所以拒绝原假设只是意味着原假设不正确的可能性很大，不拒绝原假设只是意味着根据现有样本没有证据证明原假设是错误的。E 项，在其他条件不变的情况下，样本量越大，检验统计量的值也就越大，P 值就越小，越有可能拒绝原假设。

3．关于假设检验的两类错误，下列说法正确的有（　　）。[中央财经大学 2015 研]
A．第Ⅰ类错误被称为弃真错误
B．第Ⅰ类错误被称为纳伪错误
C．第Ⅱ类错误被称为纳伪错误
D．第Ⅱ类错误是原假设不正确，但却被接受的错误
E．第Ⅰ类错误是原假设正确，但却被拒绝的错误

【解析】假设检验所犯的错误有两种类型，第Ⅰ类错误指原假设 H_0 为真，但根据抽样结果被拒绝了，犯这种错误的概率用 α 表示，所以又称 α 错误或弃真错误；第Ⅱ类错误是原假设为伪，但抽样结果却没有理由拒绝原假设，犯这种错误的概率用 β 表示，所以又称 β 错误或取伪错误。

1ABCDE　2BDE　3ACDE

4．假设检验中的两类错误指的是（　　）。［东北财经大学 2013、2011 研］

A．登记错误　　B．测量错误　　C．拒真错误　　D．采伪错误

【解析】假设检验所犯的错误有两种类型，一类错误是原假设为真却被拒绝了，犯这种错误的概率用 α 表示，所以也称 α 错误或弃真错误；另一类错误是原假设为伪却没有拒绝，犯这种错误的概率用 β 表示，所以也称 β 错误或取伪错误。

5．根据原假设的情况，假设检验中的临界值（　　）。［西安交大 2007 研］

A．只能有一个，不可能有两个　　B．有时为一个，有时有两个

C．只会为正值　　D．总是以零为中心，呈对称分布

E．有时会有负值

【解析】假设检验分为单侧检验和双侧检验，当为单侧检验时，临界值有一个，双侧检验时临界值有两个，但不一定以零为中心，如 χ^2 检验在做双侧检验时两个临界值都会大于零；假设检验中的临界值会有负值，如 t 分布的双侧检验。

6．下面关于单侧和双侧假设检验的说法正确的有（　　）。

A．在显著性水平 α 下，检验假设 H_0：$\mu=\mu_0$；H_1：$\mu\neq\mu_0$ 的假设检验，称为双侧假设检验

B．右侧检验和左侧检验统称为单侧检验

C．在显著性水平 α 下，检验假设 H_0：$\mu\geqslant\mu_0$；H_1：$\mu<\mu_0$ 的假设检验，称为左侧检验

D．在显著性水平 α 下，检验假设 H_0：$\mu\geqslant\mu_0$；H_1：$\mu<\mu_0$ 的假设检验，称为右侧检验

E．在显著性水平 α 下，检验假设 H_0：$\mu\leqslant\mu_0$；H_1：$\mu>\mu_0$ 的假设检验，称为右侧检验

7．为了考察某种类型的电子元件的使用寿命情况，假定该电子元件使用寿命的分布是正态分布。而且根据历史记录得知该分布的参数为：平均使用寿命 μ_0 为 100 小时，标准差 σ 为 10 小时。现在随机抽取 100 个该类型的电子元件，测得平均寿命为 102 小时，给定显著性水平 $\alpha=0.05$，为了判断该电子元件的使用寿命是否有明显的提高，下列说法正确的有（　　）。

A．提出假设 H_0：$\mu\leqslant100$；H_1：$\mu>100$

B．提出假设 H_0：$\mu\geqslant100$；H_1：$\mu<100$

C．检验统计量及所服从的概率分布为 $z=\dfrac{\bar{x}-\mu_0}{\sigma/\sqrt{n}}\sim N(0,1)$

D．如果 $z>z_\alpha$，则称 $\bar{x}$ 与 μ_0 的差异是显著的，这时拒绝 H_0

E．检验结果认为该类型的电子元件的使用寿命确实有显著提高

【解析】建立假设：

$$H_0:\ \mu\leqslant100;\ H_1:\ \mu>100$$

检验统计量的值为：

$$z=\frac{\bar{x}-\mu_0}{\sigma/\sqrt{n}}=\frac{102-100}{10/\sqrt{100}}=2$$

由于 $z=2>z_{0.05}=1.645$，所以拒绝 H_0，接受 H_1，即当显著性水平等于 0.05 时，可认为该类型的电子元件的使用寿命确实有显著提高。

4CD　5BE　6ABCE　7ACDE

8. 某种电子元件的重量 x(单位：g)服从正态分布，μ，σ^2均未知。测得16只元件的重量分别为：159，280，101，212，224，379，179，264，222，362，168，250，149，260，485，170，判断元件的平均重量是否大于225g(取 $\alpha=0.05$)。下列计算过程中正确的提法有(　　)。

A. 提出假设：H_0：$\mu\leqslant225$，H_1：$\mu>225$

B. 提出假设：H_0：$\mu\geqslant225$，H_1：$\mu<225$

C. 检验统计量及其概率分布为 $t=\dfrac{\bar{x}-\mu_0}{s/\sqrt{n}}\sim t_\alpha(n-1)$

D. 取 $\alpha=0.05$，经计算有：$t<t_{0.05}(15)$

E. 不拒绝 H_0，即没有理由认为元件的平均重量显著大于225g

【解析】由题意知 $n=16$，$t_\alpha(n-1)=t_{0.05}(15)=1.7531$，$\bar{x}=241.5$，$s=98.7259$。建立假设：

$$H_0:\ \mu\leqslant225,\ H_1:\ \mu>225$$

检验统计量的值为：

$$t=\frac{\bar{x}-\mu_0}{s/\sqrt{n}}=\frac{241.5-225}{98.7259/4}=0.6685$$

由于 $t=0.6685<t_{0.05}(15)=1.7531$，所以当显著性水平为0.05时，不拒绝 H_0，即没有理由认为元件的平均重量显著大于225g。

三、判断题

1. 假设值与实际值之间的差距越大，犯第二类错误的概率也越大。(　　)［中国海洋大学2021研］

【解析】假设检验中，所犯的错误有两种类型，第一类错误为弃真错误，即原假设为真却被我们拒绝；第二类错误为取伪错误，即原假设为伪我们却没有拒绝。假设值与实际值之间的差距越大时，P 值(也就是当原假设为真时样本观察结果或更极端结果出现的概率)就越小，P 值越小，拒绝原假设的理由就越充分，这时犯第二类错误的概率也越小。

2. 在假设检验中，增大样本容量，可以使两类错误的概率同时减小。(　　)［对外经济贸易大学2015研］

【解析】当样本量一定时，如果减小 α 错误，就会增大犯 β 错误的机会；若减小 β 错误，也会增大犯 α 错误的机会。若要使 α 和 β 同时变小，只能增大样本量。

3. 所谓小概率原理是指发生概率很小的事件，在试验中不可能发生。(　　)［西南财大2000研］

【解析】小概率原理是假设检验的基础，它认为发生概率很小的随机事件在一次试验中是几乎不可能发生的。但在实际中，小概率事件虽然发生概率很小，但并不代表不可能发生。

4. 显著性水平 α 的选择，对接受和拒绝原假设 H_0 没有影响。(　　)［西南财大2002研］

【解析】当显著性水平 α 定得越高时，检验 P 值小于 α 的可能性越大，即拒绝原假设的

8ACDE　　‖　　1×　2√　3×　4×

可能性越大。

5. 如果一个假设检验问题只是提出一个原假设，而且检验的目的仅在于判断原假设是否成立，那么这个检验问题称为显著性检验。(　　)

【解析】显著性检验是事先对总体(随机变量)的参数或总体分布形式做出一个假设，然后利用样本信息来判断这个假设是否合理，即判断总体的真实情况与原假设是否有显著性差异。

6. 在假设检验中，通常是在控制犯取伪错误的概率的条件下，尽可能使犯弃真错误的概率小一点。(　　)

【解析】假设检验遵循的原则是：在严格控制犯第Ⅰ类错误(弃真错误)的概率的条件下，尽量控制犯第Ⅱ类错误(取伪错误)的概率。犯第Ⅰ类错误的概率称作显著性水平 α。

7. 一项研究表明，司机驾车时因接打手机而发生事故的比例超过20%，用来检验这一结论的原假设和备择假设为 H_0：$\pi<20\%$；H_1：$\pi\geqslant20\%$。(　　)

【解析】在实际应用中，一般要把等号放在原假设里面，且将要检验的结论放在备择假设。因此，建立的原假设和备择假设应该是 H_0：$\pi\leqslant20\%$；H_1：$\pi>20\%$。

四、简答题

1. 为何在决策时要避免使用“接受原假设 H_0”这样的措辞？[东北财经大学2025研；北京交通大学2015研]

答：在假设检验中，若检验结果为不拒绝原假设，也要避免使用“接受原假设”的措辞，其原因为：

(1)在假设检验时，当拒绝原假设时，表明样本提供的证据证明原假设是错误的；当没有拒绝原假设时，只是说明，现在没有足够的证据说明原假设是错误的，但也不代表存在充分的理由证明原假设是正确的。

(2)采用“接受原假设”的说法意味着样本提供的证据证明了原假设是正确的，但没有足够的证据拒绝原假设并不等于能够证明原假设是真的，仅仅意味着目前还没有足够的证据拒绝原假设，只表示由样本提供的证据还不足以拒绝原假设。

2. 试简述假设检验的 P 值的含义及用 P 值进行假设检验相对于传统方法的优点，并简述用 P 值做假设检验的步骤。[湘潭大学2023研；安徽大学2022研；哈尔滨工业大学2022研；安徽师范大学2019研；中央财经大学2015研]

相关真题：什么是显著性水平？在假设检验中用P值进行统计决策的原理是什么？如何决策？[西安财经大学2025研]

答：(1)假设检验的 P 值的含义

P 值是在原假设为真的前提下出现观察样本或更极端情况的概率，它是观察到的实际显著性水平，是拒绝原假设的最小显著性水平。

(2)使用 P 值进行假设检验相对于传统方法的优点

①P 值法给出了拒绝 H_0 的最小显著性水平。

②检验结论对任何统计量均适用，不需改变。

5✓　6×　7×

③在改变显著性水平时，无须重新计算 P 值。

(3) 使用 P 值做假设检验的步骤

①根据实际问题建立检验假设 H_0 和 H_1。

②构建检验统计量，根据观测样本计算在原假设成立条件下检验统计量的值，并给出得到样本观察结果或更极端结果出现的概率即 P 值。

③根据选定的显著性水平，决定拒绝或不能拒绝 H_0。当 P 值小于给定的显著性水平时，拒绝原假设。

3．显著性检验中，原假设和备择假设的地位有何差异？设置原假设应该遵循哪些原则？［北京师范大学 2024 研；华东师范大学 2015 研］

答：(1) 原假设和备择假设的地位差异

①原假设与备择假设互斥，肯定原假设，意味着放弃备择假设；否定原假设，意味着接受备择假设；

②原假设通常是受保护的假设，因为原假设往往指的是原有的、传统的观点或结论，不易推翻，备择假设通常是需要证明的假设，指的是新的、可能的、猜测的观点。由于推翻原假设需要检验统计量落入拒绝域，所以在一次试验中原假设是具有优势的，由小概率原理，备择假设在一次试验中不容易发生，但一旦发生，我们就有充足的理由推翻原假设，这意味着一个新结论的诞生。

(2) 设置原假设应遵循的原则

①原假设通常是明确的，而备择假设是模糊的，即要把等号放在原假设中；

②原假设必须是对检验问题的回答，不能所答非所问；

③在假设检验中一般是把希望证明的命题放在备择假设上，而把原有的、传统的观点或结论放在原假设，其中"原有的、传统的"是指原有的理论、原有的看法、原有的状况，或者说是那些历史的、经验的、在此之前被大多数人所认可和接受的东西，在没有充分证据证明其错误时，总是假定是正确的，处于原假设被保护的位置。而那些新的、可能的、猜测的则处于备择假设的位置。

4．P 值检验和统计量的显著性检验有什么不同？［中国海洋大学 2020 研］

相关试题：什么是 P 值？P 值检验和统计量检验有什么不同？［安徽师范大学 2021 研］

答：P 值检验和统计量的显著性检验都是假设检验的判断方法，两者分别以 P 值和显著性水平 α 为工具进行检验，区别如下：

(1) 工具含义以及确定方式不同。显著性水平 α 是原假设为真却被拒绝的概率，也就是犯第一类错误的概率，一般在检验前由研究人员根据经验确定，常取 $\alpha=0.05$ 或 0.01。P 值是当原假设为真时，出现样本观察结果以及更极端情况的概率，一般在计算出统计量后，根据统计量的分布计算得到。

(2) 判断标准不同。统计量的显著性检验由显著性水平与抽样分布确定拒绝域边界，根据统计量计算结果是否落入拒绝域进行判断。P 值检验则将 P 值与 α 比较进行判断，若 $P>\alpha$，则不拒绝原假设，否则，拒绝原假设。

(3) 提供的信息不同。统计量的显著性检验只能做出是否拒绝原假设的决定，P 值检验除了能够决定是否拒绝原假设，还可以给出样本偏离原假设的具体水平。

5．以总体均值来举例说明双侧检验与单侧检验拒绝域的不同。［西安交通大学 2015 研］

答：对总体均值进行单侧和双侧检验的拒绝域分别为：

(1)双侧检验

①在双侧检验中，原假设和备择假设一般是：H_0：$\mu_1=\mu_2$，H_1：$\mu_1\neq\mu_2$；

②拒绝域：双侧检验的拒绝域一般是均匀分布在左右两侧，即 $|z|>z_{\alpha/2}$。

(2)单侧检验

①在左单侧检验中，原假设和备择假设一般是：H_0：$\mu_1\geqslant\mu_2$，H_1：$\mu_1<\mu_2$。其拒绝域为：$z<-z_\alpha$，α 为显著性水平。

②在右单侧检验中，原假设和备择假设一般是：H_0：$\mu_1\leqslant\mu_2$，H_1：$\mu_1>\mu_2$。其拒绝域为：$z>z_\alpha$，α 为显著性水平。

6. 假设检验中显著性水平 α 有何意义？试写出几个常用的用于假设检验的统计量。[暨南大学 2011 研]

答：显著性水平取 α，意味着在原假设成立时，如果事件的发生概率小于 α，即小概率事件发生了，则认为原假设不成立。α 取不同的水平，将直接影响到拒绝域的临界值，并进而影响到判断结果。

常用于假设检验的统计量有 z 统计量、t 统计量、χ^2 统计量、F 统计量等。

7. 什么是拒真错误？什么是采伪错误？犯拒真错误的概率与犯采伪错误的概率有何联系与区别？[山西大学 2024 研；清华大学 2022 研；中央财经大学 2021 研；安徽师范大学 2020 研；湖南师范大学 2019 研；厦门大学 2018、2014 研；东北财经大学 2018、2012 研；山西财经大学 2019 研；青岛大学 2017 研；对外经济贸易大学 2015 研]

答：(1)拒真错误是假设检验中的第Ⅰ类错误，是指原假设 H_0 为真，但根据抽样结果被拒绝了，犯这种错误的概率用 α 表示，所以也称 α 错误。

(2)采伪错误是假设检验中的第Ⅱ类错误，是指原假设 H_0 为伪，但根据抽样结果却没有拒绝原假设，犯这种错误的概率用 β 表示，所以也称 β 错误。

(3)二者关系：在样本容量不变的条件下，犯两类错误的概率呈"此消彼长"的关系，即如果减小犯 α 错误的概率，就会增大犯 β 错误的机会；若减小犯 β 错误的概率，就会增大犯 α 错误的机会。要使犯 α 错误的概率与犯 β 错误的概率同时变小，只有增大样本量。

但样本量不可能没有限制，否则就会使抽样调查失去意义，因此，在假设检验中，就有一个对两类错误进行控制的问题。一般来说，在假设检验时，犯哪一类错误所带来的后果越严重，危害越大，则应该把该错误作为首要控制目标。在假设检验中，由于原假设通常比较明确，而备择假设比较模糊，因此通常首先控制犯 α 错误的概率。

8. 给出显著性检验中 P 值的含义，以及如何利用 P 值决定是否拒绝原假设。[湖南大学 2018 研；中央财经大学 2012 研]

答：P 值是指当原假设为真时，出现抽样结果或比抽样结果更违背原假设情况的概率。P 值很小，说明若原假设为真，则抽样结果出现的可能性很小，但现在抽样结果出现了，根据小概率原理，就有理由认为原假设错误，拒绝原假设。P 值越小，拒绝原假设的理由越充分。

因此在显著性检验中，当检验的 P 值小于给定的显著性水平 α 时拒绝原假设。

9. 在研究方法上，参数估计与假设检验有什么相同点和不同点？[中国海洋大学 2019 研；中南财大 2006 研；西南财大 2003 研]

答：(1)参数估计和假设检验的相同点

①从目的看，参数估计和假设检验都是根据样本信息推断总体参数。

②从方法和结果看，都是以抽样分布为理论依据建立在概率论基础之上的推断，推断结果都有一定风险。

③对同一问题的参数进行推断，使用同一样本、同一统计量、同一分布，因而二者可以相互转换。

(2)参数估计和假设检验的不同点

①推断角度不同。参数估计是以样本资料估计总体参数的可能范围，总体参数μ在估计前是未知的；假设检验是以样本资料检验对总体参数的先验假设是否成立，需要先对μ的值提出一个假设。

②参数估计求得的是以样本估计值为中心的双侧置信区间，假设检验既有双侧检验，也有单侧检验。

③参数估计立足于大概率，通常以较大的把握程度(可信度)$1-\alpha$去估计总体参数的置信区间；假设检验立足于小概率，通常是给定很小的显著性水平α去检验对总体参数的先验假设是否成立。

④使用工具不同。参数估计使用的估计量是不含未知参数的样本函数，本质是统计量。假设检验构造的枢轴量则含有要推断的未知参数。

10. “假设检验的基本思路是：概率性质的反证法；主要依据的是：小概率事件原理”。你同意这种说法吗？简要叙述你对假设检验的理解和检验步骤。[深圳大学2005研]

答：(1)同意。假设检验所遵循的推断依据是统计中的“小概率原理”：小概率事件在一次试验中几乎是不会发生的。例如，在10000件的产品中，如果只有1件是次品，那么可以得知，在一次试验中随机抽取1件次品的概率就为0.01%，此概率是非常小的。或者是说，在一次随机抽样试验中，次品几乎是不会被抽到的。反过来，如果从这批产品中任意抽取1件，恰好是次品，我们就可以断定，该批产品次品率应该不是很小的，否则我们就不会那么轻易的就能抽到次品。从而，我们就有足够的理由否认产品的次品率是很低的假设。

(2)假设检验的基本步骤为：第一，对所考察总体的分布形式或总体的某些未知参数做出某些假设，称之为原假设，并给出与之对立的备择假设；第二，根据检验对象构造合适的检验统计量，并通过数理统计分析确定在原假设成立的条件下该检验统计量的抽样分布；第三，在给定的显著性水平下，根据抽样分布得出原假设成立时的临界值，由临界值构造拒绝域和接受域；第四，由所抽取的样本资料计算样本统计量的取值，并将其与临界值进行比较，从而对所提出的原假设做出接受还是拒绝的统计判断。

假设检验就是利用样本中所蕴含的信息对事先假设的总体情况做出推断。假设检验不是毫无根据的，而是在一定的统计概率下支持这种判断。

11. 在单个总体均值的假设检验中，检验统计量要根据总体是否服从正态分布、总体方差是否已知，以及样本量的大小来确定。说明在不同情况下分别需要使用何种检验统计量。[中央财大2009研；中南财经政法大学2019研]

答：在对单个总体均值进行假设检验时，采用何种检验统计量取决于所抽取的样本是大样本($n\geqslant30$)还是小样本($n<30$)，此外还需要区分总体是否服从正态分布、总体方差是否已知等几种情况。

(1)在大样本情况下，样本均值的抽样分布近似服从正态分布。设总体均值为μ_0，总体方差为σ^2。当总体方差σ^2已知时，总体均值的检验统计量为：

$$z=\frac{\bar{x}-\mu_0}{\sigma/\sqrt{n}}$$

当总体方差 σ^2 未知时，可以用样本方差 s^2 来近似代替总体方差，此时总体均值检验的统计量为：

$$z=\frac{\bar{x}-\mu_0}{s/\sqrt{n}}$$

(2)在小样本情况下，假设总体服从正态分布：

①当总体方差 σ^2 已知时，样本均值的抽样分布服从正态分布。总体均值检验的统计量为：

$$z=\frac{\bar{x}-\mu_0}{\sigma/\sqrt{n}}$$

②当总体方差 σ^2 未知时，需要用样本方差 s^2 代替总体方差 σ^2，样本均值的抽样分布服从自由度为 $(n-1)$ 的 t 分布。因此需要采用 t 分布来检验总体均值。检验的统计量为：

$$t=\frac{\bar{x}-\mu_0}{s/\sqrt{n}}$$

12. 在显著性检验过程中，经常遇到 P - 值这一概念，试回答以下问题：

(1) P - 值能告诉我们什么信息?

(2)当相应的 P - 值较小时为什么要拒绝原假设?

(3)显著性水平与 P - 值有何区别? [天津财大 2006 研]

答：(1) P - 值是反映实际观测到的结果与原假设 H_0 之间不一致程度的一个概率值。P - 值越小，说明实际观测到的结果与 H_0 之间不一致的程度就越大，检验的结果也就越显著。

(2) P - 值是在原假设成立的条件下出现样本观测结果或更极端结果的概率。根据小概率原理，小概率事件在一次实验中几乎不可能发生；而 P - 值较小就说明小概率事件发生了，故此时有理由拒绝原假设成立的前提。

(3) α 是犯第Ⅰ类错误的上限控制值，它只能提供检验结论可靠性的一个大致范围，而对于一个特定的假设检验问题，却无法给出观测结果与原假设之间不一致程度的精确度量。也就是说，仅从显著性水平来比较，如果选择的 α 值相同，所有检验结论的可靠性都一样。而 P - 值可以测量出样本观测结果与原假设中假设的值的偏离程度，是观测到的显著性水平。

五、计算题

1. 口袋中有 10 个球，分别是黑色和白色，其中白色球的个数所占比例为 p，不放回抽取四次，白球的个数大于二，则拒绝原假设，否则接受。

$$H_0:p=\frac{1}{2}\quad vs\quad H_1:p=\frac{1}{5}$$

(1)求白球个数的分布；

(2)写出接受域与拒绝域；

(3)求犯第一、二类错误的概率。[华中科技大学 2025 研]

解：(1)当 H_0: $p=1/2$ 时，X 服从参数为 $N=10$，$M=10p=5$，$n=4$ 的超几何分布。

X 的概率函数为：$P\{X=k\}=\frac{C_5^k C_5^{4-k}}{C_{10}^4}$，$k=0$，1，2，3，4。

当 H_1: $p=1/5$ 时，X 服从参数为 $N=10$，$M=10p=2$，$n=4$ 的超几何分布。

X 的概率函数为：$P\{X=k\}=\frac{C_2^k C_8^{4-k}}{C_{10}^4}$，$k=0$，1，2，3，4(当 $k>2$ 时概率为 0)。

(2)根据题意，拒绝原假设 H_0 的条件是白球的个数大于 2，即 $X>2$。

因此，拒绝域为：{3，4}，接受域为{0，1，2}。

(3)犯第一类错误的概率 $\alpha=P(X>2 \mid p=\frac{1}{2})=P(X=3)+P(X=4)$。

$P(X=3)=\frac{C_5^3 C_5^1}{C_{10}^4}=\frac{10\times5}{210}=\frac{5}{21}$，$P(X=4)=\frac{C_5^4 C_5^0}{C_{10}^4}=\frac{1\times5}{210}=\frac{1}{42}$，

所以 $\alpha=\frac{5}{21}+\frac{1}{42}=\frac{11}{42}$。

犯第二类错误的概率 $\beta=P(X\leqslant2 \mid p=\frac{1}{5})=1-P(X>2)=1-P(X=3)-P(X=4)$

$P(X=3)=\frac{C_2^3 C_8^1}{C_{10}^4}=0$，$P(X=4)=\frac{C_2^4 C_8^0}{C_{10}^4}=0$，所以 $\beta=1$。

2. 为了调查某公司可能存在的性别歧视，随机抽取相似职位的 100 名男性和 64 名女性的样本，其月收入结果如下表：

性别	平均收入(元)	标准差(元)	样本量 n
男性	3100	200	100
女性	2900	320	64

(1)上述数据是否表明公司的工资水平存在差异？它们提供了显著证据去证明男性和女性工资不同吗？(请给出原假设和备选假设，检验统计量；根据样本信息计算相应的统计值；利用假设检验回答上述问题)

(2)基于这些数据和(1)问的解答，能否认为公司在薪酬制度上存在性别歧视吗？请解释。(已知：$\sqrt{2000}\approx44.721$；$t_{0.01}(\infty)\approx2.424$)[湖南师范大学 2021 研]

解：(1)该公司男女的平均工资水平存在显著差异，上述数据提供了显著证据去证明男性和女性工资不同。理由如下：

要判断公司的工资水平在性别之间是否存在差异，即该题为在大样本情况下两个总体均值之差的检验。设 μ_1 为男性的平均工资水平；μ_2 为女性的平均工资水平。$\bar{x}_1=3100$，$\bar{x}_2=2900$，$s_1=200$，$s_2=320$，$n_1=100$，$n_2=64$。这里关心的只是男女的平均工资水平是否存在差异，所以提出的原假设和备择假设为：H_0：$\mu_1-\mu_2=0$；H_1：$\mu_1-\mu_2\neq0$。

本题为大样本($n_1\geqslant30$，$n_2\geqslant30$)，两个总体方差 σ_1^2，σ_2^2 未知，可以分别用样本方差 s_1^2，s_2^2 替代，此时检验统计量和计算结果为：

$$z=\frac{(\overline{x_1}-\overline{x_2})-(\mu_1-\mu_2)}{\sqrt{\frac{s_1^2}{n_1}+\frac{s_2^2}{n_2}}}=\frac{(3100-2900)}{\sqrt{\frac{200^2}{100}+\frac{320^2}{64}}}=4.472$$

由于 $|z|=4.472>t_{0.01}(\infty)\approx2.424$，所以拒绝原假设，在显著性水平为 0.01 的条件

下，认为该公司男女的平均工资水平存在显著差异，上述数据提供了显著证据去证明男性和女性工资不同。

(2)基于这些数据和(1)问的解答，可认为公司在薪酬制度上存在性别歧视。由于假设检验的显著性水平为0.01，即犯第1类错误的概率为0.01，犯第1类错误的概率很小。且该随机调查是在相似职位上做的调查，故可认为公司在男女薪酬制度上确有不同。

3. 一项民意测验表明，通过抽取简单随机样本调查的840名男子和750名女子分别有16%和25%赞成立法在全国范围内禁止销售烈酒。($Z_{0.025}=1.96$，$Z_{0.05}=1.645$)

(1)请写出男女中赞成该项立法比例之差的95%置信区间。

(2)有报道说"男子赞成这项法案的比例比女性低15%"，你根据这项民意测验的结果能否接受该报道的说法，陈述你的理由。［对外经贸大学2021研］

解：(1)设女生赞成率 $p_1=25\%$，男生赞成率 $p_2=16\%$，$n_1=750$，$n_2=840$。当 $\alpha=0.05$ 时，$z_{\alpha/2}=1.96$。因此，置信区间为：

$$(p_1-p_2)\pm z_{\alpha/2}\sqrt{\frac{p_1(1-p_1)}{n_1}+\frac{p_2(1-p_2)}{n_2}}$$

$$=(25\%-16\%)\pm 1.96\times\sqrt{\frac{25\%(1-25\%)}{750}+\frac{16\%(1-16\%)}{840}}$$

$$=9\%\pm 3.97\%$$

因此，男女中赞成该项立法比例之差的95%置信区间为5.03%~12.97%。

(2)不能接受该报道的说法。理由如下：

设 π_1 为女学生中表示赞成的比率，π_2 为男学生中表示赞成的比率。依题意提出的原假设与备择假设应为 H_0：$\pi_1-\pi_2=15\%$，H_1：$\pi_1-\pi_2\neq 15\%$。

两个样本的比率分别为 $p_1=25\%$，$p_2=16\%$。

计算的检验统计量为：

$$Z=\frac{(p_1-p_2)-(\pi_1-\pi_2)}{\sqrt{\frac{p_1(1-p_1)}{n_1}+\frac{p_2(1-p_2)}{n_2}}}=\frac{25\%-16\%-15\%}{0.0202}=-2.9703<-z_{0.025}=-1.96$$

因此，落入拒绝域，故拒绝原假设，即根据这项民意测验的结果不能接受该报道的说法。

4. 某酒店拟为每个客房配备一台小型冰箱，冰箱的节电性能是拟考虑的一个重要指标。在采购招标的过程中，共收到三种品牌的冰箱销售商的投标，该酒店分别从三种品牌的冰箱中各抽取了5台进行测试，得到各种品牌冰箱每天的耗电量(千瓦时)的平均数和标准差如表8-2所示。

表8-2

品牌	平时耗电量(千瓦时)	耗电量标准差(千瓦时)
A	0.75	0.09
B	0.80	0.08
C	0.55	0.07

(1)给定显著性水平为0.05，试检验三种品牌的冰箱的平均耗电量有无差异？

(2)假设各品牌的报价相同，问该酒店应选择采购哪一种品牌的冰箱？(注：$F_{0.05}$(2,

12)=3.89)[中央财经大学2015研]

解:(1)根据题意,假设检验问题如下:

$$H_0: \mu_1 = \mu_2 = \mu_3$$
$$H_1: \mu_1, \mu_2, \mu_3 \text{ 不全相等}$$

总体均值为:

$$\bar{\bar{x}} = \frac{1}{3}(0.75 + 0.80 + 0.55) = 0.7$$

计算相关指标为:

$$SSA = \sum n_i(\bar{x}_i - \bar{\bar{x}})^2 = 5[(0.75 - 0.7)^2 + (0.80 - 0.7)^2 + (0.55 - 0.7)^2] = 0.175;$$

$$SSE = \sum(x_{ij} - \bar{x}_i)^2 = \sum(n_i - 1)s_i^2 = 4 \times (0.09^2 + 0.08^2 + 0.07^2) = 0.0776$$

故检验统计量为:

$$F = \frac{SSA/(k-1)}{SSE/(n-k)} = \frac{0.175/2}{0.0776/12} = 13.53 > F_{0.05}(2, 12) = 3.89$$

故拒绝原假设,认为三种品牌的冰箱的平均耗电量存在显著差异。

(2)经过检验认为三种品牌的冰箱的平均耗电量存在显著差异,假设各品牌的报价相同,应该选取平均耗电量最小的品牌C的冰箱。

5. 甲、乙两间工厂生产同一种产品,为比较两厂的产品质量是否有差异,现随机从两厂各抽取400件产品,发现甲厂有64件不合格品,乙厂有80件不合格品。

在显著性水平0.05下检验的不合格率有无显著差异。

(已知 $\sqrt{82} \approx 9$,$\Phi(1.96) = 0.975$,$\Phi(1.65) = 0.95$)[对外经济贸易大学2018研]

答:在大样本条件下,检验两个总体比例相等,检验统计量为

$$Z = \frac{p_1 - p_2}{\sqrt{p(1-p)\left(\frac{1}{n_1} + \frac{1}{n_2}\right)}}$$

其中,p_1和p_2代表样本比例,$p = \frac{p_1 n_1 + p_2 n_2}{n_1 + n_2}$

由题意,建立假设为:

$$H_0: \pi_1 = \pi_2; \ H_1: \pi_1 \neq \pi_2$$

$$p = \frac{x_1 + x_2}{n_1 + n_2} = \frac{64 + 80}{400 + 400} = 0.18$$

由于在大样本条件下,故统计量z的表达式为:

$$z = \frac{p_1 - p_2}{\sqrt{p(1-p)\left(\frac{1}{n_1} + \frac{1}{n_2}\right)}} = \frac{0.2 - 0.16}{\sqrt{0.18 \times 0.82 \times \left(\frac{2}{400}\right)}} \approx 1.47$$

这是一个双侧检验,$z_{1-\alpha/2} = 1.96$,由决策准则可知,$z = 1.47$,落入非拒绝域,故不能拒绝原假设,认为两厂的不合格率无显著差异。

6. 某厂生产需用玻璃纸做包装,按规定,供应商供应的玻璃纸横向延伸率不应低于65。从近期来货中抽查了100个样品,测得样本均值为63.5,标准差为5.5。回答:

(1)在0.05的显著性水平下能否接收这批玻璃纸,并分析检验中会犯哪类错误。

(2)抽查的100个样品的样本均值为多少时可以接收这批玻璃纸,此时可能犯的错误属

于哪种类型?［对外经济贸易大学 2015 研］

解:(1)①设供应商供应的玻璃纸的平均横向延伸率为 μ。

建立假设:

$$H_0: \mu \geqslant 65;\ H_1: \mu < 65$$

构建检验统计量:

$$z = \frac{\bar{x} - \mu_0}{s/\sqrt{n}}$$

因为,$\bar{x} = 63.5$,$s = 5.5$,$n = 100$,$\mu_0 = 65$;

所以,$z = \dfrac{\bar{x} - \mu_0}{s/\sqrt{n}} = \dfrac{63.5 - 65}{5.5/\sqrt{100}} \approx -2.727$;

则 $z < -z_{0.05} = -1.645$。

所以,拒绝原假设,即认为供应商供应的玻璃纸横向延伸率低于 65,故不能接收这批玻璃纸。

②以上检验中会犯第Ⅰ类错误,拒绝了本来是正确的原假设。即供应商供应的玻璃纸横向延伸率本来是不低于 65 的,但是在该特定样本和显著性水平下假设检验却认为供应商供应的玻璃纸横向延伸率低于 65。

(2)根据(1)可知,要想接收这批玻璃纸,则必须:

$$z = \frac{\bar{x} - \mu_0}{s/\sqrt{n}} = \frac{\bar{x} - 65}{5.5/\sqrt{100}} \geqslant -z_{0.05} = -1.645$$

解得,$\bar{x} \geqslant 64.1$。

即当样本均值在 $\bar{x} \geqslant 64.1$ 时,可以接收这批玻璃纸。

此时可能犯第Ⅱ类错误,接受了本来是错误的原假设。即供应商供应的玻璃纸横向延伸率本来低于 65,但是在该特定样本和显著性水平下假设检验没有拒绝原假设,导致这批玻璃纸被接收。

7. 某纤维的强力服从正态分布 $N(\mu, 1.19^2)$,原设计的平均强力为 6 克,现改进工艺后,某天测得 100 个强力数据,其 $\bar{x} = 6.35$ 克,假定标准差不变,试问在 $\alpha = 0.05$ 水平上均值的提高是否是工艺改进的结果?［暨南大学 2011 研］

解:在这个问题中,我们所关心的是新工艺生产的纤维强力平均值与原工艺生产的纤维强力均值 6 克相比是否有所提高,于是可以假设:

$$H_0: \mu \leqslant 6$$

$$H_1: \mu > 6$$

由题意可知,$\mu_0 = 6$,$\bar{x} = 6.35$,$\sigma = 1.19$,$n = 100$,故选用 z 统计量。

$$z = \frac{\bar{x} - \mu_0}{\sigma/\sqrt{n}} = \frac{6.35 - 6}{1.19/\sqrt{100}} = 2.94$$

查表可以得出 $\alpha = 0.05$ 时的临界值 $z_\alpha = 1.645$。

由于 $z = 2.94$ 在拒绝域,所以拒绝 H_0,即在 $\alpha = 0.05$ 水平上均值的提高是工艺改进的结果。

8. 某企业生产的袋装食品采用自动打包机包装,每袋标准重量为 500 克。现从某天生产的一批产品中按重复抽样随机抽取 50 包进行检查,测得每包重量(克)如表 8-3 所示。

表 8-3

每包重量(克)	包数
475 ~ 485	5
485 ~ 495	7
495 ~ 505	32
505 ~ 515	4
515 ~ 525	2
合计	50

(1)确定该种食品平均重量 95%的置信区间。

(2)采用假设检验方法检验该批食品的重量是否符合标准要求？(α = 0.05，写出检验的具体步骤)。[浙江工商大学 2011 研]

解：该种食品重量的平均值和标准差计算过程如表 8-4 所示。

表 8-4

每包重量(克)	包数 f_i	组中值 M_i	$M_i f_i$	$(M_i-\bar{x})^2$	$(M_i-\bar{x})^2 f_i$
475 ~ 485	5	480	2400	331.24	1656.2
485 ~ 495	7	490	3430	67.24	470.68
495 ~ 505	32	500	16000	3.24	103.68
505 ~ 515	4	510	2040	139.24	556.96
515 ~ 525	2	520	1040	475.24	950.48
合计	50	—	24910	—	3738

由表 8-4 可得，$\bar{x}=\dfrac{24910}{50}=498.2$，$s=\sqrt{\dfrac{\sum_{i=1}^{k}(M_i-\bar{x})^2 f_i}{n-1}}=\sqrt{\dfrac{3738}{49}}=8.73$。

(1)已知 $\bar{x}=498.2$，$s=8.73$，$n=50$，$1-\alpha=95\%$，$z_{\alpha/2}=1.96$。由于总体方差未知，但为大样本，可用样本方差来代替总体方差。

该种食品平均重量 95% 的置信区间为：

$$\bar{x}\pm z_{\alpha/2}\frac{s}{\sqrt{n}}=498.2\pm1.96\times\frac{8.73}{\sqrt{50}}=498.2\pm2.42$$

即该种食品平均重量 95% 的置信区间等于(495.78，500.62)。

(2)建立假设：H_0：$\mu=500$

H_1：$\mu\neq500$

由题意可知 $\mu_0=500$，$\bar{x}=498.2$，$s=8.73$，$n=50$，因为是大样本，所以选用 z 统计量。

$$z=\frac{\bar{x}-\mu_0}{s/\sqrt{n}}=\frac{498.2-500}{8.73/\sqrt{50}}=-1.46$$

当 $\alpha=0.05$ 时，$z_{\alpha/2}=1.96$。因为 $|z|<|z_{\alpha/2}|$，根据决策准则，没有理由拒绝 H_0，可以认为该批食品的重量符合标准要求。

9. 某生产线生产出的零件尺寸服从正态分布，其标准规格为 6mm。为检验生产线工作状态是否正常，随机抽取了一个容量为 10 的样本，算得样本均值为 6.4mm，样本方差为 0.09。要求：以 0.05 的显著性水平检验生产线状态是否正常($t_{0.025}(9)=2.262$)。[东北财经大学 2012 研]

解：由于总体方差未知，且样本量较小，所以应采用 t 统计量。

已知条件为：$\mu_0=6$，$\bar{x}=6.4$，$s^2=0.09$，$n=10$，$\alpha=0.05$。

建立假设

$$H_0: \mu=6$$
$$H_1: \mu\neq 6$$

则

$$t=\frac{\bar{x}-\mu_0}{s/\sqrt{n}}=\frac{6.4-6}{0.3/\sqrt{10}}=4.22$$

已知 $t_{\alpha/2}(9)=2.262$。因为 $t>t_{\alpha/2}$，样本统计量观测值落入拒绝域，故在0.05的显著性水平下，拒绝 H_0，接受 H_1，说明生产线状态不正常。

10. 随机变量 X 服从正态分布 $N(\mu, 1.5)$，X_1，X_2，…，X_{15} 为来自总体的15个样本观测值，现在 $\alpha=0.05$ 下检验：H_0：$\mu=0$；H_1：$\mu\neq 0$，取拒绝域为 $C=\{|\bar{X}|\geq k\}$。($\Phi(2.53)=0.9943$)

(1)求 k 的值；

(2)如果已知 $\bar{x}=0.8$，是否可以判断 $\mu=0$。[东北财经大学2012研]

解：(1)由于样本来自正态总体，且 σ 已知，所以使用 z 统计量。由题意得

$$z=\frac{\bar{x}-\mu_0}{\sigma/\sqrt{n}}=\frac{\bar{x}-0}{\sqrt{1.5}/\sqrt{15}}=\sqrt{10}\bar{x}$$

如果拒绝原假设，则 $|z|\geq|z_{\alpha/2}|$，即 $\sqrt{10}|\bar{x}|\geq 1.96$。

解得，$|\bar{x}|\geq 0.62$。

所以，k 的值为0.62。

(2)如果 $\bar{x}=0.8$，则 $\bar{x}$ 处于拒绝域，所以拒绝原假设，即 $\mu\neq 0$。

11. 某厂生产的电子管寿命 X 服从正态分布 $N(\mu, \sigma^2)$，$\mu_0=1000$ 小时为 μ 的标准值，σ^2 为未知参数，现随机抽取其中的16只，计算得到样本均值 $\bar{x}=946$，样本方差 $s^2=120^2$。($t_{0.025}(15)=2.13$)

试在显著性水平 $\alpha=0.05$ 下，检验这批电子管的寿命与1000小时是否有显著差异。[东北财经大学2012研]

解：由题意可知，$\mu_0=1000$，$\bar{x}=946$，$s^2=120^2$，$n=16$，$\alpha=0.05$。这是小样本，且 σ 未知，故使用 t 统计量。进行检验过程为：

建立假设

$$H_0: \mu=1000$$
$$H_1: \mu_0\neq 1000$$

则

$$t=\frac{\bar{x}-\mu_0}{s/\sqrt{n}}=\frac{946-1000}{120/\sqrt{16}}=-1.80$$

当 $\alpha=0.05$，自由度 $n-1=15$ 时，查表得 $t_{\alpha/2}(15)=2.13$。因为 $|t|<t_{\alpha/2}$，样本统计量的观测值落在接受域，所以接受 H_0，说明这批电子管的寿命与1000小时无明显差异。

12. 一油漆制造商宣称，他们生产的一种新型乳胶漆的平均干燥时间为120分钟；为检验这一数值是否属实，从该种乳胶漆中随机抽出20罐做试验，发现它们的干燥时间(分钟)为：123，109，115，121，130，127，106，120，116，136，131，128，139，110，133，122，133，119，135，109。

(1)假定干燥时间近似服从正态分布，在5%的显著性水平下，检验以上数据是否提供

充分证据说明这种乳胶漆的平均干燥时间大于制造商宣称的120分钟，要求给出零假设、备择假设、检验统计量、检验结果。(经计算可知，样本平均值为123.1，样本标准差为10.0，自由度为19的t分布的0.05上侧分位数为1.729)

(2)给出平均干燥时间μ的90%置信区间(要求给出枢轴量、置信区间的最后结果)。

(3)简述上述假设检验问题和置信区间问题的主要联系？[中山大学2011研]

解：(1)由于总体方差未知，且样本量较小，所以采用t统计量。已知条件为：$\mu_0=120$，$\bar{x}=123.1$，$s=10.0$，$n=20$，$\alpha=0.05$。

根据题意可以给出假设：

$$H_0: \mu\leqslant 120$$

$$H_1: \mu>120$$

计算t统计量的值：

$$t=\frac{\bar{x}-\mu_0}{s/\sqrt{n}}=\frac{123.1-120}{10.0/\sqrt{20}}=1.386<1.729$$

因为$t<t_\alpha$，样本统计量落在非拒绝域，故不能拒绝H_0，即还不能充分证明这种乳胶漆的平均干燥时间大于制造商宣称的120分钟。

(2)由于总体方差未知，且样本量较小，所以采用t统计量。已知条件为：$\bar{x}=123.1$，$s=10.0$，$n=20$，$\alpha=0.1$。

所以平均干燥时间μ的置信区间为：

$$\bar{x}\pm t_{\alpha/2}\frac{s}{\sqrt{n}}=123.1\pm 1.729\times\frac{10}{\sqrt{20}}=123.1\pm 3.9$$

即(119.2，127.0)，平均干燥时间μ的90%的置信区间为119.2分钟~127.0分钟。

(3)假设检验问题和置信区间问题的主要联系如下：

①区间估计与假设检验都是根据样本信息对总体参数进行推断，都是以抽样分布为理论依据，都是建立在概率基础上的推断，推断结果都有一定的可信度或风险；

②对同一问题的参数进行推断，二者使用同一样本、同一统计量、同一分布，因而二者可以相互转换。区间估计问题可以转换成假设检验问题，假设检验问题也可以转换成区间估计问题。区间估计中的置信区间对应于假设检验中的接受区域，置信区间以外的区域对应于假设检验中的拒绝域。

13. 某卷烟厂向化验室送去A和B两种烟草，化验尼古丁的含量是否相同，从A和B中各随机抽取重量相同的五例进行化验，测得尼古丁的含量(mg)如表8-5所示。

表8-5

A	24	25	26	21	24
B	27	28	24	31	26

据经验知，尼古丁含量服从正态分布。

(1)若已知A，B两种烟草尼古丁含量的方差分别为5和8，问两种烟草的尼古丁含量是否有差别($\alpha=0.05$)？

(2)若未知两种烟草尼古丁含量的方差，问两种烟草的尼古丁含量是否有差别($\alpha=0.05$)？[中山大学2012研]

解：

A 种烟草的均值：$\bar{x}_1=\frac{\sum_{j=1}^{5}x_{1j}}{5}=\frac{24+25+26+21+24}{5}=24$

A 种烟草的样本方差：$s_1^2=\frac{\sum_{i=1}^{n_1}(x_{1i}-\bar{x})^2}{n_1-1}=\frac{\sum_{i=1}^{5}(x_{1i}-\bar{x})^2}{5-1}=3.5$

B 种烟草的均值：$\bar{x}_2=\frac{\sum_{j=1}^{5}x_{2j}}{5}=\frac{27+28+24+31+26}{5}=27.2$

B 种烟草的样本方差：$s_2^2=\frac{\sum_{i=1}^{n_2}(x_{2i}-\bar{x})^2}{n_2-1}=\frac{\sum_{i=1}^{5}(x_{2i}-\bar{x})^2}{5-1}=6.7$

(1)建立假设：

$$H_0:\mu_1=\mu_2;\ H_1:\mu_1\neq\mu_2$$

计算 z 检验统计量的值：

$$z=\frac{(\bar{x}_1-\bar{x}_2)-(\mu_1-\mu_2)}{\sqrt{\frac{\sigma_1^2}{n_1}+\frac{\sigma_2^2}{n_2}}}=\frac{24-27.2}{\sqrt{\frac{5}{5}+\frac{8}{5}}}=-1.985$$

当 $\alpha=0.05$ 时，$z_{\alpha/2}=1.96$。因为 $|z|>z_{\alpha/2}$，所以拒绝原假设 H_0，即认为有证据表明两种烟草的尼古丁含量有差别。

(2)由题可知，两种烟草尼古丁含量的方差未知，设 A、B 两种烟草尼古丁含量的方差分别为 σ_1^2、σ_2^2。

①首先检验两种烟草尼古丁含量的方差是否显著相等。

建立假设：$H_0:\sigma_1^2=\sigma_2^2$，$H_1:\sigma_1^2\neq\sigma_2^2$；

计算 F 检验统计量的值：$F=s_1^2/s_2^2=3.5/6.7=0.522$；

当 $\alpha=0.05$ 时，$F_{\alpha/2}(4,4)=9.60$，$F_{1-\alpha/2}(4,4)=1/9.60=0.104$，因为 $F_{1-\alpha/2}<F=0.522<F_{\alpha/2}$，所以不拒绝原假设 H_0，即认为两种烟草尼古丁含量的方差没有显著差异。

②在两总体方差未知但相等，且为小样本的条件下，对均值进行检验。

建立假设：$H_0:\mu_1=\mu_2$，$H_1:\mu_1\neq\mu_2$；

计算 t 检验统计量的值：

$$s_p^2=\frac{(n_1-1)s_1^2+(n_2-1)s_2^2}{n_1+n_2-2}=\frac{4\times3.5+4\times6.7}{8}=5.1$$

$$t=\frac{(\bar{x}_1-\bar{x}_2)-(\mu_1-\mu_2)}{s_p\sqrt{\frac{1}{n_1}+\frac{1}{n_2}}}=\frac{24-27.2}{\sqrt{5.1\times\left(\frac{1}{5}+\frac{1}{5}\right)}}=-2.24$$

当 $\alpha=0.05$ 时，$t_{\alpha/2}(8)=2.306$，因为 $|t|=2.24<t_{\alpha/2}$，所以不拒绝原假设 H_0，即认为没有证据表明两种烟草的尼古丁含量有差别。

14. 设样本 $X_1, X_2, \cdots, X_{25}$ 来自总体 $N(\mu, 9)$，其中 μ 为未知参数。对于检验 H_0：$\mu=\mu_0$，H_1：$\mu\neq\mu_0$，取拒绝域 $|\bar{X}-\mu_0|\geqslant c$($z_{0.025}=1.96$)。

(1)求 c，使检验的显著性水平 $\alpha=0.05$。

(2)若 $\alpha=0.05$，求当 $\mu=\mu_0+0.6$ 时，犯第Ⅱ类错误的概率。［东北财大 2008 研］

解：(1)由已知条件得，检验统计量 z 的值为：

$$z=\frac{\overline{X}-\mu_0}{\frac{\sigma}{\sqrt{n}}}=\frac{\overline{X}-\mu_0}{\sqrt{\frac{9}{25}}}=\frac{5(\overline{X}-\mu_0)}{3}$$

拒绝域为 $|z|=\frac{5}{3}|\overline{X}-\mu_0|\geqslant z_{\alpha/2}=1.96$，由于已知的拒绝域为 $|\overline{X}-\mu_0|\geqslant c$，则

$$\frac{5}{3}c=1.96,\ c=1.176$$

(2)当 $\mu=\mu_0+0.6$ 时，犯第Ⅱ类错误的概率为：

$$P(\text{接受}H_0\mid\mu=\mu_0+0.6)=P(|\overline{X}-\mu_0|<1.176\mid\mu=\mu_0+0.6)$$

$$=P\left(-2.96<\frac{5(\overline{X}-\mu_0-0.6)}{3}<0.96\mid\mu=\mu_0+0.6\right)$$

$$=\Phi(0.96)+\Phi(2.96)-1=0.8315+0.9985-1$$

$$=0.83$$

15. 某企业2007年11月1日对12名员工的抽样调查表明，他们从居住地到达工作地点花费的时间如下(分钟)：

10，55，70，25，30，45，30，50，25，40，55，90

(1)计算数据的均值、中位数和众数。你认为哪一个结果最能反映这组数据的一般水平？为什么？

(2)已知总体服从正态分布，样本标准差等于22.1，计算总体均值95%的置信区间。[$t_{0.025}(11)=2.20$]

(3)根据以上数据，在5%的显著性水平下能否认为总体中职工的平均上班时间等于35分钟？［中央财大2008研］

解：(1)数据的均值为：$\bar{x}=\frac{\sum_{i=1}^{n}x_i}{n}=\frac{10+55+\cdots+90}{12}=43.75$

将表中数据排序可得：

10　25　25　30　30　40　45　50　55　55　70　90

中位数的位置是 $\frac{12+1}{2}=6.5$，即在第6个数值40和第7个数值45之间，所以，数据的中位数是 $\frac{40+45}{2}=42.5$。

由分组数据可以看到众数有三个，分别是25、30和55。

由于众数有多个，且众数只有在数据量较多时才有意义，当数据量较少时，不宜使用众数来反映数据的一般水平。而平均数包含所有数据信息，易受极端值的影响，对于偏态分布的数据代表性较差。因此中位数最能反映这组数据的一般水平，它是一组数据中间位置上的代表值，不受数据极端值的影响。

(2)已知：$t_{0.025}(11)=2.20$，$s=22.1$，$\bar{x}=43.75$。因此，总体均值95%的置信区间是：

$$\bar{x}\pm t_{0.025}\frac{s}{\sqrt{n}}=43.75\pm2.20\times\frac{22.1}{\sqrt{12}}=43.75\pm14.04$$

即为(29.71，57.79)。

(3)提出假设：

$$H_0: \mu = 35, \ H_1: \mu \neq 35$$

检验统计量的值为：

$$t = \frac{\bar{x} - \mu}{s/\sqrt{n}} = \frac{43.75 - 35}{22.1/\sqrt{12}} = 1.37$$

由于 $|t| = 1.37 < t_{0.025}(11) = 2.20$，所以不能拒绝原假设，即在5%的显著性水平下认为总体中职工的平均上班时间等于35分钟。

16. 某企业生产的袋装食品采用自动打包机包装，每袋标准重量为100克。现从某天生产的一批产品中按重复抽样方式随机抽取50包进行检查，测得每包重量(单位：克)如表8-6所示。

表 8-6

每包重量/g	包数
96 - 98	2
98 - 100	3
100 - 102	34
102 - 104	7
104 - 106	4
合计	50

已知食品包重服从正态分布，要求：

(1)确定该种食品平均重量95%的置信区间。

(2)如果厂家认为每袋重量不低于100克。请写出检验的原假设和备择假设。

(3)利用 P 值进行检验和利用统计量进行检验有什么不同？

($z_{0.05} = 1.645$，$z_{0.025} = 1.96$，$t_{0.05} = 1.69$，$t_{0.025} = 2.03$)[人大2006研]

解：(1)由表8-6可得表8-7。

表 8-7

每包重量/g	组中值 M_i	包数 f_i	M_if_i
96 - 98	97	2	194
98 - 100	99	3	297
100 - 102	101	34	3434
102 - 104	103	7	721
104 - 106	105	4	420
合计	—	50	5066

该种食品的平均重量和标准差分别为：

$$\bar{x} = \frac{\sum_{i=1}^{k} M_i f_i}{n} = \frac{5066}{50} = 101.32$$

$$s = \sqrt{\frac{\sum_{i=1}^{k}(M_i - \bar{x})^2 f_i}{n-1}} = \sqrt{\frac{130.88}{49}} = 1.63$$

由于该组数据可以视为大样本，故在假设检验和区间估计时采用 z 统计量，则该种食品平均重量的95%的置信区间为：

$$\bar{x} \pm z_{\alpha/2}\frac{s}{\sqrt{n}} = 101.32 \pm 1.96 \times \frac{1.63}{\sqrt{50}} = 101.32 \pm 0.45$$

即(100.87，101.77)。

(2)设该食品的平均重量为μ，通常将研究者要证明的结论作为备择假设，则检验的原假设和备择假设分别为：

$$H_0: \mu \leqslant 100, \ H_1: \mu > 100$$

(3)利用统计量进行检验是根据检验统计量是否落入拒绝域作出是否拒绝原假设的决策。在确定α以后，拒绝域也相应确定了。虽然进行决策的界限清晰，但进行决策面临的风险是笼统的。而P值可以精确地反映决策的风险度，它是当原假设为真时所得到的样本观察结果或更极端结果出现的概率。

17. 某城市的餐饮业管理协会估计，餐馆的月平均用水量为100吨。一家研究机构认为实际用水量要高于这个数字。该研究机构随机抽取了36家餐馆，记录了每个餐馆的月用水量(单位：吨)，经初步计算得到样本数据的部分描述统计量如表8-8所示。

表8-8

平均用水量	107
标准误差	4.99
样本标准差	29.96
样本方差	897.77

(1)确定餐馆月平均用水量95%的置信区间。

(2)餐馆实际月平均用水量在你所建立的置信区间里吗？请说明原因。

(3)如果要检验研究机构的看法是否正确，应该如何建立原假设和备择假设？并谈谈拒绝和不拒绝原假设的含义。

(4)在上面的估计和检验中，你使用了统计中的哪一个重要定理？请简要解释这一定理。

($z_{0.05}=1.645$，$z_{0.025}=1.96$，$t_{0.05}=1.69$，$t_{0.025}=2.03$)［人大2005研］

解：(1)已知$n=36$，$1-\alpha=95\%$，$z_{\alpha/2}=z_{0.025}=1.96$。由于总体方差未知，但为大样本，所以餐馆月平均用水量95%的置信区间为：

$$\bar{x} \pm z_{\alpha/2}\frac{s}{\sqrt{n}} = 107 \pm 1.96 \times 4.99$$

即$107 \pm 9.78 = (97.22, 116.78)$。

(2)无法知道餐馆实际月平均用水量是否包含在所建立的置信区间里。由于用该样本所构造的区间是一个特定的区间，不再是随机区间，而参数真值是未知的，所以无法知道这个样本所产生的区间是否包含总体参数的真值。

(3)设μ为餐馆月平均用水量，建立的原假设和备择假设分别为：

$$H_0: \mu \leqslant 100, \ H_1: \mu > 100$$

拒绝原假设意味着所构造的与原假设相矛盾的小概率事件发生了，表明现有样本的证据证明原假设是错误的，且该结论(原假设为假)出错的概率不超过α。不拒绝原假设意味着与所构造的原假设相矛盾的小概率事件在当前样本下没有发生，但可能还有许多其他的与原假设矛盾的小概率事件，无法证实在其他样本下这些小概率事件会不会发生。故不拒绝原假设仅仅意味着由现有样本提供的证据还不足以拒绝原假设，不等于能够完全接受原假设。

(4)在上面的估计和检验中，使用了中心极限定理。

中心极限定理：从均值为μ、方差为σ^2的总体中，抽取样本量为n的随机样本，当n充分大时(通常要求$n\geqslant30$)，样本均值的分布近似服从均值为μ、方差为σ^2/n的正态分布。

18. 在生产条件稳定的情况下，某一自动机床所加工的零件的尺寸服从正态分布，现假设设计要求零件尺寸的标准差σ不得超过0.6毫米。为了控制生产过程，工厂定时对产品进行抽样检查，每次抽取5个样品，测定其尺寸的标准差s。请问，你是否能够利用统计检验制定一个规则，以便在5%的显著性水平下根据s的值判断机床的精度是否降低了。(注：$\chi^2_{0.05}(4)=9.488$)[东北财大2007研]

解：提出假设：

$$H_0:\ \sigma\leqslant0.6,\ H_1:\ \sigma>0.6$$

计算检验统计量可得：

$$\chi^2=\frac{(n-1)s^2}{\sigma^2}=\frac{4s^2}{0.36}=\frac{s^2}{0.09}$$

当$\chi^2=\dfrac{s^2}{0.09}>\chi^2_{0.05}(4)=9.488$时，即$s>0.92$时，拒绝原假设，说明机床的精度降低了。

19. 对一批产品(20000件)的质量进行抽样检验，随机抽出200件，发现6件不合格：

(1)以95.45%($t=2$)的概率保证程度推断这批产品的合格率范围。

(2)若允许误差为2%，概率保证程度提高到99.73%($t=3$)，其他条件不变，则至少应抽取多少件产品进行检验？[江苏大学2009研]

解：(1)由于200/20000=1%，故可看作重复抽样来进行计算。

由题意可知，合格产品的概率为$p=\dfrac{200-6}{200}=97\%$，则在95.45%的概率保证程度下，这批产品的合格率范围是：

$$p\pm t\sqrt{\frac{p(1-p)}{200}}=97\%\pm2\times\sqrt{\frac{97\%\times3\%}{200}}=97\%\pm2.4\%$$

即(94.6%，99.4%)。

(2)允许误差为$t\sqrt{\dfrac{p(1-p)}{n}}=2\%$，若$t=3$，则$n=\dfrac{p(1-p)}{\left(\dfrac{2\%}{3}\right)^2}=\dfrac{97\%\times3\%}{\left(\dfrac{2\%}{3}\right)^2}=654.75$。

所以至少应抽取655件产品进行检验。

20. 分别从上海证券市场和深圳证券市场各抽取了25只和31只股票计算出它们的收益率，算出其样本方差分别为$s_1^2=0.0139$，$s_2^2=0.0053$(收益率的方差可反映证券风险，方差越大，则可认为其风险越大)。试问上海证券市场与深圳证券市场的投资风险是否有显著性差异($\alpha=0.05$)，假定收益率服从正态分布。

($F_{0.025}(24,30)=2.14$，$F_{0.025}(30,24)=2.21$)[中南财大2005研]

解：提出假设：

$$H_0:\ \sigma_1^2=\sigma_2^2,\ H_1:\ \sigma_1^2\neq\sigma_2^2$$

检验统计量的值为：

$$F=\frac{s_1^2}{s_2^2}=\frac{0.0139}{0.0053}=2.62$$

已知 $\alpha=0.05$，$F_{0.025}(24,\ 30)=2.14$，$F_{0.975}(24,\ 30)=1/F_{0.025}(30,\ 24)=1/2.21=0.45$，由于 $F>F_{0.025}(24,\ 30)$，故拒绝原假设，即上海证券市场与深圳证券市场的投资风险有显著性差异。

21. 有两个正态总体，均值和方差未知，但已知方差相等。从第一个总体中抽取 $n=16$ 的随机样本，均值为 24，方差为 64；从第二个总体中抽取 $n=36$ 的随机样本，均值为 20，方差为 49。如何检验第一个总体的均值是否大于第二个总体的均值？［人大 2009 研］

解：设第一个总体的均值为 μ_1，第二个总体的均值为 μ_2，则建立假设：

$$H_0:\ \mu_1\leqslant\mu_2,\ H_1:\ \mu_1>\mu_2$$

由于两总体均为正态总体，方差未知但相等，并且 $\bar{x}_1=24$，$\bar{x}_2=20$，$n_1=16$，$n_2=36$，$s_1^2=64$，$s_2^2=49$，则

$$s_p^2=\frac{(n_1-1)s_1^2+(n_2-1)s_2^2}{n_1+n_2-2}=\frac{15\times64+35\times49}{16+36-2}=53.5$$

于是，检验统计量的值为：

$$t=\frac{(\bar{x}_1-\bar{x}_2)-(\mu_1-\mu_2)}{s_p\sqrt{\frac{1}{n_1}+\frac{1}{n_2}}}=\frac{(24-20)-0}{\sqrt{53.5\times\left(\frac{1}{16}+\frac{1}{36}\right)}}=1.82$$

给定检验的显著性水平 α，若 $t=1.82>t_\alpha(n_1+n_2-2)$，则拒绝原假设，即认为第一个总体的均值大于第二个总体的均值；若 $t=1.82<t_\alpha(n_1+n_2-2)$，则接受原假设，即认为第一个总体的均值不大于第二个总体的均值。

22. 某厂商准备在北京投资一家快餐店，为进行可行性研究，现随机调查了在快餐店就餐的 49 位顾客。其消费额如下：

15	**38**	**26**	**24**	**30**	**42**	**18**	**30**	**25**	**26**
16	**34**	**44**	**20**	**35**	**24**	**26**	**34**	**48**	**18**
28	**46**	**19**	**30**	**36**	**42**	**32**	**45**	**36**	**21**
47	**26**	**28**	**31**	**42**	**45**	**36**	**24**	**28**	**27**
32	**36**	**47**	**53**	**22**	**24**	**32**	**46**	**26**	

要求：

(1) 若顾客在快餐店的消费额服从正态分布，其样本标准差为 9.7，试估计置信度为 90% 的置信区间；($z_{\alpha/2}=z_{0.05}=1.645$)

(2) 该厂商同时在天津也进行了同样的调查，样本容量也为 49，调查得天津顾客平均消费额为 29 元，标准差为 10。在 5% 的显著水平下，能否认为两市快餐消费额的均值相等。($z_{\alpha/2}=z_{0.025}=1.96$)［首经贸 2009 研］

解：(1) 根据抽样结果计算得：

$$\bar{x}_1=\frac{\sum_{i=1}^{n}x_i}{n}=\frac{1560}{49}=31.8$$

由于顾客在快餐店的消费额服从正态分布，且该组数据可以视为大样本，所以顾客消费额的均值在 90% 置信水平下的置信区间为：

$$\bar{x}_1 \pm z_{\alpha/2}\frac{s_1}{\sqrt{n}} = 31.8 \pm 1.645 \times \frac{9.7}{\sqrt{49}}$$

即(29.5，34.1)，顾客在快餐店的平均消费额90%的置信区间为(29.5，34.1)。

(2)建立假设：$H_0: \mu_1 = \mu_2$，$H_1: \mu_1 \neq \mu_2$

已知 $n_1 = n_2 = 49$，故为大样本，所以应选 z 作为检验统计量，其统计量 z 的值为

$$z = \frac{(\bar{x}_1 - \bar{x}_2) - (\mu_1 - \mu_2)}{\sqrt{\frac{s_1^2}{n_1} + \frac{s_2^2}{n_2}}} = \frac{(31.8 - 29) - 0}{\sqrt{\frac{9.7^2}{49} + \frac{10^2}{49}}} = 1.407$$

由于 $z < z_{\alpha/2} = 1.96$，故不拒绝 H_0，即两市快餐消费额的均值没有显著差异。

23. 为了研究不同类型的贫困地区人们的收入状况，现分别在两个地区进行了抽样，获取他们人均年收入数据如表8-9所示。

表8-9

地区	样本数据(人均收入：元)					均值	方差
地区1	568	681	636	607	555	595.8	10484.91
	496	540	539	529	562		
	589	646	596	617	584		
	799	410	775	428	759		
地区2	650	569	622	630	596	629.25	3675.46
	637	628	706	617	624		
	563	580	711	480	688		
	723	651	569	709	632		

(1)在 $\alpha = 0.05$ 下，能否认为地区2的收入水平高于地区1？

(2)在 $\alpha = 0.05$ 下，两个地区人均收入方差是否相等？

(3)前面分析结果的现实统计意义是什么？［西安交大2008研］

解：(1)首先检验两地区的人均收入方差是否显著相等。假设检验为：

$$H_0:\ \sigma_1^2 = \sigma_2^2,\ H_1:\ \sigma_1^2 \neq \sigma_2^2$$

检验统计量的值为：

$$F = \frac{s_1^2}{s_2^2} = \frac{10484.91}{3675.46} = 2.85$$

这是双侧检验，在 $\alpha = 0.05$ 下，$F = 2.85 > F_{0.05/2}(19,\ 19) = 2.53$，所以拒绝原假设，即两地区人均收入方差显著不相等。

下面在两总体方差未知但不相等的条件下，对均值进行检验。

建立假设：

$$H_0:\ \mu_1 - \mu_2 \geqslant 0,\ H_1:\ \mu_1 - \mu_2 < 0$$

计算检验统计量为：

$$t = \frac{(\bar{x}_1 - \bar{x}_2) - (\mu_1 - \mu_2)}{\sqrt{\frac{s_1^2}{n_1} + \frac{s_2^2}{n_2}}} = \frac{(595.8 - 629.25) - 0}{\sqrt{\frac{10484.91}{20} + \frac{3675.46}{20}}} = -1.26$$

自由度为：

$$v=\frac{\left(\frac{s_1^2}{n_1}+\frac{s_2^2}{n_2}\right)^2}{\frac{(s_1^2/n_1)^2}{n_1-1}+\frac{(s_2^2/n_2)^2}{n_2-1}}=\frac{\left(\frac{10484.91}{20}+\frac{3675.46}{20}\right)^2}{\frac{(10484.91/20)^2}{20-1}+\frac{(3675.46/20)^2}{20-1}}=30.86$$

所以取自由度 $v=31$。

这是单侧检验，当 $\alpha=0.05$ 时，$t_{0.05}(31)=1.7$，因为 $t=-1.26>-t_{0.05}(31)=-1.7$，所以不能拒绝原假设，不能认为地区 2 的收入水平高于地区 1。

(2) 由 (1) 中假设检验知：两个地区人均收入方差不相等。

(3) 由 (1)(2) 可以看到，不同类型的贫困地区具有不同的收入状况，因此不能用一种相同的方法去改善所有贫困地区的收入，应该根据各个地区的实际情况加以改善。

24. 甲、乙两台机床生产同一型号的滚珠，现在从这两台机床生产的钢珠中分别抽取 9 个与 10 个，测得滚珠直径的样本均值分别为 $\bar{\xi}=15.1256(\text{mm})$，$\bar{\eta}=14.9572(\text{mm})$。标准差分别为 $s_1=\sqrt{0.0985}(\text{mm})$，$s_2=\sqrt{0.0318}(\text{mm})$。假设滚珠直径服从正态分布。问两台机床生产的滚珠直径均值是否相同 ($\alpha=0.02$)？

附：参考数据

$\Phi(\cdot)$ 为标准正态分布，$\Phi(2.33)=0.990097$，$\Phi(1.96)=0.975002$

$P(t>t_\alpha(n))=\alpha$，$t_{0.01}(17)=2.5669$，$p\{F(n_1,n_2)>F_\alpha(n_1,n_2)\}=\alpha$，$F_{0.01}(8,9)=5.47$，$F_{0.01}(9,8)=5.91$［江西财大 2007 研］

解： 已知 $n_1=9$，$n_2=10$，$\bar{\xi}=15.1256$，$\bar{\eta}=14.9572$，$s_1^2=0.0985$，$s_2^2=0.0318$。

首先，对两总体方差是否相等进行显著性检验：H_0：$\sigma_1^2=\sigma_2^2$，H_1：$\sigma_1^2\neq\sigma_2^2$。

检验统计量的值为：

$$F=\frac{s_1^2}{s_2^2}=\frac{0.0985}{0.0318}=3.097$$

由于 $F_{1-0.01}(8,9)=\frac{1}{F_{0.01}(9,8)}=0.169<F=3.097<F_{0.01}(8,9)=5.47$，所以接受原假设，即两总体方差显著相等。

下面在两总体方差未知，但相等的条件下，对两总体均值是否相同进行检验。

根据题意，建立假设：H_0：$\mu_1-\mu_2=0$，H_1：$\mu_1-\mu_2\neq 0$。

由于 $s_p^2=\frac{(n_1-1)s_1^2+(n_2-1)s_2^2}{n_1+n_2-2}=\frac{8\times 0.0985+9\times 0.0318}{9+10-2}=0.06319$，所以，检验统计量的值为：

$$t=\frac{(\bar{\xi}-\bar{\eta})-(\mu_1-\mu_2)}{s_p\sqrt{\frac{1}{n_1}+\frac{1}{n_2}}}=\frac{15.1256-14.9572}{\sqrt{0.06319\times\left(\frac{1}{9}+\frac{1}{10}\right)}}=1.458$$

当 $\alpha=0.02$ 时，$t_{\alpha/2}(n_1+n_2-2)=t_{0.02/2}(9+10-2)=2.5669$。因为 $t=1.458<t_{\alpha/2}(17)=2.5669$，所以不能拒绝原假设，即认为这两台机床生产的滚珠直径均值相同。

25. 有两条茶叶包装生产线，从每条生产线上各抽 60 桶，其中一条生产线上每桶茶叶的平均重量为 30.9 克，方差为 36；另一条生产线的平均重量为 28.5 克，方差为 39.69。

(1) 试构造两条生产线茶叶平均重量之差的置信度为 95% 的置信区间。

(2) 能否判断两条生产线上茶叶的平均重量存在显著差异？($\alpha=0.05$)［中央财大

2004 研]

解：(1)已知 $\bar{x}_1=30.9$ 克，$s_1^2=36$，$n_1=60$；$\bar{x}_2=28.5$ 克，$s_2^2=39.69$，$n_2=60$。

由于样本容量比较大，故两条茶叶包装生产线上茶叶重量均值之差经标准化后服从标准正态分布，即

$$z=\frac{(\bar{x}_1-\bar{x}_2)-(\mu_1-\mu_2)}{\sqrt{\frac{s_1^2}{n_1}+\frac{s_2^2}{n_2}}}\sim N(0,\ 1)$$

因此，两条茶叶包装生产线上茶叶重量均值之差 $\mu_1-\mu_2$ 在 95% 置信水平下的置信区间为：

$$(\bar{x}_1-\bar{x}_2)\pm z_{\alpha/2}\sqrt{\frac{s_1^2}{n_1}+\frac{s_2^2}{n_2}}=(30.9-28.5)\pm 1.96\times\sqrt{\frac{36}{60}+\frac{39.69}{60}}$$

即(0.199，4.601)。

(2)有两种方法可以判断两条生产线上茶叶的平均重量是否存在显著差异：

①由于(1)中构造的置信度为 95% 的置信区间不包括零点，因此可以认为两条生产线上茶叶的平均重量存在显著差异。

②建立假设：

H_0：$\mu_1-\mu_2=0$　　两条生产线上茶叶的平均重量没有显著差异

H_1：$\mu_1-\mu_2\neq 0$　　两条生产线上茶叶的平均重量存在显著差异

由于样本容量较大，故可用正态分布来近似，所以检验统计量的值为：

$$z=\frac{(\bar{x}_1-\bar{x}_2)-(\mu_1-\mu_2)}{\sqrt{\frac{s_1^2}{n_1}+\frac{s_2^2}{n_2}}}=\frac{30.9-28.5-0}{\sqrt{\frac{36}{60}+\frac{39.69}{60}}}=2.137$$

由于 $z=2.137>z_{\alpha/2}=z_{0.025}=1.96$，所以拒绝原假设，即两条生产线上茶叶的平均重量存在显著差异。

第9章　分类数据分析

一、单项选择题

1. 列联表中的每个变量(　　)。[湘潭大学2025研]

A. 只能有一个类别　　B. 只能有两个类别

C. 对类别没有限制　　D. 可以有两个或两个以上的类别

2. 当列联表中的两个变量相互独立时，计算的列联相关系数 c (　　)。[中国海洋大学2018研]

A. 等于0　　B. 大于0　　C. 等于1　　D. 大于1

【解析】列联相关系数又称列联系数，是描述 2×2 列联表数据相关程度最常用的一种相关系数。它的计算公式为：

$$c=\sqrt{\frac{\chi^2}{\chi^2+n}}$$

当列联表中的两个变量相互独立时，系数 $c=0$。两个变量相关程度越大，c 越大，但不会超过1。

3. 列联分析是利用列联表来研究(　　)。

A. 两个数值型变量的关系　　B. 两个分类变量的关系

C. 两个数值型变量的分布　　D. 一个分类变量和一个数值型变量的关系

【解析】列联表是由两个或以上的变量进行交叉分类的频数分布表，列联分析是利用列联表来研究两个分类变量之间的关系。

4. 设列联表的行数为3，列数为4，则 χ^2 检验的自由度为(　　)。

A. 3　　B. 4　　C. 6　　D. 12

【解析】列联分析中，χ^2 检验的自由度 $=(行数-1)(列数-1)=(R-1)(C-1)=(3-1)\times(4-1)=6$。

5. 一所大学准备采取一项学生对餐厅改革意见的调查，为了解男女学生对这一措施的看法，分别抽取了300名男学生和240名女学生进行调查，得到的结果如表9-1所示。

表9-1　关于餐厅改革的调查结果

	男同学	女同学	合计
赞成	90	84	174
中立	100	56	156
反对	110	100	210
合计	300	240	540

这个表格是(　　)。

A. 4×3 列联表　　B. 3×2 列联表　　C. 2×3 列联表　　D. 3×4 列联表

1D　2A　3B　4C　5B

【解析】表中的行是态度变量，这里划分为三类，即赞成、中立和反对；表中的列是单位变量，这里划分为两类，即男同学和女同学，因此这个表格是 3×2 列联表。

6. 一所大学为了解男女学生对后勤服务质量的评价，分别抽取了 300 名男学生和 240 名女学生进行调查，得到的结果如表 9-2 所示。

表 9-2　关于后勤服务质量评价的调查结果

	男同学	女同学	合计
满意	200	180	380
一般	60	40	100
不满意	50	20	70
合计	310	240	550

这个列联表的最下边一行称为(　　)。

A. 总频数　　B. 条件频数
C. 行边缘频数　　D. 列边缘频数

7. 某中学为了解教师对新课标改革的看法，分别抽取了 300 名男教师和 240 名女教师进行调查，得到的结果如表 9-3 所示。

表 9-3　关于中学新课标改革的调查结果

	男教师	女教师	合计
赞成	240	200	440
中立	50	35	85
反对	10	5	15
合计	300	240	540

这个列联表的最右边一列称为(　　)。

A. 总频数　B. 条件频数　C. 行边缘频数　D. 列边缘频数

8. 某大学为了解学生对研究生奖学金制度改革的看法，分别抽取了 300 名男研究生和 240 名女研究生进行调查，得到的结果如表 9-4 所示。

表 9-4　关于研究生奖学金制度改革的调查结果

	男研究生	女研究生	合计
赞成	90	84	174
中立	100	56	156
反对	110	100	210
合计	300	240	540

根据这个列联表计算的赞成研究生奖学金制度改革的行百分比分别为(　　)。

A. 51.7%；48.3%　　B. 57.4%；42.6%
C. 30%；70%　　D. 35%；65%

6D　7C　8A

【解析】赞成研究生奖学金制度改革的行百分比分别为：90/174×100%＝51.7%；84/174×100%＝48.3%。

9. 某学校准备采取一项新的教师体制改革，为了解男女学生对这一措施的看法，分别抽取了 300 名男学生和 240 名女学生进行调查，得到的结果如表 9-5 所示。

表 9-5

	男同学	女同学
赞成		
观察值	90	84
期望值	96	78
反对		
观察值	210	156
期望值	204	162

根据这个列联表计算的 χ^2 统计量的值为(　　)。

A. 0.6176　　B. 1.2352　　C. 2.6176　　D. 3.2352

【解析】非参数检验中的 χ^2 拟合优度检验和可以应用于列联表的独立性检验来测定两个分类变量之间的相关程度。用 f_o 表示观察值频数，用 f_e 表示期望值频数，则 χ^2 统计量为：

$$\chi^2=\sum\frac{(f_o-f_e)^2}{f_e}$$

将表 9-5 中的数据代入计算得：$\chi^2=1.2352$。

10. 某学校准备采取一项新的教师体制改革，为了解男女教师对这一措施的看法，分别抽取了 50 名男教师和 50 名女教师进行调查，得到的结果如表 9-6 所示。

表 9-6　关于教师体制改革的调查结果

	男教师	女教师	合计
赞成	35	30	65
反对	15	20	35
合计	50	50	100

如果要检验男女教师对教师体制改革的看法是否相同，提出的原假设为(　　)。

A. H_0：$\pi_1=\pi_2=35$　　B. H_0：$\pi_1=\pi_2=50$

C. H_0：$\pi_1=\pi_2=65$　　D. H_0：$\pi_1=\pi_2=0.65$

【解析】如果男女教师对教师体制改革的看法不存在差异，则男女教师赞成教师体制改革的比例应该是相同的(均为 65/100＝0.65)。所以提出的原假设和备择假设分别为：

H_0：$\pi_1=\pi_2=0.65$(赞成比例一致)；H_1：$\pi_1\neq\pi_2$(赞成比例不一致)

11. 某大学为了解男女毕业生对开设《职业规划》这门课程的看法，分别抽取了 500 名男学生和 500 名女学生进行调查，得到的结果如表 9-7 所示。

9B　10D　11B

表 9-7 关于开设《职业规划》课程的调查结果

	男同学	女同学	合计
赞成	400	450	850
中立	60	40	100
反对	40	10	50
合计	500	500	1000

如果要检验男女毕业生对开设《职业规划》这门课程的看法是否相同，即检验假设 H_0：$\pi_1=\pi_2=850/1000=0.85$，$\chi^2$检验统计量的自由度是(　　)。

A. 1　　B. 2　　C. 3　　D. 4

【解析】χ^2统计量的自由度是$(R-1)(C-1)=(2-1)\times(3-1)=2$。

12. φ 相关系数主要用于(　　)。

A. 2×2 列联表数据　　B. 2×3 列联表数据

C. 3×3 列联表数据　　D. 3×4 列联表数据

【解析】φ 相关系数又称列联系数，是描述 2×2 列联表数据相关程度最常用的一种相关系数，其计算公式为：

$$\varphi=\sqrt{\chi^2/n}$$

13. φ 相关系数的取值范围是(　　)。

A. [0, 1]　　B. [-1, 0]　　C. [-1, 1]　　D. 大于1

【解析】φ 相关系数又称列联系数，是描述 2×2 列联表数据相关程度最常用的一种相关系数，计算公式为：$\varphi=\sqrt{\chi^2/n}$。当列联表中的两个变量相互独立时，系数 $\varphi=0$。实际上 φ 系数的取值范围在 0~1 之间，φ 的绝对值越大，说明变量 X 与 Y 的相关程度越高。但是，当列联表 $R\times C$ 中的行数 R 或列数 C 大于 2 时，φ 系数将随着 R 或 C 的变大而增大，且 φ 值没有上限。这时用 φ 系数测定两个变量的相关程度就不够清晰，可以采用列联相关系数。

14. 当 $|\varphi|=1$ 时，2×2 列联表中的两个变量之间的关系是(　　)。

A. 完全相关　　B. 相互独立

C. 存在相关关系，但不是完全相关　　D. 无法判断

【解析】φ 相关系数又称列联系数，是描述 2×2 列联表数据相关程度最常用的一种相关系数。它的计算公式为：

$$\varphi=\sqrt{\chi^2/n}$$

其取值范围为 0~1，当列联表中的两个变量相互独立时，系数 $\varphi=0$。两个变量相关程度越大，φ 系数越大，当 $|\varphi|=1$ 时，两个变量完全相关。

15. 利用χ^2分布进行独立性检验，要求样本容量应充分大，特别是每个单元中的期望频数f_e不能过小。如果只有两个单元，每个单元的期望频数必须(　　)。

A. 大于等于 1　　B. 大于等于 2　　C. 大于等于 5　　D. 大于等于 10

【解析】关于小单元频数通常有两个准则：①如果只有两个单元，每个单元的期望频数必

12A　13A　14A　15C

须大于等于 5；②如果有两个以上单元，且 20% 的单元期望频数 f_e 小于 5，则不能应用 χ^2 检验。

二、简答题

1. 举例说明什么是列联表的独立性检验。［中央财经大学 2012 研］

答： 列联表是由两个及两个以上的变量进行交叉分类的频数分布表。判断列联表中列出的变量是否相互独立，称为列联表的独立性检验。

在二维列联表中独立性检验就是分析列联表中行变量和列变量是否相互独立。

例如：为了研究性别与色盲是否有关系，对 1000 名志愿者进行了调查，结果如表 9-8 所示：

表 9-8

	正常	色盲	汇总
男	535	65	600
女	382	18	400
汇总	917	83	1000

按照假设检验的步骤：

设定假设：

$$H_0:\ P_{ij}=P_{i*}\cdot P_{*j}\text{（行变量与列变量独立）}$$

$$H_1:\ P_{ij}\neq P_{i*}\cdot P_{*j}\text{（行变量与列变量不独立）}$$

（其中 P_{i*} 是各行的边缘概率，P_{*j} 是各列的边缘概率）

选取统计量：

$$\chi^2=\sum_{i=1}^{r}\sum_{j=1}^{c}\frac{(n_{ij}-e_{ij})^2}{e_{ij}}$$

其中，n_{ij} 为列联表中第 i 行第 j 列类别的实际频数；e_{ij} 为列联表中第 i 行第 j 列类别的期望频数，且 $e_{ij}=n\cdot\left(\frac{n_{i*}}{n}\right)\cdot\left(\frac{n_{*j}}{n}\right)=\frac{n_{i*}n_{*j}}{n}$

$$\chi^2=\sum_{i=1}^{r}\sum_{j=1}^{c}\frac{(n_{ij}-e_{ij})^2}{e_{ij}}\sim\chi^2((r-1)\cdot(c-1))$$

最后代入数字，计算检验统计量的值。当统计量的值很大时，有理由拒绝原假设，认为行向量与列向量不独立，即性别与色盲有关系。反之，性别与色盲无关。

2. 说明计算 χ^2 统计量的步骤。

答： 在二维列联表的独立性检验中，计算 χ^2 统计量的步骤如下：

（1）将观测数据关于两个定性变量进行交叉分类，得到每一个单元格中的观测频数 n_{ij}，以及行边缘频数 n_{i*}、列边缘频数 n_{*j}。

（2）计算得到列联表中第 i 行第 j 列单元格的期望频数为：

$$e_{ij}=n\cdot\left(\frac{n_{i*}}{n}\right)\cdot\left(\frac{n_{*j}}{n}\right)=\frac{n_{i*}n_{*j}}{n}$$

（3）将数据代入检验统计量：$\chi^2=\sum_{i=1}^{r}\sum_{j=1}^{c}\frac{(n_{ij}-e_{ij})^2}{e_{ij}}$，即可计算得 χ^2 统计量的值。

3. 简述 φ 系数、c 系数、V 系数的各自特点。［中南财经政法大学 2019 研］

答： φ 系数、c 系数、V 系数均用于表示列联表数据相关程度，但计算公式、适用范围以及取值范围存在不同。

(1)φ 相关系数

①计算公式:

$$\varphi=\sqrt{\chi^2/n}$$

式中,

$$\chi^2=\sum\frac{(f_o-f_e)^2}{f_e}$$

n 为列联表中的总频数,也即样本量。

②适用范围:φ 系数适用于 2×2 列联表。

③取值范围:φ 相关系数的取值范围为[0, 1],φ 系数绝对值越大,两个变量的相关程度越高。

④局限性:当列联表 $R\times C$ 中的行数或列数大于 2 时,φ 系数将随着 R 或 C 的变大而增大,且 φ 值无上限。此时用 φ 系数测定两个变量的相关程度不够准确,可以采用列联相关系数 c。

(2)c 系数

①计算公式:

$$c=\sqrt{\frac{\chi^2}{\chi^2+n}}$$

②适用范围:c 系数主要适用于大于 2×2 列联表的情况。

③取值范围:当列联表中的两个变量相互独立时,系数 $c=0$,但它不可能大于 1。c 系数的特点是,其可能的最大值随着行数和列数的增大而增大。

④局限性:两个列联表中行数和列数不一致时,根据不同的行和列计算的列联系数不便于比较。

(3)V 系数

①计算公式:

$$V=\sqrt{\frac{\chi^2}{n\times\min[(R-1),\ (C-1)]}}$$

②适用范围:V 系数可以用于维数大于 2×2 的列联表。

③取值范围:当两个变量相互独立时,$V=0$;当两个变量完全相关时,$V=1$。所以 V 的取值在 0~1 之间。如果列联表中有一维为 2,即 $\min[(R-1),\ (C-1)]=1$,则 V 值等于 φ 值。

4. 构造下列维数的列联表,并给出 χ^2 检验的自由度。

a. 2 行 5 列　　b. 4 行 6 列　　c. 3 行 4 列

答:i 行 j 列列联表,如表 9-9 所示。

表 9-9

项目	单位 1	单位 2	…	单位 j
态度 1	x_{11}	x_{12}	…	x_{1j}
态度 2	x_{21}	x_{22}	…	x_{2j}
…	…	…	…	…
态度 i	x_{i1}	x_{i2}	…	x_{ij}

而χ^2检验的自由度 =（行数 - 1）（列数 - 1），所以

a. 当$i=2$，$j=5$时，表 9-9 即为 2 行 5 列的列联表，其χ^2检验的自由度 =（2 - 1）×（5 - 1）= 4；

b. 当$i=4$，$j=6$时，表 9-9 即为 4 行 6 列的列联表，其χ^2检验的自由度 =（4 - 1）×（6 - 1）= 15；

c. 当$i=3$，$j=4$时，表 9-9 即为 3 行 4 列的列联表，其χ^2检验的自由度 =（3 - 1）×（4 - 1）= 6。

三、计算题

1. 抽样调查得某地区 500 名待业人员中高中文化程度及以上的人员有 104 人（男 44 人）；初中的人员有 96 人（男 36 人）；小学及以下的人员有 300 人（男 140 人）。检验该地区待业人员文化程度与性别的关联性。［郑州大学 2024 研；首经贸 2007 研］

解：提出原假设和备择假设：

H_0：变量文化程度与性别相互独立；H_1：变量文化程度与性别不相互独立

根据调查结果，我们可将数据整理成列联表，如表 9-10 所示。

表 9-10 待业人员文化程度与性别列联表

性别＼文化程度	高中及以上	初中	小学及以下	合计	比重
男	44(46)	36(42)	140(132)	220	0.440
女	60(58)	60(54)	160(168)	280	0.560
合计	104	96	300	500	
比重	0.208	0.192	0.600		1

列联表中，括号内的数值为该处的期望值，计算方法为：该格子所对应的行合计与列合计的乘积，再除以总合计。例如，性别为男且文化程度为高中及以上所对应的期望值为：$\frac{220\times104}{500}=46$，其他各个格子对应的期望值也如此计算得到。

在得出对应的期望值后，我们就可以应用χ^2检验

$$\chi^2=\sum\frac{(f_o-f_e)^2}{f_e}$$

$$=\frac{(44-46)^2}{46}+\frac{(36-42)^2}{42}+\frac{(140-132)^2}{132}+\frac{(60-58)^2}{58}+\frac{(60-54)^2}{54}+\frac{(160-168)^2}{168}$$

$$=2.546$$

从χ^2分布表可得到临界值为$\chi^2_{0.05}(2)=5.991$，其中的自由度为（2 - 1）×（3 - 1）= 2。比较可得样本χ^2值小于临界值，所以在 0.05 的显著性水平下不能否定原假设，即认为待业人员中的文化程度与性别的关联性不显著。

2. 投一枚硬币，直到出现正面为止，记下在第 k 次投掷时首次出现正面的频数 n_k，如表 9-11 所示，问是否相信该硬币是均匀对称的。（$\alpha=0.05$）

表 9-11

k	1	2	3	4	5	6	≥7
n_k	280	147	86	38	15	13	7

($\chi^2_{0.05}(6)=12.592$，$\chi^2_{0.05}(5)=11.070$)［中南财大 2003 研］

解：设首次出现正面需投掷硬币的次数为 X，若硬币是均匀的，则第 k 次投掷时首次出现正面的概率为 $P(X=k)=\left(\frac{1}{2}\right)^k$。依据题意我们可以对其分布建立假设，即

H_0：该硬币是均匀对称的，即出现正面的概率和出现反面的概率相等；

H_1：该硬币不是均匀对称的。

在原假设的条件下，k 次投掷首次出现正面的期望频数为：$P(X=k)\sum n_k$，从而可得表 9-12。

表 9-12

k	n_k	$n'_k=P(X=k)\sum n_k$	$\frac{(n'_k-n_k)^2}{n'_k}$
1	280	293	0.576792
2	147	146.5	0.001706
3	86	73.25	2.219283
4	38	36.625	0.051621
5	15	18.3125	0.599189
6	13	9.15625	1.613588
≥7	7	9.15625	0.507786
合计	586	586	5.569966

由表 9-12 可得，检验统计量为 $\chi^2=5.57$，临界值为 $\chi^2_{0.05}(6)=12.592$，其中的自由度为 $m-k-1=7-0-1=6$（m 为区间个数，k 为待估参数的个数）。由于 $\chi^2=5.57<12.592=\chi^2_{0.05}(6)$，所以不能拒绝原假设，即认为硬币是均匀的。

3. 从总体中随机抽取了 $n=200$ 的样本，调查后按不同属性归类，得到如下结果：

$$n_1=28,\ n_2=56,\ n_3=48,\ n_4=36,\ n_5=32$$

依据经验数据，各类别在总体中的比例分别为：

$$\pi_1=0.1,\ \pi_2=0.2,\ \pi_3=0.3,\ \pi_4=0.2,\ \pi_5=0.2$$

以 $\alpha=0.1$ 的显著性水平进行检验，说明现在的情况与经验数据相比是否发生了变化（用 P 值）。

解：提出假设：H_0：现在的情况与经验数据相比没有发生变化；H_1：现在的情况与经验数据相比发生了变化。

由已知条件可得 χ^2 值为：

$$\chi^2=\frac{(28-0.1\times200)^2}{0.1\times200}+\frac{(56-0.2\times200)^2}{0.2\times200}+\frac{(48-0.3\times200)^2}{0.3\times200}+\frac{(36-0.2\times200)^2}{0.2\times200}+\frac{(32-0.2\times200)^2}{0.2\times200}=14$$

而 P 值 $=P[\chi^2(5-1)>14]=0.007295<0.1=\alpha$，故拒绝原假设，认为现在的情况与经验数据相比发生了变化。

4. 教学改革后学生有了更多的选课自由，但学院领导在安排课程上也面临新的问题。例如，**MBA** 研究生班的学生选课学年之间的变化常常很大，去年的学生很多人选会计课，而今年的学生很多人选市场营销课。由于事先无法确定究竟有多少学生选各门课程，所以无法有效地进行教学资源的准备。有人提出学生所选课程与其本科所学专业有关。为此，学院领导将学生本科所学专业和 **MBA** 三门课程的选修课程情况做了统计，得到如表 **9-13** 所示的结果。

表 9-13　选修课程统计结果

本科专业	MBA 所选课程		
	会计	统计	市场营销
专业一	31	13	16
专业二	8	16	7
专业三	12	10	17
其他专业	10	5	7

要求：

(1) 以 0.05 的显著性水平检验学生本科所学专业是否影响其读 MBA 期间所选课程；

(2) 计算 *P* 值。

解：(1)建立假设：H_0：本科专业与 MBA 选课无关；H_1：本科专业与 MBA 选课有关。计算各组的期望值，如表 9-14 所示(表中括号内的数值为期望值)。

表 9-14

本科专业	MBA 所选课程			
	会计	统计	市场营销	合计
专业一	31(24.08)	13(17.37)	16(18.55)	60
专业二	8(12.44)	16(8.97)	7(9.59)	31
专业三	12(15.65)	10(11.29)	17(12.06)	39
其他专业	10(8.83)	5(6.37)	7(6.80)	22
合计	61	44	47	152

表中各项的期望值的计算方法为：

$$E_{11}=\frac{n_{\cdot 1}\times n_{1\cdot}}{n}=\frac{61\times 60}{152}=24.08$$

$$E_{12}=\frac{n_{\cdot 2}\times n_{1\cdot}}{n}=\frac{44\times 60}{152}=17.37$$

$$E_{13}=\frac{n_{\cdot 3}\times n_{1\cdot}}{n}=\frac{47\times 60}{152}=18.55$$

$$E_{21}=\frac{n_{\cdot 1}\times n_{2\cdot}}{n}=\frac{61\times 31}{152}=12.44$$

$$E_{22}=\frac{n_{\cdot 2}\times n_{2\cdot}}{n}=\frac{44\times 31}{152}=8.97$$

$$E_{23}=\frac{n_{\cdot 3}\times n_{2\cdot}}{n}=\frac{47\times 31}{152}=9.59$$

$$E_{31}=\frac{n_{\cdot 1}\times n_{3\cdot}}{n}=\frac{61\times 39}{152}=15.65$$

$$E_{32}=\frac{n_{\cdot 2}\times n_{3\cdot}}{n}=\frac{44\times 39}{152}=11.29$$

$$E_{33}=\frac{n_{\cdot 3}\times n_{3\cdot}}{n}=\frac{47\times 39}{152}=12.06$$

$$E_{41}=\frac{n_{\cdot 1}\times n_{4\cdot}}{n}=\frac{61\times 22}{152}=8.83$$

$$E_{42}=\frac{n_{\cdot 2}\times n_{4\cdot}}{n}=\frac{44\times 22}{152}=6.37$$

$$E_{43}=\frac{n_{\cdot 3}\times n_{4\cdot}}{n}=\frac{47\times 22}{152}=6.80$$

所以$\chi^2=\frac{(31-24.08)^2}{24.08}+\frac{(8-12.44)^2}{12.44}+\cdots+\frac{(7-6.80)^2}{6.80}=14.71$。

此选修课程统计结果是4行3列的列联表，其自由度为$=(4-1)\times(3-1)=6$，当$\alpha=0.05$时，$\chi^2_{0.05}(6)=12.592$，$\chi^2=14.71>12.592=\chi^2_{0.05}(6)$，所以拒绝原假设。

(2)由第(1)题计算结果可得：$P[\chi^2(6)>14.71]=0.023<0.05=\alpha$，故拒绝原假设，认为本科专业与MBA选课有关。

5. 某电视机厂对三个元件生产厂提供的电子元件的三种性能进行质量检验。他们想知道元件生产厂家同元件性能的质量差异是否有关系。抽查了450只元件次品，整理成为如表9-15所示的3×3列联表。

表9-15　3×3列联表

次品类型 / 元件厂	A	B	C	总计
甲	20	45	35	100
乙	40	90	70	200
丙	15	65	70	150
总计	75	200	175	450

根据抽查检验的数据，他们认为次品类型与厂家(即哪一个厂)生产是无关的。

要求：

(1)试以0.01的显著性水平进行检验，作出判断；

(2)计算c系数和V系数。

解：(1)建立假设：H_0：次品类型与厂家生产是独立的；H_1：次品类型与厂家生产不是独立的。计算得各组的频数理论值，如表9-16所示。

表 9-16　各组的频数理论值计算表

次品类型 / 元件厂	A	B	C	总计
甲	20(17)	45(44)	35(39)	100
乙	40(33)	90(89)	70(78)	200
丙	15(25)	65(67)	70(58)	150
总计	75	200	175	450

表中各项的理论频数计算方法为：

$$E_{11}=\frac{n_{\cdot 1}\times n_{1\cdot}}{n}=\frac{75\times 100}{450}=17$$

$$E_{12}=\frac{n_{\cdot 2}\times n_{1\cdot}}{n}=\frac{200\times 100}{450}=44$$

$$E_{13}=\frac{n_{\cdot 3}\times n_{1\cdot}}{n}=\frac{175\times 100}{450}=39$$

$$E_{21}=\frac{n_{\cdot 1}\times n_{2\cdot}}{n}=\frac{75\times 200}{450}=33$$

$$E_{22}=\frac{n_{\cdot 2}\times n_{2\cdot}}{n}=\frac{200\times 200}{450}=89$$

$$E_{23}=\frac{n_{\cdot 3}\times n_{2\cdot}}{n}=\frac{175\times 200}{450}=78$$

$$E_{31}=\frac{n_{\cdot 1}\times n_{3\cdot}}{n}=\frac{75\times 150}{450}=25$$

$$E_{32}=\frac{n_{\cdot 2}\times n_{3\cdot}}{n}=\frac{200\times 150}{450}=67$$

$$E_{33}=\frac{n_{\cdot 3}\times n_{3\cdot}}{n}=\frac{175\times 150}{450}=58$$

$$\chi^2=\frac{(20-17)^2}{17}+\frac{(40-33)^2}{33}+\cdots+\frac{(70-58)^2}{58}=9.821$$

即 χ^2 的计算值为 9.821。自由度等于 $(r-1)(c-1)=(3-1)(3-1)=4$，查 χ^2 分布表得 $\chi^2_{0.01}(4)=13.277$。由于 $\chi^2=9.821<13.277=\chi^2_{0.01}(4)$，故接受 H_0，即次品类型与厂家生产是独立的。

(2) c 系数和 V 系数分别为：

$$c=\sqrt{\frac{\chi^2}{\chi^2+n}}=\sqrt{\frac{9.821}{9.821+450}}=0.1461$$

$$V=\sqrt{\frac{\chi^2}{n\times\min[(R-1),\ (C-1)]}}=\sqrt{\frac{9.821}{450\times 2}}=0.1045$$

第10章　方差分析

一、单项选择题

1. 有交互的双因素方差分析，行因素是3个水平，列因素是4个水平，每个单元格重复m次，交互作自度是多少？(　　)［上海交通大学2025研］

A. 2　　B. 3　　C. 6　　D. $12(m-1)$

【解析】在有交互作用的双因素方差分析中，行因素和列因素的交互作用自由度可以通过以下公式计算：交互作用自由度 =(行因素水平数 -1) ×(列因素水平数 -1) $=(3-1)\times(4-1)=2\times3=6$，所以，交互作用的自由度是6。

2. 组间误差包括？(　　)［安徽大学2025研；华东师范大学2025研］

A. 随机误差和系统误差　　B. 随机误差

C. 系统误差　　D. 二者都不包括

【解析】不同水平之间的数据误差称为组间误差。这种差异可能是由抽样本身形成的随机误差，也可能是由行业本身的系统性因素造成的系统误差。因此，组间误差是随机误差和系统误差的总和。

3. 下列关于单因素方差分析的叙述，不正确的是(　　)。［湘潭大学2025研］

A. 方差分析可以对若干平均值是否相等同时进行检验

B. 进行方差分析要求各水平下的样本容量相同

C. 总平方和能分解为组内平方和与组间平方和之和

D. 进行方差分析时各水平下的样本容量可以不相同

【解析】B项，进行单因素方差分析时，从不同水平中所抽取的样本量可以相等，也可以不相等。

4. 关于方差分析，下列说法正确的是(　　)。［云南大学2025研；中山大学2011研］

A. 方差分析的目的是分析各组总体方差是否相同

B. 方差分析的组间均方仅仅衡量了随机误差的变异大小

C. 各组数据呈严重偏态时，也可以作方差分析

D. 方差分析的目的是分析各组总体的均值是否相同

【解析】方差分析是通过分析研究不同来源的变异对总变异的贡献大小，判断各组均值而非方差是否相等，从而确定可控因素对研究结果是否有显著影响。方差分析的基础是方差分解，将总方差和分为组内方差和组间方差，其中组内误差只含有随机误差，组间误差包含随机误差和系统误差。另外，方差分析要求每个总体都服从正态分布。

5. 设用于检验的行因素为R，列因素为C，行因素有k个水平，列因素有r个水平，并假设两个因素有交互作用，交互作用平方和的自由度为(　　)。［中国海洋大学2020研；杭州电子科技大学2020研］

1C　2A　3B　4D　5B

A. $rk(m-1)$　　B. $(k-1)(r-1)$　　C. $r-1$　　D. $kr-1$

【解析】在有交互作用的双因素方差分析中，将行因素与列因素共同作用产生的交互作用视为新变量进行方差分析。若行因素有 k 个水平，列因素有 r 个水平，则交互作用平方和的自由度为 $(k-1)(r-1)$。

6．方差分析的主要目的是判断（　　）。[中国海洋大学 2020 研]

A．各总体是否存在方差的显著性差异

B．各样本数据之间是否有显著性差异

C．分类型自变量对数值型因变量的影响是否显著

D．分类型因变量对数值型自变量的影响是否显著

【解析】方差分析的基本思想是：通过分析研究不同来源的变异对总变异的贡献大小，判断各组均值是否相等，从而确定分类型自变量对研究结果是否有显著影响。

7．有交互作用的双因素方差分析是指用于检验的两个因素（　　）。[山东大学 2019 研；中国海洋大学 2018 研；湖南师范大学 2018 研]

A．对因变量的影响是独立的　　B．对因变量的影响是有交互作用的

C．对自变量的影响是独立的　　D．对自变量的影响是有交互作用的

【解析】有交互作用的双因素方差分析是指两个因素搭配在一起会对因变量产生一种新的效应，此时就需要考虑交互作用对因变量的影响。

8．在单因素方差分析中，涉及的两个变量是（　　）。[山东大学 2019 研]

A．数值型变量

B．分类型变量

C．一个分类型自变量和一个数值型的因变量

D．一个数值型的自变量和一个分类型自变量

【解析】方差分析可以分为单因素方差分析和双因素方差分析。其中，单因素方差分析研究的是一个分类型自变量对一个数值型因变量的影响。

9．在方差分析中，所提出的原假设是 H_0：$\mu_1=\mu_2=\cdots=\mu_k$，备择假设是（　　）。[中国海洋大学 2019 研；山东大学 2015 研]

A. H_1：$\mu_1\neq\mu_2\neq\cdots\neq\mu_k$　　B. H_1：$\mu_1>\mu_2>\cdots>\mu_k$

C. H_1：$\mu_1<\mu_2<\cdots<\mu_k$　　D. H_1：μ_1，μ_2，…，μ_k 不全相等

【解析】方差分析是检验多个总体均值是否相等的统计方法，一般提出：H_0：$\mu_1=\mu_2=\cdots=\mu_k$（分类型自变量对数值型因变量没有显著影响），H_1：μ_1，μ_2，…，μ_k 不全相等（分类型自变量对数值型因变量有显著影响）。故备择假设是 H_1：μ_1，μ_2，…，μ_k 不全相等。

10．下面关于方差分析及其基本假定的描述中，不正确的是（　　）。[华中农业大学 2015 研]

A．检验多个总体均值是否相等的统计方法称为方差分析

B．各总体都服从正态分布

C．各总体的方差相等

6C　7B　8C　9D　10D

D. 观测值不必是独立的

【解析】方差分析需要满足的假设条件：①每个总体都服从正态分布；②各总体的方差σ^2相等；③各观测值之间相互独立。

11. 在方差分析中，数据的误差是用平方和来表示的，其中组内平方和反映的是(　　)。[华中农业大学 2015 研]

A. 随机误差的大小　　B. 全部观测值误差的大小

C. 不同水平的样本均值之间误差大小　　D. 各个样本方差之间误差的大小

【解析】组内平方和是每个水平或组的各样本数据与该组平均值误差的平方和，是由与自变量无关的不可控因素引起的变异，该平方和反映了随机误差的大小。

12. 在方差分析中总变差可以分解为组内变差和组间变差，其中组间变差表示(　　)。[厦门大学 2014 研]

A. 一样本观测值与均值差方和　　B. 全部样本观测值与总均值的差方和

C. 各样本观测值与各自均值的差方和　　D. 各样本均值与总均值的差方和

【解析】方差分析中组间平方和记为SSA，它是各组均值$\bar{x}_i(i=1, 2, \cdots, k)$与总均值$\bar{\bar{x}}$的误差平方和，反映组间误差的大小。

13. 在下面的假定中，哪一个不属于方差分析中的假定？(　　)[安徽财经大学 2012 研]

A. 每个总体都服从正态分布　　B. 各总体的方差相等

C. 观测值是独立的　　D. 各总体的方差等于 0

【解析】方差分析中有三个基本假设：①每个总体都服从正态分布；②各总体的方差σ^2相等；③各观测值之间相互独立。

14. 为研究商品的展销方式和商店规模对其销售量是否有影响，在四类不同规模的商店采用三种不同展销方法进行销售，根据获得的销售量数据计算得到下面的方差分析表(表10-1)。表中"A"单元格和"B"单元格内的结果是(　　)。[浙江工商大学 2011 研；安徽财经大学 2012 年样题]

表 10-1　方差分析表

差异源	SS	df	MS	F
行	1656.90	3	552.30	A
列	814.32	2	407.16	B
误差	916.68	6	152.78	
总计	3387.90	11		

A. 0.277 和 0.375　　B. 1.357 和 0.737

C. 3.615 和 2.665　　D. 0.737 和 0.375

【解析】在无交互作用的双因素方差分析中，$A=F_R=\dfrac{MSR}{MSE}=\dfrac{552.30}{152.78}\approx 3.615$，$B=F_C=\dfrac{MSC}{MSE}=\dfrac{407.16}{152.78}\approx 2.665$。

11A　12D　13D　14C

15. 关于单因素方差分析中的 F 检验(　　)。[中央财经大学2011研]

A. 拒绝域在 F 分布曲线的右侧　　B. F 统计量的样本观测值可能为负值

C. 拒绝域在 F 分布曲线的左侧和右侧　　D. 以上表述都不对

【解析】在单因素方差分析中，F 统计量是用组间均方去除组内均方的商，由于离差平方和为正数，因此 F 值也必然为正数。若 F 值接近1，则说明组间误差没有显著大于组内误差，该因素对结果没有显著影响；若 F 值远大于1，则说明组间误差显著大于组内误差，该因素对结果有显著影响。综上，F 检验是右侧检验。

16. 关于方差分析，以下说法哪一项更合理？(　　)[中山大学2012研]

A. 方差分析的目的是分析各组总体方差是否有显著差异

B. 方差分析的目的是分析各组总体标准差是否有显著差异

C. 方差分析的目的是分析各组总体均值是否有显著差异

D. 方差分析的目的是分析各组总体中位数是否有显著差异

【解析】由于均值可以综合反映一个总体的平均水平，因此方差分析的基本思想是：通过分析研究不同来源的变异对总变异的贡献大小，判断各组总体均值是否相等，从而确定分类型自变量对研究结果是否有显著影响。

17. 双因素方差分析有两种类型：一个是有交互作用的，一个是无交互作用的。区别的关键是看这对因子(　　)。

A. 是否独立　　B. 是否都服从正态分布

C. 是否因子的水平相同　　D. 是否有相同的自由度

【解析】在方差分析中，交互作用指各因素搭配在一起对因变量产生的一种新的效应。若因子间相互独立，则无交互影响，可进行无交互作用的双因素方差分析，判断两个因素对因变量是否有显著影响。若因子不独立，则存在交互影响，需要进行有交互作用的双因素方差分析。

18. 方差分析中的 F 统计量是决策的根据，一般说来(　　)。

A. F 值越大，越有利于拒绝原假设接受备择假设

B. F 值越大，越有利于接受原假设拒绝备择假设

C. F 值越小，越有利于拒绝原假设接受备择假设

D. F 值越小，越不利于接受原假设拒绝备择假设

【解析】如果原假设 $H_0: \mu_1=\mu_2=\cdots=\mu_i=\cdots=\mu_k$ 成立，则表明没有系统误差，组间方差 SSA 与组内方差 SSE 的比值差异就不会太大；如果组间方差显著大于组内方差，则 F 统计量的值很大，则说明各水平(总体)之间的差异显然不仅有随机误差，还有系统误差，此时有理由拒绝原假设。由于 F 检验的拒绝域是 $F>F_\alpha$，因此 F 值越大，越有可能拒绝原假设。

19. 对多个总体的参数进行检验时，进行方差分析所构造的统计量 $\frac{MSA}{MSE}$ 服从(　　)。

A. χ^2 分布　　B. 正态分布　　C. F 分布　　D. t 分布

15A　16C　17A　18A　19C

20. 在单因素方差分析中，F 统计量分子与分母的自由度分别是(　　)。

A. k, n　　B. $k-1$, $n-1$　　C. $k-1$, $n-k$　　D. $n-k$, $k-1$

【解析】在单因素方差分析中，$F=\frac{MSA}{MSE}\sim F(k-1,\ n-k)$，即分子与分母的自由度分别是 $k-1$，$n-k$。其中，$MSA=\frac{SSA}{k-1}$，$MSE=\frac{SSE}{n-k}$。

21. 在方差分析中，组内平方和是指(　　)。

A. 各水平下理论平均数之间的离差平方和

B. 各水平的内部观察值与其相应平均数的离差平方和

C. 由各水平效应不同所引起的离差平方和

D. 试验条件变化所引起的离差平方的总和

【解析】在方差分析中，组内平方和(SSE)，是指每个水平或组的各样本数据与其组平均值误差的平方和，反映了每个样本各观测值的离散状况；组间平方和(SSA)，是指各组平均值与总平均值的误差平方和，反映各样本均值之间的差异程度。总平方和(SST)，是全部观测值与总平均值的误差平方和。三个平方和之间的关系为：$SST=SSE+SSA$。

22. 在方差分析中，总平方和反映的是(　　)。

A. 全部观察值之间的差异程度

B. 由实验因素变化所引起的观察值之间的差异程度

C. 由随机波动所引起的观察值之间的差异程度

D. 各组离差平方的总和

23. 在单因素方差分析中，原假设是关于所研究因素(　　)。

A. 各水平总体方差是否相等　　B. 各水平的理论均值是否相等

C. 同一水平内部数量差异是否显著　　D. 各水平之间的相关关系是否密切

【解析】单因素方差分析是检验各个总体(水平)的均值是否相等，即通过简单随机样本检验以下假设：H_0：$\mu_1=\mu_1=\cdots=\mu_k$；H_1：μ_1，μ_2，…，μ_k 不全相等。

24. 在单因素方差分析中，若 $SST=20$，$SSE=10$，$k=4$，$n=20$，则 F 值为(　　)。

A. 2　　B. 2.375　　C. 5.33　　D. 6.33

【解析】在单因素方差分析中，由于 $SSA=SST-SSE=20-10=10$，$MSA=\frac{SSA}{k-1}=\frac{10}{4-1}=\frac{10}{3}$，$MSE=\frac{SSE}{n-k}=\frac{10}{20-4}=\frac{5}{8}$。所以有

$$F=\frac{MSA}{MSE}=\frac{10/3}{5/8}\approx 5.33$$

25. 为了分析某校不同专业学生的某次统计学测试成绩是否有显著差异(假定其他条件都相同)，可使用方差分析方法。在1%的显著性水平下，在10个专业中共计随机抽取50个学生进行调查，拒绝原假设的区域是(　　)。

A. $(F_{0.01}(9,\ 49),\ +\infty)$　　B. $(F_{0.05}(9,\ 49),\ +\infty)$

20C　21B　22A　23B　24C　25C

C. （$F_{0.01}(9, 40)$，$+\infty$）　　D. （$F_{0.05}(9, 40)$，$+\infty$）

【解析】已知$k=10$，$\alpha=0.01$，$n=50$，则组间自由度为$k-1=10-1=9$，组内自由度为$n-k=50-10=40$，那么，当$F>F_{\alpha}(k-1, n-k)=F_{0.01}(9, 40)$时，拒绝原假设。

26. 设某因子共有r个水平，每个水平下抽n个单位的样本数据，则(　　)。

A. SST、SSA和SSE的自由度分别是：$(nr-r)$、$(r-1)$、$(nr-r)$

B. SST、SSA和SSE的自由度分别是：$(nr-1)$、$(r-1)$、$(nr-1)$

C. SST、SSA和SSE的自由度分别是：$(nr-1)$、$(r-1)$、$(nr-r)$

D. SST、SSA和SSE的自由度分别是：$(nr-1)$、$(nr-r)$、$(r-1)$

27. 从两个总体中分别抽取$n_1=7$和$n_2=6$的两个独立随机样本。经计算得到方差分析表，如表10-2所示。

表10-2　方差分析表

差异源	SS	df	MS	F	P-value	F crit
组间	7.50	A	7.50	3.15	0.10	4.84
组内	26.19	B	2.38			
总计	33.69	12				

表中“A”单元格和“B”单元格内的结果是(　　)。

A. 2和9　　B. 2和10　　C. 1和11　　D. 2和11

【解析】自由度的计算方法有两种：①因为$MS=SS/df$，所以$df=SS/MS$，“A”、“B”单元格内的结果分别是7.50/7.50=1；26.19/2.38=11。②由于有两个因素水平，所以SSA（组间平方）的自由度为1；由SST的自由度为12，SST的自由度$=SSA$的自由度$+SSE$的自由度，因此可得，SSE（组内平方）的自由度为11。

二、多项选择题

1. 以下关于自由度的说法(样本数都为n)，正确的是(　　)。[中国海洋大学2025研]

A. 在一元线性回归样本相关系数的显著性检验中，t统计量的自由度为$n-2$

B. 在多元线性回归线性关系检验中，若有k个自变量，P统计量服从的分布是$F(k-1, n-k-1)$

C. 在单因素方差分析中，若有k个因素，P统计量服从的分布是$F(k, n-k-1)$

D. 在无交互作用的双因素方差分析中，若行因素有k个水平，若列因素有r个水平，则SSE的自由度为$(k-1)(r-1)$

E. 在有交互作用的双因素方差分析中，若行因素有k个水平，若列因素有r个水平，则SSE的自由度为$(k-1)(r-1)$

【解析】B项，多元线性回归的线性关系检验中，若有k个自变量，分子自由度为自变量个数k(反映回归平方和的自由度)，分母自由度为$n-k-1$(反映残差平方和的自由度)，因此F统计量服从$F(k, n-k-1)$。C项，单因素方差分析中，若有k个水平，分子自由度为$k-1$(组间平方和的自由度)，分母自由度为$n-k$(组内平方和的自由度)，因此F统计量服从$F(k-1, n-k)$。E项，交互作用的双因素方差分析中，需额外考虑交互作用的自由度

26C　27C　┃　1AD

$(k-1)(r-1)$，误差项 SSE 自由度为 $kr(m-1)$。

2. 运用单因素方差分析法，则下列表述中正确的有(　　)。[郑州大学 2025 研]

A. 如果组间方差大于组内方差时，那么说明不同水平均值之间存在显著差异

B. 如果组内方差大于组间方差时，那么说明不同水平均值之间存在显著差异

C. 拒绝原假设时，不同水平之间的均值完全不同

D. 拒绝原假设时，不同水平之间的均值不完全相同

E. 不同水平之间的样本量可以不同

【解析】单因素方差分析时，不同水平下的样本单位数可以相等，也可以不等。当组间方差显著大于组内方差时，拒绝原假设，说明总体均值不全相等，也就是各个水平的效应是不完全相同的，该因素对所考察指标的影响显著。

3. 在方差分析的数据结构模型中，需假设随机误差 ε (　　)。[中央财经大学 2015 研]

A. 服从正态分布　　B. 相互独立

C. 数学期望为 0　　D. 方差为非常数

E. 方差为常数

【解析】在方差分析的数据结构模型中随机误差项的假定为：①误差项 ε 是一个期望值为 0 的随机变量，即 $E(\varepsilon)=0$；②对于所有的 X 值，ε 的方差 σ^2 都相同；③误差项 ε 是一个服从正态分布的随机变量，且独立，即 $\varepsilon \sim N(0, \sigma^2)$。

4. 若采用方差分析法来推断某个因素对所考察的指标有无显著影响，该因素有 k 个水平，样本容量为 n，则下列表述中正确的有(　　)。

A. 检验统计量 = 组间平方和/组内平方和

B. 检验统计量 = 组间均方差/组内均方差

C. 组间均方差 = 组间平方和/$(k-1)$

D. 组内均方差 = 组内平方和/$(n-k)$

E. 检验统计量的分布为 $F(k-1, n-k)$

5. 在单因素方差分析中，若检验统计量 $F=\dfrac{MSA}{MSE}$ 近似等于 1，说明(　　)。

A. 组间方差中不包含系统因素的影响

B. 组内方差中不包含系统因素的影响

C. 组间方差中包含系统因素的影响

D. 自变量对因变量没有显著影响

E. 自变量对因变量有显著影响

【解析】单因素方差分析的基础是方差分解，将总方差和分为组内方差和组间方差，其中组内误差只含有随机误差，组间误差是随机误差和系统误差的总和。如果组间误差与组内误差经过平均后的数值(称为均方或方差)比值接近 1，说明组间误差与组内误差相近，系统误差几乎不存在，因此组内方差(本身就不含)与组间方差均不含系统误差。由于系统误差是由因变量导致的组间差异，因此不含系统误差意味着自变量对因变量没有显著影响。

2ADE　3ABCE　4BCDE　5ABD

三、判断题

1. 方差分析需要假设随机误差 ε 服从正态分布。[对外经贸大学 2021 研]

【解析】方差分析的假设包括：①每个总体都服从正态分布。②各个总体的方差σ^2必须相同。③观测值是独立的。正态性即随机误差 ε 必须为相互独立的正态随机变量。这也是很重要的条件，如果它不能满足，则均方期望的推导就不能成立，采用 F 统计量进行检验也就失去了理论基础。

2. 在方差分析中，拒绝原假设说明各总体的均值都不相等。(　　)[对外经济贸易大学 2015 研]

【解析】在方差分析中，拒绝原假设说明各总体的均值不全相等。若要检验哪些总体均值之间存在差异，则需要采用多重比较方法进行进一步分析。

3. 方差分析中，检验时既可以采用双侧检验，也可以采用单侧检验。(　　)[西南财大 2001 研]

【解析】在方差分析中，原假设所描述的是在按照自变量的取值分成的类中，因变量的均值相等，通常构造 F 统计量来检验因变量的均值是否相等，此时采用单侧检验；当对各因变量的均值做多重比较的时候，采用双侧检验。

4. 如果在实验中变化的因素只有一个，这时的方差分析称为单因素方差分析；在实验中变化的因素不止一个时，就称为多因素方差分析。(　　)

5. 方差分析过程中因子不独立，则存在交互影响；如果因子间是相互独立的，则无交互影响。交互影响是对实验结果产生作用的一个新因素，有必要将它的影响作用也单独分离开来。(　　)

6. 方差分析是为了推断多个总体的方差是否相等而进行的假设检验。(　　)

【解析】方差分析是为了鉴别因素效应而对多个总体均值的相等性进行的检验。

四、简答题

1. 简述方差分析的结构并对其进行解释。[安徽大学 2025 研；西安交通大学 2017、2015 研]

答：方差分析，又称“变异数分析”或“F 检验”，是通过分析研究不同来源的变异对总变异的贡献大小，判断两个及两个以上样本均值是否相等，从而确定可控因素对研究结果是否有显著影响。方差分析的结构如下：

(1)组内误差

组内误差是指由样本的随机性引起的误差，如测量误差造成的差异或个体间的差异，它反映了一个样本内部数据的离散程度，是来自各水平下样本内部的数据误差，用组内平方和来表示。组内平方和(SSE)是指反映组内误差大小的平方和，也称为误差平方和或残差平方和。

(2)组间误差

组间误差是要研究的可控因素，即不同的处理造成的差异，它反映了不同水平下样本之

1√　2×　3×　4✓　5✓　6×

间数据的离散程度，用组间平方和来表示。组间平方和(SSA)是指反映组间误差大小的平方和，也称为因素平方和。

(3)全部数据误差

全部数据误差包含了组内误差和组间误差在内的所有误差。反映全部数据误差大小的平方和称为总平方和，记为 SST。

三种误差间存在关系：总平方和(SST) = 组内平方和(SSE) + 组间平方和(SSA)，是方差分析的基本结构。

2. 简述方差分析基本思想和前提假设。［华东师范大学 2022 研；湘潭大学 2022 研］

相关试题：

(1)简述方差分析需要满足的前提。［湘潭大学 2025 研；河北大学 2025 研］

(2)方差分析的基本思想是什么？［山东大学 2015 研；南京大学 2015 研］

(3)方差分析的目的以及基本假定。［华东师范大学 2025、2013 研；中国海洋大学 2020 研；山东财经大学 2020 研；中南财经政法大学 2018 研；山东大学 2018 研；首经贸 2009、2001 研；中央财大 2008 研］

答：(1)方差分析的目的

方差分析的目的是判断可控因素对研究结果是否有显著影响，从而判断各因素间是否存在相互作用以及找到影响因素的最佳水平。其基本思想是通过分析研究不同来源的变异对总变异的贡献大小，判断各组均值是否相等，若各组均值不等，则分组因素对结果存在影响。

(2)方差分析的基本思想

方差分析的基本思想是：通过分析研究不同来源的变异对总变异的贡献大小，从而确定可控因素对研究结果是否有显著影响。

方差分析认为不同处理组的均数差别有两个来源：

①组间差异，是指要研究的可控因素，即不同的处理造成的差异，反映了不同样本之间数据的差异程度。用变量在各组的均值与总均值的偏差平方和的总和表示，记作 SSA。

②组内差异，是指随机误差，如测量误差造成的差异或个体间的差异，反映了样本数据自身的差异程度。用变量在各组的均值与该组内变量值之偏差平方和的总和表示，记作 SSE。

总偏差平方和 $SST = SSA + SSE$

在方差分解的基础上，利用假设检验进一步进行误差分析。用均方(离差平方和除以自由度)代替离差平方和以消除各组样本数不同的影响，则方差分析就是用组间均方去除组内均方的商(即 F 值)与 1 相比较，若 F 值接近 1，则说明来自可控因素的差异没有显著大于随机误差，各组均值间的差异没有统计学意义，该因素对结果没有显著影响；若 F 值远大于 1，则说明来自可控因素的差异显著大于随机误差，各组均值间的差异有统计学意义，该因素对结果有显著影响。实际应用中检验假设成立条件下 F 值大于特定值的概率可通过查阅 F 界值表(方差分析用)获得。

(3)方差分析的基本假定

①每个总体都服从正态分布。即按照研究因素不同水平划分的各组均服从正态分布，从中抽取的样本也服从正态分布。

②各总体的方差 σ^2 相等。即假定各组观察数据是从具有相同方差的正态总体中抽取的。

③各观测值之间相互独立。

3. 什么是方差分析？它与总体均值的 t 检验或 z 检验有什么不同？其优势是什么？［西安交大2008研］

答：(1)方差分析是通过分析研究不同来源的变异对总变异的贡献大小，判断各组均值是否相等，从而确定可控因素对研究结果是否有显著影响。

(2)差异：方差分析可以同时判断多个总体均值是否显著相等。t 检验或 z 检验一次只能判断两个总体均值是否显著相等。

(3)优势：①方差分析将所有样本信息进行综合分析，仅需进行一次检验，提高了检验的效率以及可靠性。②判断多个总体均值是否相等时，方差分析的显著性水平可以人为规定具体数值。而 t 检验或 z 检验由于需要进行 C_n^2 次两两检验，虽然可以规定每次检验的显著性水平均为某一常数 α，但在综合判断所有总体是否相等时，累计错误导致犯第Ⅰ类错误的概率相应增加，数值难以确定。

4. 单因素方差分析的实质是什么？并说明单因素方差分析的步骤。［南京大学2015、2011研；东北财经大学2013研；中南财大2003研］

答：(1)单因素方差分析的实质是通过分析研究不同来源的变异对总变异的贡献大小，判断各组均值是否相等，从而确定一个分类型自变量对研究结果是否有显著影响。

(2)单因素方差分析的步骤为：

①按要求检验 k 个水平的均值是否相等，提出原假设和备择假设。

②构造检验统计量，计算各样本均值 $\bar{x}_i$，样本总均值 $\bar{\bar{x}}$，误差平方和 SST、SSE 和 SSA。

③计算样本统计量

$$F=\frac{SSA/(k-1)}{SSE/(n-k)}$$

④统计决策。比较统计量 F 和 $F_\alpha(k-1,\ n-k)$ 的值。若 $F>F_\alpha$，拒绝原假设；反之，不能拒绝原假设。

5. 在检验多个总体均值是否相等时，为什么不作两两比较，而用方差分析方法？［对外经济贸易大学2018研］

答：检验多个总体均值是否相等时不作两两比较，而用方差分析方法的原因：

(1)方差分析将所有样本信息进行综合分析，仅需进行一次检验，提高了检验的效率以及可靠性。而通过 t 检验或 z 检验进行两两判断需要进行 C_n^2 次检验，效率相对较低。

(2)由于方差分析仅做一次检验，因此显著性水平可以人为规定具体数值。而多次两两检验虽然可以规定每次检验的显著性水平均为某一常数 α，但在综合判断所有总体是否相等时，累计错误导致犯第Ⅰ类错误的概率相应增加，数值难以确定。

五、计算题

1. 一家产品制造公司的管理者想要比较A、B、C三种培训方式对产品组装时间是否有显著影响，将20名新员工随机分配给每种培训方式。对培训后的每个员工组装一件产品所花的时间进行方差分析，得到结果如表10-3所示。

表10-3　方差分析表

差异源	SS	df	MS	F
组间	(a)	(b)	3.8	(c)
组内	37.4	(d)	(e)	—
总计	(f)	(g)	—	—

要求：

(1)完成上面的方差分析表，计算表中括号内英文字母 a，b，c，d，e，f，g 代表的数值。

(2)在 0.05 的显著性水平下，检验不同培训方式对产品组装的时间是否有显著影响。已知 $F_{0.05}(2,17)=3.59$，$F_{0.05}(2,18)=3.55$，$F_{0.05}(3,17)=3.20$。［湘潭大学 2025 研；对外经济贸易大学 2015 研；西安交通大学 2008 研］

解：(1)由已知得，组间平方和 SSA、组内平方和 SSE 及总平方和 SST 的自由度分别为：

$$f_A=3-1=2,\ f_E=20-3=17,\ f_T=20-1=19$$

$$SSA=MSA\cdot f_A=3.8\times 2=7.6,\ MSE=\frac{SSE}{f_E}=\frac{37.4}{17}=2.2$$

$$SST=SSA+SSE=7.6+37.4=45,\ F=\frac{MSA}{MSE}=\frac{3.8}{2.2}=1.73$$

通过计算得到的方差分析表如表 10-4 所示。

表 10-4

差异源	*SS*	*df*	*MS*	*F*
组间	7.6	2	3.8	1.73
组内	37.4	17	2.2	—
总计	45	19	—	—

(2)设 A、B、C 三组的均值分别为 μ_A、μ_B、μ_C。提出假设：

$$H_0:\mu_A=\mu_B=\mu_C;\ H_1:\mu_A、\mu_B、\mu_C \text{ 不全相等}$$

由(1)中方差分析表可得，$F=1.73<F_{0.05}(2,17)=3.59$。

则不能拒绝原假设，即没有证据表明不同培训方式对产品组装的时间有显著影响。

2. 某学生从 4 家数据公司得到了工作机会，为了进一步了解这 4 家公司，这位学生在这些公司的实习生中抽取样本，并提出问题“在提高薪金前，你已经在数据公司工作了多少时间(单位：月)？”对获得的样本数据进行方差分析，得到如下结果：

方差分析表(ANOVA)

误差来源	平方和 *SS*	自由度 *df*	均方 *MS*	*F* 值	*P* 值
组间	33	(b)	(d)	(f)	0.1234
组内	45	10	(e)	—	—
总和	(a)	(c)	—	—	—

(1)将上面的方差分析表补充完整，即计算(a)～(f)的值。

(2)在 0.05 的显著性水平下，4 家数据公司的实习生在提高薪金前，平均工作时间是否存在差异？［对外经贸大学 2021 研］

解：(1)n 为全部观测值的个数，k 为因素水平(总体)的个数 $=4$。

(a)总和 $SST=$组间平方和 $SSA+$组内平方和 $SSE=33+45=78$；

(b)SSA 的自由度为 $k-1=4-1=3$；

(c)总和自由度 = 组间自由度$(k-1)$ + 组内自由度$(n-k)$ $= n-1=3+10=13$，可得 $n=14$；

(d)组间均方 $MSA=\frac{SSA}{k-1}=\frac{33}{3}=11$；

(e)组内均方 $MSE=\frac{SSE}{n-k}=\frac{45}{10}=4.5$；

(f)F 值 $=\frac{MSA}{MSE}=\frac{11}{4.5}=2.444$。

(2)平均工作时间不存在差异。理由如下：

原假设 H_0：$\mu_1=\mu_2=\mu_3=\mu_4$，备择假设 H_1：μ_i之间不全相等。

F 检验的 P 值 $=0.1234>\alpha=0.05$，则不拒绝原假设，表明$\mu_i(i=1, \cdots, 4)$之间的差异是不显著的。故在0.05 的显著性水平下，4 家数据公司的实习生在提高薪金前，平均工作时间不存在差异。

3. 在双因子方差分析中，因素 A 有三个不同的水平，因素 B 有四个不同的水平，在任一组合水平下重复实验三次。请将表 10-5 的方差分析表补充完整，并在 0.05 的显著性水平下分别对 A、B 的效应以及交互效应是否显著进行检验。［南京师范大学 2020 研］

表 10-5

方差来源	平方和	自由度	均方	F 值
因素 A	56			
因素 B				
交互作用 $A\times B$	24			
误差 e	38			
总和	254			

答：(1)方差分析表如表 10-6 所示。

表 10-6

方差来源	平方和	自由度	均方	F 值
因素 A	56	2	28.00	17.6842
因素 B	136	3	45.33	28.6316
交互作用 $A\times B$	24	6	4.00	2.5263
误差 e	38	24	1.58	
总和	254	35		

(2)在0.05 的显著性水平下，检验临界值分别为 $F_{0.05}(2, 24)=3.4028$、$F_{0.05}(3, 24)=3.0088$、$F_{0.05}(6, 24)=2.5082$。

由表格数据可以看出，A、B 的效应以及交互效应的 F 值均大于临界值，因此三者对实验结果均有显著性影响。

4. 设有五种治疗荨麻疹的药，要比较它们的疗效，假定将 30 个病人分成 5 组，每组 6 人，令同组病人使用同一种药，并记录下病人从服药开始到痊愈所需天数。这里药物是因子，有五个水平，用单因子方差分析法得方差分析表如表 10-7 所示。

表 10-7

方差来源	平方和	自由度	均方	F	P 值
因子效应	36.47				0.0136
随机误差	58.50			—	—
和	94.97	29	—	—	—

(1)给出原(零)假设,填补表中空缺数值;

(2)给出 F 的表示式,说明 F 值与假设检验的关系;

(3)就本题解释 P 表示什么事件的概率,P 值大小反映了什么?[武汉大学 2015 研]

解:(1)该方差分析问题检验的原假设为:这五种治疗荨麻疹的药的疗效相同。

补全的方差分析表如表 10-8 所示。

表 10-8

方差来源	平方和	自由度	均方	F	P 值
因子效应	36.47	4	9.1175	3.896	0.0136
随机误差	58.50	25	2.34	—	—
和	94.97	29	—	—	—

(2)F 的表达式为:

$$F=\frac{MSA}{MSE}=\frac{9.1175}{2.34}=3.896$$

若 F 值 $\leqslant F_{\alpha}(4, 25)$,则不拒绝原假设,即没有证据表明这五种治疗荨麻疹的药的疗效有显著差异;若 F 值 $>F_{\alpha}(4, 25)$,则拒绝原假设,即认为这五种治疗荨麻疹的药的疗效有显著差异。

(3)对于本题而言,P 值为这五种治疗荨麻疹的药的疗效出现当前样本观测到的差异或更显著差异的概率大小。P 值的大小反映了由样本信息进行假设检验犯第Ⅰ类错误的实际概率,P 值越小,拒绝原假设的理由越充分。

5. 为研究蒸馏水的 pH 值和硫酸铜溶液浓度对化验血清中的白蛋白与球蛋白的影响,对蒸馏水的 pH 值(A)取了四个不同的水平,对硫酸铜溶液的浓度(B)取了三个不同水平,在不同的组合水平(A_i,B_j)下,各测一次白蛋白与球蛋白之比,对其结果进行运算得方差分析表的部分数据,如表 10-9 所示。

表 10-9

方差来源	离差平方和	自由度	均方离差	F 值
因子 A	$Q_A=5.29$			
因子 B	$Q_B=2.22$			
误差	$Q_E=0.26$			
总和	$Q_r=7.77$			

(1)填充方差分析表的空白数据;

(2)检验两个因素不同水平下的化验结果是否有明显差异($\alpha=0.05$)。[武汉大学 2014 研]

解：(1)填充方差分析表如表10-10所示。

表10-10

方差来源	离差平方和	自由度	均方离差	F值
因子A	5.29	3	1.76	40.93
因子B	2.22	2	1.11	25.81
误差	0.26	6	0.043	
总和	7.77	11		

(2)根据表10-10中计算的F值可得：

$F(A)=40.93>F_{0.05}(3,6)=4.76$

所以拒绝原假设，A因素对化验结果有显著的影响，A水平下的不同总体的期望不同。

$F(B)=25.81>F_{0.05}(2,6)=5.14$

所以拒绝原假设，B因素对化验结果有显著的影响，B水平下的不同总体的期望不同。

6. 下面(表10-11)是一个单因素方差分析表，请填充表中空格。[东北财经大学2012研]

表10-11 单因素方差分析表

差异来源	自由度	平方和	均方	F统计量值
组内差异	2	57512.23		
组间差异				—
总差异	59	564495.73	—	—

解：填充完整的单因素方差分析表如表10-12所示。

表10-12 单因素方差分析表

差异来源	自由度	平方和	均方	F统计量值
组内差异	2	57512.23	28756.12	0.31
组间差异	57	506983.50	8894.45	—
总差异	59	564495.73	—	—

7. 欲调查噪声强度对学生完成作业的准确度的影响，随机抽取了15名学生，分配到低噪声组，中噪声组，高噪声组中，得到准确度均数与方差如表10-13所示。

表10-13

	低噪声组	中噪声组	高噪声组
样本量(n)	4	5	6
均数($\bar{x}$)	60	66	45
方差(s^2)	50	48	45

样本平均 $\bar{x}=\frac{1}{n}\sum_{i=1}^{n}x_i$，**样本方差** $s^2=\frac{1}{n-1}\sum(x_i-\bar{x})^2=\frac{1}{n-1}(\sum_{i=1}^{n}x_i^2-n\bar{x}^2)$

附：分子自由度为df_1，分母自由度为df_2的$\alpha=0.05$对应的F界值表(表10-14)

表 10-14

df_1 \ df_2	11	12	13	14
1	4.84	4.75	4.67	4.60
2	3.98	3.88	3.81	3.74
3	3.59	3.49	3.41	3.34

(1)计算完成方差分析表，并说明噪声强度能解释作业准确度的变异的比例。

(2)用 $\alpha=0.05$ 的显著性水平，分析噪声强度对作业准确度是否有影响。

(3)要具体确定低噪声组与中噪声组间的准确度是否有差异，怎样分析？(不需计算)

［中山大学 2011 研］

解：(1)①计算全部观测值的总均值

$$\bar{\bar{x}}=\frac{\sum_{i=1}^{k}n_i\bar{x}_i}{n}=\frac{4\times60+5\times66+6\times45}{4+5+6}=56$$

②计算各误差平方和

组间平方和

$$SSA=\sum_{i=1}^{k}n_i(\bar{x}_i-\bar{\bar{x}})^2=4\times(60-56)^2+5\times(66-56)^2+6\times(45-56)^2=1290$$

组内平方和

$$SSE=\sum_{j=1}^{k}\sum_{i=1}^{n_i}(x_{ij}-\bar{x}_i)^2=\sum_{i=1}^{3}(n_i-1)s_i^2=(4-1)\times50+(5-1)\times48+(6-1)\times45=567$$

总平方和

$$SST=SSA+SSE=1290+567=1857$$

③$F=\dfrac{SSA/(3-1)}{SSE/(15-3)}=\dfrac{MSA}{MSE}=\dfrac{645}{47.25}=13.65$

故可得到方差分析表如表 10-15 所示。

表 10-15

误差来源	平方和(SS)	自由度	均方	F 值	F 临界值
组间(因素影响)	1290	2	645	13.65	3.88
组内(误差)	567	12	47.25		
总和	1857	14			

$$R^2=\frac{SSA}{SST}=\frac{1290}{1857}\approx69\%$$

即噪声强度能解释作业准确度的变异的比例为 69%。

(2)从方差分析表可以看到，由于 $F=13.65>F_{0.05}(2,12)=3.88$，所以拒绝原假设 H_0，表明不同噪声组之间的差异是显著的，即噪声对学生完成作业的准确度有影响。

(3)在方差分析中，当原假设被拒绝时，可以确定至少有两个总体的均值有显著差异。但要进一步检验哪些总体的均值之间有显著差异还需要采用多重比较的方法进行分析。

多重比较是对各个总体均值进行的两两比较，可以采用最小显著差异(即 *LSD*)的方法。检验步骤如下：

①设 μ_1，μ_2 分别为低噪声组和中噪声组的总体均值，建立假设：

$$H_0: \mu_1 = \mu_2; \ H_1: \mu_1 \neq \mu_2$$

②构造检验统计量：

$$t = \frac{\bar{x}_1 - \bar{x}_2}{\sqrt{MSE\left(\frac{1}{n_1} + \frac{1}{n_2}\right)}}$$

③做出决策。当 $t < -t_{\alpha/2}$ 或 $t > t_{\alpha/2}$ 时拒绝原假设，即认为低噪声组与中噪声组之间的准确度有显著差异。

8. 一项研究是调查市场专业人员的公司伦理价值观念。数据列表(表 10-16)见下(高分值表明伦理价值观念程度高)。在显著性水平 $\alpha = 0.01$ 下，对上述数据进行单因素方差分析，请把下面未完成的 ANOVA 表(表 10-17)补充完整，并完成方差分析，说出检验的结论。[中山大学 2012 研]

表 10-16

来源	得分	平均
市场管理人员	6，5，4，5，6，4	5
市场研究人员	5，5，4，4，5，4	4.5
研究人员	6，7，6，5，6，6	6

表 10-17

方差来源	平方和	自由度	均方	F 值
专业	7			
误差	7.5			
总和				

解：补充完整的方差分析表如表 10-18 所示。

表 10-18

方差来源	平方和	自由度	均方	F 值
专业	7	2	3.5	7
误差	7.5	15	0.5	
总和	14.5	17		

从方差分析表可以看到，由于 $F = 7 > F_{0.01}(2, 15) = 6.3589$，所以拒绝原假设 H_0，表明不同专业组之间的差异是显著的，即专业对市场专业人员的公司伦理价值观念有影响。

9. 某中学为了考察学习效果，对本年级 3 个班的部分同学学习成绩进行抽样，如表 10-19所示，学校想知道这几个班同学的成绩有无显著差异，请予以分析。($\alpha = 0.05$)[西安交大 2007 研]

表 10-19

学生编号	班级 1	班级 2	班级 3
1	49	51	72
2	68	55	89

续表

学生编号	班级1	班级2	班级3
3	76	60	91
4	85	77	76
6	55	39	65
5	78	71	70
7	63	44	78

解：(1)设三个班同学的平均成绩分别为μ_1，μ_2，μ_3。

提出假设：

H_0：$\mu_1=\mu_2=\mu_3$　　三个班的成绩无显著性差异

H_1：μ_1，μ_2，μ_3不全相等　　三个班的成绩有显著性差异

(2)构造检验统计量

由已知数据可得：

$$\bar{x}_1=67.714286,\ \bar{x}_2=56.714286,\ \bar{x}_3=77.285714,\ \bar{\bar{x}}=67.238095$$

$$\begin{aligned}SSA&=\sum_{i=1}^{k}n_i(\bar{x}_i-\bar{\bar{x}})^2\\&=7\times(67.714286-67.238095)^2+7\times(56.714286-67.238095)^2+7\times(77.285714\\&\quad-67.238095)^2\\&=1483.524\end{aligned}$$

$$\begin{aligned}SSE&=\sum_{i=1}^{k}\sum_{j=1}^{n_i}(x_{ij}-\bar{x}_i)^2\\&=1007.428571+1137.428571+559.428571\\&=2704.286\end{aligned}$$

$$MSA=\frac{SSA}{k-1}=\frac{1483.524}{3-1}=741.762$$

$$MSE=\frac{SSE}{n-k}=\frac{2704.286}{21-3}=150.238$$

检验统计量$F=\dfrac{MSA}{MSE}=\dfrac{741.762}{150.238}=4.937$

(3)统计决策

$\alpha=0.05$，则$F=4.937>3.55=F_{0.05}(2,18)$，所以拒绝原假设，表明这三个班同学的成绩有显著性差异。

10. 抽样调查四所大学的三个不同专业研究生毕业第一年的收入(单位：万元)情况，结果如表10-20所示。

表10-20

专业 大学	B_1	B_2	B_3
A_1	9.6	8.8	10.3
A_2	6.8	7.1	5.2
A_3	7.5	9.8	7.4
A_4	4.5	3.8	6.3

(1)请问大学与专业的不同是否造成学生收入的显著差异($\alpha = 0.05$)?

(2)给出各大学与各专业的效应，并确定大学与专业的显著选择。

(已知上表中的收入和为87.1，收入的平方和为680.81，$F_{0.05}(3, 6) = 4.76$，$F_{0.05}(2, 6) = 5.14$)[中南财大2005研]

解：(1)提出假设：

行因素(大学)：

H_0：$\mu_1 = \mu_2 = \mu_3 = \mu_4$　大学的不同对收入没有显著影响

H_1：μ_1，μ_2，μ_3，μ_4 不全相等　大学的不同对收入有显著影响

列因素(专业)：

H_0：$\mu_1 = \mu_2 = \mu_3$　专业对收入没有显著影响

H_1：μ_1，μ_2，μ_3 不全相等　专业对收入有显著影响

已知$\sum x = 87.1$，$\sum x^2 = 680.81$，所以总收入平均值为$\bar{x} = \frac{\sum x}{n} = \frac{87.1}{12} = 7.26$，总离差平方和为$SST = \sum x^2 - \frac{(\sum x)^2}{n} = 680.81 - \frac{87.1^2}{12} = 48.61$。

这4所大学的平均收入分别为：$\bar{x}_{1.} = 9.57$，$\bar{x}_{2.} = 6.37$，$\bar{x}_{3.} = 8.23$，$\bar{x}_{4.} = 4.87$，则行因素所产生的误差平方和为：

$$SSR = 3 \times (9.57 - 7.26)^2 + 3 \times (6.37 - 7.26)^2 + 3 \times (8.23 - 7.26)^2 + 3 \times (4.87 - 7.26)^2 = 38.34$$

这3个专业的平均收入分别为：$\bar{x}_{.1} = 7.1$，$\bar{x}_{.2} = 7.375$，$\bar{x}_{.3} = 7.3$，则列因素所产生的误差平方和为：

$$SSC = 4 \times (7.1 - 7.26)^2 + 4 \times (7.375 - 7.26)^2 + 4 \times (7.3 - 7.26)^2 = 0.16$$

所以随机误差平方和为：

$$SSE = SST - SSR - SSC = 48.61 - 38.34 - 0.16 = 10.11$$

所以

$$MSR = \frac{SSR}{k-1} = \frac{38.34}{3} = 12.78，MSC = \frac{SSC}{r-1} = \frac{0.16}{2} = 0.08$$

$$MSE = \frac{SSE}{(k-1)(r-1)} = \frac{10.11}{6} = 1.685$$

为检验不同的大学对收入的影响是否显著，计算统计量$F_1 = \frac{MSR}{MSE} = \frac{12.78}{1.685} = 7.58$

为检验不同的专业对收入的影响是否显著，计算统计量$F_2 = \frac{MSC}{MSE} = \frac{0.08}{1.685} = 0.047$

在$\alpha = 0.05$的显著性水平下，$F_1 = 7.58 > 4.76 = F_{0.05}(3, 6)$，故拒绝原假设，即不同的大学对收入有显著性影响；

$F_2 = 0.047 < 5.14 = F_{0.05}(2, 6)$，故不能拒绝原假设，即不同的专业对收入没有显著性影响。

(2)对于一个因素的某个水平来说，其对因变量的效应为该组数据的均值与总均值之差。

因此大学A_1的效应为：$\alpha_1 = \bar{x}_1 - \bar{\bar{x}} = 9.57 - 7.26 = 2.31$

同理计算得到其余大学的效应为：$\alpha_2=-0.89$，$\alpha_3=0.97$，$\alpha_4=-2.39$

各专业的效应为：$\beta_1=-0.16$，$\beta_2=0.115$，$\beta_3=0.04$

由(1)中的检验可知，各专业之间的收入没有显著差别，而各大学之间的收入存在显著差异，因此应选择大学 A_1。

11. 一家汽车制造商准备购进一批轮胎。考虑的因素主要有轮胎供应商和耐磨程度。为了对磨损程度进行测试，分别在低速(40 公里/小时)、中速(80 公里/小时)、高速(120 公里/小时)下进行测试。根据对 5 家供应商抽取的轮胎随机样本在轮胎行驶 1000 公里后磨损程度进行试验，在显著性水平 $\alpha=0.01$ 下得到的有关结果如表 10-21 所示。

表 10-21

差异源	*SS*	*df*	*MS*	*F*	*P* - value	*F* crit
行	1.55	4	0.39	21.72	0.000236	7.01
列	3.48	2	1.74	97.68	0.000002	8.65
误差	0.14	8	0.02			
总计	5.176	14				

(1)不同车速对磨损程度是否有显著影响?

(2)不同供应商生产的轮胎之间磨损程度是否有显著差异?

(3)在上面的分析中，你都作了哪些假设?［人大 2006 研］

解：可以通过方差分析判断某一因素对磨损程度是否有显著影响，其中，行因素为轮胎供应商因素，列因素为车速因素。

(1)设低速、中速、高速的平均磨损程度分别为 $\mu_{低速}$，$\mu_{中速}$，$\mu_{高速}$。

提出假设：H_0：$\mu_{低速}=\mu_{中速}=\mu_{高速}$，$H_1$：$\mu_{低速}$，$\mu_{中速}$，$\mu_{高速}$不全相等。

由于 P 值 $=0.000002<0.01=\alpha$(或 $F_{车速}=97.68>8.65=F_{0.01}(2,8)$)，拒绝原假设。表明不同车速对磨损程度有显著影响。

(2)设不同供应商轮胎的平均磨损程度分别为 μ_1，μ_2，μ_3，μ_4，μ_5。

提出假设：H_0：$\mu_1=\mu_2=\mu_3=\mu_4=\mu_5$，$H_1$：$\mu_1$，$\mu_2$，$\mu_3$，$\mu_4$，$\mu_5$ 不全相等。

由方差分析表 10-18 可知，P 值 $=0.000236<0.01=\alpha$(或 $F_{供应商}=21.72>7.01=F_{0.01}(4,8)$)，拒绝原假设。表明不同供应商生产的轮胎的磨损程度有显著差异。

(3)在上面的分析中，所作出的假设有：

①每个总体都应服从正态分布。

每家供应商的轮胎在行驶 1000 公里后的磨损程度都服从正态分布；

轮胎在低速、中速和高速行驶 1000 公里后的磨损程度都服从正态分布。

②各个总体的方差 σ^2 相同。

每家供应商的轮胎在行驶 1000 公里后的磨损程度的方差相同；

轮胎在低速、中速和高速行驶 1000 公里后的磨损程度的方差相同。

③观测值是独立的。

轮胎供应商和不同车速对轮胎的耐磨程度是独立的。

12. 一超市为提高收银台的工作效率，设计了四种结账流程，并随机选取了 3 个收银员进行重复试验，记录了流程的持续时间(单位：秒)，实验结果如表 10-22 所示。

表 10-22

		收银员编号		
		1	2	3
流程	a	15，15，17	19，19，16	16，18，21
	b	17，17，17	15，15，15	19，22，22
	c	15，17，16	18，17，16	18，18，18
	d	18，20，22	15，16，17	17，17，17

请在显著水平 $\alpha=0.05$ 下，对流程和收银员这两个因素对操作时间的影响进行分析。

解：这是一个有交互作用的双因素重复试验。由题意，设结账流程因素为 A，收银员因素为 B，设交互作用为 C，建立假设检验：

H_{01}：A 对操作时间无显著影响，H_{11}：A 对操作时间影响显著

H_{02}：B 对操作时间无显著影响，H_{12}：B 对操作时间影响显著

H_{03}：C 对操作时间无显著影响，H_{13}：C 对操作时间影响显著

可由 Excel 软件的方差分析直接得到方差分析表 10-23。

表 10-23　双因素有交互作用的方差分析表

差异源	平方和	自由度	均方差	F 值	P 值	临界值
流程	2.75	3	0.917	0.532	0.665	3.008787
收银员	27.1667	2	13.583	7.887	0.00233	3.402826
交互	73.5	6	12.25	7.113	0.000192	2.508189
误差	41.3333	24	1.722			
总计	144.75	35				

由表 10-23 可知，结账流程不同不会影响操作时间（P 值 $=0.665>0.05=\alpha$），收银员不同则显著影响操作时间（P 值 $=0.00233<0.05=\alpha$），而两者的组合也会显著影响操作时间（P 值 $=0.000192<0.05=\alpha$）。

13. 一家管理咨询公司为不同的客户进行人力资源管理讲座。每次讲座的内容基本上是一样的，但讲座的听课者有时是高级管理者，有时是中级管理者，有时是低级管理者。该咨询公司认为，不同层次的管理者对讲座的满意度是不同的。对听完讲座后随机抽取的不同层次管理者的满意度评分，如表 10-24 所示（评分标准从 1～10，10 代表非常满意）。

表 10-24　不同层次管理者的满意度评分

高级管理者	中级管理者	低级管理者
7	8	5
7	9	6
8	8	5
7	10	7
9	9	4
	10	8
	8	

取显著性水平 $\alpha=0.05$，检验管理者的水平不同是否会导致评分的显著性差异？

解：设不同层次的管理者的平均满意度评分分别为 μ_1，μ_2，μ_3。

提出假设：H_0：$\mu_1=\mu_2=\mu_3$，H_1：μ_1，μ_2，μ_3 不全相等。

由 Excel 输出的方差分析表，如表 10-25 所示。

表 10-25 方差分析表

差异源	SS	df	MS	F	P – value	F crit
组间	29.60952	2	14.80476	11.75573	0.000849	3.68232
组内	18.89048	15	1.259365			
总计	48.5	17				

由于 $P-\text{value}=0.000849<\alpha=0.05$（或 $F=11.75573>F_{0.05}(2,15)=3.68232$），拒绝原假设，表明管理者的平均满意度评分之间有显著差异。

14. 某家电制造公司准备购进一批 5[#] 电池，现有 A，B，C 三个电池生产企业愿意供货，为比较它们生产的电池质量，从每个企业各随机抽取 5 只电池，经试验得其寿命(单位：h)数据如表 10-26 所示。

表 10-26 电池寿命

试验号	电池生产企业		
	A	B	C
1	50	32	45
2	50	28	42
3	43	30	38
4	40	34	48
5	39	26	40

试分析 3 个企业生产的电池的平均寿命之间有无显著差异($\alpha=0.05$)？如果有差异，用 *LSD* 方法检验哪些企业之间有差异？

解：设 3 个企业生产的电池的平均寿命分别为 μ_A，μ_B，μ_C。

提出假设：H_0：$\mu_A=\mu_B=\mu_C$，H_1：μ_A，μ_B，μ_C 不全相等。

由 Excel 输出的方差分析表，如表 10-27、10-28 所示。

表 10-27

组	观测数	求和	平均	方差
企业 A	5	222	44.4	28.3
企业 B	5	150	30	10
企业 C	5	213	42.6	15.8

表 10-28 方差分析表

差异源	SS	df	MS	F	P-value	F crit
组间	615.6	2	307.8	17.06839	0.00031	3.885294
组内	216.4	12	18.03333			
总计	832	14				

由于 $P-\text{value}=0.0003<\alpha=0.05$（或 $F=17.0684>F_{0.05}(2,12)=3.8853$），拒绝原假设，表明电池的平均寿命之间有显著差异。

为判断哪两个企业生产的电池平均使用寿命之间有显著差异，提出假设：

检验1：H_0：$\mu_A=\mu_B$，H_1：$\mu_A\neq\mu_B$。

检验2：H_0：$\mu_A=\mu_C$，H_1：$\mu_A\neq\mu_C$。

检验3：H_0：$\mu_B=\mu_C$，H_1：$\mu_B\neq\mu_C$。

计算检验统计量：

$$|\bar{x}_A-\bar{x}_B|=|44.4-30|=14.4$$

$$|\bar{x}_A-\bar{x}_C|=|44.4-42.6|=1.8$$

$$|\bar{x}_B-\bar{x}_C|=|30-42.6|=12.6$$

根据方差分析表10-28可知，$MSE=18.03333$。自由度 $=n-k=15-3=12$，查 t 分布表得 $t_{\alpha/2}=t_{0.025}=2.179$。由于每个样本的样本量均为5，所以

$$LSD=t_{\alpha/2}\sqrt{MSE\left(\frac{1}{n_i}+\frac{1}{n_j}\right)}=2.179\times\sqrt{18.03333\times\left(\frac{1}{5}+\frac{1}{5}\right)}=5.85$$

由于 $|\bar{x}_A-\bar{x}_B|=14.4>LSD=5.85$，拒绝原假设。因此，企业A与企业B电池的平均使用寿命之间有显著差异；

由于 $|\bar{x}_A-\bar{x}_C|=1.8<LSD=5.85$，不拒绝原假设。因此，没有证据表明企业A与企业C电池的平均使用寿命之间有显著差异；

由于 $|\bar{x}_B-\bar{x}_C|=12.6>LSD=5.85$，拒绝原假设。因此，企业B与企业C电池的平均使用寿命之间有显著差异。

第11章　一元线性回归

一、单项选择题

1. 根据最小二乘法拟合直线回归方程是使(　　)。[深圳大学 2025 研；山东大学 2019 研；浙江财经大学 2019 研]

A. $\sum(y_i-\overline{y}_i)^2=$最小　　B. $\sum(y_i-\overline{y}_i)=$最小

C. $\sum(y_i-\hat{y}_i)^2=$最小　　D. $\sum(y_i-\hat{y}_i)=$最小

【解析】 拟合回归方程的最小平方法也称为最小二乘法，是通过使因变量的观测值 y 与估计的值 $\hat{y}$ 离差平方和达到最小，即 $\sum(y_i-\hat{y}_i)^2=$最小来估计 β_0 和 β_1 的方法。

2. 欲调查两变量(X 和 Y)的相互关系，收集一份数据作线性相关分析，经计算得到样本相关系数 $r=0.38$，可以说(　　)。[安徽大学 2025 研；中山大学 2011 研]

A. X 和 Y 无关，因 r 值较小

B. 不能确定 X 和 Y 是否相关以及相关密切程度，因不知 n 的大小

C. 虽然 X 和 Y 相关，但不能认为 X 和 Y 有因果关系

D. 因 $r>0$，可以认为 X 和 Y 存在线性相关关系

【解析】 根据抽样所得到的样本计算出的样本相关系数需进行假设检验来确定其统计显著性，一般来说样本容量越小其可信程度就越差。在本例中，虽然 X 与 Y 的样本相关系数已经达到了 0.38，但是极有可能是由于样本容量 n 过小导致，因此在缺少检验的情况下依然不能确定 X 与 Y 存在相关关系。

3. 利用估计的回归方程进行区间估计时，关于置信区间和预测区间，下面说法正确的是(　　)。[深圳大学 2025 研；西安交大 2007 研]

A. 置信区间比预测区间宽　　B. 预测区间比置信区间宽

C. 二者一样宽　　D. 不一定

【解析】 置信区间为 $\hat{y}_0\pm t_{\alpha/2}s_e\sqrt{\frac{1}{n}+\frac{(x_0-\bar{x})^2}{\sum_{i=1}^{n}(x_i-\bar{x})^2}}$，预测区间为 $\hat{y}_0\pm t_{\alpha/2}s_e\sqrt{1+\frac{1}{n}+\frac{(x_0-\bar{x})^2}{\sum_{i=1}^{n}(x_i-\bar{x})^2}}$，所以预测区间比置信区间宽。

4. 将一枚硬币重复投掷 n 次，用 X 和 Y 分别表示正面朝上和反面朝上的次数，则 X 和 Y 的相关系数等于(　　)。[郑州大学 2025 研；对外经济贸易大学 2016 研；东北财大 2004 研]

A. -1　　B. 0　　C. 1/2　　D. 1

【解析】 将一枚硬币重复投掷 n 次，正面朝上和反面朝上的次数关系为 $X+Y=n$，即 $X=n-Y$，X 与 Y 为完全负线性相关关系，所以相关系数为 -1。

5. 为了研究居民的收入水平与购买商业保险额之间的关系，调查组对某地区居民进行随机抽样调查，调查结果显示收入水平 X 与购买商业保险额 Y 之间的相关系数为 0.526。根

1C　2B　3B　4A　5B

据以上研究结果可以得出(　　)。[杭州电子科技大学 2020 研]

A. 该地区所有居民的收入水平 X 与购买商业保险额 Y 之间的相关系数也是 0.526

B. 购买商业保险额变量中大约有 28% 可以由居民的收入水平 X 与购买商业保险额 Y 之间的线性关系解释

C. 如果该地区居民收入水平降低，肯定会导致购买商业保险的数额减少

D. 由于二者间的相关系数较低，说明二者间不存在线性关系

【解析】题中收入水平 X 与购买商业保险额 Y 之间的相关系数 r 为 0.526，可得回归方程的判定系数为 $R^2 = 0.526^2 = 0.28$，即购买商业保险额变量中大约有 28% 可以由居民的收入水平 X 与购买商业保险额 Y 之间的线性关系解释。

6. 两个随机变量 x 和 y 之间的相关系数为 0.8，如果对 x 和 y 分别进行标准化处理，则标准化后的 Z_x 和 Z_y 之间的相关系数是(　　)。[杭州电子科技大学 2020 研]

A. −0.8　　B. 0.7　　C. −0.5　　D. 0.8

【解析】线性变换不改变两个变量之间的相关关系。

7. 在回归分析中，如果回归方程为 $\hat{y} = 20 - 2x$，当 $x = 7$ 时，y 的实际值为 8，则对应的残差是(　　)。[杭州电子科技大学 2020 研]

A. 2　　B. −2　　C. −14　　D. 20

【解析】当 $x = 7$ 时，y 的拟合值为 6，故残差 = 实际值 − 拟合值 = 2。

8. 如果变量 X 与变量 Y 之间的相关系数为 0，说明这两个变量之间是(　　)。[浙江财经大学 2019 研]

A. 完全相关关系　　B. 完全不相关　　C. 没有线性关系　　D. 低度相关关系

【解析】相关系数 r 仅仅是变量 X 与 Y 之间线性关系的一个度量，$r = 0$ 只表示两个变量之间不存在线性相关关系，并不说明变量之间没有任何关系，它们之间可能存在非线性相关关系。因此当 $r = 0$ 或很小时，不能轻易得出两个变量之间不存在相关关系的结论，而应结合散点图作出合理的解释。

9. 对于线性回归模型为了进行统计推断，通常假定模型中各随机误差项的方差(　　)。[中央财经大学 2015 研]

A. 均等于 0　　B. 均相等　　C. 不相等　　D. 均不为 0

【解析】线性回归模型对随机误差项的假定为：随机误差项 ε 的期望值为 0；对于所有的 x 值 ε 的方差 σ^2 都相等；ε 是一个服从正态分布的随机变量且各随机误差项之间相互独立，即 $\varepsilon \sim N(0, \sigma^2)$。

10. 在线性回归分析中，残差平方和 SSE 相对总平方和 SST 越小意味着(　　)。[武汉大学 2015 研]

A. 线性关系越不显著

B. 随机误差产生的影响相对越小，模型越有效

C. 线性关系之外的其他因素的影响相对越大

6D　7A　8C　9B　10B

D. 统计软件中的 F 值越小

【解析】在线性回归分析中，残差平方和 SSE 相对总平方和 SST 越小，则回归平方和 SSR 相对总平方和越大，F 检验统计量的值越大，从而线性关系越显著，线性关系之外的其他因素(随机误差等)产生的影响相对越小，故模型也越有效。

11. 回归分析中的估计标准误差(　　)。[山东大学 2015 研；中央财经大学 2012 研]

A. 可以是负值　　B. 等于因变量的平方根

C. 是根据残差平方和计算的　　D. 等于自变量的平方根

【解析】回归分析中的估计标准误差 s_e 是对回归模型中误差项标准差的一个估计值，用均方残差(MSE)的平方根计算，其计算公式为：

$$s_e=\sqrt{\frac{\sum(y_i-\hat{y}_i)^2}{n-2}}=\sqrt{\frac{SSE}{n-2}}=\sqrt{MSE}$$

12. 产量(X，台)与单位产品成本(Y，元/台)之间的回归方程为 $\hat{Y}=248-2.6X$，下列解释合理的是(　　)。[对外经济贸易大学 2015 研]

A. 产量每增加一台，单位产品成本增加 248 元

B. 产量每增加一台，单位产品成本减少 2.6 元

C. 产量每增加一台，单位产品成本平均增加 245.4 元

D. 产量每增加一台，单位产品成本平均减少 2.6 元

【解析】一元线性回归方程的形式为：$E(y)=\beta_0+\beta_1x$。其中 β_1 是直线的斜率，被称为回归系数，表示解释变量 x 每增加一个单位，被解释变量将相应地平均变化 β_1 个单位。

13. 下列关于相关系数的描述中，不正确的是(　　)。[华中农业大学 2015 研]

A. 相关系数是反映两个变量之间线性关系的度量

B. 相关系数具有对称性

C. 计量尺度改变不影响相关系数

D. 相关系数是两个变量间因果关系的度量

【解析】相关系数是根据样本数据计算的度量两个变量之间线性关系强度的统计量，相关系数具有以下的特点：①r 的取值范围为 $-1\leqslant r\leqslant 1$。$|r|\to 1$ 说明两个变量之间的线性关系越强。②r 具有对称性，即 $r_{xy}=r_{yx}$。③r 取值大小与 x 和 y 的原点及尺度无关。④r 仅用于度量线性关系，不能用于描述非线性关系。⑤r 只是度量数量关系，但不意味着因果关系。⑥r 取值可以解释两个变量之间的相关程度，但需要先对相关系数的显著性进行检验。

14. 在回归分析中，因变量的预测区间估计是指(　　)。[北京工业大学 2012 研；浙江工商大学 2011 研；安徽财经大学 2012 样题]

A. 对于自变量 x 的一个给定值 x_0，求出因变量 y 的平均值的区间

B. 对于自变量 x 的一个给定值 x_0，求出因变量 y 的个别值的区间

C. 对于因变量 y 的一个给定值 y_0，求出自变量 x 的平均值的区间

D. 对于因变量 y 的一个给定值 y_0，求出自变量 x 的个别值的区间

【解析】预测区间估计是对 x 的一个给定值 x_0，求出 y 的一个个别值的估计区间，这一

11C　12D　13D　14B

区间称为预测区间。对 x 的一个给定值 x_0，求出 y 的平均值的估计区间，这一区间称为置信区间。

15. 在回归分析中，残差平方和 SSE 反映了 y 的总变差中（　　）。[浙江工商大学 2011 研；安徽财经大学 2012 样题]

A. 除了 x 对 y 的线性影响之外的其他因素对 y 变差的影响

B. 由于 x 与 y 之间的线性关系引起的 y 的变化部分

C. 由于 x 与 y 之间的非线性关系引起的 y 的变化部分

D. 由于 y 的变化引起的 x 的误差

【解析】自变量偏离均值的数值可以分为两部分，回归直线上某一点与均值的差异是可以用回归方程解释的部分，数据点与它在回归直线上相应位置的差异是不能用回归方程解释的部分，被称为残差，因此残差平方和 SSE 是除了线性回归方程影响之外的其他因素对 y 变差的作用，用于衡量模型拟合程度。

16. 一元线性回归中，以下哪一种残差图特点可以说明回归模型的运用是不合理的？（　　）[中山大学 2011 研]

A. 残差落在一水平直线附近

B. 残差落在一倾斜直线附近

C. 残差的正态概率图大致落在一条直线附近

D. 残差关于一水平直线大致对称

【解析】若一元线性回归模型运用合理，误差项应当满足零均值、同方差、彼此不相关、与自变量相互独立以及正态分布假定，表现在残差图上则为：残差对称的分布在水平轴附近，正态概率图落在一条直线附近。若残差落在倾斜直线附近，说明残差随着自变量的变动而变动，违反了基本假定。

17. 在回归变量 Y 关于预测变量 X 的回归分析中，若以 x 为横坐标，y 为纵坐标，绘散点图，最小二乘原则是指（　　）。[山东大学 2018 研；中山大学 2012、2011 研]

A. 各点到直线的垂直距离的和最小

B. 各点到 x 轴的纵向距离的平方和最小

C. 各点到直线的垂直距离的平方和最小

D. 各点到直线的纵向距离的平方和最小

【解析】最小二乘法也称为最小平方法，它是用最小化垂直方向（纵向距离）的离差平方和来估计参数。

18. 在因变量的总离差平方和中，如果剩余平方和所占的比重大，回归平方和所占的比重小，则两变量之间（　　）。[江苏大学 2012 研]

A. 相关程度高　　B. 相关程度低　　C. 完全相关　　D. 完全不相关

【解析】判定系数 $R^2=\dfrac{SSR}{SST}=\dfrac{\text{回归平方和}}{\text{总离差平方和}}$，回归平方和所占的比重小，即判定系数小，则两变量之间的相关程度低。

15A　16B　17D　18B

19. 关于有常数项的一元线性回归方程，以下正确的是(　　)。[中央财经大学 2011 研]

A. 判定系数等于自变量和因变量的相关系数

B. 判定系数等于自变量和因变量相关系数的平方

C. 自变量和因变量相关系数等于判定系数正的平方根

D. 修正的判定系数等于自变量和因变量相关系数的平方

【解析】在一元线性回归中，相关系数实际上是判定系数的平方根。相关系数与回归系数的符号一致。

20. 如果 Y 关于 X 的回归方程为 $y=2-x$，而且这个回归方程的 $R^2=0.81$，则 x 与 y 之间的相关系数(　　)。[中央财经大学 2011 研]

A. $r=1$　　B. $r=-1$　　C. $r=0.9$　　D. $r=-0.9$

【解析】在一元线性回归中，判定系数实际上是相关系数的平方。相关系数与回归系数的符号一致。故 $r=-\sqrt{R^2}=-\sqrt{0.81}=-0.9$。

21. 以回归方程 $\hat{Y}=a+bX$ 作相关分析与回归分析，关于样本相关系数 r 与回归系数 b，下列各论断中哪一个更合理？(　　)[中山大学 2012 研]

A. $r>0$ 时 $b<0$　　B. $r>0$ 时 $b>0$　　C. $r=1$ 时 $b=0$　　D. $r=1$ 时 $b=1$

【解析】$r>0$ 说明 y 与 x 正相关，所以 $b>0$。$|r|=1$ 说明 y 的取值完全依赖于 x，二者之间即为函数关系，但 b 的取值并不确定。

22. 变量 x 与 y 的相关系数的符号取决于(　　)。[中央财经大学 2012 研]

A. 变量 x 的标准差　　B. 变量 y 的标准差

C. 变量 x 和 y 两标准差的乘积　　D. 变量 x 和 y 的协方差

【解析】随机变量 x 和 y 相关系数的计算公式为：

$$r_{xy}=\frac{n\sum xy-\sum x\sum y}{\sqrt{n\sum x^2-(\sum x)^2}\sqrt{n\sum y^2-(\sum y)^2}}$$

随机变量 x 和 y 的协方差的计算公式为：

$$s_{xy}=\frac{1}{n}\sum(x_i-\bar{x})(y_i-\bar{y})=\frac{1}{n}\sum(x_iy_i-\bar{x}y_i-x_i\bar{y}+\overline{xy})=\frac{1}{n}\sum x_iy_i-\overline{xy}$$

比较两个计算公式可知，随机变量 x 和 y 的相关系数的符号和协方差的符号相同。

23. 在线性回归模型中，根据判定系数 R^2 与 F 统计量的关系可知，当 $R^2=0$ 时，有(　　)。[中央财经大学 2012 研]

A. $F=-1$　　B. $F=0$　　C. $F=1$　　D. $F=\infty$

【解析】F 统计量与 R^2 的关系为

$$F=\frac{SSR/k}{SSE/(n-k-1)}=\frac{SSR/SST}{SSE/SST}\cdot\frac{n-k-1}{k}=\frac{R^2}{1-R^2}\cdot\frac{n-k-1}{k}$$

当 $R^2=0$ 时，$SSR=0$，即有 $F=0$。

24. 已知变量 X 和 Y 的协方差为 -50，X 的方差为 180，Y 的方差为 20，其相关系数为

19B　20D　21B　22D　23B　24B

(　　)。[西安交大 2008 研]

A. 0.83　　B. －0.83　　C. 0.01　　D. －0.01

【解析】随机变量 X 和 Y 的相关系数为：$\rho=\dfrac{\mathrm{Cov}(X,\ Y)}{\sqrt{\mathrm{Var}(X)\mathrm{Var}(Y)}}=\dfrac{-50}{\sqrt{180\times 20}}=-0.83$。

25. 某种产品产量为 1000 件时，生产成本为 3 万元，其中固定成本 6000 元，建立总生产成本对产量的一元线性回归方程应是(　　)。[首经贸 2007 研]

A. $y_c=6000+24x$　　B. $y_c=6+0.24x$

C. $y_c=24000-6x$　　D. $y_c=24+6000x$

【解析】由题设可知，该产品固定成本 = 6000 元，单位成本 = (30000 − 6000)/1000 = 24 (元/件)，故线性回归方程的截距项为 6000，回归系数为 24。

26. 利用最小平方法配合回归方程的数学依据是：令观察值和估计值之间(　　)。[西安交大 2008 研]

A. 所有离差皆为零　　B. 离差之和为零

C. 离差的平方和为零　　D. 离差平方和为最小

27. 在用回归方程进行估计推算时，(　　)。[西安交大 2006 研]

A. 只能用因变量推算自变量　　B. 只能用自变量推算因变量

C. 不须考虑因变量和自变量问题　　D. 自变量和因变量可相互推算

【解析】回归模型中自变量是给定的，即自变量是非随机的，因变量是随机的，所以在用回归方程进行估计推算时，只能用自变量推算因变量。

28. 在一元线性回归中，检验 H_0：$\beta_1=0$，下面结论正确的是(　　)。[中南财大 2004 研]

A. 相关系数检验、t 检验、F 检验三种方法不等价

B. 相关系数检验、t 检验、F 检验三种方法是等价的

C. 相关系数检验法只能用 t 统计量检验，不能用 F 统计量检验

D. F 检验只能用 F 统计量检验，而不能用 t 统计量检验

【解析】一元线性回归中，由于只有一个自变量，该自变量对因变量是否有显著影响就代表了整体方程对因变量是否有显著影响。同时，该自变量系数为 0 时，它与因变量的相关系数也为 0，因此相关系数检验、t 检验、F 检验本质上都是对唯一的自变量系数是否为 0 的检验，三者等价。

29. 对于一元线性回归模型，以 s_e 表示估计标准误差，r 表示样本相关系数，则有(　　)。

A. $s_e=0$ 时，$r=1$　　B. $s_e=0$ 时，$r=-1$

C. $s_e=0$ 时，$r=0$　　D. $s_e=0$ 时，$r=1$ 或 $r=-1$

【解析】当估计标准误差 $s_e=\sqrt{MSE}=\sqrt{\dfrac{SSE}{n-2}}=\sqrt{\dfrac{\sum(y_i-\hat{y}_i)^2}{n-2}}=0$ 时，$y_i=\hat{y}_i$，即模型与样本观测值完全拟合，从而自变量与因变量完全正相关或者完全负相关，即 $r=1$ 或 $r=-1$。

25A　26D　27B　28B　29D

30. 下列关于一元线性回归模型 Y 的平均值 $E(Y_0)$ 与个别值 Y_0 的预测区间的说法，正确的是(　　)。

A. X 越远离其均值，预测区间越窄

B. 样本容量 n 越大，预测精度越高

C. 样本容量 n 越大，预测精度越低

D. 样本容量一定时，平均值的置信区间比个别值的预测区间宽

【解析】预测区间为 $\hat{y}_0 \pm t_{\alpha/2}s_e\sqrt{1+\frac{1}{n}+\frac{(x_0-\bar{x})^2}{\sum_{i=1}^{n}(x_i-\bar{x})^2}}$，故 X 越远离其均值(即 $(x_0-\bar{x})^2$ 越大)，求得的预测区间越宽；样本容量 n 越大，预测区间越窄，预测精度越高。而置信区间为 $\hat{y}_0 \pm t_{\alpha/2}s_e\sqrt{\frac{1}{n}+\frac{(x_0-\bar{x})^2}{\sum_{i=1}^{n}(x_i-\bar{x})^2}}$，故样本容量一定时，平均值的置信区间比个别值的预测区间窄。

31. 标准化残差图主要用于直观地判断(　　)。

A. 回归模型的线性关系是否显著

B. 回归系数是否显著

C. 误差项 ε 服从正态分布的假定是否成立

D. 误差项 ε 等方差的假定是否成立

【解析】标准化本质是进行线性变换，若误差项 ε 服从正态分布，根据正态分布性质，标准化后误差项 ε 服从标准正态分布，可以用标准正态分布的 3σ 原则方便地判断误差项 ε 是否满足正态分布假定，即是否有95%的标准化残差在 $-2\sim+2$ 之间。

32. 如果误差项 ε 服从正态分布的假定成立，那么在标准化残差图中，大约有95%的标准化残差落在(　　)。

A. $-2\sim+2$ 之间　　B. $0\sim1$ 之间

C. $-1\sim+1$ 之间　　D. $-1\sim0$ 之间

【解析】标准化本质是进行线性变换，若误差项 ε 服从正态分布，根据正态分布性质，标准化后误差项 ε 服从标准正态分布，根据标准正态分布的 3σ 原则，有95%的标准化残差在 $-2\sim+2$ 之间。

二、多项选择题

1. 用普通最小平方法估计一元线性回归方程时，假设 $e_i=Y_i-\widehat{Y}_i=Y_i-\beta_iX-\beta_0$，则以下结论成立的有(　　)［中国海洋大学2025研］

A. $\sum e_i^2=0$　　B. $\sum e_i=0$

C. $\sum e_i$ 达到最小值　　D. $\sum e_i$ 达到最小值

E. $\sum e_ix_i=0$

【解析】A项，只有当所有观测点完全落在回归线上时，残差平方和才可能为0。B项，在普通最小平方法中，回归模型通常包含截距项 β_0，这会使残差的代数和为0，即 $\sum e_i=0$。

30B　31C　32A　▎　1BDE

CD两项，普通最小平方法是使残差平方和达到最小值，而不是残差和。E项，残差与解释变量X不相关，即$\sum e_i x_i = 0$。

2. 以下关于相关系数的说法中，正确的是(　　)。[西安交大2008研]

A. r数值大小与两个变量，坐标原点及测量尺度无关

B. 若$r>0$，则越接近于1，说明两变量正的因果关系越强

C. $r=0$只表示两个变量之间不存在线性相关关系，并不说明变量之间没有任何关系

D. r具有对称性，即x与y之间的相关系数和y与x之间的相关系数相等，即$r_{xy}=r_{yx}$

E. 根据计算出来的样本相关系数对总体的相关程度进行判断时，必须进行显著性检验

【解析】相关系数只是表明两个变量间互相影响的程度和方向，它说明的是两个变量之间线性相关关系的强弱，并不能说明两变量间是否有因果关系，以及何为因，何为果，即使是在相关系数非常大时，也并不意味着两变量间具有显著的因果关系。

3. 在回归分析中，关于估计标准误差正确的是(　　)。[西安交大2008研]

A. 估计标准误差大，回归直线代表性小，因而回归直线实用价值大

B. 估计标准误差大，回归直线代表性小，因而回归直线实用价值也小

C. 估计标准误差小，回归直线代表性小，因而回归直线实用价值也小

D. 估计标准误差大，回归直线代表性大，因而回归直线实用价值小

E. 估计标准误差可以看作排除x对y影响后，y随机波动大小的估计量

【解析】估计标准误差是表明回归方程理论值与实际值之间离差的平均水平的指标。其作用有：它可以说明以回归直线为中心的所有相关点的离散程度；它可以说明回归方程的理论值代表相应实际值的代表性大小；它可以反映两变量之间相关的密切程度。

4. 下列各项中，可以采用回归分析的有(　　)。

A. 圆的半径与面积

B. 人均可支配收入和消费性支出

C. 小学生的识字多少与他们的鞋子尺寸

D. 农作物产值与农作物种植面积

E. 我国的国内生产总值和印度的人口

【解析】A项是确定性的函数关系；CE两项通过定性分析可知，小学生的识字多少与他们的鞋子尺寸是没有关系的；我国的国内生产总值和印度的人口数量也是没有关系的；BD两项存在相关关系，可以采用回归分析。

5. 关于相关分析与回归分析的说法，正确的有(　　)。

A. 两者都是研究非确定性变量间的统计依赖关系

B. 两者都可以测度线性依赖程度的大小

C. 在相关分析中变量的地位是对称的

D. 在回归分析中变量的地位是不对称的

E. 相关分析中的变量可以是随机变量，也可以是非随机变量

【解析】相关分析与回归分析的联系和区别分别是：①联系：两者都是研究非确定性变

2ACDE　3BE　4BD　5ABCD

量间的统计依赖关系，并能测度线性依赖程度的大小。②区别：a. 相关分析中变量的地位在相关分析中是对称的，而且都是随机变量；回归分析中变量的地位是不对称的，有自变量与因变量之分，而且自变量也往往被假设为非随机变量；b. 相关分析只关注变量间的联系程度，不关注具体的依赖关系；而回归分析则更加关注变量间的具体依赖关系。

6. 下列关于判定系数 R^2 的说法，正确的有(　　)。

A. 残差平方和越小，R^2 越小

B. 残差平方和越小，R^2 越大

C. $R^2=1$ 时，模型与样本观测值完全拟合

D. R^2 越接近于1，模型的拟合优度越高

E. 判定系数的取值范围为 $0\leqslant R^2\leqslant 1$

7. 对于一元线性回归模型，对 x 的一个给定值 x_0，y 的平均值的置信区间和个别值的预测区间分别为(　　)。

A. $\hat{y}_0 \pm t_{\alpha/2}s_e\sqrt{\dfrac{1}{n}+\dfrac{(x_0-\bar{x})^2}{\sum(x_i-\bar{x})^2}}$

B. $\hat{y}_0 \pm z_{\alpha/2}s_e\sqrt{\dfrac{1}{n}+\dfrac{(x_0-\bar{x})^2}{\sum(x_i-\bar{x})^2}}$

C. $\hat{y}_0 \pm t_{\alpha/2}s_e\sqrt{1+\dfrac{1}{n}+\dfrac{(x_0-\bar{x})^2}{\sum(x_i-\bar{x})^2}}$

D. $\hat{y}_0 \pm z_{\alpha/2}s_e\sqrt{1+\dfrac{1}{n}+\dfrac{(x_0-\bar{x})^2}{\sum(x_i-\bar{x})^2}}$

E. $\hat{y}_0 \pm z_{\alpha}s_e\sqrt{1+\dfrac{1}{n}+\dfrac{(x_0-\bar{x})^2}{\sum(x_i-\bar{x})^2}}$

三、判断题

1. 相关系数越接近于1，回归方程的拟合度越好；相关系数越接近于 -1，回归方程的拟合度越差。(　　)[中国海洋大学2021研]

【解析】回归方程的拟合度可用判定系数 $R^2=SSR/SST$ 来衡量，R^2越接近1，表明回归平方和占总平方和的比例越大，回归直线与各观测点越接近，用 x 的变化来解释 y 值变差的部分就越多，回归方程的拟合程度就越好；反之，R^2越接近0，回归方程的拟合程度就越差。对于一元线性回归方程，相关系数 r 实际上是判定系数的平方根，可以从另一个角度说明了回归方程的拟合优度。$|r|$ 越接近1，表明回归直线对观测数据的拟合程度越好。

2. 回归方程的判定系数等于回归平方和除以总的离差平方和。(　　)[中央财经大学2018研]

【解析】回归平方和占总平方和的比例称为判定系数，记为 R^2。判定系数 R^2 测度了回归直线对观测数据的拟合程度。

3. 一元回归模型的判定系数 R^2 表明了回归直线对观测数据的拟合程度。(　　)[对外经济贸易大学2015研]

【解析】判定系数是回归平方和与总离差平方和之比值，表明回归模型可以解释的变差占因变量总变差的比重，用于衡量回归直线对观测数据的拟合程度。

4. 公司的业绩与股票价格是因果关系，其中股票价格大跌是因，公司的业绩下降是果。

6BCDE　7AC　▍　1×　2✓　3✓　4×

(　　)［西安交大 2005 研］

【解析】公司业绩与股票价格之间存在不确定的数量关系，公司的业绩会影响股票的价格，而股票的价格也会对公司的业绩产生影响，即存在一定的相关关系，但并非因果关系。

5．回归分析是根据变量之间的主从或因果的回归关系，对变量之间的数量变化进行测定，建立数学模型，对因变量进行预测或估计的统计分析方法。(　　)［首经贸 2006 研］

【解析】回归分析是确定两种或两种以上变量间相互依赖的定量关系的一种统计分析方法。回归分析中的数学模型众多。回归分析按照涉及的自变量的多少，可分为一元回归分析和多元回归分析；按照自变量和因变量之间的关系类型，可分为线性回归分析和非线性回归分析。

6．利用一个回归方程，两个变量可以互相推算。(　　)［江苏大学 2009 研］

【解析】回归方程给出的是因变量的预测方程，只能根据给定的自变量，然后预测出相应的因变量的值。

7．在回归分析中，定义的自变量和因变量都是随机变量。(　　)

【解析】在回归分析中，自变量是非随机变量，而因变量是随机变量。

8．回归模型中假定误差项 ε 是一个服从正态分布的随机变量，且相互独立。(　　)

9．通过增大样本容量和提高模型的拟合优度可以缩小置信区间。(　　)

【解析】根据置信区间的表达式：

$$\hat{y}_0 \pm t_{\alpha/2} s_e \sqrt{\frac{1}{n} + \frac{(x_0 - \bar{x})^2}{\sum (x_i - \bar{x})^2}}$$

可以看出，增大样本容量 n 可以缩小区间半径；提高模型的拟合优度，则标准误差 s_e 会变小，则区间的半径变小。两种方法都可以缩小置信区间。

10．对于一元线性回归模型，如果自变量是显著的，那么自变量所对应的系数应该显著不为 0。(　　)

11．估计量和估计值并没有什么区别，二者是同一概念。(　　)

【解析】估计量通常是样本的函数，是一个随机变量；而估计值是将观测到的样本数据带入估计量表达式后计算得到的一个具体数值。

四、简答题

1．简述一元回归模型的基本假设。［东北财经大学 2025 研；浙江工商大学 2019 研；安徽大学 2017 研；对外经济贸易大学 2015 研；厦门大学 2013 研］

答：一元线性回归模型是描述变量 y 与 x 之间线性关系的数学结构式，其线性理论回归模型为：$y = \beta_0 + \beta_1 x + \varepsilon$。为方便参数估计，一元线性回归模型应满足以下基本假设：

(1) 因变量 y 与自变量 x 之间的线性关系是客观存在的；

(2) 重复抽样中，x 是非随机变量；

(3) 误差项 ε 的期望值为 0，即 $E(\varepsilon) = 0$；

5✓　6×　7×　8✓　9✓　10✓　11×

(4)对于所有的取值 $x_i(i=1, \cdots, n)$，误差项 ε 具有相同方差，即 $V_{ar}(\varepsilon_i)=\sigma^2$，且 ε_i 是相互独立、服从正态分布 $N(0, \sigma^2)$ 的随机变量。

2. 概述相关分析与回归分析的联系与区别。[广州大学 2025 研；武汉理工大学 2024、2018 研；重庆大学 2023 研；华中科技大学 2022 研；山东大学 2019 研；中国海洋大学 2019 研；湖南师范大学 2018 研；对外经济贸易大学 2015 研；中南财大 2003 研；西安交大 2005、2006 研；江西财大 2006、2008 研]

相关真题：简述相关分析和回归分析的异同点。[河南大学 2025 研；云南大学 2025 研]

答：(1)相关分析和回归分析的联系

①相关分析与回归分析具有共同的研究对象，都是研究非确定性变量间的统计依赖关系，是对变量间相关关系的分析，并能测度线性依赖程度的大小，二者可以相互补充。

②相关分析可以表明变量间相关关系的性质和程度，只有当变量间存在相当程度的相关关系时，进行回归分析去寻求变量间相关的具体数学形式才有实际的意义。

③在进行相关分析时，如果要具体确定变量间相关的具体数学形式，又要依赖于回归分析，而且在多个变量的相关分析中相关系数的确定也是建立在回归分析基础上的。

(2)相关分析和回归分析的区别

①从研究目的上看，相关分析是用一定的数量指标(相关系数)度量变量间相互联系的方向和程度，在相关分析中，x 与 y 处于平等的地位，即研究 x 与 y 的密切程度和研究 y 与 x 的密切程度是一致的；

回归分析却是要寻求变量间联系的具体数学形式，是要根据自变量的给定值去估计和预测因变量的平均值，y 被称为因变量，处在被解释的特殊地位。

②从对变量的处理看，相关分析对称地对待相互联系的变量，不考虑二者的因果关系，也就是不区分自变量和因变量，相关的变量不一定具有因果关系，均视为随机变量。

回归分析是在变量因果关系分析的基础上研究其中的自变量的变动对因变量的具体影响，必须明确划分自变量和因变量，所以回归分析中对变量的处理是不对称的，在回归分析中通常假定自变量在重复抽样中是取固定值的非随机变量，只有因变量是具有一定概率分布的随机变量。

③相关分析的研究主要是两个变量之间的线性相关程度，而回归分析不仅可以揭示 x 对 y 的影响大小，还可以建立回归方程进行数量上的预测和控制。

3. 给出在一元线性回归中：

(1)相关系数的定义和直观意义；

(2)判定系数的定义和直观意义；

(3)相关系数和判定系数的关系。[中央财经大学 2012 研]

相关真题：

(1)解释一元线性回归判定系数的含义及应用。[华中农业大学 2025 研]

(2)简述判定系数和相关系数的定义，以及他们的区别与联系。[西安财经大学 2025 研]

答：(1)相关系数是测度变量之间线性相关程度的量，一般用字母 r 表示，由于总体相关系数一般未知，研究中常用样本相关系数代替。样本相关系数的计算公式为：

$$r=\frac{n\sum xy-\sum x\sum y}{\sqrt{n\sum x^2-(\sum x)^2}\sqrt{n\sum y^2-(\sum y)^2}}$$

r 的取值在 -1 到 1 之间，符号表示相关关系的方向，绝对值大小表示相关程度大小，r

的绝对值越接近于 1 时，x 与 y 之间线性相关关系越强。需要注意的是，相关系数只能用于表示线性关系，不能用于描述非线性关系，因此 $r=0$ 只表示两个变量之间不存在线性相关关系，不能保证两者没有非线性相关关系，实际应用中需要结合散点图进行判断。

(2)判定系数，也称可决系数，是指在线性回归中，回归平方和与总离差平方和的比值，其数值等于相关系数的平方，用 R^2 表示。它是对估计的回归方程拟合优度的度量，其计算公式为：

$$R^2=\frac{SSR}{SST}=\frac{\sum(\hat{y}_i-\bar{y})^2}{\sum(y_i-\bar{y})^2}=1-\frac{\sum(y_i-\hat{y}_i)^2}{\sum(y_i-\bar{y})^2}$$

R^2 的取值范围是[0，1]。SSR 表示可以用自变量解释的因变量变动，SST 表示因变量的总变动，因此 R^2 越接近于 1，用 x 的变化来解释 y 值变差的部分就越多，表明回归直线的拟合程度就越好。

(3)在一元线性回归中，相关系数 r 实际上是判定系数的平方根，其正负符号与回归方程中回归系数的符号相同。

4. 简述回归分析的一般过程。［华中农业大学 2015 研］

答：回归分析是确定两个或两个以上变量间相互依赖的定量关系的一种统计分析方法，进行回归分析的一般过程为：

(1)明确预测的具体目标，确定因变量和自变量。

(2)进行相关分析。回归分析是对具有因果关系的影响因素(自变量)和预测对象(因变量)所进行的数理统计分析处理。只有当自变量与因变量确实存在某种关系时，建立的回归方程才有意义。因此，作为自变量的因素与作为因变量的预测对象是否有关，相关程度如何，以及判断这种相关程度的把握性多大，是进行回归分析必须要解决的问题。进行相关分析，一般要求出相关系数，以相关系数的大小来判断自变量和因变量的相关的程度。

(3)建立预测模型。依据自变量和因变量的历史统计资料进行计算，在此基础上建立回归分析方程。

(4)计算预测误差。回归预测模型是否可用于实际预测，取决于对回归预测模型的检验和对预测误差的计算。回归方程只有通过各种检验，且预测误差较小，才能将回归方程作为预测模型进行预测。

(5)确定预测值。利用回归预测模型计算预测值，并对预测值进行综合分析，确定最后的预测值。

5. 试问独立性与不相关之间的区别与联系？［郑州大学 2023 研；暨南大学 2011 研］

答：对于事件 A 和 B，若 $P(AB)=P(A)P(B)$，则称事件 A 和事件 B 相互独立，简称 A 与 B 独立。对于 n 个事件 A_1，A_2，$\cdots A_n$，若对于所有可能组合 $1\leqslant i<j<k<\cdots\leqslant n$，以下等式均成立

$$\begin{cases}P(A_iA_j)=P(A_i)P(A_j)\\P(A_iA_jA_k)=P(A_i)P(A_j)P(A_k)\\\cdots\cdots\\P(A_1A_2\cdots A_n)=P(A_1)P(A_2)\cdots P(A_n)\end{cases}$$

则称 A_1，A_2，$\cdots A_n$ 相互独立；若只有第一个等式成立，则称 A_1，A_2，$\cdots A_n$ 两两独立。

对于随机变量 X 与 Y，若 $\mathrm{Var}(X)>0$，$\mathrm{Var}(Y)>0$，则称 $\frac{\mathrm{Cov}(X,Y)}{\sqrt{\mathrm{Var}(X)\mathrm{Var}(Y)}}$ 为 X 与 Y 的相

关系数，记为ρ或ρ_{XY}。若$\rho_{XY}=0$，则称随机变量X与Y不相关。

两者的联系：独立性和不相关性都是随机变量间联系“薄弱”的一种反映。若X与Y独立，则X与Y不相关。在二维正态分布中，不相关性与独立性是等价的。

两者的区别：两个随机变量相互独立与不相关是两个不同的概念，不相关只说明两个随机变量之间没有线性关系，但这时的X与Y可能有某种别的函数关系；而相互独立说明两个随机变量之间没有任何关系，既没有线性关系，也没有其他关系。

6. 利用相关系数如何判断变量之间相关的方向和相关关系的密切程度？［西安交大2002研］

答：相关系数r的取值范围在$-1\sim+1$之间。符号表示相关关系方向，绝对值大小表示相关程度大小。若相关系数为负，则两变量负相关；若相关系数为正，则两变量正相关。$|r|\to1$说明两个变量之间的线性关系越强；$|r|\to0$说明两个变量之间的线性关系越弱。

在实践中，根据经验，当$|r|\geqslant0.8$时，可视为高度相关；当$0.5\leqslant|r|<0.8$时，可视为中度相关；当$0.3\leqslant|r|<0.5$时，视为低度相关；当$|r|<0.3$时，说明两个变量之间的相关程度极弱，可视为不相关。但以上判断均应建立在对相关系数的显著性检验之上。

7. 若有线性回归模型$y_t=\beta_1+\beta_2x_t+\varepsilon_t(t=1, 2, \cdots, n)$，其中$E(\varepsilon_t)=0$，$E(\varepsilon_t^2)=\sigma^2x_t^2$，$E(\varepsilon_t\varepsilon_s)=0(t\neq s)$，问：

(1)该模型是否违背古典线性回归模型的假定，请简要说明；

(2)如果对该模型进行估计，你会采用什么方法？请说明理由。［人大2009研］

答：(1)该模型违背了古典线性回归模型的假定。古典线性回归模型要求误差项具有等方差性，即对于不同的自变量x具有相同的方差。而由题意可知，误差项ε_t的方差为$\sigma^2x_t^2$，与自变量x_t有关。

(2)如果对该模型进行估计，会采用加权最小二乘法。加权最小二乘法是在平方和中加入权数$\frac{1}{x_t^2}$，以调整各项在平方和中的作用，即寻找参数β_1，β_2的估计值$\hat{\beta}_1$，$\hat{\beta}_2$，使得离差平方和$Q(\beta_1, \beta_2)=\sum_{t=1}^{n}\frac{1}{x_t^2}(y_t-\beta_1-\beta_2x_t)^2$达到最小。这样，就消除了异方差性的影响。

8. 回归分析结果的评价。［首经贸2009研］

答：对回归分析结果的评价可以从以下四个方面入手：

(1)所估计的回归系数$\hat{\beta}_1$的符号是否与理论或事先预期相一致。

(2)对于有理论支持其对因变量有显著影响的自变量，要关注统计检验结果是否显著。若理论与模型相矛盾，一方面要检验模型是否存在多重共线性等问题，一方面要对理论的正确性进行合理质疑。

(3)用判定系数R^2来回答回归模型在多大程度上解释了因变量y取值的差异。

(4)考察关于误差项ε的正态性假定是否成立。若基本假定不成立，模型可能会存在多重共线性、异方差、内生性等问题，导致检验失效。检验ε正态性的简单方法是画出残差的散点图或正态概率图。

9. 回归分析中的误差序列有何基本假定？模型参数的最小二乘估计$\hat{a}$和$\hat{b}$具有哪些统计特性？若模型用于预测，影响预测精度的因素有哪些？［西南财大2001、2003研］

答：(1)回归分析中的误差序列一般有这些基本假定：

①自变量x_1，x_2，…，x_k是非随机的、固定的，且相互之间互不相关(无多重共线性)。

②误差项ε是一个期望值为0的随机变量，即$E(\varepsilon)=0$。

③对于自变量x_1，x_2，…，x_k的所有值，ε的方差σ^2都相同，且不序列相关，即$D(\varepsilon_i)=\sigma^2$，$\mathrm{Cov}(\varepsilon_i,\ \varepsilon_j)=0$，$i\neq j$。

④误差项ε服从正态分布且相互独立，即$\varepsilon\sim N(0,\ \sigma^2)$。

(2)模型参数的最小二乘估计$\hat{a}$和$\hat{b}$的统计特性：①线性，即估计量$\hat{a}$和$\hat{b}$为随机变量y_i的线性函数；②无偏性，$\hat{a}$和$\hat{b}$分别是截距系数a和斜率系数b的无偏估计；③有效性，$\hat{a}$和$\hat{b}$是所有线性无偏估计量中具有最小方差的估计量。

(3)影响预测精度的因素有：①预测的把握度要求。同样情况下，要求预测的把握度越高，则相应的预测区间就越宽，精度越低；②总体y分布的离散程度σ^2。σ^2越大，相应的预测区间就越宽，预测精度越低；③样本量n。n越大，相应的预测区间就越窄，预测精度越高；④样本观测点中，解释变量x分布的离散度。x分布越离散，预测精度越高；⑤预测点x_0离样本分布中心$\bar{x}$的距离。预测点越远离样本分布中心$\bar{x}$，预测区间越宽，精度越低，越接近样本分布中心$\bar{x}$，区间越窄，精度越高。

10. 回归分析中，置信区间估计和预测区间估计有什么区别?［对外经济贸易大学2018研］

答：(1)利用估计的回归方程，对于自变量x的一个特定值，求出因变量y的一个估计值的区间就是区间估计。区间估计有两种类型：一是置信区间估计，它是对y的平均值的估计区间。二是预测区间估计，它是对y的一个特定值的估计区间。

(2)置信区间估计和预测区间估计的区别：

①估计对象不同，置信区间估计是对y的平均值的估计区间，而预测区间估计是对y的一个个别值的估计区间。

②置信区间的估计方法：

$$\hat{y}_0 \pm t_{\alpha/2}s_e\sqrt{\frac{1}{n}+\frac{(x_0-\bar{x})^2}{\sum_{i=1}^{n}(x_i-\bar{x})^2}}$$

预测区间的估计方法：

$$\hat{y}_0 \pm t_{\alpha/2}s_e\sqrt{1+\frac{1}{n}+\frac{(x_0-\bar{x})^2}{\sum_{i=1}^{n}(x_i-\bar{x})^2}}$$

由此可以看出，对同一个给定的自变量x_0，预测区间要比置信区间宽一些。

11. 简述判定系数的含义和作用。

答：(1)判定系数的含义

判定系数是回归平方和与总离差平方和之比值，表明回归模型可以解释的变差占因变量总变差的比重，记为R^2，其计算公式为：

$$R^2=\frac{SSR}{SST}=\frac{\sum(\hat{y}_i-\bar{y})^2}{\sum(y_i-\bar{y})^2}=1-\frac{\sum(y_i-\hat{y}_i)^2}{\sum(y_i-\bar{y})^2}$$

(2)判定系数的作用

判定系数R^2是用于测度回归直线对观测数据的拟合程度的一个度量值。若各观测数据$(x_i,\ y_i)$在坐标系上形成的散点都落在一条直线上，那么这条直线就是对数据的完全拟合，直线充分代表了各个点，此时，用 x 估计 y 是没有误差的，残差平方和 $SSE=0$，$R^2=1$；如果 y 的变化与 x 无关，x 完全无助于解释 y 的变差，此时 $\hat{y}=\bar{y}$，则 $R^2=0$。因此可得 R^2 的取值范围是[0，1]。各观测点越是紧密围绕直线，即 R^2 越接近于1，用 x 的变化来解释 y 值变差的部分就越多，说明直线对观测数据的拟合程度越好，判定系数越高，反之 R^2 越接近于0，直线对观测数据的拟合程度越差，判定系数越小。

五、计算题

1. 某快餐店想要估计每位顾客午餐的平均花费金额，在为期3周的时间里选取49名顾客组成了一个简单随机样本。

(1)假定总体标准差为15元，求样本均值的抽样标准误差；

(2)在95%的置信水平下，求估计误差；

(3)如果样本均值为120元，求总体均值 μ 的95%的置信区间。[湘潭大学2025研]

解：(1)样本均值的抽样标准误差 $\sigma_{\bar{x}}=\sigma/\sqrt{n}=15/7\approx2.14$(元)。

(2)估计误差是估计总体均值时的误差，估计误差 $=z_{\alpha/2}\dfrac{\sigma}{\sqrt{n}}\approx1.96\times15/\sqrt{49}=4.2$(元)。

(3)已知样本均值为120，估计误差为4.2，则总体均值 μ 的95%的置信区间为 $120\pm4.2=(115.80,\ 124.20)$。

2. 为了调查班级规模对学生成绩的影响，现在某地区随机抽取420个五年级班级进行标准化测试，获得它们的测试成绩。根据学生测试成绩(testscr，单位：分)和学生－教师比(str，单位：人；代表每名教1师对应的学生人数，用以度量班级规模)数据，回归分析的结果如下：

testscr	Coef.	Std. Err.	t	$P>\|t\|$	[95% Conf. Interval]
str	−2.280	0.480	A	0.000	C
_cons	698.933	9.468	73.825	0.000	[680.323，717.543]

$F(1,\ 418)=\underline{B}\quad R^2=0.051$

(1)根据上述回归结果，写出OLS的回归方程；并以一元线性回归模型为例，简述OLS估计法的基本原理。

(2)请解释截距项和斜率系数的估计结果的含义。

(3)表中，*str* 的 t 统计量和回归结果的 F 统计量缺失，请补充，并说明两者的含义。

(4)表中，*str* 的回归结果的95%的双侧置信区间缺失，请补充，并说明其含义。

(5)如何理解模型中 R^2？该值很低，是否意味着本题中的模型设定是错误的？[湖南师范大学2021研]

解：(1)OLS的回归方程为：$\hat{y}=\hat{\beta}_0+\hat{\beta}_1x=698.993-2.280x$。

以一元线性回归模型为例，对于 x 和 y 的 n 对观测值，用于描述其关系的直线有多条，*OLS* 估计法(最小二乘法)是通过使因变量的观测值 y_i 与估计值 $\hat{y}_i$ 之间的离差平方和达到最小来估计 β_0 和 β_1 的方法，用它来代表 x 与 y 之间的关系与实际数据的误差比其他任何直线都小。

(2)截距项的估计结果 $\hat{\beta}_0=698.993$，它是指当学生－教师比为0时，即每名教师对应的学生人数为0，学生测试成绩的平均值为698.993分。但是，当学生－教师比为0(没有学生)时，自然也就不会有学生测试成绩，而在这里，它的值为一个正数，这就很难解释得通。在回归分析中，对截距 $\hat{\beta}_0$ 通常不作实际意义上的解释。

斜率系数的估计结果 $\hat{\beta}_1 = -2.280$，表示学生－教师比每增加 1，学生测试成绩平均减少 2.280 分。

(3) *str* 的 *t* 统计量：

$$t = \frac{\hat{\beta}_1}{S_{\hat{\beta}_1}} = \frac{-2.280}{0.480} = -4.750$$

表中还给出了变量 *str* *t* 检验的 *P* 值 =0，表明自变量 x_1 对因变量 y 的影响是显著的，这意味着学生－教师比是影响学生测试成绩的一个显著因素。

回归结果的 *F* 统计量：$SST = SSR + SSE$，$R^2 = \frac{SSR}{SST} = \frac{SST - SSE}{SST} = 1 - \frac{SSE}{SST}$，因此 $1 - R^2 = \frac{SSE}{SST}$。

$$F = \frac{SSR/1}{SSE/(n-2)} = \frac{R^2/1}{(1-R^2)/(n-2)} = \frac{0.051}{(1-0.051)/418} = 22.464 > F_{0.05}(1, 418)$$

这说明学生－教师比与学生测试成绩之间存在显著的线性关系。

(4) *str* 的回归结果 $\hat{\beta}_1$ 的 95% 的双侧置信区间：

$$\hat{\beta}_1 \pm t_{\alpha/2}(418) S_{\hat{\beta}_1} = -2.280 \pm 1.96 \times 0.480 = (-3.221,\ -1.339)$$

这一置信区间的含义是：学生－教师比每增加 1，学生测试成绩平均减少额在 1.339 ~ 3.221 分之间。

(5) 模型中 $R^2 = 0.051$，该值很低，并不意味着本题中的模型设定是错误的。因为可决系数只是对模型拟合优度的度量，R^2 越大，说明列入模型中的自变量对因变量的联合影响程度越大，并非说明模型中各个自变量对因变量的影响程度也都大。在回归分析中，不仅要求模型的拟合程度高，而且还要得到回归模型参数的可靠估计量。在应用中不必对 R^2 过分苛求，重要考察：模型的经济关系是否合理，*F* 检验是否通过。本题中 *F* 检验是显著的，所以 R^2 低不意味着本题中的模型设定是错误的。

3. 某地区五月份的降雨量 *y* 与四月份的平均气温 *x*(℃)有关，假设此关系是线性的。用 Excel 对气象站连续 12 年的统计资料进行回归分析，得到的部分结果如表 11-1 所示。

表 11-1

回归统计	
R^2	0.4513
修正的 R^2	0.3964
标准误差	3.5577
观测差	12

	系数	标准误差	*t* 统计量	*P* – value
截距	12.8435	5.8412	2.1988	0.0525
气温 *x*	1.0306	0.3594	2.8677	0.0167

	自由度	平方和	均方	F 统计量	Significance F
回归分析	a	d	f	h	0.0167
残差	b	e	g		
总计	c	230.6667			

(1)假设总体回归模型为 $Y=\beta_0+\beta_1X+\varepsilon$，请推导 β_0 和 β_1 的最小二乘估计量。

(2)根据上述结果，计算五月份的降雨量 y 与四月份的平均气温 x 的相关系数。(保留 2 位小数)

(3)写出估计的回归方程的表达式，并说明回归系数的含义。(保留 4 位小数)

(4)分别在 1% 和 5% 的显著性水平下，使用 F 检验结果评价估计方程的显著性。

(5)填出方差分析表中缺少的项目(a ~ h)。(保留 2 位小数)［中央财经大学 2015 研］

解：(1)最小二乘法即估计参数使得 $\sum(y_i-\hat{y}_i)^2=\sum(y_i-\hat{\beta}_0-\hat{\beta}_1x_i)^2$ 最小。

令 $Q=\sum(y_i-\hat{y}_i)^2$，在给定样本数据后，Q 是 $\hat{\beta}_0$，$\hat{\beta}_1$ 的函数，且最小值总是存在。根据微积分的极值定理，对 Q 求相应于 $\hat{\beta}_0$，$\hat{\beta}_1$ 的偏导数，并令其等于 0，便可求出 $\hat{\beta}_0$，$\hat{\beta}_1$：

$$\begin{cases}\dfrac{\partial Q}{\partial\hat{\beta}_0}=-2\sum_{i=1}^{n}(y_i-\hat{\beta}_0-\hat{\beta}_1x_i)=0\\[2ex]\dfrac{\partial Q}{\partial\hat{\beta}_1}=-2\sum_{i=1}^{n}x_i(y_i-\hat{\beta}_0-\hat{\beta}_1x_i)=0\end{cases}$$

解方程组得：

$$\begin{cases}\hat{\beta}_1=\dfrac{n\sum_{i=1}^{n}x_iy_i-\sum_{i=1}^{n}x_i\sum_{i=1}^{n}y_i}{n\sum_{i=1}^{n}x_i^2-\left(\sum_{i=1}^{n}x_i\right)^2}\\[2ex]\hat{\beta}_0=\bar{y}-\hat{\beta}_1\bar{x}\end{cases}$$

(2)由表中数据可得：

回归系数的估计为正值，故降雨量 y 与平均气温 x 的相关系数 $r=\sqrt{R^2}=\sqrt{0.4513}=0.67$。

(3)由回归分析表结果可得回归方程为：

$$\hat{y}=12.8435+1.0306x$$

其中回归系数 1.0306 表示四月份的平均气温每上升 1℃，五月份的降雨量平均增加 1.0306。

(4)F 检验 P 值为 0.0167，由于 $0.01<0.0167<0.05$，故在 5% 的显著性水平下拒绝原假设，即估计方程显著；在 1% 的显著性水平下不拒绝原假设，即估计方程不显著。

(5)方差分析表如表 11-2 所示。

表 11-2

	自由度	平方和	均方	F 统计量	Significance F
回归分析	1	104.10	104.10	8.22	0.0167
残差	10	126.57	12.66		
总计	11	230.6667			

计算过程如下：

检验统计量

$$F=\frac{SSR/k}{SSE/(n-k-1)}=\frac{R^2/k}{(1-R^2)/(n-k-1)}$$

其中，$R^2=0.4513$，$k=1$，$n-k-1=10$

计算得到 F 统计量 $=8.22$。由 $R^2=\frac{SSR}{SST}$ 得

$$SSR=SST\cdot R^2=104.10$$

则

$$SSE=SST-SSR=126.57,\ MSR=SSR/k=104.10,\ MSE=SSE/(n-k-1)=12.66$$

4. 某商业企业 2008 ~ 2012 年五年内商品销售额的年平均值为 421 万元，标准差为 30.07 万元；商业利润的年平均数为 113 万元，标准差为 15.41 万元。五年内销售额与商业利润的乘积和为 240170 万元，各年销售额的平方和为 890725 万元，各年商业利润的平方和为 65033 万元，试就以上资料计算：

(1) 商业销售额与商业利润的样本相关系数并解释其含义。

(2) 假设商业销售额与商业利润之间存在线性相关关系。当商品销售额为 600 万元时，试估计商业利润为多少万元？［山东大学 2015 研］

解：设商业销售额为 x，商业利润为 y。由题意得

$$\bar{x}=421, s_x=30.07; \bar{y}=113, s_y=15.41; \sum xy=240170, \sum x^2=890725, \sum y^2=65033$$

(1) 商业销售额与商业利润的样本相关系数为：

$$\begin{aligned} r &= \frac{n\sum xy-\sum x\sum y}{\sqrt{n\sum x^2-(\sum x)^2}\sqrt{n\sum y^2-(\sum y)^2}} \\ &= \frac{5\times 240170-5\times 421\times 5\times 113}{\sqrt{5\times 890725-(5\times 421)^2}\times\sqrt{5\times 65033-(5\times 113)^2}} \\ &= 0.9947 \end{aligned}$$

$r=0.9947$ 说明商业销售额与商业利润高度正相关。

(2) 设估计的回归方程为 $\hat{y}=\hat{\beta}_0+\hat{\beta}_1x$，则根据最小二乘法估计回归参数为：

$$\hat{\beta}_1=\frac{n\sum xy-\sum x\sum y}{n\sum x^2-(\sum x)^2}=\frac{5\times 240170-5\times 421\times 5\times 113}{5\times 890725-(5\times 421)^2}=0.51$$

$$\hat{\beta}_0=\bar{y}-\hat{\beta}_1\bar{x}=113-0.51\times 421=-101.71$$

故 y 关于 x 的回归方程为：$\hat{y}=-101.71+0.51x$。当 $x=600$ 时，y 的估计值为 204.29 万元。即当商品销售额为 600 万元时，商业利润的估计值为 204.29 万元。

5. 稀有宝石对它的拥有者来说是一种地位高的象征。从理论上说，当这种宝石的价格提高时，由于宝石拥有者相信得到宝石就有了地位，所以低价位的需求减少，中等价位的需求同原来持平，而高价位的需求则会增加。以宝石价格来解释宝石需求的一阶模型是：$Y=\beta_0+\beta_1X+\varepsilon$，其中 Y 为宝石需求（千颗），x 为每克拉宝石的零售价格（美元）。将这个模型用表 11-3 中的数据来拟合，分析结果的 Excel 输出列于数据表的下方，如表 11-4 所示。

表 11-3

X	100	700	450	150	500	800	70	50	300	350	750	700
y	130	150	60	120	50	200	150	160	50	40	10	130

表 11-4

	Coefficients	标准误差	t Stat	P - value
Intercept	112. 8831	32. 6268	3. 4598	0. 0061
x	- 0. 0213	0. 0665	- 0. 3196	0. 7558

(1)用估计的回归方程计算回归残差(列表计算);

(2)做回归残差图,在残差图上发现了什么?这意味着什么?[北京交通大学 2015 研]

解:(1)由回归分析表可得估计的回归方程为:$y = 112.8831 - 0.0213x$,则可根据该回归方程求得每一个 x 对应的 y 的估计值,进而求得回归残差如表 11-5 所示。

表 11-5

X	100	700	450	150	500	800	70	50	300	350	750	700
y	130	150	60	120	50	200	150	160	50	40	10	130
	110. 8	98. 0	103. 3	109. 7	102. 2	95. 8	111. 4	111. 8	106. 5	105. 4	96. 9	98. 0
e	19. 2	52. 0	-40. 3	10. 3	-52. 2	104. 2	38. 6	48. 2	-56. 5	-65. 4	-86. 9	32. 0

(2)做回归残差图如图 11-1 所示。

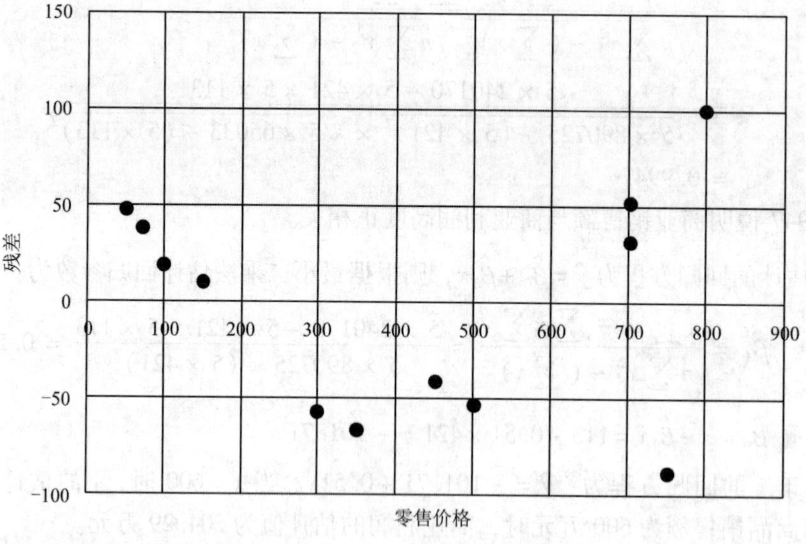

图 11-1 残差图

从残差图上可看出,回归残差值虽然分布在水平轴两侧,但距水平轴距离较远,且差异较大。该残差图表明回归残差不满足零均值同方差的假定,则估计的回归方程不显著,从回归分析表中回归系数显著性检验 P 值 $=0.7558>0.05$,该结果不显著也证实了该结论。

6. 为研究产品的销售额与销售利润之间的关系,某公司对所属 15 家企业进行了调查。设产品销售额为 X(万元),销售利润为 Y(万元)。调查资料整理后为 $\sum X=225$,$\sum X^2=$

4000，$\sum Y = 25$，$\sum Y^2 = 60$，$\sum XY = 480$。

要求：

(1) 计算样本相关系数；

(2) 计算回归方程的回归系数，并对所得的回归系数做出经济含义解释；

(3) 计算回归估计标准误差；

(4) 预测当销售额为 360 万元时，销售利润可能达到多少？［厦门大学 2014 研］

解：(1) 样本相关系数为：

$$\rho_{XY} = \frac{n\sum XY - \sum X \sum Y}{\sqrt{n\sum X^2 - (\sum X)^2}\sqrt{n\sum Y^2 - (\sum Y)^2}}$$

$$= \frac{15 \times 480 - 225 \times 25}{\sqrt{15 \times 4000 - 225^2}\sqrt{15 \times 60 - 25^2}}$$

$$= 0.98$$

(2) 设估计的回归方程为：

$$\hat{y} = \hat{\beta}_0 + \hat{\beta}_1 x$$

根据最小二乘法得：

$$\hat{\beta}_1 = \frac{n\sum XY - \sum X \sum Y}{n\sum X^2 - (\sum X)^2} = \frac{15 \times 480 - 225 \times 25}{15 \times 4000 - 225^2} = 0.168$$

该回归系数的经济含义是：产品销售额每增加 1 万元，销售利润平均增加 0.168 万元。

(3) 回归估计标准误差为：

$$s_e = \sqrt{\frac{\sum (y_i - \hat{y}_i)^2}{n-2}}$$

首先，计算 $\sum (y_i - \hat{y}_i)^2$ 如下：

$$\begin{aligned}\sum (y_i - \hat{y}_i)^2 &= \sum (y_i - \hat{\beta}_0 - \hat{\beta}_1 x_i)^2 \\ &= \sum (y_i^2 + \hat{\beta}_0^2 + \hat{\beta}_1^2 x_i^2 - 2\hat{\beta}_0 y_i - 2\hat{\beta}_1 x_i y_i + 2\hat{\beta}_0\hat{\beta}_1 x_i) \\ &= \sum Y^2 + 15\hat{\beta}_0^2 + \hat{\beta}_1^2 \sum X^2 - 2\hat{\beta}_0 \sum Y - 2\hat{\beta}_1 \sum XY + 2\hat{\beta}_0\hat{\beta}_1 \sum X\end{aligned}$$

由最小二乘法可得：

$$\hat{\beta}_0 = \bar{y} - \hat{\beta}_1 \bar{x} = \frac{25}{15} - 0.168 \times \frac{225}{15} \approx -0.85$$

代入计算得：$\sum (y_i - \hat{y}_i)^2 = 0.6935$。

所以，$s_e = \sqrt{\frac{\sum (y_i - \hat{y}_i)^2}{n-2}} = \sqrt{\frac{0.6935}{13}} = 0.2310$。

(4) 由前面计算可知回归方程为：

$$y = -0.85 + 0.168x$$

所以，当 $x = 360$(万元)时，销售利润为 $y = -0.85 + 0.168 \times 360 = 59.63$(万元)。

7．炼铝厂测得所产铸模用的硬度 X 与抗张强度 Y 数据如表 11-6 所示

表 11-6

X	68	53	70	84	60	72	51	83	70	64
Y	288	293	349	343	290	354	283	324	340	286

(1) 求 Y 关于 X 的回归方程；

(2) 检验所得回归直线的显著性($\alpha=0.05$)；

(3) 预报当铝的硬度 $X_0=65$ 时的抗张强度 Y。［中山大学 2012 研］

解：根据表格中的数据计算可知：

$\sum_{i=1}^{n}x_i=\sum_{i=1}^{10}x_i=675$，$\sum_{i=1}^{n}y_i=\sum_{i=1}^{10}y_i=3150$，$\sum_{i=1}^{n}x_i^2=\sum_{i=1}^{10}x_i^2=46659$，$\sum_{i=1}^{10}x_iy_i=214672$，$\bar{x}=67.5$，$\bar{y}=315$，$SST=\sum_{i=1}^{n}(y_i-\bar{y})^2=\sum_{i=1}^{10}(y_i-315)^2=7870$，$\sum_{i=1}^{10}(x_i-\bar{x})^2=1096.5$

(1)设估计的回归方程为 $\hat{y}=\hat{\beta}_0+\hat{\beta}_1x$，则根据最小二乘法解得的未知参数的计算公式可得：

$$\hat{\beta}_1=\frac{n\sum_{i=1}^{n}x_iy_i-\sum_{i=1}^{n}x_i\sum_{i=1}^{n}y_i}{n\sum_{i=1}^{n}x_i^2-(\sum_{i=1}^{n}x_i)^2}=1.867$$

$$\hat{\beta}_0=\bar{y}-\hat{\beta}_1\bar{x}=188.978$$

所以 Y 关于 X 的回归方程为：$\hat{y}=188.978+1.867x$。

(2)$SSR=\sum_{i=1}^{n}(\hat{y}_i-\bar{y})^2=\sum_{i=1}^{10}(\hat{y}_i-315)^2=3822$，$MSR=\frac{SSR}{1}=\frac{3822}{1}=3822$

$$SSE=\sum_{i=1}^{n}(y_i-\hat{y}_i)^2=\sum_{i=1}^{10}(y_i-\hat{y}_i)^2=4048,\ MSE=\frac{SSE}{n-2}=\frac{4048}{10-2}=506$$

$$s_e=\sqrt{MSE}=22.494,\ s_{\hat{\beta}_1}=\frac{s_e}{\sqrt{\sum_{i=1}^{n}x_i^2-\frac{1}{n}(\sum_{i=1}^{n}x_i)^2}}=\frac{22.494}{\sqrt{\sum_{i=1}^{10}x_i^2-\frac{1}{10}(\sum_{i=1}^{10}x_i)^2}}=0.679$$

线性关系的显著性检验：

建立假设：H_0：$\beta_1=0$；H_1：$\beta_1\neq0$

计算统计量 $F=\frac{MSR}{MSE}=\frac{3822}{506}\approx7.553$，查表得，$F_{\alpha=0.05}(1,8)=5.318$。

由于 $F>F_\alpha$，所以拒绝 H_0，表明抗张强度 Y 和硬度 X 之间的线性关系是显著的。

回归系数的显著性检验：

建立假设：H_0：$\beta_1=0$；H_1：$\beta_1\neq0$

计算统计量 $t=\frac{\hat{\beta}_1}{s_{\hat{\beta}1}}=\frac{1.867}{0.679}=2.750$

查表得 $t_{\alpha/2}(8)=2.306$。由于 $t>t_{\alpha/2}$，拒绝原假设 H_0，表明硬度 X 是影响抗张强度 Y 的一个显著性因素。

(3)根据估计出的回归方程，当铝的硬度 $x_0=65$ 时，预测的抗张强度为：

$$\hat{y}_0=188.978+1.867\times65=310.333$$

8. 研究人员通过随机调查取得了 50 名从业人员的月收入和月消费支出数据。用 Excel 进行回归分析(支出为因变量，收入为自变量)，部分结果如表 11-7、11－8 所示。

表 11-7

回归统计	
R Square	0.9188
Adjusted R Square	0.9171
标准误差	229.1852
观测值	50

表 11-8

	Coefficients	标准误差	t Stat	P－value
Intercept	191.91	82.04	2.34	0.0235
收入	0.62	0.03	23.30	0.0000

(1)计算收入和支出的相关系数;

(2)根据本题的经济意义，对收入进行 t 检验时应该进行单侧检验还是双侧检验？写出零假设和备择假设。根据 Excel 的计算结果，如果 $\alpha=0.01$，检验的结论如何?

(3)写出回归方程的表达式，说明回归系数的含义，并计算月收入为 3000 元时的平均支出。[中央财大 2009 研]

解:(1)在该一元线性回归方程中，回归系数为正数，所以收入和支出之间存在正相关关系。则 $r=\sqrt{R^2}=\sqrt{0.9188}=0.9585$。

(2)根据本题的经济意义，考察的是收入与支出之间的关系，即随着收入的增加，支出是否也会增加。所以对收入进行 t 检验时，应进行右侧检验。

原假设与备择假设分别为:

$$H_0: \beta_1 \leqslant 0, \ H_1: \beta_1>0$$

由 Excel 计算结果可知，回归系数 $\hat{\beta}$ 为正数，从而检验统计量 $t=\frac{\hat{\beta}_1}{s_{\hat{\beta}_1}}>0$。

Excel 输出的为双侧检验结果，其中，P－value $=0.0000<\alpha=0.01$，因此 t 统计量的值落在了双侧检验拒绝域$(t_{\alpha/2}(n-2),\ +\infty)$中。由于 $t_{\alpha/2}(n-2)>t_{\alpha}(n-2)$，所以区间$(t_{\alpha/2}(n-2),\ +\infty)$包含于区间$(t_{\alpha}(n-2),\ +\infty)$中，进一步可以推断出 t 统计量的值也落在区间$(t_{\alpha}(n-2),\ +\infty)$中，即落在了右侧检验的拒绝域中，因此拒绝 $\hat{\beta}_1 \leqslant 0$ 的原假设，认为收入与支出之间存在正的线性关系(支出随着收入的增加而增加)。

(3)由表 11-8 可以得到，线性回归方程为:

$$\hat{y}=191.91+0.62x$$

回归系数 $\hat{\beta}_1=0.62$ 表示：月收入每增加 1 元，月消费支出平均增加 0.62 元。

当月收入 $x=3000$ 元时，平均支出的预测值为:

$$\hat{y}=191.91+0.62\times3000=2051.91(\text{元})$$

9. 设人均收入 X 为自变量，人均消费 Y 为因变量。现根据某地 12 个住户的有关资料计算出以下数据：(单位：元)

$$\sum(X_i-\overline{X})^2=425053.73,\ \overline{X}=647.88$$

$$\sum(Y_i-\overline{Y})^2=262855.25,\ \overline{Y}=549.8$$

$$\sum(Y_i-\overline{Y})(X_i-\overline{X})=334229.09$$

要求:

(1)拟合简单线性回归方程,并解释方程中回归系数的经济意义;

(2)计算可决系数和回归估计的标准误差;

(3)对 X 的回归系数进行显著性检验(显著性水平为 0.05,$t_{0.025}(10)=2.228$);

(4)假定人均收入为 800 元。利用拟合的回归方程预测相应的人均消费水平,并给出置信度为 95% 的预测区间。[中南财大 2004 研]

解:(1)由最小二乘法得,$\hat{\beta}=\frac{\sum(Y_i-\overline{Y})(X_i-\overline{X})}{\sum(X_i-\overline{X})^2}=\frac{334229.09}{425053.73}=0.7863$

$$\hat{\alpha}=\overline{Y}-\hat{\beta}\overline{X}=549.8-0.7863\times647.88=40.372$$

简单线性回归方程为:

$$\hat{Y}=40.372+0.7863X$$

回归系数 $\hat{\beta}=0.7863$ 表示当人均收入增加 1 元时,人均消费平均增加 0.7863 元。

(2)在一元线性回归中,X 和 Y 的相关系数的平方等于可决系数,故可决系数为:

$$R^2=\frac{[\sum(Y_i-\overline{Y})(X_i-\overline{X})]^2}{\sum(X_i-\overline{X})^2\sum(Y_i-\overline{Y})^2}=\frac{334229.09^2}{425053.73\times262855.25}=99.98\%$$

由 $SST=SSR+SSE$,$R^2=\frac{SSR}{SST}$可得,$SSE=SST\times(1-R^2)$。因此回归估计的标准误差为:

$$s_e=\sqrt{\frac{SSE}{n-2}}=\sqrt{\frac{SST\times(1-R^2)}{n-2}}=\sqrt{\frac{262855.25\times0.02\%}{10}}=2.29$$

(3)提出假设:

$$H_0:\ \beta=0,\ H_1:\ \beta\neq0$$

计算检验的统计量 t:

$$s_{\hat{\beta}}=\frac{s_e}{\sqrt{\sum(X_i-X)^2}}=\frac{2.29}{\sqrt{425053.73}}=0.003512$$

$$t=\frac{\hat{\beta}}{s_{\hat{\beta}}}=\frac{0.7863}{0.003512}=223.8895$$

由于 $t=223.8895>t_{0.025}(10)=2.228$,所以拒绝原假设,即认为 X 的回归系数显著不为 0。

(4)当 $X_0=800$ 时,$\hat{Y}_0=40.372+0.7863\times800=669.4$(元)。

对于给定的 X_0,Y 的一个个别值 Y_0 在 95% 的置信水平下的预测区间可表示为:

$$\hat{Y}_0\pm t_{\alpha/2}s_e\sqrt{1+\frac{1}{n}+\frac{(X_0-\overline{X})^2}{\sum_{i=1}^{n}(X_i-\overline{X})^2}}=669.4\pm2.228\times2.29\times\sqrt{1+\frac{1}{12}+\frac{(800-647.88)^2}{425053.73}}$$

所以置信度为 95% 的预测区间是(664.0,674.8)。

10. 工业企业某种产品产量与单位成本资料如表 11-9 所示。

表 11-9

年份	1995	1996	1997	1998	1999	2000	2001	2002
产品产量(万件)	2	3	4	3	4	5	6	7
单位成本(元/件)	73	72	71	73	69	68	66	65

要求：

(1)根据上表资料，绘制相关图，判别该数列相关关系与回归的种类；

(2)配合适当的回归方程；

(3)根据回归方程，指出每当产品产量增加 1 万件时，单位成本的变动情况；

(4)计算相关系数；

(5)计算估计标准误差；

(6)当产量为 8 万件时，在 95.45%的概率保证程度下，对单位成本作区间估计。[深圳大学 2004 研]

解：(1)由已知数据可得产品产量与单位成本的相关图如图 11-2 所示。

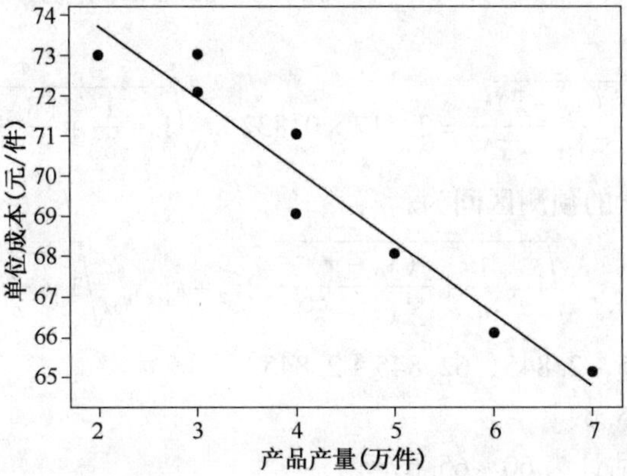

图 11-2

根据相关图可以看出，随着产品产量的增加，单位成本呈现出下降的趋势，两者之间存在着一定的负相关关系，且图中的点围绕在一条直线附近上下波动，故可以采用线性回归。

(2)设 x 表示产品产量，y 表示单位成本，则样本回归函数为 $\hat{y}=\hat{\beta}_1+\hat{\beta}_2x$。由题中已知数据可得：

$$\bar{x}=\frac{\sum x_i}{n}=\frac{2+3+\cdots+7}{8}=4.25$$

$$\bar{y}=\frac{\sum y_i}{n}=\frac{73+72+\cdots+65}{8}=69.625$$

$$\sum(x_i-\bar{x})^2=(2-4.25)^2+(3-4.25)^2+\cdots+(7-4.25)^2=19.5$$

$$\sum(y_i-\bar{y})^2=(73-69.625)^2+(72-69.625)^2+\cdots+(65-69.625)^2=67.875$$

$$\sum(x_i-\bar{x})(y_i-\bar{y})=-35.25$$

将得到的结果代入回归系数方程中可得：

$$\hat{\beta}_2=\frac{\sum(x_i-\bar{x})(y_i-\bar{y})}{\sum(x_i-\bar{x})^2}=-\frac{35.25}{19.5}=-1.808$$

$$\hat{\beta}_1=\bar{y}-\hat{\beta}_2\bar{x}=69.625+1.808\times4.25=77.309$$

所以回归方程为 $\hat{y}=77.309-1.808x$。

(3)每当产品产量增加1万件时，单位成本 y 平均减少1.808元。

(4)样本线性相关系数为：

$$r=\frac{\sum(x_i-\bar{x})(y_i-\bar{y})}{\sqrt{\sum(x_i-\bar{x})^2}\sqrt{\sum(y_i-\bar{y})^2}}=-\frac{35.25}{\sqrt{19.5\times67.875}}=-0.9689$$

(5)因为在一元线性回归中，相关系数的平方等于判定系数，即

$$R^2=\frac{\sum(\hat{y}_i-\bar{y})^2}{\sum(y_i-\bar{y})^2}=1-\frac{\sum(\hat{y}_i-y_i)^2}{\sum(y_i-\bar{y})^2}=r^2$$

故估计的标准误差为：

$$s_e=\sqrt{\frac{\sum(y_i-\hat{y}_i)^2}{n-2}}=\sqrt{\frac{(1-r^2)\sum(y_i-\bar{y})^2}{n-2}}=\sqrt{\frac{(1-0.9689^2)\times67.875}{8-2}}=0.832$$

(6)当产量 $x_0=8$ 万件时，其单位成本的估计值为：

$$\hat{y}_0=77.309-1.808\times8=62.845(\text{元})$$

由于

$$t_{\alpha/2}s_e\sqrt{1+\frac{1}{n}+\frac{(x_0-\bar{x})^2}{\sum(x_i-\bar{x})^2}}=2.517\times0.832\times\sqrt{1+\frac{1}{8}+\frac{(8-4.25)^2}{19.5}}=2.845$$

故置信度为95.45%的预测区间为：

$$\left[\hat{y}_i-t_{\alpha/2}s_e\sqrt{1+\frac{1}{n}+\frac{(x_0-\bar{x})^2}{\sum(x_i-\bar{x})^2}},\ \hat{y}_i+t_{\alpha/2}s_e\sqrt{1+\frac{1}{n}+\frac{(x_0-\bar{x})^2}{\sum(x_i-\bar{x})^2}}\right]$$
$$=[62.845-2.845,\ 62.845+2.845]$$
$$=[60,\ 65.69]$$

即单位成本作区间估计为60~65.69元。

11. 已知用最小二乘方法得到的样本回归方程为 $\hat{y}=\hat{\beta}_0+\hat{\beta}_1x$，试证明 $\sum_{i=1}^{n}(y_i-\bar{y})^2=\sum_{i=1}^{n}(\hat{y}_i-\bar{y})^2+\sum_{i=1}^{n}(y_i-\hat{y})^2$。［中央财大2007研］

证明：因为 $y_i-\bar{y}=(y_i-\hat{y}_i)+(\hat{y}_i-\bar{y})$，所以有

$$\sum(y_i-\bar{y})^2=\sum(y_i-\hat{y}_i)^2+\sum(\hat{y}_i-\bar{y})^2+2\sum(y_i-\hat{y}_i)(\hat{y}_i-\bar{y})$$

又因为

$$\begin{aligned}\sum(y_i-\hat{y}_i)(\hat{y}_i-\bar{y})&=\sum(y_i-\hat{y}_i)[(\hat{\beta}_0-\bar{y})+\hat{\beta}_1x]\\&=(\hat{\beta}_0-\bar{y})\sum(y_i-\hat{y}_i)+\hat{\beta}_1\sum(y_i-\hat{y}_i)x\\&=(\hat{\beta}_0-\bar{y})\sum(y_i-\hat{\beta}_0-\hat{\beta}_1x)+\hat{\beta}_1\sum(y_i-\hat{\beta}_0-\hat{\beta}_1x)x\end{aligned}$$

由于 $\hat{\beta}_0$ 和 $\hat{\beta}_1$ 是根据最小二乘法得到的，所以有

$$\sum(y_i-\hat{\beta}_0-\hat{\beta}_1x)=0,\ \sum(y_i-\hat{\beta}_0-\hat{\beta}_1x)x=0$$

故 $\sum(y_i-\hat{y}_i)(\hat{y}_i-\bar{y})=0$。

因此，$\sum(y_i-\bar{y})^2=\sum(y_i-\hat{y})^2+\sum(\hat{y}-\bar{y})^2$。

第 12 章　多元线性回归

一、单项选择题

1．多元线性回归分析中，如果 F 检验表明线性关系显著，则意味着(　　)。[中国海洋大学 2025 研；对外经济贸易大学 2016 研；华中农业大学 2015 研；浙江工商大学 2011 研；安徽财经大学 2012 样题]

A．至少有一个自变量与因变量之间的线性关系显著

B．所有的自变量与因变量之间的线性关系都显著

C．至少有一个自变量与因变量之间的线性关系不显著

D．所有的自变量与因变量之间的线性关系都不显著

【解析】F 检验的原假设是所有回归系数均为 0，备择假设为其补集，即至少存在一个回归系数不为 0。F 检验显著即拒绝原假设，认为至少存在一个回归系数不为 0，这表示至少有一个自变量与因变量之间的线性关系显著。

2．在多元线性回归分析中 t 检验和 F 检验的结果，其关系是(　　)。[中国海洋大学 2020 研]

A．分别对各回归系数进行的 t 检验和 F 检验是等价

B．分别对各回归系数进行的 t 检验和 F 检验没关系

C．F 检验显示为显著，则各回归系数的 t 检验显示都显著

D．各回归系数的 t 检验显示都显著，则 F 检验显示为显著

【解析】F 检验是对回归方程整体线性关系的检验，用于说明回归方程整体对因变量的影响是否显著。t 检验是对某一回归方程系数是否为 0 的检验，用于说明某一自变量对因变量的影响是否显著。在一元线性回归分析中，由于只有一个变量，因此两者等价。在多元线性回归分析中，若 F 检验显示为显著，则回归系数中至少有一个系数的 t 检验显著，但不保证全部系数显著；若各回归系数的 t 检验显示都显著，则方程整体对因变量的影响必然是显著的，即 F 检验显示为显著。

3．多元线性回归模型中修正的判定系数(　　)。[中央财经大学 2015 研]

A．大于等于 0，小于等于 1

B．大于等于 -1，小于等于 1

C．可能出现负值

D．可能大于 1

【解析】修正的判定系数是用样本量 n 和自变量的个数 k 去调整 R^2，计算出调整的多重判定系数记为 R_a^2，其计算公式为：$R_a^2=1-(1-R^2)\left(\frac{n-1}{n-k-1}\right)$。当 R^2 的数值比较小，而模型包含的自变量数目较多时，即在回归方程拟合得极差时，其值可能出现负值。

4．在多元线性回归分析中，F 检验时的 F 值越大，则意味着(　　)。[武汉大学 2015 研]

A．随机误差的影响越大

B．相关系数 R 的值越小

1A　2D　3C　4C

C. 至少有一个自变量与因变量之间的线性关系越显著

D. 所有自变量与因变量之间的线性关系越显著

【解析】在多元线性回归中，F 检验用来进行总体显著性检验，即检验因变量 y 与 k 个自变量之间的关系是否显著。F 值越大，表明检验越显著，即 k 个自变量与因变量之间的线性关系越显著，复相关系数 R 的值越大，但无法判断是由一个还是多个自变量引起。

5. 对于 $Y_i=\beta_0+\beta_1X_{1i}+\beta_2X_{2i}+\cdots+\beta_kX_{ki}+e_i$，检验 H_0：$\beta_i=0(i=0,1,\cdots,k)$时，所用的统计量 $t=\dfrac{\hat{\beta}_i}{\sqrt{\mathrm{Var}(\hat{\beta}_i)}}$服从(　　)。[对外经济贸易大学 2015 研]

A. $t(n-k-1)$　　B. $t(n-k-2)$　　C. $t(n-k+1)$　　D. $t(n-k+2)$

【解析】在多元回归方程的系数检验时，统计量 $t=\dfrac{\hat{\beta}_i}{s_{\hat{\beta}_i}}\sim t(n-k-1)$，$s_{\hat{\beta}_i}$是回归系数 $\hat{\beta}_i$ 的抽样分布的标准差，k 为回归方程中自变量的个数。

6. 在模型 $Y_t=\beta_1+\beta_2X_{2t}+\beta_3X_{3t}+\mu_t$ 的回归分析结果中，有 $F=263489$，对应的 $P=0.000$，则表明(　　)。[厦门大学 2014 研]

A. 解释变量 X_{2t}对 Y_t 的影响是显著的

B. 解释变量 X_{3t}对 Y_t 的影响是显著的

C. 解释变量 X_{2t}和 X_{3t}对 Y_t 的联合影响是显著的

D. 解释变量 X_{2t}和 X_{3t}对 Y_t 的影响均不显著

【解析】多元回归分析中的 F 检验用来检验总体显著性，即检验因变量 Y 与 k 个自变量之间的线性关系是否显著。题中，F 检验 P 值 $=0.000$ 表明解释变量 X_{2t}和 X_{3t}对 Y_t 的联合影响是显著的。

7. 在多元线性回归分析中，t 检验是用来检验(　　)。[中央财经大学 2011 研；浙江工商大学 2011 研；安徽财经大学 2012 样题]

A. 总体线性关系的显著性　　B. 各回归系数的显著性

C. 样本线性关系的显著性　　D. H_0：$\beta_1=\beta_2=\cdots\beta_k=0$

【解析】回归系数的检验采用 t 检验；而总体或样本的线性关系检验是检验因变量与 k 个自变量间的线性关系是否显著，采用 F 检验，该检验的原假设为 H_0：$\beta_1=\beta_2=\cdots\beta_k=0$。

8. 进行多元线性回归时，如果回归模型中存在多重共线性，则(　　)。[中国海洋大学 2018 研；浙江工商大学 2011 研；安徽财经大学 2012 样题]

A. 整个回归模型的线性关系不显著

B. 肯定有一个回归系数通不过显著性检验

C. 肯定导致某个回归系数的符号与预期的相反

D. 可能导致某些回归系数通不过显著性检验

【解析】多重共线性会导致最小二乘估计式的方差增大，由于 t 统计量为参数估计值除以对应估计量的标准差，因此 t 统计量会偏小，增加其不落入拒绝域的概率，导致可能出现判

5A　6C　7B　8D

定系数与 F 统计量都很大，但回归系数却不通过显著性检验的情况。这里需要注意，仅仅是增大了不通过显著性检验的概率，而不是必然不通过检验。

9. 以下统计方法中，哪一种不能用来研究变量之间的关系？(　　)[中山大学2011研]

A. 样本比例估计　　B. 列联表分析

C. 一元线性回归　　D. 多元线性回归

【解析】样本比例估计是用样本比例 p 估计总体比例 π。列联分析也称为独立性检验，常用来分析两个分类变量之间是否有关联。回归分析是指确定两种或两种以上变量间相互依赖的定量关系的一种统计分析方法。回归分析按照涉及的变量的多少，分为一元回归和多元回归。

10. 关于多元线性回归模型的说法，正确的是(　　)。

A. 如果模型的 R^2 很高，可以认为此模型的质量较好

B. 如果模型的 R^2 很低，可以认为此模型的质量较差

C. 如果某一参数不能通过显著性检验，应该剔除该解释变量

D. 如果某一参数不能通过显著性检验，不应该随便剔除该解释变量

【解析】当模型的解释变量间存在多重共线性时，往往会导致某些重要的解释变量的回归系数 t 检验不显著而同时回归模型却有较高的 R^2 值。因此当某一变量的回归系数不能通过显著性检验时，不应该随便剔除该解释变量；同时回归模型有较高的 R^2 值也不能说明该模型的质量很好，它可能存在某些潜在的问题。

11. 在 $n=45$ 的一组样本估计的线性回归模型中，含有4个解释变量，若计算的多重判定系数为0.8232，则调整的多重判定系数为(　　)。

A. 0.8011　　B. 0.8055　　C. 0.8060　　D. 0.8232

【解析】调整的多重判定系数为：

$$R_a^2=1-(1-R^2)\frac{n-1}{n-k-1}=1-(1-0.8232)\times\frac{45-1}{45-4-1}=0.8055$$

12. 对模型 $Y_i=\beta_0+\beta_1X_{1i}+\beta_2X_{2i}+\mu_i$ 的最小二乘回归结果显示，多重判定系数 R^2 为0.92，样本容量为30，总离差平方和为500，则估计的标准误差为(　　)。

A. 1.217　　B. 1.482　　C. 4.152　　D. 5.214

【解析】由 $R^2=1-\frac{SSE}{SST}$，即 $0.92=1-\frac{SSE}{500}$，解得：$SSE=40$。所以估计的标准误差为：

$$s_e=\sqrt{\frac{SSE}{n-k-1}}=\sqrt{\frac{40}{30-2-1}}=1.217$$

13. 用一组有30个观测值的样本估计模型 $\hat{Y}_i=\beta_0+\beta_1X_{1i}+\beta_2X_{2i}+\mu_i$ 后，在显著性水平0.05下对方程的显著性作检验，此检验的备择假设是(　　)。

A. $\beta_0=0$　　B. $\beta_1=\beta_2=0$　　C. $\beta_1=\beta_2\neq0$　　D. β_1 和 β_2 不全为0

【解析】对于二元线性回归，原假设为 $\beta_1=\beta_2=0$，备择假设为原假设的否命题，即 β_1 和 β_2 不全为0。

9A　10D　11B　12A　13D

14. 在 k 元回归中，n 为样本容量，SSE 为残差平方和，SSR 为回归平方和，则对回归方程线性关系的显著性进行检验时构造的 F 统计量为(　　)。

A. $\frac{SSR}{SST}$

B. $\frac{SSE}{SST}$

C. $\frac{SSR/k}{SSE/(n-k-1)}$

D. $1-\frac{SSR/k}{SST/(n-k-1)}$

【解析】对回归方程线性关系的显著性进行检验的步骤为：

①提出假设：H_0：$\beta_1=\beta_2=\cdots=\beta_k=0$，$H_1$：$\beta_1$，$\beta_2$，…，$\beta_k$至少有一个不等于0。

②计算检验的统计量 F：

$$F=\frac{SSR/k}{SSE/(n-k-1)}\sim F(k,\ n-k-1)$$

③作出统计决策：

若 $F>F_\alpha$，则拒绝原假设；若 $F<F_\alpha$，则不拒绝原假设。

15. 用一组有 n 个观测值的样本估计模型 $\hat{Y}_i=\beta_0+\beta_1X_{1i}+\beta_2X_{2i}+\mu_i$，在显著性水平 α 下，若回归系数 β_1 是显著的，则应满足的条件是(　　)。

A. $|t|<t_{\alpha/2}(n-1)$

B. $|t|>t_{\alpha/2}(n-1)$

C. $|t|<t_{\alpha/2}(n-3)$

D. $|t|>t_{\alpha/2}(n-3)$

【解析】回归系数的检验步骤为：

①提出假设：对任意参数 $\beta_i(i=1,\ 2,\ \cdots,\ k)$，有

H_0：$\beta_i=0$，H_1：β_i中至少有一个不为0

②计算检验的统计量 t：

$$t_i=\frac{\hat{\beta}_i}{s_{\hat{\beta}_i}}\sim t(n-k-1)\text{（其中 }k\text{ 为回归方程中自变量的个数）}$$

③作出统计决策：

若 $|t|>t_{\alpha/2}$，则拒绝原假设，表明回归系数是显著的；若 $|t|<t_{\alpha/2}$，则不拒绝原假设，表明回归系数不显著。

16. 在多元回归模型中，置信度越高，在其他情况不变时，临界值 $t_{\alpha/2}$ 越大，则回归系数的置信区间(　　)。

A. 越大

B. 越小

C. 不变

D. 根据具体情况而定

【解析】回归系数的置信区间为：$\hat{\beta}_i\pm t_{\alpha/2}(n-k-1)s_{\hat{\beta}_i}$，所以当临界值 $t_{\alpha/2}$ 变大时，回归系数的置信区间将变大。

二、多项选择题

1. 关于多元线性回归模型中，对误差项的基本假定有(　　)。

A. 误差项是非随机变量或是固定的变量

B. 误差项是一个期望值为0的随机变量

14C　15D　16A　┃　1BCD

C. 误差项是服从正态分布的随机变量

D. 误差项之间是相互独立的

E. 误差项之间不一定相互独立

【解析】在多元线性回归模型中，对误差项 ε 有三个基本的假定：①误差项 ε 是一个期望值为 0 的随机变量，即 $E(\varepsilon)=0$；②对于自变量 x_1，x_2，…，x_n的所有值，ε 的方差 σ^2 都相同；③误差项 ε 是一个服从正态分布的随机变量，且相互独立，即 $\varepsilon \sim N(0, \sigma^2)$。此外，还假定各自变量 X_i 是非随机变量或取值确定，即与随机误差项线性无关。

2. 调整的多重判定系数 R_a^2(　　)。

A. 可剔除变量个数对拟合优度的影响

B. R_a^2的值永远小于 R^2

C. 与残差平方和成正向变动

D. 与残差平方和成反向变动

E. 同时考虑了样本量和模型中自变量个数的影响

【解析】调整的多重判定系数是用样本量 n 和自变量的个数 k 去调整 R^2，得到修正自由度的判定系数：$R_a^2=1-(1-R^2)\dfrac{n-1}{n-k-1}$。由于 $1-(1-R^2)=R^2$，而公式中 R^2 的系数 $\dfrac{n-1}{n-k-1}>1$，故 R_a^2 的值恒小于 R^2；又因为 $1-R^2=SSE/SST$，故 R_a^2 与残差平方和成反向变动。

3. 对 k 元线性回归模型进行显著性检验时所用的 F 统计量可表示为(　　)。

A. $\dfrac{\sum(\hat{Y}_i-\bar{Y})^2/(n-k-1)}{\sum e_i^2/k}$　　B. $\dfrac{\sum(\hat{Y}_i-\bar{Y})^2/k}{\sum e_i^2/(n-k-1)}$

C. $\dfrac{R^2/k}{(1-R^2)/(n-k-1)}$　　D. $\dfrac{(1-R^2)/(n-k-1)}{R^2/k}$

E. $\dfrac{R^2/(n-k-1)}{(1-R^2)/k}$

【解析】对多元线性回归模型进行总体线性的显著性检验时，所采用的 F 统计量为：$F=\dfrac{SSR/k}{SSE/(n-k-1)}$，又$\dfrac{SSR}{SSE}=\dfrac{\sum(\hat{Y}_i-\bar{Y})^2}{\sum e_i^2}$，$R^2=SSR/SST=1-SSE/SST$，所以

$$F=\frac{\sum(\hat{Y}_i-\bar{Y})^2/k}{\sum e_i^2/(n-k-1)}=\frac{R^2/k}{(1-R^2)/(n-k-1)}$$

4. 下列情况中，可能存在多重共线性的有(　　)。

A. 模型中各对自变量之间显著相关

B. 模型中各对自变量之间显著不相关

C. 回归系数的正负号与预期的相同

D. 回归系数的正负号与预期的相反

2ABDE　3BC　4ADE

E. 当模型的线性关系检验(F 检验)显著时，几乎所有回归系数 β_i 的 t 检验都不显著

【解析】AB 两项，多重共线性指解释变量间存在线性关系，即自变量间显著相关。CD 两项，多重共线性会导致最小二乘估计式的方差增大，即估计值偏离均值的程度增大，有可能出现估计值偏离至与参数值符号相反的情况。E 项，由于 t 统计量为参数估计值除以对应估计量的标准差，因此在存在多重共线性的情况下，t 统计量会偏小，增加其不落入拒绝域的概率，导致可能出现判定系数与 F 统计量都很大，但几乎所有回归系数都不通过显著性检验的情况。

5. 建立回归模型时，变量选择的方法主要有(　　)。

A. 向前选择　　B. 向后剔除　　C. 中间插入　　D. 逐步回归

E. 最优子集

【解析】变量选择的方法主要有：①向前选择，是指将候选的自变量逐个引入回归方程，直至在排除了已选入变量对 y 的影响之后，未选入自变量对 y 的回归系数的显著性检验结果都不显著异于 0 为止。②向后剔除，也称向后选择、向后消元，是首先将全部自变量都选入模型，然后对各个自变量进行偏 F 检验，将最小的 F 值记为 F_L，与预先规定的显著性水平 F_0 进行比较，若 $F_L < F_0$，就剔除该变量，重复上述步骤，直到模型中所有自变量都不能剔除为止。③逐步回归，是指逐步引入对被解释变量贡献最大的解释变量，直至既没有显著的解释变量选入回归方程，也没有不显著的解释变量从回归方程中剔除为止。④最优子集，将当前自变量集合的所有子集依次回归，选取对因变量变动解释效果最好的子集建立模型。

三、判断题

1. 在多元线性回归中，若一个系数或几个回归系数没有通过检验，则意味着对应的那些自变量对因变量的影响就不显著，应从回归模型中剔除。(　　)[中国海洋大学 2025 研]

【解析】回归系数未通过检验是“当前模型下无法证明其显著影响”的信号，而非“自变量本身无影响”的结论。比如当多个自变量之间高度相关时，有可能造成一个或几个回归系数无法通过检验，但这并不一定意味着没通过检验的那些自变量对因变量的影响就不显著。自变量之间的相关所造成的这种问题在统计上称为多重共线性。

2. 若 F 检验表明多元回归模型的线性关系显著，则意味着每个自变量与因变量的关系都显著。(　　)[对外经济贸易大学 2015 研]

【解析】在多元线性回归分析中，如果 F 检验表明线性关系显著，则意味着在多个自变量中至少有一个自变量与因变量之间的线性关系显著，而不是每个自变量与因变量之间的线性相关关系都显著。

3. 残差平方和是解释变量变动所引起的被解释变量的变差。(　　)

【解析】残差平方和是随机因素影响所引起的被解释变量的变差；回归平方和是指被解释变量的总体平方和与残差平方和之差。

4. 多元回归模型中的解释变量个数为 k，那么回归方程显著性检验的 F 统计量的第一自由度为 $n-k-1$，第二自由度为 k。(　　)

【解析】多元回归模型中的解释变量个数为 k，那么回归方程显著性检验的 F 统计量的第

5ABDE　▍　1×　2×　3×　4×

一自由度为 k，第二自由度为 $n-k-1$。

5．在多元线性回归中 t 检验和 F 检验是等价的。（　　）

【解析】F 检验是关于回归方程是否显著的检验；t 检验是关于回归系数的检验。在多元线性回归中，F 检验显著只能证明存在自变量对因变量有显著影响，无法保证每一个回归系数均显著，t 检验与 F 检验是不等价的。

四、简答题

1．解释多重判定系数和调整的多重判定系数的含义和作用。［武汉理工大学 2023 研］

相关真题：简述多重判定系数 R^2 含义和作用。［武汉理工大学 2025 研］

答：（1）多重判定系数是多元线性回归平方和占总平方和的比重，其计算公式为：

$$R^2=\frac{SSR}{SST}=1-\frac{SSE}{SST}$$

它的作用是度量多元线性回归方程的拟合程度，解释在因变量 y 的总变差中被估计的多元线性回归方程所揭示的比例。

（2）调整的多重判定系数就是在多重判定系数的基础上考虑了自变量个数对模型的影响。其计算公式为：

$$R_a^2=1-(1-R^2)\times\frac{n-1}{n-k-1}$$

在多元线性回归分析中，多引入一个解释变量在进行统计检验时就会减少一个自由度，同时也可能导致解释变量之间存在着高度的线性关系，从而导致参数估计的有效性降低。因此调整的多重判定系数作用就是综合样本量（n）和自变量个数（k）判定多元回归模型的拟合程度。

2．简述多元线性回归模型中存在高度多重共线性的后果，常用的检验方法以及补救办法。［湘潭大学 2023 研；厦门大学 2017 研；中央财经大学 2019、2015 研；中国人民大学 2014 研］

相关真题：

（1）简述多重共线性的检验形成原因及其克服方法。［湖南大学 2025 研］

（2）什么是多重共线性？多重共线性的判别方法有哪些？多重共线性应如何处理？［华侨大学 2025 研］

（3）简述多重共线性的判断方法和处理方法。［华中农业大学 2025 研；武汉理工大学 2023 研］

（4）什么是多重共线性，请说明多重共线对回归模型的影响及如何解决。［中央财经大学 2024 研］

答：回归模型中存在多重共线性是指回归模型中两个或两个以上的自变量彼此相关。

（1）多元线性回归模型中存在高度多重共线性产生的后果

①当变量高度相关时，可能会混淆回归结果，甚至导致分析误入歧途。

②多重共线性可能对参数估计值的正负号产生影响，特别是 β_i 的符号有可能与期望符号相反。

（2）多重共线性常用的检验方法

5 ×

①计算模型中各对自变量之间的相关系数，并对每个相关系数进行显著性检验。如果有一个或多个相关系数显著，则说明模型中所使用的自变量是相关的，模型中存在多重共线性。

②经验判别。具体来说，如果出现下列情况，则模型中可能存在多重共线性：

a. 模型中各对自变量之间显著相关。

b. 当模型的线性关系检验(F 检验)显著时，几乎所有回归系数 β_i 的 t 检验却不显著。

c. 回归系数的正负号与预期的相反。

d. 容忍度与方差扩大因子(VIF)。以某一自变量为因变量其余 $k-1$ 个自变量为预测变量进行辅助回归，得到判定系数 R_i^2，则容忍度为 $1-R_i^2$，容忍度的倒数 $1/(1-R_i^2)$ 为方差扩大因子(VIF)。根据公式可以看出，容忍度与 VIF 成反比，容忍度越小，VIF 越大，多重共线性越严重。一般认为 VIF 大于10，容忍度小于0.1时存在严重的多重共线性。

(3)多重共线性的补救办法

①逐步回归法，其做法是逐个引入自变量，引入的条件是该自变量经 F 检验是显著的，每引入一个自变量后，对已选入的变量进行逐个检验，如果原来引入的变量由于后面变量的引入而变得不再显著，那么就将其剔除。引入一个变量或从回归方程中剔除一个变量，为逐步回归的一步，每一步都要进行 F 检验，以确保每次引入新变量之前回归方程中只包含显著的变量。这个过程反复进行，直到既没有不显著的自变量选入回归方程，也没有显著自变量从回归方程中剔除为止。

②假如模型要保留所有的自变量，则应该避免根据 t 统计量对单个参数 β 进行检验，并且对因变量 y 值的推断(估计或预测)限定在自变量样本值的范围内。

3. 说明回归模型的假设以及当这些假设不成立时的应对方法。[湘潭大学2022研；人大2006研]

答：(1)多元回归模型的基本假定

①自变量 x_1，x_2，…，x_k 是非随机的、固定的，且相互之间互不相关(无多重共线性)。

②误差项 ε 是一个期望值为0的随机变量，即 $E(\varepsilon)=0$。

③对于自变量 x_1，x_2，…，x_k 的所有值，ε 的方差 σ^2 都相同，且不序列相关，即 $D(\varepsilon_i)=\sigma^2$，$\mathrm{Cov}(\varepsilon_i, \varepsilon_j)=0$，$i\neq j$。

④误差项 ε 服从正态分布且相互独立，即 $\varepsilon \sim N(0, \sigma^2)$。

(2)当模型假定不成立时的解决方法

①模型中存在多重共线性时的解决方法

a. 逐步回归法，其做法是逐个引入自变量，引入的条件是该自变量经 F 检验是显著的，每引入一个自变量后，对已选入的变量进行逐个检验，如果原来引入的变量由于后面变量的引入而变得不再显著，那么就将其剔除。引入一个变量或从回归方程中剔除一个变量，为逐步回归的一步，每一步都要进行 F 检验，以确保每次引入新变量之前回归方程中只包含显著的变量。这个过程反复进行，直到既没有不显著的自变量选入回归方程，也没有显著自变量从回归方程中剔除为止。

b. 假如模型要保留所有的自变量，则应该避免根据 t 统计量对单个参数 β 进行检验，并且对因变量 y 值的推断(估计或预测)限定在自变量样本值的范围内。

②模型中存在序列相关性时的解决方法

当随机误差项 ε 不相互独立时，则说明回归模型存在序列相关性，应先查明序列相关产生的原因：如果是回归模型选用不当，则应改用适当的回归模型；如果是缺少重要的自变量，则应增加自变量；如果以上两种方法都不能消除序列相关性，则需采用迭代法、差分法等方法处理。

③模型中存在异方差时的解决办法

当存在异方差性时，普通最小二乘估计不再具有最小方差线性估计的性质，这时可以采用加权最小二乘法改进估计的性质。加权最小二乘估计对误差项方差小的项加一个大的权数，对误差项方差大的项加一个小的权数，因此加强了小方差项的地位，使离差平方和中各项的作用相同。

4．多元回归分析中为什么需要使用修正的判定系数(可决系数)来比较方程的拟合效果？是如何计算的？［安徽大学 2025 研；中央财大 2009 研］

答：在多元线性回归分析中，通常用修正的判定系数(可决系数)代替多重判定系数来衡量估计模型对样本观测值的拟合优度。这是因为，当样本容量不变时，随着样本解释变量个数的增加，多重判定系数 R^2 的值会越来越高(即 R^2 是解释变量个数的增函数)。因为在模型中增加一个新的解释变量不会改变总离差平方和，但它可能增加回归平方和，减少残差平方和，从而改变模型的解释功能。但是解释变量个数的增加会增加模型估计的工作量，且增加到模型中的解释变量可能没有现实意义，因此在多元线性回归模型之间比较拟合优度时，R^2 不是一个合适的指标，需用样本容量 n 和自变量的个数 k 加以调整。而修正判定系数 R_a^2 对模型中解释变量个数的增加施加了约束，因此在用于估计多元回归模型方面要优于多重判定系数 R^2。

修正的多重判定系数的计算公式为：

$$R_a^2 = 1-(1-R^2)\frac{n-1}{n-k-1} = 1-\frac{SSE/(n-k-1)}{SST/(n-1)}$$

5．在多元线性回归中，为什么对参数做 F 检验，然后还做 t 检验？

答：对整个方程的 F 检验是根据平方和分解式，直接从回归效果检验回归方程的显著性，如果是显著的，说明回归方程线性关系存在。回归系数的显著性检验就是检验解释变量 x 对因变量 y 的影响是否显著。

在多元线性回归中，之所以在对整个回归方程进行检验后，还要对每个回归系数进行检验是因为：

(1)F 检验显著只能说明存在自变量对因变量有显著影响，不能保证全部自变量均有显著影响，因此需要对每一个自变量进行单独检验。

(2)一个好的回归方程不仅要求回归方程线性关系显著，也要求形式达到最简，即用最少的自变量解释因变量变动，以避免自由度损失，提高预测精度。因此需要在 F 检验之后对每个回归系数进行检验，删去不显著且没有理论支持的自变量，使回归方程达到最简。

(3)通过回归系数检验还可以初步判断自变量间是否存在多重共线性。当某些重要的自变量的回归系数 t 检验不通过，但同时整个回归方程的线性关系检验可以通过时，通常意味着自变量间存在多重共线性。

6．解释多元回归模型、多元回归方程、估计的多元回归方程的含义。

答：(1)多元回归模型是指在相关变量中将一个变量视为因变量，其他多个变量(两个及两个以上)视为自变量，建立的多个变量之间线性或非线性的数学模型数量关系式。其一般表达式为：$y=\beta_0+\beta_1x_1+\beta_2x_2+\cdots+\beta_kx_k+\varepsilon$，式中，$\beta_0$，$\beta_1$，$\beta_2$，…，$\beta_k$ 为模型的参数，是固定常数，ε 为误差项，是随机变量。

(2)多元回归方程：根据回归模型的假定有 $E(y)=\beta_0+\beta_1x_1+\beta_2x_2+\cdots+\beta_kx_k$，称为多元回归方程，它描述了因变量 y 的期望值与自变量 x_1，x_2，…，x_k之间的关系。

(3)估计的多元回归方程：回归方程中的参数 β_0，β_1，β_2，…，β_k虽然是固定常数，但一般是未知的，用样本观测值对回归方程中的参数进行估计，之后对因变量的平均水平进行估计，用参数与因变量的估计值代替原本的回归方差，即可得到估计的多元回归方程，其一般形式为：

$$\hat{y}=\hat{\beta}_0+\hat{\beta}_1x_1+\hat{\beta}_2x_2+\cdots+\hat{\beta}_kx_k$$

式中，$\hat{\beta}_0$，$\hat{\beta}_1$，$\hat{\beta}_2$，…，$\hat{\beta}_k$ 是参数 β_0，β_1，β_2，…，β_k 的估计值，称为偏回归系数。$\hat{y}$ 是因变量 y 的估计值。

五、计算题

1. 多元回归模型 $y=\hat{\beta}_0+\hat{\beta}_1x_1+\hat{\beta}_2x_2+\hat{\beta}_3x_3$，$n=37$，$R^2=0.66$。

(1)对回归模型的显著性进行检验($\alpha=0.05$)；

(2)调整后决定系数 R_a^2；

(3) x_2 系数和预期值符号不符，为什么会出现这种状况？如何解决。[对外经济贸易大学 2025 研]

解：(1)回归模型显著性检验一般采用 F 检验。

原假设为 H_0：$\beta_1=\beta_2=\beta_3=0$，备择假设 H_1：至少有一个 $\beta_i\neq0$。

F 统计量为 $F=\dfrac{R^2/k}{(1-R^2)/(n-k-1)}=\dfrac{0.66/3}{(1-0.66)/(37-3-1)}\approx21.35$。

给定显著性水平 $\alpha=0.05$，根据分子自由度 $=3$，分母自由度 $=37-3-1=33$，查 F 分布表得 $F_{\alpha=0.05}(3,33)=2.92$。由于 $F=21.35>F_{0.05}(3,33)=2.92$，拒绝原假设 H_0，模型显著。

(2)调整的多重判定系数

$R_a^2=1-(1-R^2)\dfrac{n-1}{n-k-1}=1-(1-0.66)\left(\dfrac{36}{33}\right)\approx1-1.0909\times0.34\approx0.629$。

(3)可能原因及解决方法：

①多重共线性：x_2与其他自变量高度相关，导致系数估计失真。

解决方法：计算方差膨胀因子(VIF)，若 $VIF>10$，需删除或合并变量。

②遗漏变量偏差：遗漏了与 x_2 相关的重要变量。

解决方法：引入遗漏变量，根据理论补充缺失的变量。

③测量误差：x_2数据存在系统性误差。

解决方法：数据清洗，修正测量误差或异常值。

④模型误设：如未考虑非线性关系或交互项。

解决方法：模型改进，尝试非线性项或交互项。

2. 为了研究婴儿出生体重与孕妇抽烟量和家庭收入的关系，建立如下的多元线性回归模型：

$$Y=\beta_0+\beta_1X_1+\beta_2X_2+\varepsilon$$

其中 Y 表示孩子的出生体重(单位：克)，X_1 表示母亲在怀孕期间每天抽烟的数量(单

位：支)，X_2则表示家庭收入(单位：千元)。使用样本数据估计这个模型，估计结果显示在表中第 2 列，括号中为标准误。若改变抽烟量的度量单位，定义 X_3为每天抽样的包数，于是 $X_3=X_1/20$。除抽烟量的测度单位外，样本的其他数据没有任何变化，重新估计模型后，估计结果显示在表中第 3 列。据此回答以下问题：［对外经贸大学 2021 研］

自变量	原始模型	重新估计的模型
X_1	-0.5(0.1)	—
X_2	0.1(0.03)	*　(*)
X_3		*　(*)
截距项	117(1.1)	*　(*)
多重判定系数 R^2	0.03	*
残差平方和	550000	*
观测次数	1388	1388

(1) 请将第 3 列的模型估计结果补充完整，计算 X_2、X_3和截距项的参数估计值和标准误，多重判定系数 R^2和残差平方和。

(2) 根据模型估计结果，计算因变量 Y 的总平方和 SST。

(3) 对第 2 列估计结果中变量 X_2的系数进行显著性检验。

$$t_{0.025}(1385)=1.961678,\ t_{0.025}(1384)=1.96168$$

(4) 对第 2 列进行模型的整体显著性检验。

$$F_{0.05}(2,\ 1385)=3.002221,\ F_{0.05}(3,\ 1384)=3.002226$$

解：(1)原始回归模型：$\hat{Y}=\hat{\beta}_0+\hat{\beta}_1X_1+\hat{\beta}_2X_2=117-0.5X_1+0.1X_2$；

重新估计模型：$\hat{Y}=\hat{\beta}_0+\hat{\beta}_2X_2+\hat{\beta}_3X_3=\hat{\beta}_0+\hat{\beta}_2X_2+(\hat{\beta}_3/20)X_1$；

故 $\hat{\beta}_1=\hat{\beta}_3/20$，则 $\hat{\beta}_3=20\hat{\beta}_1=-0.5\times20=-10$，重新估计的模型：

$\hat{Y}=\hat{\beta}_0+\hat{\beta}_2X_2+\hat{\beta}_3X_3=117+0.1X_2-10X_3$，$\hat{\beta}_0=117$，$\hat{\beta}_2=0.1$，$\hat{\beta}_3=-10$；

$S_{\hat{\beta}_i}=\dfrac{S_e}{\sqrt{\sum x_i^2-\dfrac{1}{n}(\sum x_i)^2}}$，$S_e=\sqrt{\dfrac{\sum(y_i-\hat{y}_i)^2}{n-k-1}}=\sqrt{\dfrac{SSE}{n-k-1}}$为定值，且$\sqrt{\sum x_i^2-\dfrac{1}{n}(\sum x_i)^2}$不变，故 $S_{\hat{\beta}_2}=0.03$。

$$S_{\hat{\beta}_3}=\frac{S_e}{\sqrt{\sum x_3^2-\dfrac{1}{n}(\sum x_3)^2}}=\frac{S_e}{\sqrt{\sum\left(\dfrac{x_1}{20}\right)^2-\dfrac{1}{n}\left(\sum\dfrac{x_1}{20}\right)^2}}=\frac{20S_e}{\sqrt{\sum x_1^2-\dfrac{1}{n}(\sum x_1)^2}}$$

$$=20S_{\hat{\beta}_1}=20\times0.1=2$$

截距项的标准误不变，$S_{\hat{\beta}_0}=1.1$；

多重判定系数 $R^2=SSR/SST$，其中，$SST=\sum(y_i-\bar{y})^2$，$SSR=\sum(\hat{y}_i-\bar{y})^2$，由于 SSR、SST 保持不变，因此多重判定系数 R^2仍为 0.03，残差平方和 SSE 不变，为 550000。

(2)因变量 Y 的总平方和 $SST=SSE+SSR=550000+0.03SST$，解得 $SST=567010.31$。

(3)对第 2 列估计结果中变量 X_2的系数进行显著性检验：

提出假设：H_0：$\beta_2=0$；H_1：$\beta_2\neq0$

计算检验统计量 t:

$$自由度为\ n-k-1=1388-2-1=1385$$

$$t=\frac{\hat{\beta}_2}{S_{\hat{\beta}_2}}=\frac{0.1}{0.03}=3.333>t_{0.025}(1385)=1.961678$$

因此，拒绝原假设，认为自变量 x_2 对因变量 y 的影响是显著的，这说明家庭收入对婴儿出生体重的影响是显著的。

(4)对第2列进行模型的整体显著性检验:

提出假设: H_0: $\beta_1=\beta_2=0$; H_1: β_1, β_2 至少有一个不等于0。

计算检验统计量 F:

$$F=\frac{SSR/2}{SSE/(n-3)}=\frac{R^2/2}{(1-R^2)/(n-3)}=\frac{0.03/2}{(1-0.03)/1385}=21.418>F_{0.05}(2,1385)=3.002221$$

因此，拒绝原假设，这说明孕妇抽烟量和家庭收入对婴儿出生体重有显著影响。

3. 一家房地产评估公司对某社区的住宅销售价格(Y，单位：万元)、住宅建筑成本(X_1，单位：万元)、住宅估价(X_2，单位：万元)和使用面积(X_3，单位：平方米)建立一个多元线性回归模型。为此，收集了18栋该社区住宅的房地产评估数据，并采用EXCEL进行回归分析，得到下面表12-1、表12-2、表12-3回归结果。

表12-1

SUMMARY OUTPUT	
回归统计	
Multiple R	0.939029
R Square	0.881776
Adjusted R Square	0.856442
标准误差	843.8631
观测值	18

表12-2 方差分析

	df	SS	MS	F	Significance F
回归分析	3	74357181.26	24785727.09	34.8062859	9.60385E-07
残差	14	9969468.743	712104.9102		
总计	17	84326650			

表12-3

	Coefficients	标准误差	t Stat	P-value
Intercept	110.6594	654.1965982	0.16915311	0.868095919
X Variable 1	0.849811	0.617519173	1.376169919	0.190383713
X Variable 2	0.847648	0.247824918	3.420348866	0.004141812
X Variable 2	0.127337	0.078371378	1.624790104	0.126499781

给定显著性水平 $\alpha=0.05$。根据上述输出结果，回答：(保留到小数点后4位)

(1)写出估计的多元回归方程。

(2)在销售价格的总变差中，由回归方程所解释的比例是多少？

(3)检验回归方程的线性关系是否显著。

(4)检验各回归系数是否显著。

(5)指出该模型可能存在的问题。［对外经济贸易大学 2015 研］

解：(1)由题可得估计的多元回归方程为：

$$\hat{Y}=110.6594+0.8498X_1+0.8476X_2+0.1273X_3$$

(2)该回归方程的判定系数 $R^2=88.1776\%$，则在销售价格的总变差中，由回归方程所解释的比例为 $SSR/SST=R^2=88.1776\%$。

(3)方差分析表显示，F 检验的 P 值 = Significance $F=9.60385\times10^{-7}<\alpha=0.05$，表明回归方程的线性关系是显著的。

(4)用于回归系数检验的 P 值中，X_1 和 X_3 的 P 值均大于 $\alpha=0.05$，所以 X_1 和 X_3 的回归系数均不显著；X_2 的 P 值小于 $\alpha=0.05$，所以 X_2 的回归系数是显著的。

(5)回归模型整体显著，而重要性的回归变量住宅建筑成本 X_1 和使用面积 X_3 通不过检验，则模型的自变量之间可能存在多重共线性。另一方面，从定性角度来看，模型中的自变量住宅建筑成本 X_1、住宅估价 X_2 和使用面积 X_3 存在一定的相关关系，故需要对该模型自变量做进一步的检验，判断变量间多重共线性程度。

4. 假定将多元回归模型 $Y=\beta_0+\beta_1X_1+\beta_2X_2+\varepsilon$ 用 $n=36$ 个数据点拟合，得到的回归方程为：$\hat{y}=6.4+3.1x_1+0.92x_2$。$\hat{\beta}_1$ 和 $\hat{\beta}_2$ 的抽样分布的标准差的估计值分别为 2.3 和 0.27。

(1)检验 H_0：$\beta_1=0$，H_1：$\beta_1\neq0$，用 $\alpha=0.05$。

(2)检验 H_0：$\beta_2=0$，H_1：$\beta_2\neq0$，用 $\alpha=0.05$。

(3)求回归系数 β_2 的 95% 置信区间，并对区间做出解释。［北京交通大学 2015 研］

解：(1)回归系数 β_1 的显著性检验统计量为：

$$t_1=\frac{\hat{\beta}_1}{s_{\hat{\beta}_1}}=\frac{3.1}{2.3}=1.35<t_{\alpha/2}(n-k-1)=t_{0.025}(33)=2.03$$

因而，不能拒绝原假设，即 β_1 检验结果不显著。

(2)回归系数 β_2 的显著性检验统计量为：

$$t_2=\frac{\hat{\beta}_2}{s_{\hat{\beta}_2}}=\frac{0.92}{0.27}=3.41>t_{\alpha/2}(n-k-1)=t_{0.025}(33)=2.03$$

因而，拒绝原假设，即 β_2 检验结果显著。

(3)回归系数 β_2 在 95% 置信水平下的置信区间为：

$$\hat{\beta}_2\pm t_{0.025}(33)s_{\hat{\beta}_2}=0.92\pm2.03\times0.27=(0.3719,\ 1.4681)$$

即回归系数 β_2 在 95% 置信水平下的置信区间为(0.3719，1.4681)，这一置信区间的含义是：在 x_1 不变的条件下，有 95% 的把握估计 x_2 每增加 1 单位 y 平均增加 0.3719～1.4681 个单位。

5. 一家产品销售公司在 25 个地区设有销售分公司。为研究产品销售量(y)与该公司的销售价格(x_1)、各地区的年人均收入(x_2)、广告费用(x_3)之间的关系，搜集到 25 个地区的有关数据。利用 Excel 得到下面(表 12-4、12－5)的回归结果($\alpha=0.05$)。

表 12-4　方差分析表

变差来源	df	SS	MS	F	Significance F
回归			32789.7		0.00001
残差					
总计	24	112617.6	—	—	—

表 12-5　参数估计表

	Coefficients	标准误差	t Stat	P-value
Intercept	758.12	45.03	3.105	0.0045
X Variable 1	−87.84	11.87	−3.096	0.0010
X Variable 2	80.61	15.67	4.867	0.0000
X Variable 3	0.51	0.19	2.583	0.0034

(1)将方差分析表中的所缺数值补齐。

(2)写出销售量与销售价格、年人均收入、广告费用的多元线性回归方程，并解释各回归系数的意义。

(3)检验回归方程的线性关系是否显著?

(4)计算判定系数 R^2，并解释它的实际意义。

(5)计算估计标准误差 s_e，并解释它的实际意义。［浙江工商大学 2011 研］

解：(1)

表 12-6　方差分析表

变差来源	df	SS	MS	F	Significance F
回归	3	98369.1	32789.7	48.33	0.00001
残差	21	14248.5	678.5	—	—
总计	24	112617.6	—	—	—

(2)根据参数估计表，得到销售量与销售价格、年人均收入和广告费用的多元线性回归方程为：

$$\hat{y}=758.12-87.84x_1+80.61x_2+0.51x_3$$

各回归系数的实际意义为：

$\beta_1=-87.84$ 表示，在年人均收入和广告费用不变的条件下，销售价格每增加 1 个单位，销售量平均减少 87.84 个单位；

$\beta_2=80.61$ 表示，在销售价格和广告费用不变的条件下，年人均收入每增加 1 个单位，销售量平均增加 80.61 个单位；

$\beta_3=0.51$ 表示，在销售价格和年人均收入不变的条件下，广告费用每增加 1 个单位，销售量平均增加 0.51 个单位。

(3)提出假设：H_0：$\beta_1=\beta_2=\beta_3=0$

H_1：β_1，β_2，β_3 至少有一个不等于 0

根据方差分析表中给定的 P 值 $=0.00001$，远小于显著性水平 $\alpha=0.05$，所以拒绝原假

设 H_0。这意味着销售量与销售价格、年人均收入和广告费用之间的线性关系是显著的。

(4)

$$R^2=\frac{SSR}{SST}=\frac{98369.1}{112617.6}=0.87$$

判定系数是度量多元回归方程拟合度的一个统计量，反映了在因变量 y 的变差中被估计的回归方程所解释的比例。即在销售量的总变差中有 87.35% 可由该估计出的回归方程解释，说明其对观测值的拟合程度较好。

(5)

$$s_e=\sqrt{MSE}=\sqrt{678.5}=26.05$$

估计标准误差 s_e 是对回归模型中误差项标准差的一个估计值，表示用自变量预测因变量时误差的平均水平。本题中的含义为：根据所建立的多元回归方程，用销售价格、年人均收入和广告费用来预测销售量时，平均的预测误差为 26.05 个单位。

6. 研究人员试图通过随机调查取得 60 名从业人员的性别、月收入和月消费支出数据，来建立居民消费支出的预测模型。分析中性别变量的取值为男性等于 1，女性等于 0。

(1) 在调查的实施过程中发现，有 6 名随机选中的被调查者拒绝提供数据；4 名随机选中的被调查者由于出差等原因没有访问到，因此最后只得到了 50 组数据。试分析由此造成的调查误差类型。对此类误差有哪些补救措施？

(2) 根据得到的 50 组数据，用 Excel 进行回归分析(支出为因变量，性别和收入为自变量)，部分结果如表 12-7 所示。已知居民的平均支出为 2188 元，计算模型预测误差的离散系数。

表 12-7

回归统计	
R Square	0.9840
Adjusted R Square	0.9834
标准误差	99.2477
观测值	50

(3) Excel 输出的方差分析表如表 12-8 所示，计算缺少的 ABCD 四个项目(计算结果取整数)。

表 12-8

	自由度	平方和	均方	F	Significance F
回归分析	2	28542745	14271373	D	0.0000
残差	A	B	C		
总计	49	29005700			

(4) 写出上表中 F 检验的零假设和备择假设。根据 Excel 的计算结果，如果 $\alpha=0.01$，检验的结论如何？

(5) 根据表 12-9 中的结果数据写出回归方程的表达式，说明回归系数的含义，并计算月收入为 3000 元的女性的平均支出。

表 12-9

	Coefficients	标准误差	t Stat	P-value
Intercept	355.89	47.8602	7.4361	0.0000
收入	0.64	0.0131	48.7803	0.0000
性别	-413.86	28.4723	-14.5357	0.0000

(6)在回归分析中，我们通常需要对回归方程同时做 t 检验和 F 检验。这两种检验的目的有何区别？可以相互替代吗？［中央财大 2008 研］

解：(1)这种误差属于无回答误差。无回答误差包括调查者拒绝接受调查，调查人员得到的是一份空白的答卷，也包括那些调查进行时被访者不在家的情况。无回答误差有时是随机的，有时是系统性的。

如果无回答误差是随机的，可以通过增大样本量的方式解决；如果无回答误差是系统性的，解决的途径主要有两个方面，一个是预防，即在调查进行前做好各方面的准备工作，尽量把无回答误差降到最低程度；另一方面是，当无回答出现后，分析无回答产生的原因，采取一些补救措施。例如，在某个抽样单位拒绝接受采访以后，放弃该单位，寻找与其背景相同的人作为替换进入抽样总体。

(2)模型预测误差的离散系数为：

$$v_s=\frac{s}{\bar{x}}=\frac{99.2477}{2188}=0.045$$

(3)方差分析表中，缺少的 ABCD 四个项目分别为：

$$A=49-2=47$$

$$B=29005700-28542745=462955$$

$$C=\frac{B}{A}=\frac{462955}{47}=9850$$

$$D=\frac{14271373}{9850}=1449$$

(4)零假设为：

H_0：$\beta_1=\beta_2=0$，即性别和月收入联合起来对月消费支出没有显著影响

备择假设为：

H_1：β_1和β_2不全为0，即性别和月收入联合起来对月消费支出有显著影响

由于 Significance $F=0.0000<\alpha=0.01$，因此拒绝原假设，即认为性别和月收入联合起来对月消费支出有显著影响。

(5)令 x_1表示月收入，x_2表示性别，则回归方程为：

$$\hat{y}=355.89+0.64x_1-413.86x_2$$

$\hat{\beta}_1=0.64$ 表示，在性别相同的从业人员中，月收入每增加 1 元，月支出将平均增加 0.64 元；$\hat{\beta}_2=-413.86$ 表示，在收入相同的从业人员中，女性比男性每个月平均多支出 413.86 元。

月收入为 3000 元的女性的平均支出是：

$$\hat{y}=355.89+0.64\times3000=2275.89(\text{元})$$

(6)F 检验是根据平方和分解式，直接从回归效果检验回归方程的显著性，如果是显著

的，说明回归方程线性关系存在。t 检验是自变量系数的显著性检验，用于检验解释变量 x 对因变量 y 的影响是否显著。

①两者的区别如下：

a. 两者目的不同，原假设也因此不同。F 检验用于检验回归方程线性关系是否显著，是对整体的检验，原假设为所有系数均为 0。t 检验是对系数的单独检验，原假设为某一系数为 0。

b. 统计量不同，F 检验构造 F 统计量，原假设成立时服从 F 分布。t 检验构造 t 统计量，原假设成立时服从 t 分布。

②一元回归方程中，由于只有一个自变量，F 检验与 t 检验等价，可以相互替代。多元回归方程中，F 检验显著不能保证每一个系数都显著，需要针对每个系数再进行 t 检验，两者不可相互替代。

7. 通达出租汽车公司为确定合理的管理费用，需要了解出租车司机每天的收入(元)与其行驶时间(小时)和行驶里程(公里)之间的关系，为此随机调查了 20 个出租车司机，根据有关数据进行回归分析，得到表 12-10 的数据结果：

表 12-10

方程的截距 $\hat{\beta}_0=42.38$	截距的标准差 $s_{\hat{\beta}_0}=36.59$	回归平方和 $SSR=29882$
回归系数 $\hat{\beta}_1=9.16$	回归系数的标准差 $s_{\hat{\beta}_1}=4.78$	残差平方和 $SSE=5205$
回归系数 $\hat{\beta}_2=0.46$	回归系数的标准差 $s_{\hat{\beta}_2}=0.14$	

根据以上结果回答下列问题：

(1)试建立每天的收入对行驶时间和行驶里程的线性回归方程，并解释回归系数的实际意义。

(2)计算可决系数 R^2，并说明它的实际意义。

(3)若显著性水平 $\alpha=0.05$，回归方程的线性关系是否显著？(注：$F_\alpha(2, 17)=3.59$)

(4)计算回归系数检验的统计量。［中央财大 2005 研］

解：(1)根据已知条件和表 12-7 的数据可以得出，出租车司机每天的收入 y 对其行驶时间 x_1 和行驶里程 x_2 的线性回归方程为：

$$\hat{y}=\hat{\beta}_0+\hat{\beta}_1x_1+\hat{\beta}_2x_2=42.38+9.16x_1+0.46x_2$$

$\hat{\beta}_1=9.16$ 表明当行驶里程不变时，出租车每天行驶时间增加 1 个小时，收入就会相应地平均增加 9.16 元；

$\hat{\beta}_2=0.46$ 表明当行驶时间不变时，出租车每天行驶里程增加 1 公里，收入就会相应地平均增加 0.46 元。

(2)可决系数 R^2 为：

$$R^2=\frac{SSR}{SST}=\frac{SSR}{SSR+SSE}=\frac{29882}{29882+5205}=0.8517$$

$R^2=0.8517$ 说明估计的该线性模型对观测值的拟合程度较好，出租车每天的收入变差中，有 85.17% 可以由收入与行驶时间和行驶里程之间的线性关系来解释。

(3)对回归方程的显著性检验，首先建立假设：H_0：$\beta_1=\beta_2=0$，H_1：β_1，β_2 不全为零。

检验统计量的值为：

$$F=\frac{SSR/k}{SSE/(n-k-1)}=\frac{29882/2}{5205/(20-3)}=48.80$$

给定显著性水平 $\alpha=0.05$，$F_{\alpha}(k,\ n-k-1)=F_{0.05}(2,\ 17)=3.59$。

由于 $F>F_{\alpha}(2,\ 17)=3.59$，故拒绝原假设 H_0，表明回归方程是显著的，即收入与行驶时间和行驶里程之间的线性关系是显著的。

(4)回归系数检验统计量的值分别为：

$$t_1=\frac{\hat{\beta}_1}{s_{\hat{\beta}_1}}=\frac{9.16}{4.78}=1.9163,\quad t_2=\frac{\hat{\beta}_2}{s_{\hat{\beta}_2}}=\frac{0.46}{0.14}=3.2857$$

8. 若根据某地相关数据拟合以下回归方程

$$Y_t=\beta_1+\beta_2X_1+\beta_3X_2+u_t$$

其中，Y_t表示财政收入(亿元)；X_1表示居民最终消费支出；X_2表示实际利用外资。现在利用该地 15 年的有关数据计算得：

$$(X'X)^{-1}=\begin{bmatrix}3 & 5 & -7\\ 5 & 2 & -4\\ -7 & -4 & 15\end{bmatrix}\qquad X'Y=\begin{bmatrix}6\\ 13\\ 7\end{bmatrix}\qquad Y'Y=581$$

方程的可决系数为 $R^2=0.9029$。请你据此条件计算回归方程，并对回归方程进行显著性检验。($\alpha=0.05$)($F_{0.05}(2,\ 12)=3.89$，$F_{0.05}(12,\ 2)=19.41$)［中南财大 2003 研］

解：利用公式计算得到$\hat{\beta}_1$，$\hat{\beta}_2$和$\hat{\beta}_3$分别为：

$$\hat{\beta}=(X'X)^{-1}X'Y=\begin{pmatrix}3 & 5 & -7\\ 5 & 2 & -4\\ -7 & -4 & 15\end{pmatrix}\begin{pmatrix}6\\ 13\\ 7\end{pmatrix}=\begin{pmatrix}34\\ 28\\ 11\end{pmatrix}$$

即 $\hat{\beta}_1=34$，$\hat{\beta}_2=28$，$\hat{\beta}_3=11$。因此拟合得到的回归方程为：

$$\hat{Y}_t=34+28x_1+11x_2$$

已知方程的可决系数为 $R^2=0.9029$，表明财政收入的变差中，有 90.29% 可以由财政收入和居民最终消费支出、实际利用外资之间的线性关系来解释。

对回归方程的显著性检验，首先建立假设：H_0：$\beta_2=\beta_3=0$，H_1：β_2，β_3不全是零。

检验统计量的值为：

$$F=\frac{SSR/k}{SSE/(n-k-1)}=\frac{R^2/k}{(1-R^2)/(n-k-1)}=\frac{0.9029/2}{(1-0.9029)/(15-3)}=55.79197$$

给定显著性水平 $\alpha=0.05$，$F_{\alpha}(k,\ n-k-1)=F_{0.05}(2,\ 12)=3.89$。

由于 $F>F_{\alpha}(2,12)=3.89$，故拒绝原假设 H_0，表明回归方程是显著的，即财政收入与居民最终消费支出和实际利用外资之间的线性关系是显著的。

9. 研究人员估计了两个回归模型，相关结果如下。

表 12-11　模型 1

模型	R	R 方	调整的 R 方	估计标准误
1	.977[a]	.954	.953	206.712

表 12-12　预测变量：(常量)，性别，收入

模型		非标准化系数		t	Sig.
		B	标准误差		
1	(常量)	628.056	47.157	13.318	.000
	收入	.619	.014	44.107	.000
	性别	31.062	42.400	.733	.466

表 12-13　模型 2

模型	R	R 方	调整 R 方	估计标准误
2	.977[a]	.954	.954	206.223

表 12-14　预测变量：(常量)，收入

模型		非标准化系数		t	Sig.
		B	标准误差		
2	(常量)	639.961	44.164	14.490	.000
	收入	.621	.014	45.155	.000

(1)根据表中的数据比较两个模型的拟合效果，并对 t 检验的结果进行分析。

(2)在以上两个模型中，你会选择哪一个模型进行预测？为什么？

(3)写出你选定的回归方程，并分析回归系数的含义。

(4)一名男性职工上月收入为 3000 元，预测其支出。［中央财大 2010 研］

解：(1)根据已知数据，模型 1 的调整判定系数为 0.953，模型 2 的调整判定系数为 0.954，二者近似相等，所以从判定系数角度看两个模型的拟合效果是一样的。

由于表 12-12、12－14 中关于收入的 t 统计量的 P 值都为 0.000，所以收入对于支出的影响是显著的；而在模型 1 中，关于性别的 t 统计量的 P 值为 0.466，大于一般情况下给定的显著性水平，故该变量对支出的影响不显著。

(2)由(1)中的分析，模型 1 中的“性别”变量没有通过 t 检验，并且在删除该变量后在模型 2 中“收入”变量的系数估计值及其标准误并无显著变化，且模型对于因变量的估计标准误并未增大反而略有减小。因此可以判定对变量“性别”的删除是合理的，应选择模型 2 进行预测。

(3)设 y 表示支出，x 表示收入，则选定的回归方程为：$\hat{y}=639.961+0.621x$。

回归系数 $\hat{\beta}_1=0.621$ 表示，收入每增加 1 元，支出平均增加 0.621 元。

(4)当 $x=3000$ 时，$\hat{y}=639.961+0.621\times3000=2502.961$，即当该名男性职工上月收入为 3000 元时，其支出约为 2503 元。

10. 表 12-15 是随机抽取的 15 家大型商场销售的同类产品的有关数据(单位：元)。

表 12-15　大型商场销售的同类产品的数据

企业编号	销售价格 y	购进价格 x_1	销售费用 x_2
1	1238	966	223
2	1266	894	257
3	1200	440	387

续表

企业编号	销售价格 y	购进价格 x_1	销售费用 x_2
4	1193	664	310
5	1106	791	339
6	1303	852	283
7	1313	804	302
8	1144	905	214
9	1286	771	304
10	1084	511	326
11	1120	505	339
12	1156	851	235
13	1083	659	276
14	1263	490	390
15	1246	696	316

要求:

(1)计算 y 与 x_1、y 与 x_2 之间的相关系数,是否有证据表明销售价格与购进价格、销售价格与销售费用之间存在线性关系?

(2)根据上述结果,你认为用购进价格和销售费用来预测销售价格是否有用?

(3)用 Excel 进行回归,并检验模型的线性关系是否显著($\alpha=0.05$)。

(4)解释判定系数 R^2,所得结论与问题(2)中是否一致?

(5)计算 x_1 与 x_2 之间的相关系数,所得结果意味着什么?

(6)模型中是否存在多重共线性?你对模型有何建议?

解:(1)由表中数据可计算出:

$$\bar{y},\ \bar{x}_1,\ \bar{x}_2,\ \sum_{i=1}^{15}(x_{1i}-\bar{x}_1)^2,\ \sum_{i=1}^{15}(x_{2i}-\bar{x}_2)^2,\ \sum_{i=1}^{15}(y_i-\bar{y})^2,\ \sum_{i=1}^{15}(x_{1i}-\bar{x}_1)(y_i-\bar{y}),\ \sum_{i=1}^{15}(x_{2i}-\bar{x}_2)(y_i-\bar{y})$$

则

$$r_{x_1,y}=\frac{\sum_{i=1}^{15}(x_{1i}-\bar{x}_1)(y_i-\bar{y})}{\sqrt{\sum_{i=1}^{15}(x_{1i}-\bar{x}_1)^2\sum_{i=1}^{15}(y_i-\bar{y})^2}}=0.30895,\quad r_{x_2,y}=\frac{\sum_{i=1}^{15}(x_{2i}-\bar{x}_2)(y_i-\bar{y})}{\sqrt{\sum_{i=1}^{15}(x_{2i}-\bar{x}_2)^2\sum_{i=1}^{15}(y_i-\bar{y})^2}}=0.00121$$

检验的统计量分别为:

$$t_1=r\sqrt{\frac{n-2}{1-r^2}}=0.30895\times\sqrt{\frac{15-2}{1-0.30895^2}}=1.1712$$

$$t_2=r\sqrt{\frac{n-2}{1-r^2}}=0.00121\times\sqrt{\frac{15-2}{1-0.00121^2}}=0.0044$$

取 $\alpha=0.05$,$t_{0.05/2}(15-2)=2.160$。由于检验统计量 $t_1=1.1746<t_{\alpha/2}=2.160$,$t_2=0.0044<t_{\alpha/2}=2.160$,因此没有证据表明销售价格与购进价格、销售价格与销售费用之间存在线性关系。

(2)由于没有证据表明销售价格与购进价格、销售价格与销售费用之间存在线性关系,因此用购进价格和销售费用来预测销售价格是没有用的。

(3)由 Excel 输出的回归结果，如表 12-16、12-17 和 12-18 所示。

表 12-16　回归结果

Multiple R	0. 593684
R Square	0. 35246
Adjusted R Square	0. 244537
标准误差	69. 75121
观测值	15

表 12-17　方差分析表

	df	SS	MS	F	Significance F
回归分析	2	31778. 15	15889. 08	3. 265842	0. 073722
残差	12	58382. 78	4865. 232		
总计	14	90160. 93			

表 12-18

	Coefficients	标准误差	t Stat	P – value	Lower 95%	Upper 95%
Intercept	375. 6018	339. 4106	1. 10663	0. 290145	–363. 91	1115. 114
X Variable 1	0. 537841	0. 210447	2. 555711	0. 0252	0. 079317	0. 996365
X Variable 2	1. 457194	0. 667707	2. 182386	0. 049681	0. 002386	2. 912001

所以回归方程为：

$$\hat{y} = 375.6018 + 0.5378x_1 + 1.4572x_2$$

由于 Significance $F = 0.073722 > \alpha = 0.05$，因此不能拒绝原假设，故该模型的线性关系不显著。

(4)$R^2 = 35.25\%$，$R_a^2 = 24.45\%$，表明在销售价格的变动中，只有 35. 25% 可以由购进价格和销售费用来解释，说明该回归方程的拟合程度不好，所得结论与问题(2)一致。

(5)由表中数据可得

$$r_{x_1,y_2} = \frac{\sum_{i=1}^{15}(x_{1i} - \overline{x}_1)(x_{2i} - \overline{x}_2)}{\sqrt{\sum_{i=1}^{15}(x_{1i} - \overline{x}_1)^2 \sum_{i=1}^{15}(x_{2i} - \overline{x}_2)^2}} = -0.8529$$

说明两个自变量高度负相关。

(6)由于两个自变量高度负相关，故存在多重共线性，建议将一个自变量从模型中剔除。

第13章　时间序列分析和预测

一、单项选择题

1．移动平均法是通过计算逐项移动的序时平均数，来形成派生数列，从而(　　)对数列的影响。[中国海洋大学2025研；山东大学2016研；中央财经大学2012研]

A．消除偶然因素引起的不规则变动　　B．消除非偶然因素引起的不规则变动

C．消除绝对数变动　　D．消除计算误差

【解析】时间序列是随机变量在不同时间上的取值，由偶然因素引起的随机变动是该随机变量的一部分，服从均值为0，方差为σ^2的正态分布。通过移动平均法取均值后，该项的方差变为σ^2/k，k为移动平均的项数。方差变小意味着偶然因素引起的不规则变动幅度变小，因此移动平均法可以消除偶然因素的影响，且项数越大，修匀效果越好。但项数过大会导致数据缺失过多，因此项数的大小要合适。

2．时间序列分析中，计算季节指数通常采用的是(　　)。[深圳大学2025研；中南财大2003研]

A．同期平均法　　B．最小平方法　　C．几何平均法　　D．调和平均法

【解析】计算季节指数较常用的是同期平均法和趋势剔除法。剔除长期趋势后的时间序列的同期平均值即未调整的季节指数。

3．已知某时间序列各期观测值依次为200，480，740，1060，1300，1620，对这一时间序列进行预测适合的模型是(　　)。[深圳大学2025研]

A．直线模型　　B．指数曲线模型

C．二次曲线模型　　D．龚铂茨曲线模型

【解析】相邻各期观测值的差值为280，260，320，240，320，差值大致均匀，利用Excel画出折线图，如图13-1所示，因此进行预测适合的模型是直线模型。

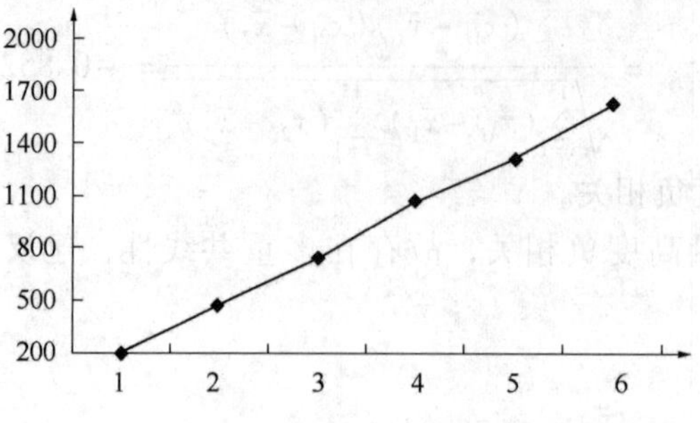

图13-1　时间序列图

4．季节变动分析的趋势-循环剔除法适用于(　　)。[中国海洋大学2020研]

A．考虑不规则变动的影响　　B．不考虑长期趋势的影响

C．考虑循环变动的影响　　D．考虑长期趋势的影响

1A　2A　3A　4D

【解析】在季节变动分析中，若时间序列呈现出明显的长期趋势，应当采用趋势-循环剔除法，先剔除长期趋势，再测定季节因素，否则季节因素的测定结果会受到长期趋势的影响。

5. 五月份的商品销售额为60万元，该月的季节指数为120%，则消除季节因素影响后，该月的商品销售额为(　　)万元。[中国海洋大学2018研；对外经济贸易大学2015研；山东大学2015研；中央财经大学2011研]

A. 72　　B. 50　　C. 60　　D. 51.2

【解析】消除季节因素影响后的商品销售额 = 该月商品实际销售额/该月季节指数 = $\frac{60}{120\%}=50$(万元)。

6. 周末超市的营业额常常会高于平常的数额，这种波动属于(　　)。[厦门大学2014研]

A. 长期趋势　　B. 循环变动　　C. 季节变动　　D. 不规则变动

【解析】季节变动也称季节性，它是时间序列在一年或更短的时间内重复出现的周期性波动。出现季节变动的原因除了类似“一年四季”的气候原因，也包括社会习俗等因素，如周末放假。判断是否属于季节变动的重点在于是否表现出周期性波动(周期小于一年)。

7. 应用指数平滑法预测时，给定的权数应该是(　　)。[厦门大学2013研]

A. 近期权数大，远期权数小　　B. 近期权数小，远期权数大

C. 权数和资料的大小成正比　　D. 权数均相等

【解析】指数平滑法是对移动平均法的改进，它是将时间序列由近及远采取具有逐步衰减性质的加权处理，即近期权数大，远期权数小。

8. 在羽绒服销售量时间序列分析中，一般情况下8月份的季节指数(　　)。[四川大学2014研]

A. 等于1　　B. 大于1　　C. 小于1　　D. 无法确定

【解析】季节指数是周期中某一阶段受季节变动因素影响发生变动的比例，若指标受季节因素影响低于一般水平则季节指数小于1，反之大于1，即淡季小于1，旺季大于1。一般来说，8月份是羽绒服销售淡季，故季节指数应小于1。

9. 如果时间序列的逐期观察值按一定的增长率增长或衰减，则适合的预测模型是(　　)。[中国海洋大学2021研；浙江工商大学2011研；安徽财经大学2012样题]

A. 移动平均模型　　B. 指数平滑模型

C. 线性模型　　D. 指数模型

【解析】移动平均模型和指数平滑模型是对平稳时间序列进行预测的方法，而线性模型和指数模型是对趋势型序列进行预测的方法。其中，线性模型用来对线性趋势序列进行预测，指数模型用来对非线性趋势序列进行预测。

10. 对某时间序列建立的预测方程为 $\hat{Y}_t=100\times0.8^t$，这表明该时间序列各期的观察值(　　)。[浙江工商大学2011研；安徽财经大学2012样题；湖南师范大学2018研]

5B　6C　7A　8C　9D　10D

A. 每期增加0.8　　　　　　　　　　B. 每期下降0.2

C. 每期增长上期的80%　　　　　　　D. 每期减少上期的20%

【解析】时间序列方程 $\hat{Y}_t = 100 \times 0.8^t$ 符合指数曲线，由预测方程可以看出，当时间由 t 变为 $t+1$，序列变为原来的80%，即减少上期的20%。

11. 如果时间序列不存在季节变动，则各期的季节指数应(　　)。[安徽财经大学2012样题]

A. 等于0　　B. 等于1　　C. 小于0　　D. 小于1

【解析】季节指数是周期中某一阶段受季节变动因素影响发生变动的比例，若指标受季节因素影响低于一般水平，则季节指数小于1，反之大于1。若季节影响不存在，则指标等于平均水平，季节指数为1。

12. 设$\{X_t\}$是平稳时间序列，则下面陈述不正确的是(　　)。[中山大学2011研]

A. t 时刻的均值 $E(X_t)$ 不依赖 t

B. t 时刻的方差 $\mathrm{Var}(X_t)$ 不依赖 t

C. t 时刻与 $s(s \neq t)$ 时刻的协方差 $\mathrm{Cov}(X_t, X_s)$ 不依赖 t，也不依赖 s

D. t 时刻与 s 时刻的协方差与 $t+1$，$s+1$ 时刻的协方差相等，即 $\mathrm{Cov}(X_t, X_s) = \mathrm{Cov}(X_{t+1}, X_{s+1})$。

【解析】如果时间序列$\{X_i\}$满足如下三个条件，则称$\{X_i\}$为平稳时间序列。①任取 $t \in T$，有 $E(X_t) = \mu$，μ 为常数；②任取 $t \in T$，有 $E(X_t^2) < \infty$；③任取 t，s，$k \in T$，且 $k+s-t \in T$，$\mathrm{Cov}(X_t, X_s) = \mathrm{Cov}(X_k, X_{k+s-t})$，$\mathrm{Var}(X_t) = \mathrm{Var}(X_{t-s}) = \sigma^2$。

13. 如果时间序列的环比增长量大致相等，则应采用的趋势模型为(　　)。[中央财经大学2012研]

A. 直线趋势模型　　　　　　　　　B. 指数曲线趋势模型

C. 二次曲线趋势模型　　　　　　　D. 修正指数曲线趋势模型

【解析】对于给定的时间序列，究竟选择哪个趋势模型应该根据该时间序列本身的变动特点和其图形形状来定。如对于年度资料时间序列，若其逐年增长量又称环比增长量大致相等，则应采用直线趋势模型；若其逐年发展速度即环比发展速度大致相等，则应采用指数曲线趋势模型，等等。

14. 如果采用三项移动平均修匀时间数列，那么所得修匀数列比原数列首尾各少(　　)。[西安交大2007研]

A. 一项数值　　B. 二项数值　　C. 三项数值　　D. 四项数值

【解析】采用 n 项移动平均修匀时间数列时，若 n 为奇数，则修匀后数列比原数列首尾各少 $(n-1)/2$ 项；若 n 为偶数，则首尾各少 $n/2$ 项。所以三项移动平均修匀时间数列，首尾各少 $(3-1)/2=1$ 项数值。

15. 在一次指数平滑中，平滑系数 α 的大小决定了不同时期数据对预测值的影响，若 α 越小，对预测值影响较大的数据是(　　)。[中南财大2002研]

11B　12C　13A　14A　15D

A. 远期数据　　B. 近期数据　　C. 中期数据　　D. 上期预测数据

【解析】一次指数平滑法是将 $t+1$ 期的预测值视为 t 期的实际观察值与预测值的加权平均，预测模型为：$F_{t+1}=\alpha Y_t+(1-\alpha)F_t$，式中，$Y_t$为 t 期的实际观察值，F_t为 t 期的预测值。由公式可以看出 α 越小，上期预测值的权重越大，其对下期预测值的影响也就越大。

16. 假设一笔为期 20 年的投资额按复利计算收益，前 10 年的年利率为 10%，中间 5 年的年利率为 8%，最后 5 年的年利率为 6.5%，则 20 年后本利率（本利和与本金之比）以及整个投资期内的年平均利率各为（　　）。［中南财大 2006 研］

A. 5.2215 和 8.615%　　B. 1.225 和 2.718%

C. 6.125 和 9.485%　　D. 1.725 和 8.625%

【解析】由题意，设本金为 1 个单位，则 20 年后本利率为：

$$(1+10\%)^{10}\times(1+8\%)^5\times(1+6.5\%)^5=5.2215$$

整个投资期内的年平均利率为：$\sqrt[20]{5.2215}-1=8.615\%$。

17. 从时间序列图 13-2 可以判断出该序列属于（　　）。

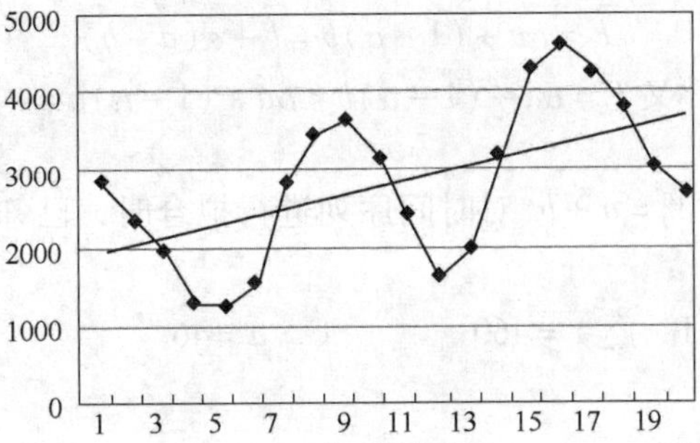

图 13-2　时间序列图

A. 平稳序列　　B. 有趋势的序列

C. 含有季节成分的序列　　D. 含有季节成分和趋势的序列

18. 某种 A 股股票的价格周二下降了 10%，周三上涨了 15%，两天累计（　　）。

A. 上涨 5%　　B. 上涨 3.5%　　C. 下降 3.5%　　D. 下降 2.5%

【解析】由题中数据知，两天累计上涨的百分数 $=(1-10\%)(1+15\%)-1=3.5\%$。

19. 某种商品的价格连续四年环比增长率分别为 5%，7%，15%，20%，该商品价格的年平均增长率为（　　）。

A. $(5\%+7\%+15\%+20\%)\div 4$

B. $[(105\%\times107\%\times115\%\times120\%)-1]\div 4$

C. $\sqrt[4]{105\%\times107\%\times115\%\times120\%}$

D. $\sqrt[4]{105\%\times107\%\times115\%\times120\%}-1$

【解析】平均增长率，又称平均增长速度，是反映社会及自然事物在较长时期内各期（年）平均增长程度的相对数，以倍数或百分数表示。它等于平均发展速度减 1 或 100%，其计算公式为：

16A　17D　18B　19D

$$\bar{G}=\sqrt[n]{\frac{Y_1}{Y_0}\times\frac{Y_2}{Y_1}\times\cdots\times\frac{Y_n}{Y_{n-1}}}-1=\sqrt[n]{\frac{Y_n}{Y_0}}-1$$

所以该商品价格的年平均增长率为$\sqrt[4]{105\%\times107\%\times115\%\times120\%}-1$。

20．在使用指数平滑法进行预测时，如果时间序列有较大的随机波动，则平滑系数α的取值(　　)。

A．应该小些　　B．应该大些　　C．应该等于0　　D．应该等于1

【解析】指数平滑法是将$t+1$期的预测值视为t期的实际观察值与预测值的加权平均，平滑系数α为t期的实际观察值的权重。对于有较大随机波动的时间序列，应当密切关注其实际值的变化，即给予t期的实际观察值更大的关注，因此平滑系数α的取值应当大些。

21．若已知本期值为a，本期预测值为b，并且$a>b$。则用指数平滑法预测下期值F时有(　　)。

A．$F>a$　　B．$F<b$　　C．$b<F<a$　　D．无法确定

【解析】根据指数平滑法，设平滑系数为α，则$0<\alpha<1$，则有

$$F=\alpha a+(1-\alpha)b=b+\alpha(a-b)$$

由于$a>b$，故$F>b$；又$F=\alpha a+(1-\alpha)b<\alpha a+(1-\alpha)a=a$，故$b<F<a$。

22．用线性趋势方程$\hat{Y}_t=a+bt$对时间序列进行拟合时，已知当$t=1$时，$\hat{Y}_t=50$，$\bar{Y}=46$，$\sum t=0$，则(　　)。

A．$\sum tY=50$　　B．$\sum Y=460$　　C．$a=46$　　D．$b=46$

【解析】由已知可得：

$$50=a+b$$

$$\sum Y=an+b\sum t=an$$

则$\bar{Y}=a=46$，所以$b=50-a=50-46=4$。

23．一种新产品在刚刚问世时，初期的市场需求量增长很快，当社会拥有量接近饱和时，需求量逐渐趋于某一稳定的水平上。则这种新产品的发展趋势宜采用的趋势线是(　　)。

A．指数曲线　　B．修正指数曲线　　C．龚铂茨曲线　　D．二次曲线

【解析】生产者的生产量和消费者的消费量在大多数情况下不可能按照指数曲线无限期地等比增长，它们迟早都会达到一个饱和点。因此，人们对指数曲线进行了改造，提出了一个新曲线即修正指数曲线$\hat{Y}_t=K+ab^t$。

24．根据各年的季度资料计算的季节指数之和应等于(　　)。[山东大学2018研]

A．100%　　B．120%　　C．400%　　D．1200%

【解析】假设一个季度的数据量为L，则一年的数据量为$4L$，S_1、S_2、S_3、S_4分别为四个季度数据求和的结果，S为一年数据之和，$S=S_1+S_2+S_3+S_4$。季节指数=同季平均数/总平均数，因此季节指数之和$=(S_1/L+S_2/L+S_3/L+S_4/L)/(S/(4L))=4$。

20B　21C　22C　23B　24C

二、多项选择题

1．关于水平法求平均发展速度，以下哪些说法是正确的(　　)。[中国海洋大学 2025 研]

A．水平法求发展速度，是将各期环比发展速度的乘积开 n 次方根

B．水平法求发展速度，是将末期水平与基期水平之比开 n 次方根

C．水平法又称几何平均法，因为它计算的是各期环比发展速度的算术平均数

D．已知一个时间序列的项数、水平法平均增长量和最初发展水平，可以计算出最末发展水平、总发展速度、水平法平均发展速度

E．在水平法中，人们只关心观察期的起始水平和末期水平，而不考虑中间各期的实际水平

【解析】C 项，水平法又称几何平均法，因其计算的是各期环比发展速度的几何平均数。

2．时间序列中的观察值可分解为哪几个构成要素？(　　)[东北财经大学 2011 研]

A．长期趋势　　B．季节波动　　C．循环波动　　D．不规则波动

【解析】某一现象按时间先后顺序排列而形成的序列就是时间序列，时间序列可分解为四个部分，即长期趋势、季节性或季节波动、周期性或循环波动、随机性或不规则波动。

3．下列方法中适合对平稳序列进行预测的有(　　)。

A．移动平均法　　B．简单平均法　　C．指数平滑法　　D．线性模型法

E．非线性模型法

【解析】平稳时间序列通常只含有随机成分，其预测方法主要有：①简单平均法；②移动平均法；③指数平滑法。这些方法主要是通过对时间序列进行平滑以消除其随机波动，因而也称平滑法。D 项适合对具有线性趋势的序列的预测；E 项适用于呈现非线性趋势的序列的预测。

4．时间序列分解较常用的模型有(　　)。

A．加法模型　　B．乘法模型　　C．直线模型　　D．指数模型

E．多项式模型

【解析】时间序列分解较常用的模型有加法模型和乘法模型两种：①加法模型，$Y_t = T_t + S_t + C_t + I_t$；②乘法模型，$Y_t = T_t \times S_t \times C_t \times I_t$。

三、判断题

1．利用移动平均法测定时间序列的长期趋势时，如果移动平均项数是 5，则移动平均得到的序列会比原序列减少四个数据。(　　)[中央财经大学 2018 研]

【解析】在使用移动平均法时，移动平均后的序列项数较原序列减少，当 k 为奇数时，新序列减少 $k-1$ 项；当 k 为偶数时，新序列减少 k 项。本题中 $k=5$，则移动平均得到的序列会比原序列减少 4 个数据。

2．某地区医生人数逐年增加，1993 年、1994 年、1995 年各年的环比增长率分别为 8%、18%、15%。该地区三年来医生人数共增长了 41% =(8% + 18% + 15%)。(　　)[首经贸 2009 研]

【解析】由环比发展速度和定基增长速度之间的关系可得，该地区三年来医生人数的定

1ABDE　2ABCD　3ABC　4AB　　▌　　1✓　2×

基增长速度为 108% ×118% ×115% -1 =46.56%。

3．平均增长速度不是根据各个增长速度直接求得，而是根据平均发展速度计算的。(　　)[首经贸 2009 研]

【解析】平均增长速度不能由各期的环比增长速度直接平均而求得，也不能根据一定时期的总增长速度去直接计算。平均增长速度只能通过与平均发展速度的数量关系，即由平均发展速度减 1 去计算求得。

4．用移动平均法分析企业季度销售额时间序列的长期趋势时，一般应取 4 项进行移动平均。(　　)

【解析】用移动平均法分析企业季度销售额时间序列的长期趋势时，以一年四个季度为一周期，一般应取 4 项进行移动平均。因为只有这样，才能消除周期变动，准确反映长期趋势。

四、简答题

1．解释长期趋势的移动平均法的特点。[中国海洋大学 2020 研]

相关真题：简述移动平均法及其特点。[南京财经大学 2025 研]

答：移动平均法是通过移动平均消除时间序列中的不规则变动和其他变动，从而揭示出时间序列长期趋势的分析方法。它的特点有：

(1)移动平均法对序列进行项数为 k 的平均，具有修匀或平滑作用，而且 k 越大，对数列的修匀作用越强。

(2)移动平均值代表的是所平均数据的中间位置上的趋势值，即中心化移动平均法。平均项数 k 为奇数时，只需一次移动平均即得各期趋势值；当 k 为偶数时，则需对移动平均的结果进行中心化处理，即再作一次两项移动平均。

(3)当序列包含周期性变动时，项数 k 应与周期长度一致。在消除不规则变动的同时，也可以消除周期性波动，例如，季度数据通常采用 4 期移动平均，月度数据通常采用 12 期移动平均。

(4)移动平均法会使序列项数减少，项数 k 为奇数时，新序列首尾各减少 $(k-1)/2$ 项；k 为偶数时，首尾各减少 $k/2$ 项。

(5)当现象呈非线性趋势时，加权移动平均比简单移动平均效果为好。

(6)移动平均法不能直接进行外推预测。

2．时期指标时间序列和时点指标时间序列的区别是什么？说明二者在序时平均数的计算上的不同。[西南财经大学 2018 研；厦门大学 2014 研]

相关真题：简述时期数列、时点数列的特点和区别。[浙江工商大学 2025 研]

答：时期指标序列是由一系列时期指标按时间顺序排列而成，反映社会经济现象在一段时期发展变化的结果的时间序列，通常以年度、季度或者月度等时间段为单位。

时点指标序列是由一系列时点指标按时间顺序排列而成，反映社会经济现象在某一时刻(瞬间)的情况的时间序列。

(1)时期指标时间序列与时点指标时间序列的区别

①时期指标时间序列具有可加性，不同时期的总量指标可以相加；而时点指标时间序列

3✓　4✓

是不可加的，这是因为把不同时点的总量指标相加后，无法解释所得数值的时间状态。

②时期指标时间序列指标值的大小与所属时间的长短有直接关系(正相关)；而时点指标时间序列指标数值的大小与时点间隔的长短一般没有直接关系。在时点数列中，相邻两个指标所属时间的差距为时点间隔。存在长期趋势时例外。

③时期指标时间序列指标值采用连续统计的方式获得；时点指标时间序列指标值采用间断统计的方式获得。

(2)二者在序时平均数计算上的不同

①时期指标的序时平均数

时期指标的序时平均数通常采用简单算术平均数计算，公式为：

$$\bar{y}=\frac{y_1+y_2+\cdots+y_n}{n}=\frac{\sum_{i=1}^{n}y_i}{n}$$

②时点指标的序时平均数

a. 间隔相等的时点数列序时平均数采用“首末折半法”计算，公式为：

$$\bar{y}=\frac{\frac{y_1+y_2}{2}+\frac{y_2+y_3}{2}+\cdots+\frac{y_{n-1}+y_n}{2}}{n-1}=\frac{\frac{y_1}{2}+y_2+\cdots+y_{n-1}+\frac{y_n}{2}}{n-1}$$

b. 间隔不等的时点数列序时平均数计算公式：

$$\bar{y}=\frac{\frac{y_1+y_2}{2}f_1+\frac{y_2+y_3}{2}f_2+\cdots+\frac{y_{n-1}+y_n}{2}f_{n-1}}{f_1+f_2+\cdots+f_{n-1}}=\frac{\sum_{i=1}^{n}\bar{y}_if_i}{\sum_{i=1}^{n}f_i}$$

c. 当现象发生变动时登记一次的时点数列序时平均数计算公式：

$$\bar{y}=\frac{y_1f_1+y_2f_2+\cdots y_nf_n}{f_1+f_2+\cdots+f_n}=\frac{\sum_{i=1}^{n}y_if_i}{\sum_{i=1}^{n}f_i}$$

3. 利用增长率分析时间序列时应注意哪些问题？［中国地质大学(武汉)2025 研］

答：增长率也称增长速度，它是时间序列中报告期观察值与基期观察值之比减 1 后的结果，在应用增长率分析实际问题时，应注意以下几点：

(1)对于存在负数或 0 的时间序列，不宜计算增长率。这是因为负数与 0 的存在会使增长率计算结果可能失去现实意义，例如，利润从负值增长至正值，按照增长率公式，结果为负数，明显与现实不符。因此当时间序列中的观察值有 0 或负数时，一般直接对绝对值进行分析。

(2)增长率要与指标的绝对值水平综合在一起分析。例如，一些发展中国家 GDP 增长率高于发达国家，如果忽略 GDP 的绝对值水平，就容易得出该国家经济水平高于发达国家的错误结论。为了克服增长率分析的局限性，通常计算增长 1% 的绝对值。

4. 简述复合型时间序列的预测步骤。［河北大学 2025 研；安徽大学 2024 研］

答：复合型时间序列是指含有趋势性、季节性、周期性和随机成分的序列，通常采用分解法进行预测。分解法是指将时间序列的长期趋势、季节变动、循环波动依次分解出来，分别测定，然后根据测定结果对未来进行预测。分解法步骤如下：

(1)测定并分离长期趋势。利用移动平均法、时间回归法等方法来测定出时间序列的长期趋势，并将其从时间序列中分离出去。

(2)确定并分离季节成分。计算季节指数，以确定时间序列中的季节成分。然后将季节成分从剔除长期趋势后的时间序列中分离出去，即用每一个剔除长期趋势后的时间序列数值除以相应的季节指数，以消除季节性；

(3)剩余法测定循环变动。再用移动平均法消除(2)中所得的时间序列中的不规则变动，即得到原时间序列中的周期性成分。

(4)建立预测模型并进行预测。对原时间序列建立适当的预测模型，并根据这一模型进行预测，计算出最后的预测值。

5. 简述影响时间序列的四个因素并举例说明。［厦门大学 2022 研；安徽大学 2022 研］

答：在时间序列中，各时期的发展水平是受各种因素共同影响的结果。这些影响因素可以分为四类，即长期趋势、季节变动、循环变动和不规则变动。

(1)长期趋势

长期趋势也称趋势变动，指时间序列在较长时期中所表现出来的沿着某一方向的持续发展变化的总态势。长期趋势变动是受某种根本性的支配因素影响，而呈现出各时期的发展水平不断递增或不断递减或水平变动的基本趋势。例如，我国人口数时间序列，受我国居民传统生育观念的支配，呈现长期递增趋势。时间序列中的趋势可以是线性的，也可以是非线性的。

(2)季节变动

季节变动也称季节性，其最基本的含义是指受自然界季节更替影响而发生的年复一年的有规律的变化。例如，农产品的生产、某些消费品的销售具有很典型的季节变动表现。在实际分析中，季节变动的概念已有了扩展，一年内由于社会、政治、经济、自然因素影响形成的有规律的周期性的重复变动都称为季节变动。例如，学校寒暑假制度所带来的客运部门客流量在一年中的规律性变化，上下班制度对城市市内公交所带来的一天中客流量高峰的规律性变化等。

(3)循环变动

循环变动也称周期性，指变动周期大于一年的有一定规律性的一种波浪形或振荡式变动。例如，商业周期的繁荣、衰退、萧条、复苏四个阶段的循环变动。

(4)不规则变动

不规则变动也称随机变动，指现象受偶然因素的影响而出现的不规则变动，是时间序列分离了长期趋势、季节变动、循环变动以后的波动。这种变动细分为两种类型，一是严格的随机变动，它是由许多细小的原因综合引起的；二是不经常出现的某些孤立的或不规则的、但却是强有力的突发性活动，例如自然灾害、意外事故或重大的政治事件所引起的变动。

6. 时间序列构成要素及平稳序列、非平稳序列的含义。［中南财经政法大学 2019、2014 研；厦门大学 2017 研；上海交通大学 2016、2013 研；湖南师范大学 2018 研；中央财经大学 2013 研；江苏大学 2012 研］

相关试题：时间序列的影响因素有哪些？各自的含义如何？［湘潭大学 2023、2022 研；对外经贸大学 2021 研］

答：(1)时间序列是指将同一统计指标的数值按其发生的时间先后顺序排列而成的数列。时间序列分析的主要目的是根据已有的历史数据对未来进行预测。时间序列的构成因素包括以下几个方面：

①趋势(T)，又称长期趋势，它是时间序列在较长一段时期内呈现出来的趋势变动。时间序列中的趋势可以是线性的，也可以是非线性的。

②季节性(S)，又称季节变动，它是在一年或者更短的时期内重复的、可预测的周期性变动，一般为按天、星期、月份或季度记录的数据。引起季节变动的因素除了气候意义上的“季节”，也包括生产条件、节假日或人们的风俗习惯等各种因素。

③周期性(C)，又称循环波动，是指社会经济活动以若干年为周期发生的盛衰起伏交替的波动。与长期趋势朝着单一方向的持续运动不同，循环波动表现为涨落相间的交替波动。与季节变动一年内的规律波动相比，循环波动周期在一年以上，且没有固定规律。

④随机性(I)，又称不规则波动，是时间序列除去长期趋势、季节变动和循环变动之后余留下来的变动，即某些偶然性因素对时间序列产生影响，导致时间序列呈现出某种随机波动。

(2)平稳序列

平稳序列是指统计规律不会随着时间推移而发生变化的序列，直观上可以看作一条围绕其均值上下波动的曲线，虽然波动程度可能不同，但并不存在某种规律。

(3)非平稳序列

非平稳序列是指序列的均值，方差等参数会随着时间推移而发生变化的序列，即存在长期趋势、季节变动、循环波动中一种或多种成分。

7．动态数列采用的分析指标主要有哪些，为什么要注意速度指标和水平指标的结合运用？[浙江工商大学 2011 研]

答：动态数列又称时间数列，它是指某社会经济现象在不同时间上的一系列统计指标按时间先后顺序加以排列后形成的数列。动态数列采用的分析指标主要有现象发展的水平指标和现象发展的速度指标。

对动态序列的分析，要注意速度指标和水平指标的结合运用的原因：现象发展水平分析是现象发展速度分析的基础，速度分析是水平分析的深入和继续；速度指标是水平指标派生计算的，把它们结合起来运用，就能够对现象发展变化规律做出更加深刻的分析。

8．简述时间序列预测的步骤。[湖南师范大学 2021 研；中国海洋大学 2018 研]

答：在对时间序列进行预测时，通常包括以下几个步骤：

(1)确定时间序列所包含的成分，即确定时间序列的类型。要确定趋势成分和季节成分是否存在，可以从绘制时间序列的折线图入手。

(2)找出适合此类时间序列的预测方法，如简单平均法、指数平滑法、移动平均法、自回归模型(ARMA)等。

(3)评估可能的预测方法，选择最佳预测方案。评估的方法是找出预测值与实际值之间的差异，即预测误差，而最优预测方法是将预测误差最小化的方法。

(4)使用最佳预测方案来预测未来各期的时间序列数值。

9．简述如何对有季节因素的时间序列进行预测？[对外经济贸易大学 2018 研]

答：运用时间序列分解法进行预测，分解法预测的基本步骤如下：

(1)确定并分离季节成分。计算季节指数，以确定时间序列中的季节成分。然后将季节成分从时间序列中分离出去，即用每一个时间序列观测值除以相应的季节指数，以消除季节因素的影响。

(2)建立预测模型并进行预测。对消除季节成分的时间序列建立适当的预测模型，并根据这一模型进行预测。

(3)计算出最后的预测值。用预测值乘以相应的季节指数，得到最终的预测值。

10. 简述季节指数的计算步骤。

答：季节指数计算步骤如下：

(1)收集历年(通常至少有三年)各月或各季的统计资料(观察值)。

(2)求出各年同月或同季观察值的平均数，表示该月或该季度的平均水平，用 A 表示。

(3)求历年间所有月份或季度的平均值，表示全年平均水平，用 B 表示。

(4)计算各月或各季度的季节指数 C，计算公式为 $C=A/B$。

五、计算题

1. 某地 2014 年到 2019 年的人均 GDP 资料如下表所示：

年份	2014	2015	2016	2017	2018	2019
人均 GDP(元)	6551	7086	7651	8214	9111	10561

试根据表中资料计算：

(1)该市 2018 年人均 GDP 环比发展速度及增长 1%的绝对值；

(2)以 2014 年为基期，计算该市 2019 年人均 GDP 的定基增长速度；

(3)以 2014 年为基期，计算该市 2015－2019 年间人均 GDP 的年平均增长速度；

(4)根据 2014－2019 年期间的年平均增长速度，预测 2020 年的人均 GDP。［暨南大学 2021 研］

解：(1)2018 年人均 GDP 环比发展速度：

$$\frac{Y_{2018}}{Y_{2017}}=\frac{9111}{8214}=110.9\%$$

$$\text{增长 }1\%\text{ 的绝对值}=\frac{\text{前期水平}}{100}=\frac{8214}{100}=82.14(\text{元})$$

(2)以 2014 年为基期，该市 2019 年人均 GDP 的定基增长速度：

$$\frac{Y_{2019}}{Y_{2014}}-1=\frac{10561}{6551}-1=61.21\%$$

(3)以 2014 年为基期，该市 2015－2019 年间人均 GDP 的年平均增长速度：

$$\overline{G}=\sqrt[5]{\frac{Y_{2019}}{Y_{2014}}}-1=\sqrt[5]{\frac{10561}{6551}}-1=10.02\%$$

(4)根据 2014－2019 年期间的年平均增长速度，预测 2020 年的人均 GDP：

$$\hat{Y}_{2020}=Y_{2019}\times(1+\overline{G})=10561\times1.1002=11619.21(\text{元})$$

2. 某城市某种工业产品产量资料如表 13-1 所示。

表 13-1

年份 t	2005	2006	2007	2008	2009
产量 y	1350	1376	1385	1397	1409

要求：

(1)绘制时间序列动态图。

(2)计算该城市该种工业产品产量各年的环比增长率和定基增长率。

(3) 计算该城市该种工业产品产量从 2005 年到 2009 年 4 年间的平均增长率。

(4) 运用最小二乘法确定趋势直线方程 $\hat{Y}_t = b_0 + b_1 t$。［东北财经大学 2011 研］

解：(1) 绘制的时间序列动态图如图 13-3 所示。

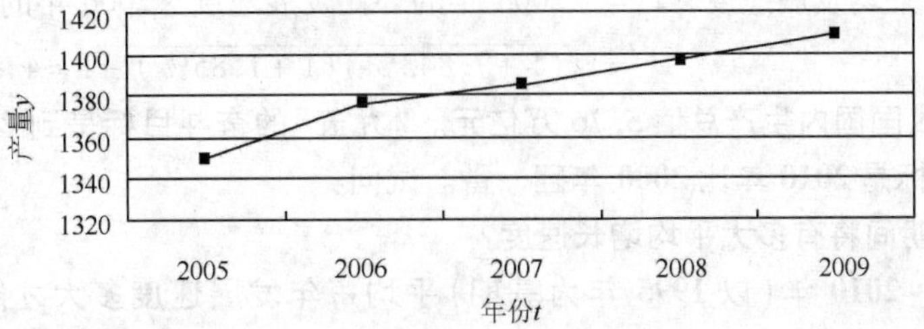

图 13-3　工业产品产量序列动态图

(2) 计算该城市该种工业产品产量各年的环比增长率和定基增长率的过程如表 13-2 所示。

表 13-2

年份	产量	环比增长率	定基增长率
2005	1350	—	—
2006	1376	1376 ÷ 1350 − 1 = 1.93%	1376 ÷ 1350 − 1 = 1.93%
2007	1385	1385 ÷ 1376 − 1 = 0.65%	1385 ÷ 1350 − 1 = 2.59%
2008	1397	1397 ÷ 1385 − 1 = 0.87%	1397 ÷ 1350 − 1 = 3.48%
2009	1409	1409 ÷ 1397 − 1 = 0.86%	1409 ÷ 1350 − 1 = 4.37%

(3) 该城市该种工业产品产量从 2005 年到 2009 年 4 年间的平均增长率为

$$\overline{G} = \sqrt[4]{\frac{Y_9}{Y_5}} - 1 = \sqrt[4]{\frac{1409}{1350}} - 1 = 1.08\%$$

(4) 根据最小二乘法求解 b_0 和 b_1 的公式，得

$$b_1 = \frac{n\sum tY - \sum t \sum Y}{n\sum t^2 - (\sum t)^2} = 13.9$$

$$b_0 = \overline{Y} - b_1 \bar{t} = \frac{\sum Y}{n} - b_1 \frac{\sum t}{n} = -26513.9$$

所以 $\hat{Y}_t = -26513.9 + 13.9t$。

3. 某地区 2004 ~ 2006 年按当年价格计算的居民消费额分别为 1000 万元、1100 万元和 1210 万元，又已知这三年的居民消费价格分别比上年上涨了 5%、2% 和 8%，计算该地区 2005、2006 年居民实际消费的增长速度以及 2004 ~ 2006 年的居民实际消费额平均增长速度。［中央财大 2007 研］

解：(1) 2004 ~ 2006 年这三年居民消费价格的环比发展速度依次为：105%，102% 和 108%，则 2005 年的实际居民消费额（以 2004 年为基期）为：$\frac{1100}{1.02} = 1078.43$（万元），所以 2005 年居民实际消费的环比增长速度为：$\frac{1078.43 - 1000}{1000} \times 100\% = 7.843\%$。

2006 年的实际居民消费额（以 2005 年为基期）为：$\frac{1210}{1.08} = 1120.37$（万元），所以 2006 年居民实际消费的环比增长速度为：

$$\frac{1120.37-1100}{1100}\times 100\% = 1.85\%$$

(2)2004～2006年的平均增长速度为：

$$2004\sim2006\text{年的平均发展速度}-1=\sqrt{2005\text{年的环比发展速度}\times 2006\text{年的环比发展速度}}-1$$

$$=\sqrt{(1+7.843\%)(1+1.85\%)}-1=4.8\%$$

4. 1995年我国国内生产总值5.76万亿元。"九五"的奋斗目标是到2000年增加到9.5万亿元；远景目标是2010年比2000年翻一番。试问：

(1)"九五"期间将有多大平均增长速度？

(2)1996年～2010年(以1995年为基期)平均每年发展速度多大才能实现远景目标？［中国政法大学2006研］

解：(1)由题意可知，"九五"期间的平均增长速度 $=\sqrt[n]{\frac{x_n}{x_1}}-1=\sqrt[5]{\frac{9.5}{5.76}}-1=0.1052$。

即"九五"期间将有10.52%的平均增长速度。

(2)远景目标：2010年的国内生产总值 $=9.5\times 2=19$(万亿元)。

由于

$$\overline{G}=\sqrt[n]{\frac{x_n}{x_0}}=\sqrt[15]{\frac{19}{5.76}}=1.083$$

所以，1996年～2010年平均每年发展速度是108.3%才能实现远景目标。

5. 假设我国年平均人口的增长速度为0.6%，GDP增长率为7%。

(1)计算我国GDP翻两番所需的时间；

(2)计算我国人均GDP翻两番所需的时间。［中央财大2008研］

解：(1)设所需的时间是 t，则由题意得：$(1+7\%)^t=4$，解得：$t=20.5$，即我国GDP翻两番所需时间是20.5年。

(2)我国人均GDP增长率 $=\frac{1+7\%}{1+0.6\%}-1=6.36\%$。

设人均GDP翻两番所需时间是 n 年，由题意可知：$(1+6.36\%)^n=4$，解得：$n=22.5$。即我国人均GDP翻两番所需时间是22.5年。

6. 某银行分行1999年平均存款余额为1250万元，2003年的存款资料如表13-3所示。

表13-3

时间	1月1日	3月1日	7月1日	9月1日	12月31日
存款余额(万元)	1500	1530	1540	1560	1580

要求：(1)计算该分行2003年的平均存款余额；

(2)计算该分行1999年至2003年存款余额的年平均增长速度；

(3)根据年平均增长速度推断2005年的年平均存款余额；

(4)若该分行计划2007年的平均存款余额达到2000万元，那么从2003年到2007年存款余额的年平均增长速度应达到什么水平？［首经贸2005研］

解：(1)由于存款余额为时点序列，且表中给出的存款资料为时间间隔长度不相等的间断时点序列，故先计算出两个时点之间的平均数，再以两时点相隔的时间长度为权数加权计算总的平均数。则2003年的平均存款余额为：

$$\frac{\frac{1500+1530}{2}\times 2+\frac{1530+1540}{2}\times 4+\frac{1540+1560}{2}\times 2+\frac{1560+1580}{2}\times 4}{12}=1546(\text{万元})$$

(2)1999 年至 2003 年的年平均增长速度为$\sqrt[4]{\frac{1546}{1250}}-1=5.46\%$。

(3)2005 年的年平均存款余额为 $1546\times(1+5.46\%)^2=1719$(万元)。

(4)从 2003 年到 2007 年存款余额的年平均增长速度为$\sqrt[4]{\frac{2000}{1546}}-1=6.65\%$。

7. 我国 2006 年末全国总人口为 131448 万人，自然增长率为 5.28‰。2006 年全国粮食产量为 49746 万吨。

要求：(1)若按照人口自然增长率 5.28‰增长，2020 年全国总人口为多少?

(2)若 2020 年每人每年不低于 400 公斤，那么粮食生产应保持多大速度发展?

(3)假若今后 14 年，粮食产量每年递增 1.8%，人口自然增长率在 5‰以内，2020 年全国平均每人每年用粮会是什么水平? [首经贸 2008 研]

解：(1)2019 年末全国总人口为：

$$Y_{2019}=131448\times(1+5.28‰)^{13}=140762(\text{万人})$$

2020 年末全国总人口为：

$$Y_{2020}=131448\times(1+5.28‰)^{14}=141505(\text{万人})$$

则 2020 年全国总人口 $=\frac{140762+141505}{2}=141133.5$(万人)。

(2)2020 年每人每年用粮不低于用粮 400 公斤即 0.4 吨，则粮食生产的发展速度为：

$$G=\sqrt[14]{\frac{141133.5\times 0.4}{49746}}=100.91\%$$

(3)由题意，2020 年全国粮食产量为：

$$X=49746\times(1+1.8\%)^{14}=63859.7(\text{万吨})$$

2019 年末全国总人口为：

$$Y_{2019}=131448\times(1+5‰)^{13}=140253.2(\text{万人})$$

2020 年末全国总人口为：

$$Y_{2020}=131448\times(1+5‰)^{14}=140954.5(\text{万人})$$

则 2020 年全国总人口为：

$$Y=\frac{140253.3+140954.5}{2}=140603.9(\text{万人})$$

所以 2020 年全国平均每人每年用粮为：

$$\frac{X}{Y}=\frac{63859.7}{140603.9}\times 1000=454.2(\text{公斤})$$

8. 某地区 2000～2004 年粮食产量资料如表 13-4 所示。

表 13-4

年份	2000	2001	2002	2003	2004
产量(万吨)	220	232	240	256	280

要求:(1)用最小平方法配合直线趋势方程(简捷法计算);

(2)预测 2006 年该地区粮食产量。[江西财大 2006 研]

解:(1)由题意,设粮食产量与年份的回归方程为:

$$\hat{y}=\hat{\beta}_0+\hat{\beta}_1 t$$

令各年的产量为 y,$n=5$,则有 $\sum y=1228$,令 2002 年对应的 $t=0$,则 2000~2004 年对应的 t 分别为 -2,-1,0,1,2,因此 $\sum t=0$,$\sum t^2=10$,$\sum ty=144$,则有:

$$\begin{cases}\hat{\beta}_1=\dfrac{n\sum ty-\sum t\sum y}{n\sum t^2-(\sum t)^2}=\dfrac{5\times144}{5\times10}=14.4\\ \hat{\beta}_0=\bar{y}-\hat{\beta}_1\bar{t}=\dfrac{\sum y}{n}=\dfrac{1228}{5}=245.6\end{cases}$$

即回归方程为:

$$\hat{y}=245.6+14.4t$$

(2)当 $t=4$ 时,$\hat{y}=245.6+14.4\times4=303.2$,即 2006 年该地区粮食产量为 303.2 万吨。

9. 某地区 1997~2001 年国民生产总值数据如表 13-5 所示。

表 13-5

年份		1997	1998	1999	2000	2001
国民生产总值(亿元)		40.9		68.5	58	
发展速度(%)	环比	—				
	定基	—				151.34
增长速度(%)	环比	—	10.3			
	定基	—				

(1)计算并填写表中所缺数字;

(2)计算该地区 1997~2001 年间的国民生产总值;

(3)计算该地区 1998~2001 年间国民生产总值的平均发展速度和平均增长速度。[首经贸 2004 研]

解:(1)1998 年:

由于 1998 年的环比增长速度为 10.3%,所以该年的国民生产总值为:

$$Y_{1998}=Y_{1997}\times(1+G_{1998})=40.9\times(1+10.3\%)=45.1127(\text{亿元})$$

定基增长速度为:

$$G_{1998}=\frac{Y_{1998}}{Y_{1997}}-1=10.3\%$$

由于增长速度 = 发展速度 − 1,所以 1998 年的环比发展速度和定基发展速度均为 110.3%。

1999 年:

定基增长速度为:$G_{1999}=\dfrac{Y_{1999}}{Y_{1997}}-1=\dfrac{68.5}{40.9}-1=67.48\%$;

定基发展速度 = 定基增长速度 + 1 = 167.48%;

环比增长速度为:$G_{1999}=\dfrac{Y_{1999}}{Y_{1998}}-1=\dfrac{68.5}{45.1127}-1=51.84\%$;

环比发展速度 = 环比增长速度 + 1 = 151.84%。

2000 年：

定基增长速度为：$G_{2000}=\frac{Y_{2000}}{Y_{1997}}-1=\frac{58}{40.9}-1=41.81\%$；

定基发展速度 = 定基增长速度 + 1 = 141.81%；

环比增长速度为：$G_{2000}=\frac{Y_{2000}}{Y_{1999}}-1=\frac{58}{68.5}-1=-15.33\%$；

环比发展速度 = 环比增长速度 + 1 = 84.67%。

2001 年：

由于 2001 年的定基发展速度 G_{2001} 为 151.34%，所以该年的国民生产总值为：$Y_{2001}=Y_{1997}\times G_{2001}=40.9\times1.5134=61.8981$(亿元)；

该年的环比发展速度 $=\frac{Y_{2001}}{Y_{2000}}=\frac{61.8981}{58}=106.72\%$。

由于增长速度 = 发展速度 - 1，所以 2001 年的环比增长速度和定基增长速度分别为 6.72% 和 51.34%。

经上述计算可得 1996 ~ 2001 年国民生产总值数据表 13-6。

表 13-6

年份		1997	1998	1999	2000	2001
国民生产总值(亿元)		40.9	45.11	68.5	58	61.90
发展速度(%)	环比	—	110.3	151.84	84.67	106.72
	定基	—	110.3	167.48	141.81	151.34
增长速度(%)	环比	—	10.3	51.84	-15.33	6.72
	定基	—	10.3	67.48	41.81	51.34

(2) 由表 13-6 可知 1997 ~ 2001 年间的国民生产总值分别为 40.9 亿元、45.11 亿元、68.5 亿元、58 亿元、61.9 亿元。

(3) 1998 ~ 2001 年国民生产总值的平均增长速度为：

$$\bar{G}=\sqrt[n]{\frac{Y_{2001}}{Y_{1998}}}-1=\sqrt[3]{\frac{61.8981}{45.1127}}-1=11.12\%$$

则 1998 ~ 2001 年国民生产总值的平均发展速度为 111.12%。

10. 根据表 13-7 中的数据用一次指数平滑法预测第 16 期的商品库存额。［首经贸 2007 研］

表 13-7

时间序号 t	商品库存额(万元)	时间序号 t	商品库存额(万元)
0		8	174
1	137	9	180
2	139	10	187
3	141	11	195
4	146	12	201
5	152	13	207
6	161	14	218
7	171	15	229

($S_0^{(1)}=y_1 \quad \alpha=0.6$)

解：一次指数平滑法的公式为：$S_t^{(1)}=\alpha y_t+(1-\alpha)S_{t-1}^{(1)}$，令 $\hat{y}_{t+1}=S_t^{(1)}$，$\hat{y}_t=S_{t-1}^{(1)}$，则有

$$\hat{y}_{t+1}=\alpha y_t+(1-\alpha)\hat{y}_t$$

已知 $S_0^{(1)}=y_1$，$\alpha=0.6$，因此有

$$\hat{y}_1=S_0^{(1)}=y_1=137$$

$$\hat{y}_2=0.6y_1+0.4\hat{y}_1=0.6\times137+0.4\times137=137$$

$$\hat{y}_3=0.6y_2+0.4\hat{y}_2=0.6\times139+0.4\times137=138.2$$

……

依次按照上面的公式计算预测值，得到的数据如表 13-8 所示。

表 13-8

时间序号 t	商品库存额 y_t(万元)	预测值 $\hat{y}_t$
1	137	
2	139	137.00
3	141	138.20
4	146	139.88
5	152	143.55
6	161	148.62
7	171	156.05
8	174	165.02
9	180	170.41
10	187	176.16
11	195	182.67
12	201	190.07
13	207	196.63
14	218	202.85
15	229	211.94
16	—	222.18

因此由一次指数平滑法预测第 16 期的商品库存额为 222.18 万元。

11. 已知我国 1978～1992 年针织品零售量数据如表 13-9 所示。

表 13-9

年份	零售量(亿件)	年份	零售量(亿件)
1978	7	1986	14.4
1979	9	1987	14.8
1980	9.7	1988	15
1981	10.8	1989	12.3
1982	11.7	1990	11.2
1983	12.1	1991	9.4
1984	13.1	1992	8.9
1985	14.3		

试配合二次曲线趋势方程，并预测 1993 年的零售量，作图与原数列比较。（可令 $\sum t=0$）［中央财大 2004 研］

解：记年份 1978 年为 $t=-7$，1979 年为 $t=-6$，…，1985 年为 $t=0$，1986 年为 $t=1$，…，1992 年为 $t=7$。设二次曲线趋势方程为：$\hat{y}_t=b_0+b_1t+b_2t^2$。利用 Excel 进行回归分析可得：

表 13-10

	Coefficients	标准误差	*t* Stat	*P*-value
Intercept	13. 99357	0. 315917	44. 29507	1. 14E－14
X Variable 1	0. 163571	0. 048564	3. 368141	0. 005589
X Variable 2	－0. 1293	0. 012652	－10. 2194	2. 83E－07

故二次曲线趋势方程为：$\hat{y}_t=13.9936+0.1636t-0.1293t^2$。当 $t=8$ 时，可以得到 1993 年零售量的预测值为：

$$\hat{y}_8=13.9936+0.1636\times8-0.1293\times8^2=7.0272(\text{亿件})$$

由二次曲线趋势方程可得各预测值，如表 13-11 所示。

表 13-11

年份	t	t^2	零售量(亿件)y_t	$\hat{y}_t$
1978	－7	49	7	6. 5127
1979	－6	36	9	8. 3572
1980	－5	25	9. 7	9. 9431
1981	－4	16	10. 8	11. 2704
1982	－3	9	11. 7	12. 3391
1983	－2	4	12. 1	13. 1492
1984	－1	1	13. 1	13. 7007
1985	0	0	14. 3	13. 9936
1986	1	1	14. 4	14. 0279
1987	2	4	14. 8	13. 8036
1988	3	9	15	13. 3207
1989	4	16	12. 3	12. 5792
1990	5	25	11. 2	11. 5791
1991	6	36	9. 4	10. 3204
1992	7	49	8. 9	8. 8031
1993	8	64		7. 0272

绘制零售量原始数据与抛物线拟合曲线的图形如图 13-4 所示。

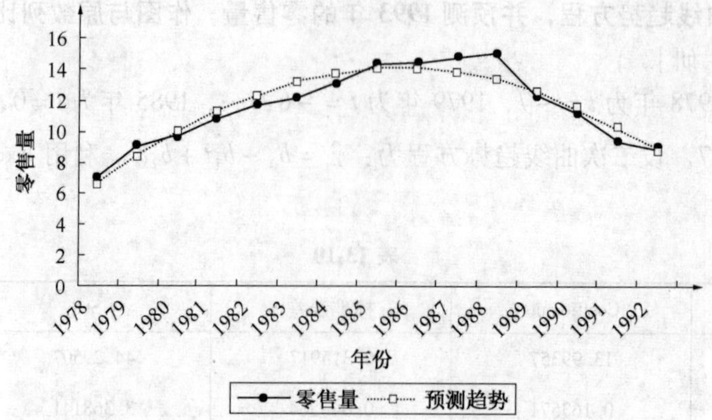

图 13-4　拟合曲线图

12. 华兴镇 2001 年 ~2004 年鲜蛋季度销售量资料如表 13-12 所示。

表 13-12　　单位：万吨

	一季度	二季度	三季度	四季度
2001 年	13.1	13.9	7.9	8.6
2002 年	10.8	11.5	9.7	11.0
2003 年	14.6	17.5	16.0	18.2
2004 年	18.4	20.0	16.9	18.0

要求：

(1) 用移动平均法修匀数列；

(2) 拟合线性趋势模型，测定时间数列的长期趋势并预测该镇 2005 年第一季度鲜蛋的销售量；

(3) 试用按月平均法测定该数列的季节变动并分析说明其结果。［中央财大 2005 研］

解：(1) 为消除季节变动，选取移动平均时距项数 $k=4$，对序列作四次移动平均，结果如表 13-13 所示。

表 13-13

年份	季度	鲜蛋销售量	四次中心化移动平均
2001	一	13.1	—
	二	13.9	—
	三	7.9	10.5875
	四	8.6	10
2002	一	10.8	9.925
	二	11.5	10.45
	三	9.7	11.225
	四	11.0	12.45
2003	一	14.6	13.9875
	二	17.5	15.675
	三	16.0	17.05
	四	18.2	17.8375

续表

年份	季度	鲜蛋销售量	四次中心化移动平均
2004	一	18.4	18.2625
	二	20.0	18.35
	三	16.9	—
	四	18.0	—

(2)利用给定的数据，由 Excel 可得回归结果如下：

表 13-14

Multiple *R*	0.786703
R Square	0.618902
Adjusted *R* Square	0.591681
标准误差	2.474359
观测值	16

表 13-15

	df	*SS*	*MS*	*F*	Significance *F*
回归分析	1	139.2	139.2	22.73598	0.0003
残差	14	85.71437	6.122455	—	—
总计	15	224.9144	—	—	—

表 13-16

	Coefficients	标准误差	*t* Stat	*P* - value	Lower 95%	Upper 95%
Intercept	8.6925	1.297565	6.699086	1.01E - 05	5.9095	11.4755
X Variable 1	0.639853	0.134191	4.768226	0.0003	0.352042	0.927664

由表 13-16 可得线性趋势方程为：

$$\hat{y}_t = 8.6925 + 0.639853t$$

由趋势方程可得 2005 年第 1 季度鲜蛋销售量的预测值为：

$$\hat{Y}_{17} = 8.6925 + 0.639853 \times 17 = 19.57(\text{万吨})$$

(3)利用按月平均法测定该序列的季节变动如表 13-17 所示。

表 13-17

季度＼年份	2001	2002	2003	2004	同季度合计①	同季平均数 $\bar{y}_i$ = ①/4	季节比率 $S_i(\%) = \bar{y}_i / \bar{y}$
1	13.1	10.8	14.6	18.4	56.9	14.225	100.67
2	13.9	11.5	17.5	20.0	62.9	15.725	111.29
3	7.9	9.7	16.0	16.9	50.5	12.625	89.35
4	8.6	11.0	18.2	18.0	55.8	13.95	98.73
同年合计	43.5	43.0	66.3	73.3	226.1	$\bar{y}$ = 226.1/16 = 14.13	400.0

由表13-17中的季节比率可以看出，第2季度的季节比率最大，第3季度的季节比率最小，这说明鲜蛋销售量的旺季是2季度，淡季是3季度。

13. 表13-18是1981～2000年我国油菜籽单位面积产量数据(单位：kg/hm^2)。

表13-18　我国油菜籽单位面积产量

年份	单位面积产量	年份	单位面积产量
1981	1451	1991	1215
1982	1372	1992	1281
1983	1168	1993	1309
1984	1232	1994	1296
1985	1245	1995	1416
1986	1200	1996	1367
1987	1260	1997	1479
1988	1020	1998	1272
1989	1095	1999	1469
1990	1260	2000	1519

要求：

(1)绘制时间序列图描述其形态。

(2)用5项移动平均法预测2001年的单位面积产量。

(3)采用指数平滑法，分别用平滑系数$\alpha=0.3$和$\alpha=0.5$预测2001年的单位面积产量。

(4)分析预测误差，说明用哪一个平滑系数预测更合适。

解：(1)绘制时间序列图，如图13-5所示。

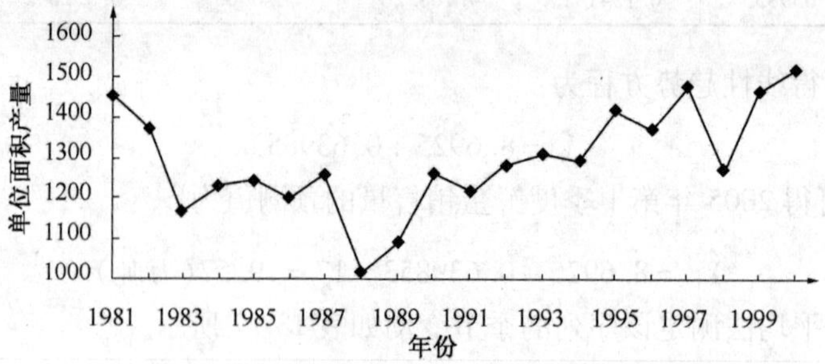

图13-5　时间序列图

由油菜籽单位面积产量时序图可知，1988年以前我国油菜籽单位面积产量总体呈下降趋势，而1988年以后油菜籽单位面积产量呈上升趋势。

(2)2001年的预测值为：

$$F_{2001}=\frac{1367+1479+1272+1469+1519}{5}=1421.2$$

(3)由Excel输出的指数平滑预测值，如表13-19所示。

表 13-19　指数平滑预测值

年份	单位面积产量	指数平滑预测 $\alpha=0.3$	误差平方	指数平滑预测 $\alpha=0.5$	误差平方
1981	1451				
1982	1372	1451.0	6241.0	1451.0	6241.0
1983	1168	1427.3	67236.5	1411.5	59292.3
1984	1232	1349.5	13808.6	1289.8	3335.1
1985	1245	1314.3	4796.5	1260.9	252.0
1986	1200	1293.5	8738.5	1252.9	2802.4
1987	1260	1265.4	29.5	1226.5	1124.3
1988	1020	1263.8	59441.0	1243.2	49833.6
1989	1095	1190.7	9151.5	1131.6	1340.8
1990	1260	1162.0	9611.0	1113.3	21518.4
1991	1215	1191.4	558.1	1186.7	803.5
1992	1281	1198.5	6812.4	1200.8	6427.7
1993	1309	1223.2	7357.6	1240.9	4635.8
1994	1296	1249.0	2213.1	1275.0	442.8
1995	1416	1263.1	23387.7	1285.5	17035.9
1996	1367	1308.9	3369.9	1350.7	264.4
1997	1479	1326.4	23297.7	1358.9	14431.3
1998	1272	1372.2	10031.0	1418.9	21589.8
1999	1469	1342.1	16101.5	1345.5	15260.3
2000	1519	1380.2	19272.1	1407.2	12491.7
合计	—	—	291455.2	—	239123.0

2001 年 $\alpha=0.3$ 时的预测值为：

$$F_{2001}=\alpha Y_t+(1-\alpha)F_t=0.3\times1519+(1-0.3)\times1380.2=1421.8$$

$\alpha=0.5$ 时的预测值为：

$$F_{2001}=\alpha Y_t+(1-\alpha)F_t=0.5\times1519+(1-0.5)\times1407.2=1463.1$$

(4)分别计算两个指数平滑预测的均方误差 $MSE=\dfrac{\sum_{i=1}^{n}(Y_i-F_i)^2}{n}$，得：

$$MSE_1=15339.75,\ MSE_2=12585.43$$

比较均方误差可知，$\alpha=0.5$ 更合适。

14. 对表 13-20 中的数据分别拟合线性趋势线 $\hat{Y}_t=b_0+b_1t$、二阶曲线 $\hat{Y}_t=b_0+b_1t+b_2t^2$ 和三阶曲线 $\hat{Y}_t=b_0+b_1t+b_2t^2+b_3t^3$，并对结果进行比较。

表 13-20

时间 t	观测值 Y	时间 t	观测值 Y
1	372	19	360
2	370	20	357
3	374	21	356
4	375	22	352
5	377	23	348

续表

时间 t	观测值 Y	时间 t	观测值 Y
6	377	24	353
7	374	25	356
8	372	26	356
9	373	27	356
10	372	28	359
11	369	29	360
12	367	30	357
13	367	31	357
14	365	32	355
15	363	33	356
16	359	34	363
17	358	35	365
18	359		

解：在求二阶曲线和三阶曲线时，首先将其线性化，然后用最小二乘法按线性回归进行求解。用 Excel 求得的趋势直线、二阶曲线和三阶曲线的系数，如表 13-21 所示。

表 13-21

直线		二阶曲线		三阶曲线	
Intercept	374.1613	Intercept	381.6442	Intercept	372.5617
X Variable 1	−0.6137	X Variable 1	−1.8272	X Variable 1	1.0030
		X Variable 2	0.0337	X Variable 2	−0.1601
				X Variable 3	0.0036

所以各趋势方程为：

趋势直线：$\hat{Y}_t = 374.1613 - 0.6137t$

二阶曲线：$\hat{Y}_t = 381.6442 - 1.8272t + 0.0337t^2$

三阶曲线：$\hat{Y}_t = 372.5617 + 1.0030t - 0.1601t^2 + 0.0036t^3$

根据趋势方程求得的预测值和预测误差，如表 13-22 所示。

表 13-22

时间 t	观测值 Y	直线		二阶曲线		三阶曲线	
		预测	误差平方	预测	误差平方	预测	误差平方
1	372	373.5	2.4	379.9	61.6	373.4	2.0
2	370	372.9	8.6	378.1	66.0	374.0	15.6
3	374	372.3	2.8	376.5	6.1	374.2	0.1
4	375	371.7	10.8	374.9	0.0	374.2	0.6
5	377	371.1	34.9	373.4	13.3	374.0	8.9
6	377	370.5	42.5	371.9	26.1	373.6	11.6
7	374	369.9	17.1	370.5	12.2	373.0	1.1

续表

时间 t	观测值 Y	直线		二阶曲线		三阶曲线	
		预测	误差平方	预测	误差平方	预测	误差平方
8	372	369.3	7.6	369.2	7.9	372.2	0.0
9	373	368.6	19.0	367.9	25.7	371.2	3.1
10	372	368.0	15.8	366.7	27.6	370.2	3.3
11	369	367.4	2.5	365.6	11.4	369.0	0.0
12	367	366.8	0.0	364.6	5.9	367.7	0.6
13	367	366.2	0.7	363.6	11.6	366.4	0.3
14	365	365.6	0.3	362.7	5.4	365.1	0.0
15	363	365.0	3.8	361.8	1.4	363.7	0.5
16	359	364.3	28.5	361.0	4.2	362.3	11.1
17	358	363.7	32.8	360.3	5.4	361.0	8.9
18	359	363.1	16.9	359.7	0.5	359.7	0.5
19	360	362.5	6.3	359.1	0.8	358.4	2.4
20	357	361.9	23.9	358.6	2.5	357.3	0.1
21	356	361.3	27.8	358.1	4.6	356.3	0.1
22	352	360.7	75.0	357.8	33.2	355.4	11.3
23	348	360.0	145.1	357.5	89.3	354.6	43.7
24	353	359.4	41.4	357.2	17.7	354.0	1.1
25	356	358.8	7.9	357	1.1	353.7	5.5
26	356	358.2	4.9	356.9	0.9	353.5	6.3
27	356	357.6	2.5	356.9	0.8	353.6	5.9
28	359	357.0	4.1	356.9	4.4	353.9	25.8
29	360	356.4	13.2	357	9.0	354.5	29.8
30	357	355.7	1.6	357.2	0.0	355.5	2.3
31	357	355.1	3.5	357.4	0.2	356.7	0.1
32	355	354.5	0.2	357.7	7.2	358.3	11.0
33	356	353.9	4.4	358.1	4.2	360.3	18.4
34	363	353.3	94.2	358.5	20.4	362.7	0.1
35	365	352.7	151.8	359.0	36.2	365.4	0.2
总计	—	—	854.9	—	524.7	—	232.1

不同趋势线预测的标准误差分别为：

直线：$S_Y=\sqrt{\dfrac{\sum_{i=1}^{n}(Y_i-\hat{Y}_i)^2}{n-m}}=\sqrt{\dfrac{854.9}{35-2}}=5.09$

二阶曲线：$S_Y=\sqrt{\dfrac{\sum_{i=1}^{n}(Y_i-\hat{Y}_i)^2}{n-m}}=\sqrt{\dfrac{524.7}{35-3}}=4.05$

三阶曲线：$S_Y=\sqrt{\dfrac{\sum_{i=1}^{n}(Y_i-\hat{Y}_i)^2}{n-m}}=\sqrt{\dfrac{232.1}{35-4}}=2.74$

比较各预测误差可知，直线的误差最大，三阶曲线的误差最小。

从不同趋势方程的预测图(图13-6)也可以看出，三阶曲线与原序列的拟合最好。

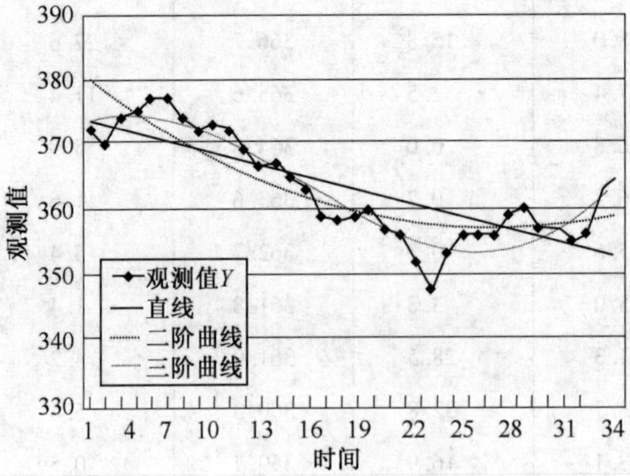

图 13-6

第14章 指 数

一、单项选择题

1．设p为商品价格，q为销售量，在销售量综合指数$\frac{\sum q_1p_0}{\sum q_0p_0}$中，$\sum q_1p_0-\sum q_0p_0$表示(　　)。［中国海洋大学2025研］

A．价格不变的情况下，销售量变动的绝对额

B．商品价格变动引起销售额变动的绝对额

C．价格不变的情况下，销售量变动引起销售额变动的绝对额

D．商品价格和销售量变动引起销售额变动的绝对额

【解析】在销售量综合指数$\frac{\sum q_1p_0}{\sum q_0p_0}$中，$q_1$代表报告期销售量，$q_0$代表基期销售量，$p_0$代表基期价格。$\sum p_0q_1$表示以基期价格计算的报告期销售额，$\sum p_0q_0$表示基期销售额。两者的差值$\sum p_0q_1-\sum p_0q_0$，反映的是在价格$p_0$的情况下，销售量变动引起销售额变动的绝对额。

2．关于居民消费价格指数，以下说法错误的是(　　)。［对外经贸大学2021研］

A．反映城乡居民购买生活消费品和服务价格的变动趋势

B．反映通货膨胀状况

C．测定职工实际工资水平

D．反映工业企业产品出厂价格变动趋势

【解析】居民消费价格指数是度量居民消费品和服务项目价格水平随时间变动的相对数，反映居民家庭购买的消费品和服务价格水平的变动情况。该指数是分析经济形势、检测物价水平、进行国民经济核算、测定通货膨胀的重要指标。居民消费价格指数属于物价指数，无法反映工业企业产品出厂价格变动趋势。

3．某种商品销售额增长了5%，商品零售价格增长2%，则商品销售量增长(　　)。［中央财经大学2015研］

A．7%　　B．10%　　C．2.94%　　D．3%

【解析】销售额指数＝销售量指数×销售价格指数，故销售量指数＝(1＋5%)/(1＋2%)＝102.94%，则销售量增长率＝销售量指数－100%＝2.94%。

4．我国的商品零售价格指数是采用(　　)方法编制的。［中央财经大学2015研］

A．固定权数加权算术平均指数　　B．固定权数加权调和平均指数

C．数量指标综合指数　　D．质量指标综合指数

【解析】商品零售价格指数是指反映一定时期内商品零售价格变动趋势和变动程度的相对数。我国商品零售价格指数采用固定权数的加权算术平均公式计算；又由于权数直接影响指数的可靠性，因此每年要根据居民家庭收支调查的资料调整一次权数。

1C　2D　3C　4A

5. 某种产品报告期与基期比较产量增长26%，单位成本下降32%，则生产费用支出总额为基期的(　　)。[厦门大学2014研]

A. 166.32%　　B. 85.68%　　C. 185%　　D. 54%

【解析】生产费用总额指数 = 产量指数 × 单位成本指数 = (1 + 26%) × (1 − 32%) = 85.68%，即生产费用支出总额为基期的85.68%。

6. Q为销售量，P为价格，当$\sum Q_0P_0 = 120$万元，$\sum Q_1P_1 = 165$万元，$\sum Q_1P_0 = 135$万元，$\sum Q_0P_1 = 140$万元时，按一般原则计算的销售量总指数是(　　)。[中央财经大学2012研]

A. 112.5%　　B. 116.7%　　C. 117.9%　　D. 122.2%

【解析】销售量总指数通常以基期价格为同度量因素，故销售量总指数 $= \frac{\sum Q_1P_0}{\sum Q_0P_0} = \frac{135}{120} = 112.5\%$

7. 把数据中的每个数值减去最小值然后除以极差是一种常用的数据预处理方法。对于经过这一变换之后的数据，以下说法不正确的是(　　)。[中央财经大学2011研]

A. 服从正态分布　　B. 没有计量单位

C. 取值在0和1之间　　D. 是相对数

【解析】经题干中的方法处理后，数据保持原分布不变，而原分布不一定是正态分布。

8. 下列指数中属于质量指数的是(　　)。[中央财经大学2011研]

A. 消费者价格指数　　B. 销售量指数

C. GDP增长率　　D. 销售额指数

【解析】质量指数是反映一定时期产品质量平均变化程度的相对数，如物价指数、单位成本指数以及消费者价格指数。BCD三项是用绝对数表示的反映规模大小和数量多少等数量特征的指标，属于数量指标。

9. 计算数量综合指数时，通常是(　　)。[首经贸2006研]

A. 把多种产品的数量乘以基期相应的价格，然后进行对比

B. 把多种产品的数量乘以报告期相应的价格，然后进行对比

C. 把多种产品的价格乘以基期相应的数量，然后进行对比

D. 把多种产品的价格乘以报告期相应的数量，然后进行对比

【解析】数量综合指数通常以基期价格作为权数对产品的报告期和基期产量进行加权运算，然后再求比率。

10. 已知某地区2002年农产品收购总额为120亿元，2003年比2002年的收购总额增长15%，农产品收购价格总指数为106%。则农产品收购量增加的百分比和农民因此增加的收入分别是(　　)。[中南财大2005研]

A. 21.9%和10.19亿元　　B. 21.9%和7.81亿元

C. 8.49%和10.19亿元　　D. 8.49%和7.81亿元

5B　6A　7A　8A　9A　10C

【解析】由于收购总额指数$\left(\frac{\sum p_1q_1}{\sum p_0q_0}\right)$= 收购量指数$\left(\frac{\sum p_0q_1}{\sum p_0q_0}\right)$× 收购价格指数$\left(\frac{\sum p_1q_1}{\sum p_0q_1}\right)$，收购总额指数 = 1 + 15% = 115%，收购价格指数 = 106%，所以收购量指数 = 115%/106% = 108.49%。即农产品收购量增加的百分比为 8.49%，因此增加的收入为

$$\sum p_0q_1-\sum p_0q_0=108.49\%\times\sum p_0q_0-\sum p_0q_0=120\times 8.49\%=10.19(\text{亿元})$$

11. 在指数数列中具有不变权数的数列是(　　)。[中南财大 2004 研]

A. 拉氏定基指数　　B. 帕氏定基指数

C. 拉氏环比指数　　D. 帕氏环比指数

【解析】帕氏定基指数采用报告期的同度量因素数值作为权数，环比指数采用上一期的同度量因素数值作为权数，因此 BCD 三项采用的是可变权数。

12. 劳动生产率可变组成指数为 134.2%，职工人数结构影响指数为 96.3%，所以劳动生产率指数为(　　)。[中南财大 2002 研]

A. 139.36%　　B. 129.23%　　C. 71.76%　　D. 39.36%

【解析】因为可变组成指数 = 固定构成指数 × 结构影响指数，所以劳动生产率指数为 $\frac{134.2\%}{96.3\%}=139.36\%$。

13. 加权调和平均数指数变形为综合指数时，其特定的权数是(　　)。[江苏大学 2009 研]

A. q_1p_1　　B. q_0p_1　　C. q_1p_0　　D. q_0p_0

【解析】加权调和平均指数一般用 p_1q_1 加权，基本计算形式如下：

$$\text{销售价格指数 } I_p=\frac{\sum p_1q_1}{\sum\frac{1}{\frac{p_1}{p_0}}p_1q_1}\text{；销售量指数 } I_q=\frac{\sum p_1q_1}{\sum\frac{1}{\frac{q_1}{q_0}}p_1q_1}$$

14. 加权平均价格指数是以某一时期的(　　)为权数对单个商品价格指数的加权平均。

A. 销售量　　B. 商品价格　　C. 销售额　　D. 综合指数

【解析】加权平均价格指数是计算综合指数的另一种形式，它是以某一时期的销售额为权数对单个商品价格指数的加权平均。设 p_1/p_0 为某一商品的价格指数，当使用基期的销售额 p_0q_0 为权数时，一组商品的价格综合指数的计算公式为：

$$I_p=\frac{\sum\frac{p_1}{p_0}p_0q_0}{\sum p_0q_0}$$

当使用报告期的销售额 p_1q_1 为权数时，一组商品的价格综合指数的计算公式为：

$$I_p=\frac{\sum p_1q_1}{\sum\frac{1}{p_1/p_0}p_1q_1}$$

15. 某商店本期商品销售量比上期增长 10%，同期的销售额比上期增长 15%，则销售

11A　12A　13A　14C　15A

价格指数（　　）。

A. 增长4.5%　　B. 增长6.6%　　C. 增长4%　　D. 下降3.6%

【解析】由于销售额指数 = 销售量指数 × 销售价格指数，故销售价格指数 = 销售额指数 ÷ 销售量指数 = 115% ÷ 110% = 104.5%，即销售价格指数增长4.5%。

二、多项选择题

1. 同度量因素的作用有（　　）。[河海大学2025研]

A. 权数作用　　B. 同度量作用　　C. 平稳作用　　D. 稳定作用

E. 平均作用

【解析】同度量因素是指在编制综合指数时，为解决不同度量单位的指标不能直接加总而引入的媒介因素，其作用主要包括以下两个方面：①同度量作用，同度量因素的主要作用是将不同度量单位或不同量纲的指标转换为可以同度量的形式，以便进行综合比较或计算；②权数作用，同度量因素可以作为权数，对不同指标进行加权处理，以反映其在总体中的重要性。

2. 平均指数是（　　）。[中国海洋大学2021研]

A. 个体指数的加权平均数　　B. 计算总指数的一种方法

C. 先平均，后对比　　D. 在一定条件下的综合指数的变形

E. 先对比，后综合

【解析】A项，加权平均指数是以个体指数为基础，通过对个体指数进行加权平均来编制的指数。B项，指数分为综合指数和平均指数。其中，平均指数有简单平均指数和加权平均指数两种，是将个体指数进行简单/加权平均得到的总指数。C项，加权平均指数先计算所研究现象各个项目的个体指数，再将所给的价值量指标作为权数对个体指数进行加权平均。D项，平均指数在使用全面调查资料时，实质上就是综合指数的一种变形形式。E项，简单平均指数的计算过程是先对比，后综合。

3. 在指数体系中，总量指数与各因素指数之间的数量关系表现为（　　）。

A. 从相对量来看，总量指数等于各因素指数的乘积

B. 从相对量来看，总量指数等于各因素指数之和

C. 从绝对量来看，总量的变动差额等于各因素指数变动差额之和

D. 从绝对量来看，总量指数等于各因素指数差额之和

E. 从绝对量来看，总量指数等于各因素指数差额之积

【解析】在指数体系中有（以总产值指数、产量指数和产品价格指数为例）：

$$\text{总产值指数}\left(\frac{\sum p_1q_1}{\sum p_0q_0}\right)=\text{产量指数}\left(\frac{\sum p_0q_1}{\sum p_0q_0}\right)\times\text{产品价格指数}\left(\frac{\sum p_1q_1}{\sum p_0q_1}\right)$$

$$\begin{aligned}\text{总产值变动差额}\left(\sum p_1q_1-\sum p_0q_0\right)&=\text{产量变动差额}\left(\sum p_0q_1-\sum p_0q_0\right)\\&\quad+\text{产品价格变动差额}\left(\sum p_1q_1-\sum p_0q_1\right)\end{aligned}$$

4. 某产品的生产总成本2009年为20万元，比2008年多支出0.4万元，单位成本2009年比2008年降低2%，则（　　）。

1AB　2ABDE　3AC　4ABCD

A. 生产总成本指数为102%

B. 由于单位成本降低而节约的生产总成本为0.408万元

C. 产品产量指数为104%

D. 单位成本指数为98%

E. 由于单位成本降低而节约的生产总成本为0.4万元

【解析】生产总成本指数$\frac{\sum p_1q_1}{\sum p_0q_0}=\frac{20}{19.6}=102\%$；单位成本指数$=1-2\%=98\%$，单位成本的变动影响绝对额$=\sum p_1q_1-\sum\frac{1}{0.98}p_1q_1=-0.408$，即单位成本降低而节约的生产总成本为0.408万元；由产品总成本指数=单位成本指数×产品产量指数，可得：产品产量指数$=\frac{102\%}{98\%}=104\%$。

5. 下列属于加权平均价格指数计算形式的有（　　）。

A. $\frac{\sum p_1q_0}{\sum p_0q_0}$　B. $\frac{\sum p_1q_1}{\sum p_0q_1}$　C. $\frac{\sum \frac{p_1}{p_0}p_0q_0}{\sum p_0q_0}$　D. $\frac{\sum p_1q_1}{\sum \frac{1}{p_1/p_0}p_1q_1}$

E. $\frac{\sum \frac{p_1}{p_0}p_1q_1}{\sum p_1q_1}$

【解析】加权平均价格指数的计算方法因所用权数时期的不同，有不同的计算方法。设p_1/p_0为某一商品的价格指数，当使用基期的销售额p_0q_0为权数时，加权平均价格指数为$\frac{\sum \frac{p_1}{p_0}p_0q_0}{\sum p_0q_0}$；当使用报告期的销售额$p_1q_1$为权数时，加权平均价格指数为$\frac{\sum p_1q_1}{\sum \frac{1}{p_1/p_0}p_1q_1}$。

6. 下列计算公式中正确的有（　　）。

A. 实际工资$=\frac{\text{名义工资}}{\text{消费价格指数}}$

B. 实际工资=名义工资×消费价格指数

C. 货币购买力指数$=\frac{1}{\text{消费价格指数}}\times100\%$

D. 通货膨胀率$=\frac{\text{报告期消费价格指数}}{\text{基期消费价格指数}}-1$

E. 通货膨胀率$=1-\frac{\text{基期消费价格指数}}{\text{报告期消费价格指数}}$

7. 下列属于消费价格指数的作用的有（　　）。

A. 反映通货膨胀状况

B. 反映对职工实际工资的影响

5CD　6ACD　7ABCE

C. 反映居民购买力水平

D. 反映城乡商品零售价格变动的趋势

E. 反映城乡居民所购买的生活消费品价格和服务项目价格的变动趋势和程度

【解析】D 项属于零售价格指数的作用。

三、判断题

1. 在多因素综合指数中，数量化因素与质量化因素的确定是固定不变的。(　　)[中国海洋大学 2021 研]

【解析】数量指标和质量指标的划分具有相对性。如单位产品原材料消耗量指标，相对于产品产量指标，它是质量指标；但相对于单位原材料价格指标，它又是数量指标。把指标区分为数量指标和质量指标，更多的是为了讨论问题的方便，而不是真要把指标分成不同类型。

2. 动态指数和静态指数是按指数所反映的现象特征不同进行的分类。(　　)

【解析】动态指数和静态指数是按指数对比场合的不同进行的分类，也称为时间性指数和区域性指数；数量指标指数和质量指标指数是按指数所反映的现象特征不同进行的分类。

3. 空间指数和定基指数均属于静态指数。(　　)

【解析】空间指数属于静态指数；定基指数属于动态指数。

4. 编制综合指数的基本方法是“先对比，后综合”。(　　)

【解析】编制综合指数的基本方法是“先综合，后对比”。

5. 编制综合指数的目的是测定指数化指标的变动，同度量因素所起的作用是将不同度量的现象转化为同度量的现象。(　　)

6. 编制数量指标指数时，同度量因素所属时期固定在报告期水平上。(　　)

【解析】编制数量指标指数时，同度量因素所属时期固定在基期水平上；编制质量指标指数时，同度量因素所属时期固定在报告期水平上。

7. 帕氏指数是将同度量因素固定在基期水平上，因此也称基期综合指数。(　　)

【解析】拉氏指数是将同度量因素固定在基期水平上，因此也称基期综合指数；帕氏指数将同度量因素固定在报告期水平上，因此也称报告期综合指数。

8. 农副产品收购价格指数的编制程序为：先计算各种商品的个体价格指数，然后依次计算小类指数、大类指数直至总指数。(　　)

9. 在研究企业利润额变动时，影响利润额变动的各因素排列的顺序为销售价格、利润率、销售量。

【解析】运用连锁替代法进行因素分析，各因素排列顺序的一般的原则是先数量因素后质量因素，先内涵因素后外延因素，所以在研究企业利润额变动时，影响利润额变动的各因素排列的顺序应为销售量、销售价格、利润率。

1× 2× 3× 4× 5√ 6× 7× 8√ 9×

四、简答题

1. 综合评价是很重要的一个统计方法。请简述不少于两种综合评价方法的原理与过程。［西南财经大学 2024 研］

相关真题：

(1)什么是综合评价？简述构建综合评价的步骤，各步骤所用方法及其作用。［中南大学 2025 研］

(2)论述构建综合评价指数的步骤。［河北大学 2025 研］

答：(1)综合评价的定义

统计的综合评价是针对研究的对象，建立一个进行测评的指标体系，利用一定的方法或模型，对搜集的资料进行分析，对被评价的事物作出量化的总体判断。

(2)两种综合评价方法的原理与过程

①相对标准化

这种方法是先给一个评价指标确定一个标准值，然后将实际值和标准值进行比较，实现指标的相对化处理，公式为：$z_i=\dfrac{x_i}{x_s}$，式中，x_s 为进行标准化确定的对比标准，通常可以选择最优值或平均值作为对比标准。定的标准不同，标准值的含义也就不同。这种方法可以体现评价者进行评价的目标性。例如，是以最优水平还是以平均水平进行评价比较。

②功效系数法

功效系数法是对多目标规划原理中的功效系数加以改进，从而把要评价的指标转化为可以度量的评判分数，公式为：$z_i=\dfrac{x_i-\min(x_i)}{\max(x_i)-\min(x_i)}$，式中，$\max(x_i)$ 和 $\min(x_i)$ 分别为指标 x_i 的最大值和最小值。按该方法计算，z_i 的取值在 0～1 之间。将功效系数法进行一些拓展，会得到改进的功效系数法，公式为：$z_i=\dfrac{x_i-\min(x_i)}{\max(x_i)-\min(x_i)}\times 40+60$，这样得到的标准化分数在 60～100 之间。这种处理的效果在于，可以减小极端数值对计算结果的视觉影响，接近人们对分数的一般看法。

有了各指标的无量纲标准化处理，再结合各指标的权重，就可以计算综合评价指数。通常采用加权平均方式进行处理，公式为：$I=\dfrac{\sum\limits_{i=1}^{n}z_i\omega_i}{\sum\limits_{i=1}^{n}\omega_i}$，式中，$0\leqslant\omega_i\leqslant 1$，$\sum\limits_{i=1}^{n}\omega_i=1$。

(3)构建综合评价指数的步骤及其方法和作用

①建立综合评价指标体系，作用是为综合评价提供“基础框架”，确保指标既能全面覆盖评价对象的核心维度(如经济、社会、环境等)，又能避免冗余，使评价结果更贴合实际评价目标。常用方法有文献研究法、专家咨询法(如德尔菲法)、实证筛选法等。

②评价指标的无量纲化处理。作用是消除量纲和量级差异，使不同单位的指标具有可比性。常用方法有标准化法、极值法、功效系数法等。

③确定各项评价指标的权重。通过权重区分指标的重要性，确保对评价目标影响更大的指标在综合指数中占据更高比重，使评价结果更贴合实际侧重点。确定评价指标的权重有两类方法：一类是主观确定权数；另一类是客观确定权数。

④计算综合评价指数，常用方法有加权算术平均法和加权几何平均法。综合评价指数的

计算并不是最终目的，指数只是一个综合性的描述，重要的是对这个结果背后的东西进行深入分析，综合评价才有意义。

2. 拉氏指数和帕氏指数各有什么特点？［中国地质大学(武汉)2025 研］

答：(1)拉氏指数

拉氏指数是由德国学者拉斯贝尔斯在 1864 年提出来的，主张不论是物价指数还是物量指数都采用基期作为权数来计算指数。

拉氏指数主要受基期商品(产品)结构的影响，它可以消除权数变动对指数的影响，从而使不同时期的指数具有可比性。在实际应用中，拉氏指数方法常用来计算数量指数。因为拉氏数量指数是假定价格不变的条件下报告期销售量的综合变动，它不仅可以单纯反映出销售量的综合变动水平，也符合计算销售量指数的实际要求。而拉氏价格指数在实际中应用得很少，因为从实际生活角度看，人们更关心在报告期销售量条件下价格变动对实际生活的影响。而拉氏价格指数是在假定销售量不变的情况下报告期价格的变动水平，这一指数尽管可以单纯反映价格的变动水平，但不能反映出销售量的变化。

(2)帕氏指数

帕氏指数是由德国学者帕舍在 1874 年提出来的，主张不论是物价指数还是物量指数都采用报告期作为权数来计算指数。

帕氏指数是以报告期变量值为权数来计算的指数，它不能消除权数变动对指数的影响，因而不同时期的指数缺乏可比性。但帕氏指数可以同时反映出价格和消费结构的变化，具有比较明确的经济意义。在实际应用中，常采用帕氏公式计算价格、成本等质量指数。而帕氏数量指数由于包含了价格的变动，意味着是按调整后的价格来测定物量的综合变动，这本身不符合计算数量指数的目的，因此帕氏数量指数在实际中应用得较少。

3. 什么叫统计指数？统计指数有何作用？［中央财经大学 2015 研，江西财经大学 2014 研，暨南大学 2011 研］

答：统计指数简称指数，有广义和狭义之分。广义来说，任何两个数值对比形成的相对数都可以称为指数；狭义来说，为了反映某一社会经济现象而产生的两组有关联的数值对比形成的相对数称为指数。它的作用主要体现在：

(1)综合反映复杂社会经济总体在时间和空间方面的变动方向和变动程度，这是统计指数的最重要的作用。在社会经济现象中，大量存在着不能直接加总或不能直接对比的复杂总体，为了反映和研究它们的变动方向和变动程度，只能通过统计指数法，编制统计指数才能得到解决。

(2)分析和测定社会经济现象总体变动受各因素变动的影响。社会经济现象总体中包含着数量因素和质量因素，通过编制数量因素指数和质量因素指数，可以分析和测定各因素变动对总体变动的影响。

(3)研究平均指标指数变动及其受水平因素和结构因素变动的影响。平均指标中包含水平因素和结构因素，因此可以编制可变组成指数、不变组成指数和结构影响指数，研究平均指标的变动及其各因素变动对平均指标变动的影响。

4. 什么是同度量因素？同度量因素在编制加权综合指数中有什么作用？

答：在统计学中，一般把使得不能直接相加的指标过渡到可以直接相加的指标的媒介因素称为同度量因素或同度量系数。如：产品产量指数能够综合地反映多种产品产量的变动情况，然而各种产品的使用价值和计量单位均不相同，其产量无法直接相加和对比。这就需要借助另一个因素即产品出厂价格，使不能直接加总的产量指标过渡到能够相加的价值指标，此处的产品出厂价格就被称为同度量因素。

在编制加权综合指数时，同度量因素起着同度量和权数的双重作用。在本例中，出厂价格越高的产品，其产量与出厂价格的乘积越大，从而它对产量综合指数的影响也越大。

5．加权平均指数与加权综合指数有何区别与联系？

答：(1)加权平均指数与加权综合指数的区别：①二者在所使用的权数和计算形式上不同。综合指数是以某一时期的变量值作为权数对另一个变量进行加权，然后采用综合的形式计算出来的；而加权平均指数则是采用某一总量为权数对个体指数加权平均计算出来的；②二者所依据的计算资料不同。加权综合指数的计算通常需要掌握全面的资料；加权平均指数既可以依据全面资料计算，也可依据非全面资料来计算。

(2)它们之间的联系为：当使用p_0q_0为权数时，加权算术平均指数可以变形为加权综合指数；当使用p_1q_1为权数时，加权调和平均指数可以变形为加权综合指数。

6．什么是指数体系？它有什么作用？

答：(1)指数体系是指指数之间存在的相互联系所构成的体系。一般来说，三个或三个以上在性质上相互联系、在数量上存在一定关系的指数便构成指数体系。利用指数体系可以分析社会经济现象的各种因素变动，以及它们对总体发生作用的影响程度。

(2)指数体系主要有以下三方面的作用：

①指数体系是进行因素分析的根据。

即利用指数体系可以分析复杂经济现象总变动中各因素变动影响方向和程度。

②利用各指数之间的联系进行指数间的相互推算。

例如，我国商品销售量总指数往往就是根据商品销售额总指数和价格总指数进行推算的。即商品的销售量指数 = 销售额指数 ÷ 价格指数。

③用综合指数法编制总指数时，指数体系也是确定同度量因素时期的根据之一。

因为指数体系是进行因素分析的根据，要求各个指数之间在数量上要保持一定的联系。所以编制产品产量指数时，如用基期价格作同度量因素，那么编制产品价格指数时就必须用报告期的产品产量作为同度量因素；如果编制产品产量指数用报告期价格作为同度量因素，那么编制产品价格指数时就必须用基期的产品产量作为同度量因素。

7．试述平均指数体系。

答：平均数的变动受两个因素的影响：一个是各组的变量水平(x)；另一个是各组的结构$\left(\frac{f}{\sum f}\right)$。指数体系在这里仍然存在。

(1)总平均水平指数

$$I_{xf}=\frac{\bar{x}_1}{\bar{x}_0}=\frac{\sum x_1f_1/\sum f_1}{\sum x_0f_0/\sum f_0}$$

(2)组水平变动指数

$$I_x=\frac{\bar{x}_1}{\bar{x}_n}=\frac{\sum x_1f_1/\sum f_1}{\sum x_0f_1/\sum f_1}$$

(3)结构变动指数

$$I_f=\frac{\bar{x}_n}{\bar{x}_0}=\frac{\sum x_0f_1/\sum f_1}{\sum x_0f_0/\sum f_0}$$

此时，指数体系的具体表现为：

总平均水平指数 = 组水平变动指数 × 结构变动指数，即

$$\frac{\sum x_1 f_1 / \sum f_1}{\sum x_0 f_0 / \sum f_0} = \frac{\sum x_1 f_1 / \sum f_1}{\sum x_0 f_1 / \sum f_1} \times \frac{\sum x_0 f_1 / \sum f_1}{\sum x_0 f_0 / \sum f_0}$$

$$I_{xf} = I_x \times I_f$$

总平均水平变动额 = 各组水平变动影响额 + 结构变动影响额，即

$$(\sum x_1 f_1 / \sum f_1 - \sum x_0 f_0 / \sum f_0)$$

$$= (\sum x_1 f_1 / \sum f_1 - \sum x_0 f_1 / \sum f_1) + (\sum x_0 f_1 / \sum f_1 - \sum x_0 f_0 / \sum f_0)$$

$$\bar{x}_1 - \bar{x}_0 = (\bar{x}_n - \bar{x}_0) + (\bar{x}_1 - \bar{x}_n)$$

总体平均数的变动受到组水平变动和结构变动的共同影响，可以通过设立不同的同度量因素，将两者的影响区分开。由于总体结构描述了该组在总体中所占比重，各组变量描述了指标的具体水平，类比商品数量与价格，将总体结构看成数量指标，将各组变量值看成质量指标。在研究结构的变动对平均数的影响时，将各组水平视为同度量因素，固定在基期；在研究各组变量值的变动对平均数的影响时，将结构视为同度量因素，固定在报告期。

8. 构建综合评价指数时需要考虑哪些方面的问题？

答：构建综合评价指数需要考虑以下几个方面的问题：

(1)进行理论研究，其中包括统计指标理论以及统计指标体系的理论研究，以便为确定所需的评价指标提供一定的理论依据。

(2)兼顾指标体系的科学性与准确性。建立指标体系，首先应进行必要的定性研究，对所研究的问题进行深入的分析，尽量选择那些具有一定综合意义的代表性指标；其次，应尽可能运用多元统计的方法进行指标的筛选，以提高指标的客观性。

(3)评价方法研究，主要包括综合评价指数的构造方法、指标的赋权方法以及各种评价方法的比较等。

五、计算题

1. 两种商品基期和报告期的销售量及销售价格数据如表 14-1 所示。

表 14-1

商品名称	计量单位	销售量 q		价格 p	
		基期	报告期	基期	报告期
甲	吨	3000	3300	45	48
乙	台	1000	1200	24	26

要求：

(1)计算两种商品的拉氏价格指数。

(2)计算两种商品的帕氏价格指数。

(3)比较拉氏价格指数与帕氏价格指数计算结果的差异，并指出产生差异的原因。［武汉理工大学 2025 研；东北财经大学 2011 研］

解：(1)两种商品的拉氏价格指数为：

$$I_p = \frac{\sum q_0 p_1}{\sum q_0 p_0} = \frac{3000 \times 48 + 1000 \times 26}{3000 \times 45 + 1000 \times 24} = 106.92\%$$

(2)两种商品的帕氏价格指数为：

$$I_p=\frac{\sum q_1p_1}{\sum q_1p_0}=\frac{3300\times48+1200\times26}{3300\times45+1200\times24}=106.94\%$$

(3)比较(1)和(2)的计算结果可知，拉氏价格指数与帕氏价格指数计算结果不同，产生差异的原因是权数所属的时期不同：拉氏价格指数将权数的同度量因素固定在基期；帕氏价格指数将权数的同度量因素固定在报告期。

2．某工厂有三个生产车间，2018年(基期)和2019年(报告期)各车间的工人数和劳动生产率数据如下表，分析该企业平均劳动生产率的变动情况及其原因。［中国海洋大学2021研］

车间	工人总数(人) 2018年 f_0	工人总数(人) 2019年 f_1	劳动生产率(万元/人) 2018年 x_0	劳动生产率(万元/人) 2019年 x_1
1	110	120	10	12
2	120	100	20	15
3	90	150	25	30

解：基期平均劳动生产率为：$\bar{x}_0=\frac{\sum x_0f_0}{\sum f_0}=\frac{5750}{320}=17.9688$(万元/人)；

报告期平均劳动生产率为：$\bar{x}_1=\frac{\sum x_1f_1}{\sum f_1}=\frac{7440}{370}=20.1081$(万元/人)；

假定平均劳动生产率为：$\bar{x}_n=\frac{\sum x_0f_1}{\sum f_1}=\frac{6950}{370}=18.7838$(万元/人)。

该工厂平均劳动生产率变动分析：

总平均水平指数为：$I_{xf}=\frac{\overline{x_1}}{\overline{x_0}}=\frac{20.1081}{17.9688}=111.91\%$；

总水平变动额：$\bar{x}_1-\bar{x}_0=2.1393$(万元/人)。

其中：

(1)各车间劳动生产率变动对全厂平均劳动生产率变动的影响：

$$组水平变动指数为：I_x=\frac{\overline{x_1}}{\overline{x_n}}=\frac{20.1081}{18.7838}=107.05\%$$

各车间劳动生产率变动使平均劳动生产率变动为：

$$\bar{x}_1-\bar{x}_n=1.3243(万元/人)$$

(2)各车间工人总数结构变动对全厂平均劳动生产率变动的影响：

$$结构变动指数为：I_f=\frac{\overline{x_n}}{\overline{x_0}}=\frac{18.7838}{17.9688}=104.54\%$$

各车间工人总数结构变动使平均劳动生产率变动为：

$$\bar{x}_n-\bar{x}_0=0.8150(万元/人)$$

计算结果表明，全厂平均劳动生产率上升11.91%，各车间劳动生产率上升使全厂平均劳动生产率上升7.05%，工人总数结构变动使全厂平均劳动生产率上升4.54%；

从绝对数上看，全厂平均单位劳动生产率增加了2.1393万元，各车间劳动生产率上升使全厂平均单位劳动生产率增加1.3243万元，工人总数结构变动使全厂平均单位劳动生产率增加0.8150万元。

3. 某市场有三种不同品种的苹果，其每斤价格分别为4元、5元和9元，试计算：①各买一斤，平均每斤多少钱？②各买10元钱，平均每斤多少钱？[暨南大学2011研]

解：

(1) $$\frac{4\times1+5\times1+9\times1}{1+1+1}=6(\text{元})$$

所以各买一斤，平均每斤6元钱。

(2) $$\frac{10+10+10}{10\div4+10\div5+10\div9}\approx5.35(\text{元})$$

所以各买10元钱，平均每斤5.35元。

4. 某公司下属3个工厂生产同种产品，已知基期产品总成本为1084.08万元，报告期产品总成本为1153.45万元，报告期与基期相比，单位产品成本降低3.254%，总产量增长9.645%，又知该公司报告期总产量为10800吨。试从相对数和绝对数两方面分析该公司产品总成本变动中单位成本、产品结构和产品总量三个因素变动的影响。[暨南大学2011研]

解：根据题意计算，可得表14-2。

表14-2

变量	产品单位成本(元/吨)		产品总量(吨)		产品总成本(元)	
	基期	报告期	基期	报告期	基期	报告期
绝对数值	1100.592	1068.009	9849.97	10800	10840798	11534497

从相对水平来看：

$$\text{产品总成本变动}=\frac{\sum p_1q_1}{\sum p_0q_0}=106.399\%$$

$$\text{单位成本变动的影响额}=\frac{\sum p_1q_1}{\sum p_0q_1}=97.040\%$$

$$\text{产品总量变动的影响额}=\frac{\sum p_0q_1}{\sum p_0q_0}=109.645\%$$

即报告期与基期相比，产品总成本升高了6.399%，单位成本变动使产品总成本降低了2.960%，产品总量变动使产品总成本升高了9.645%。

从绝对水平来看：

产品总成本变动 $=\sum p_1q_1-\sum p_0q_0=693699$(元)

单位成本变动的影响额 $=\sum p_1q_1-\sum p_0q_1=-351896$(元)

产品总量变动的影响额 $=\sum p_0q_1-\sum p_0q_0=1045595$(元)

即报告期与基期相比，产品成本增加了693700元，其中单位成本变动使产品总成本减少了351896元，产品总量的变动使产品总成本增加了1045595元。

5. 两种商品基期和报告期的销售量及销售价格数据如表14-3所示。

表14-3

商品名称	计量单位	销售量 q		价格 p	
		基期 q_0	报告期 q_1	基期 p_0	报告期 p_1
甲	公斤	400	350	80	85
乙	公斤	600	560	36	43

要求：

(1) 计算两种商品的拉氏价格总指数；

(2) 计算两种商品的帕氏价格总指数；

(3) 比较拉氏价格总指数与帕氏价格总指数计算结果的差异，并指出产生差异的原因；

(4) 计算两种商品的价格理想指数。［东北财经大学 2012 研］

解：(1) 两种商品的拉氏价格总指数为：

$$I_p = \frac{\sum p_1 q_0}{\sum p_0 q_0} = \frac{85 \times 400 + 43 \times 600}{80 \times 400 + 36 \times 600} = 111.57\%$$

(2) 两种商品的帕氏价格总指数为：

$$I_p = \frac{\sum p_1 q_1}{\sum p_0 q_1} = \frac{85 \times 350 + 43 \times 560}{80 \times 350 + 36 \times 560} = 111.77\%$$

(3) 拉氏价格总指数略小于帕氏价格总指数。由于销售量固定在不同的时期，拉氏价格总指数和帕氏价格总指数的计算结果存在一定差异。拉氏价格总指数把作为权数的销售量固定在基期，帕氏价格总指数把作为权数的销售量固定在报告期。

(4) 两种商品的价格理想指数为：

$$\overline{K}_p = \sqrt{\frac{\sum p_1 q_0}{\sum p_0 q_0}}\sqrt{\frac{\sum p_1 q_1}{\sum p_0 q_1}} = \sqrt{\frac{85 \times 400 + 43 \times 600}{80 \times 400 + 36 \times 600}}\sqrt{\frac{85 \times 350 + 43 \times 560}{80 \times 350 + 36 \times 560}} = 111.67\%$$

6. 某百货公司 2007，2008 年的销售状况如表 14-4 所示。

表 14-4

商品名称	计量单位	销售量		单价(元)	
		2007	2008	2007	2008
甲	件	2200	3000	35	42
乙	台	350	370	98	108
丙	个	1800	2200	10	12

(1) 计算拉氏销售量总指数。

(2) 计算帕氏销售价格总指数。

(3) 利用指数体系分析价格和销售量变动对销售额的影响。［中央财大 2009 研］

解：(1) 设单价为 p，销售量为 q，则拉氏销售量总指数的计算结果为：

$$I_q = \frac{\sum p_0 q_1}{\sum p_0 q_0} = \frac{35 \times 3000 + 98 \times 370 + 10 \times 2200}{35 \times 2200 + 98 \times 350 + 10 \times 1800} = \frac{163260}{129300} = 126.265\%$$

(2) 帕氏销售价格总指数的计算结果为：

$$I_q = \frac{\sum p_1 q_1}{\sum p_0 q_1} = \frac{42 \times 3000 + 108 \times 370 + 12 \times 2200}{35 \times 3000 + 98 \times 370 + 10 \times 2200} = \frac{192360}{163260} = 117.824\%$$

(3) ①从相对变动水平来看：

$$销售额指数 = \frac{\sum p_1 q_1}{\sum p_0 q_0} = \frac{42 \times 3000 + 108 \times 370 + 12 \times 2200}{35 \times 2200 + 98 \times 350 + 10 \times 1800} = \frac{192360}{129300} = 148.771\%$$

$$销售量指数 = \frac{\sum p_0 q_1}{\sum p_0 q_0} = 126.265\%$$

$$价格指数=\frac{\sum p_1q_1}{\sum p_0q_1}=117.824\%$$

三者之间的数量关系为：148.771% =126.265% ×117.824%。

即报告期与基期相比，这两种商品的销售额提高了48.77%，其中销售量的变动使销售额增加了26.265%，价格的变动使销售额增加了17.824%。

②从绝对变动水平来看：

销售额变动 $=\sum p_1q_1-\sum p_0q_0=192360-129300=63060$(元)

销售量变动的影响额 $=\sum p_0q_1-\sum p_0q_0=163260-129300=33960$(元)

价格变动的影响额 $=\sum p_1q_1-\sum p_0q_1=192360-163260=29100$(元)

三者之间的数量关系为：63060 =33960 +29100

即报告期与基期相比，这两种商品的销售额增加了63060元，其中销售量的变动使销售额增加了33960元，价格的变动使销售额增加了29100元。

7. 某商场商品销售资料如表14-5所示。

表 14-5

商品名称	计量单位	商品销售量		商品价格(千元)		销售额(千元)	
		上期	本期	上期	本期	上期	本期
甲	台	150	160	7	8	1050	1280
乙	套	80	100	4	5	320	500
丙	吨	300	500	2	2	600	1000

要求：

(1)计算销售额指数、商品价格指数和销售量指数。

(2)分析各因素变动对销售额指数影响的相对程度和绝对额。[首经贸2009研]

解：(1)销售额指数 $=\frac{\sum p_1q_1}{\sum p_0q_0}=\frac{1280+500+1000}{1050+320+600}=141.12\%$

商品价格指数 $=\frac{\sum p_1q_1}{\sum p_0q_1}=\frac{1280+500+1000}{160\times 7+100\times 4+500\times 2}=110.32\%$

销售量指数 $=\frac{\sum p_0q_1}{\sum p_0q_0}=\frac{7\times 160+4\times 100+2\times 500}{1050+320+600}=127.92\%$

(2)报告期与基期相比，这三种商品的销售额升高了41.12%，价格的变动使销售额提高了10.32%，销售量的变动使销售额提高了27.92%。

从绝对变动水平来看：

销售额变动 $=\sum p_1q_1-\sum p_0q_0=810$(千元)

价格变动的影响额 $=\sum p_1q_1-\sum p_0q_1=260$(千元)

销售量变动的影响额 $=\sum p_0q_1-\sum p_0q_0=550$(千元)

三者之间的数量关系为：810 =260 +550

即报告期与基期相比，这两种商品的销售额增加了810千元，其中价格的变动使销售额增加了260千元，销售量的变动使销售额增加了550千元。

8. 某水果商店 1999 年的销售数据如表 14-6 所示。

表 14-6

水果名称	销售量(千克)	平均销售价格(元/千克)
芦柑	800	2.4
香蕉	1000	5.2
苹果	1500	2.8

2000 年芦柑的销售量为 850 千克，平均销售价格为每千克 2.6 元；香蕉的销售量为 980 千克，平均销售价格为每千克 5.6 元；苹果的销售量为 1800 千克，销售价格的统计数据如表 14-7 所示。

表 14-7

统计时间	1 月 1 日	4 月 1 日	9 月 1 日	12 月 31 日
销售价格(元/千克)	2.8	2.2	2.4	3.1

根据上面的有关统计数据，计算 2000 年与 1999 年相比三种水果的总销售额增长的百分比及增加的绝对值，并分析销售量和价格变动对销售额的影响。[人大 2001 研]

解：由表中数据可得：$a_1=2.8$，$a_2=2.2$，$a_3=2.4$，$a_4=3.1$；$f_1=3$，$f_2=5$，$f_3=4$，则 2000 年苹果的平均销售价格为：

$$\bar{a}=\frac{\left(\frac{a_1+a_2}{2}\right)f_1+\left(\frac{a_2+a_3}{2}\right)f_2+\left(\frac{a_3+a_4}{2}\right)f_3}{f_1+f_2+f_3}$$

$$=\frac{\left(\frac{2.8+2.2}{2}\right)\times 3+\left(\frac{2.2+2.4}{2}\right)\times 5+\left(\frac{2.4+3.1}{2}\right)\times 4}{3+5+4}=2.5(\text{元/千克})$$

三种水果销售额的变动：

$$\text{销售额指数}=\frac{\sum p_{2000}q_{2000}}{\sum p_{1999}q_{1999}}=\frac{850\times 2.6+980\times 5.6+1800\times 2.5}{800\times 2.4+1000\times 5.2+1500\times 2.8}=\frac{12198}{11320}=107.76\%$$

2000 年与 1999 年相比，三种水果的总销售额增长了 7.76%，增加的绝对值为：

$$\sum p_{2000}q_{2000}-\sum p_{1999}q_{1999}=12198-11320=878(\text{元})$$

其中：

(1)销售量变动的影响

$$\text{销售量指数}=\frac{\sum p_{1999}q_{2000}}{\sum p_{1999}q_{1999}}=\frac{850\times 2.4+980\times 5.2+1800\times 2.8}{800\times 2.4+1000\times 5.2+1500\times 2.8}=\frac{12176}{11320}=107.56\%$$

销售量上升使销售额增加的绝对值为：

$$\sum p_{1999}q_{2000}-\sum p_{1999}q_{1999}=12176-11320=856(\text{元})$$

(2)销售价格变动的影响

$$\text{销售价格指数}=\frac{\sum p_{2000}q_{2000}}{\sum p_{1999}q_{2000}}=\frac{850\times 2.6+980\times 5.6+1800\times 2.5}{850\times 2.4+980\times 5.2+1800\times 2.8}=\frac{12198}{12176}=100.18\%$$

销售价格上升使销售额增加的绝对值为：

$$\sum p_{2000}q_{2000}-\sum p_{1999}q_{2000}=12198-12176=22(\text{元})$$

由此可见，销售额增长了 7.76%，是销售量平均增长了 7.56% 和销售价格平均增长了

0.18%共同影响的结果，即107.76% =107.56% ×100.18%。

而销售额增加了878元，是销售量增长使销售额增加856元和销售价格上升使销售额增加22元共同影响的结果，即878 =856 +22。

9. 康祥医药公司2004年第三季度和第四季度三种药品的销售数据如表14-8所示。

表14-8

药品名称	销售额(万元)		第四季度价格比第三季度提高或减少(%)
	第三季度	第四季度	
甲	50	54	2
乙	20	17	-5
丙	90	105	6

(1)计算三种药品销售额指数；

(2)以第四季度的销售额为权数，计算三种药品的价格指数以及由于价格变动而影响的销售额；

(3)利用指数体系推算三种药品的销售量指数以及由于销售量变动而影响的销售额。[中央财大2005研]

解：(1)三种药品的销售额指数为：

$$销售额指数 = \frac{\sum q_1 p_1}{\sum q_0 p_0} = \frac{54 + 17 + 105}{50 + 20 + 90} = \frac{176}{160} = 110\%$$

(2)三种药品的价格指数为：

$$I_p = \frac{\sum q_1 p_1}{\sum q_1 p_1 \dfrac{p_0}{p_1}} = \frac{54 + 17 + 105}{54 \times \dfrac{1}{1 + 0.02} + 17 \times \dfrac{1}{1 - 0.05} + 105 \times \dfrac{1}{1 + 0.06}} = \frac{176}{169.89} = 103.59\%$$

即第四季度与第三季度相比，三种药品销售价格平均上升了3.59%，销售价格的上升使销售额增加的量为：

$$\sum q_1 p_1 - \sum q_1 p_0 = 176 - 169.89 = 6.11(万元)$$

(3)由于销售额指数=销售价格指数×销售量指数，则

$$I_q = \frac{110\%}{103.59\%} = 106.19\%$$

销售量变动而影响的销售额变动量为：

$$\begin{aligned}\sum q_1 p_0 - \sum q_0 p_0 &= (\sum q_1 p_1 - \sum q_0 p_0) - (\sum q_1 p_1 - \sum q_1 p_0)\\ &= (176 - 160) - 6.11\\ &= 9.89(万元)\end{aligned}$$

10. 已知某地区2002年的农副产品收购总额为360亿元，2003年比上年的收购总额增长12%，农副产品收购价格总指数为105%。试回答，2003年与2002年对比：

(1)农民因交售农副产品共增加多少收入？

(2)农副产品收购量增加了百分之几？农民因此增加了多少收入？

(3)由于农副产品收购价格提高5%，农民又增加了多少收入？

(4)验证以上三方面的分析结论能否保持协调一致。[北京林业大学2005研]

解：(1)农民因交售农副产品共增加的收入 =360 ×12% =43.2(亿元)

(2)农副产品收购量指数 $=\dfrac{\text{农副产品收购额指数}}{\text{农副产品收购价格指数}}=\dfrac{1+12\%}{105\%}=106.67\%$

又由收购量指数 $=\dfrac{\sum p_0q_1}{\sum p_0q_0}=\dfrac{\sum p_0q_1}{360}=106.67\%$，所以由于农副产品收购量的增加，农民增加的收入 $=\sum p_0q_1-\sum p_0q_0=360\times106.67\%-360=24$(亿元)。

(3)由 $\dfrac{\sum p_1q_1}{\sum p_0q_1}=\dfrac{403.2}{\sum p_0q_1}=105\%$，所以由于农副产品收购价格提高 5%，农民增加的收入 $=\sum p_1q_1-\sum p_0q_1=403.2-\dfrac{403.2}{105\%}=19.2$(亿元)。

(4)由于 $43.2=24+19.2$，所以以上三方面的分析结论保持协调一致。

11. 某企业有三个生产车间，2001 年和 2002 年各车间的工人数和劳动生产率资料如表 14-9 所示，试分析该企业平均劳动生产率的变动及其原因。［深圳大学 2004 研］

表 14-9

车间	职工人数(人)		劳动生产率(万元/人)	
	2001 年	2002 年	2001 年	2002 年
一车间	200	240	4.4	4.5
二车间	160	180	6.2	6.4
三车间	150	120	9.0	9.2

解：以 2001 年作为基期，由已知资料可得：

$$\bar{x}_0=\frac{\sum x_0f_0}{\sum f_0}=\frac{4.4\times200+6.2\times160+9.0\times150}{200+160+150}=6.32(\text{万元/人})$$

$$\bar{x}_1=\frac{\sum x_1f_1}{\sum f_1}=\frac{4.5\times240+6.4\times180+9.2\times120}{240+180+120}=6.18(\text{万元/人})$$

$$\bar{x}_n=\frac{\sum x_0f_1}{\sum f_1}=\frac{4.4\times240+6.2\times180+9.0\times120}{240+180+120}=6.02(\text{万元/人})$$

所以平均劳动生产率指数 $I_{xf}=\dfrac{\sum x_1f_1/\sum f_1}{\sum x_0f_0/\sum f_0}=\dfrac{\bar{x}_1}{\bar{x}_0}=\dfrac{6.18}{6.32}=97.78\%$

平均劳动生产率变动额 $\bar{x}_1-\bar{x}_0=6.18-6.32=-0.14$(万元/人)

其中：

(1)三个车间劳动生产率的变动对平均劳动生产率的影响：

组水平变动指数为：

$$I_x=\frac{\bar{x}_1}{\bar{x}_n}=\frac{6.18}{6.02}=102.66\%$$

各车间劳动生产率的变动对全厂劳动生产率的影响：

$$\bar{x}_1-\bar{x}_n=6.18-6.02=0.16(\text{万元/人})$$

(2)各车间人数变动对劳动生产率的影响：

结构变动指数为：

$$I_f=\frac{\bar{x}_n}{\bar{x}_0}=\frac{6.02}{6.32}=95.25\%$$

各车间人数结构变动对全厂劳动生产率的影响：

$$\bar{x}_n - \bar{x}_0 = 6.02 - 6.32 = -0.3(\text{万元/人})$$

计算结果表明，全厂平均劳动生产率下降 2.22%，由于各车间劳动生产率提高使得全厂劳动生产率提高 2.66%，各车间人数结构变动使全厂劳动生产率下降 4.75%，即

$$97.78\% = 102.66\% \times 95.25\%$$

从绝对数上看，全厂平均劳动生产率降低了 0.14 万元/人，其变动原因是各车间劳动生产率提高使得全厂劳动生产率提高 0.16 万元/人，各车间人数结构变动使全厂劳动生产率降低 0.3 万元/人，即 0.16 + (−0.3) = −0.14。

12. 某企业生产三种产品的成本支出资料如表 14-10 所示。

表 14-10

产品	成本支出总额(万元)		单位产品成本二季度比一季度上升(+)或下降(-)
名称	一季度	二季度	
甲	20	18	+5
乙	45	50	-5
丙	35	52	-10

要求：(1)计算总成本指数、单位成本指数和产量指数；

(2)分析各因素变动对总成本指数影响的相对程度和绝对额。［首经贸 2008 研］

解：(1)令总成本指数为 I，单位成本指数为 I_p，产量指数为 I_q，则一季度成本支出总额 = 20 + 45 + 35 = 100(万元)，二季度成本支出总额 = 18 + 50 + 52 = 120(万元)。所以总成本指数为：

$$\text{总成本指数} = \frac{120}{100} = 120\%$$

单位成本指数为：

$$I_p = \frac{\sum p_1 q_1}{\sum \frac{1}{p_1/p_0} p_1 q_1} = \frac{120}{18 \times \frac{1}{1+5\%} + 50 \times \frac{1}{1-5\%} + 52 \times \frac{1}{1-10\%}} = \frac{120}{127.55} = 94.08\%$$

甲产品的产量变化为：$\frac{q_1}{q_0} = \frac{p_1 q_1}{p_0 q_0} \cdot \frac{p_0}{p_1} = \frac{18}{20} \times \frac{1}{1.05} = 85.7\%$，同理可求得乙、丙的产量变化分别为：116.96% 和 165.08%。

所以产量指数为：

$$I_q = \frac{\sum \frac{q_1}{q_0} p_0 q_0}{\sum p_0 q_0} = \frac{20 \times 85.7\% + 45 \times 116.96\% + 35 \times 165.08\%}{20 + 45 + 35} = \frac{127.55}{100} = 127.55\%$$

(2)总成本指数、单位成本指数和产量指数三者之间的关系可以表示为：

$$I = I_p \cdot I_q = \frac{\sum p_1 q_1}{\sum \frac{1}{p_1/p_0} p_1 q_1} \cdot \frac{\sum \frac{q_1}{q_0} p_0 q_0}{\sum p_0 q_0}$$

即

$$\frac{120}{100} = \frac{120}{127.55} \times \frac{127.55}{100}$$

由于总成本指数为120%，说明二季度的成本支出比一季度增加了20%，增加的成本总额为20万元(120－100)。一方面，二季度单位成本比一季度降低了(1－94.08%)＝5.92%，由于成本的降低，使得总成本减少了7.55万元(127.55－120)；另一方面，二季度的产量和一季度相比，增加了(127.55%－1)＝27.55%，由于产量的增加，使得总成本增加了27.55万元(127.55－100)。

13. 已知某商店销售的三种商品的销售额及销售量增长幅度资料如表14-11所示。

表14-11

商品	计量单位	销售量增长幅度(%)	销售额(万元)	
			基期	报告期
甲	件	2	100	110
乙	公斤	5	150	130
丙	米	3	200	220

要求：(1)计算销售量总指数和销售量变动引起的销售额的变动；

(2)计算价格总指数和价格变动引起的销售额变动。［江苏大学2009研］

解：(1)由已知，销售额总指数为：

$$I=\frac{\sum p_1q_1}{\sum p_0q_0}=\frac{110+130+220}{100+150+200}=\frac{460}{450}=102.2\%$$

销售额总变动为：$\sum p_1q_1-\sum p_0q_0=460-450=10$(万元)

销售量总指数为：

$$I_q=\frac{\sum\frac{q_1}{q_0}p_0q_0}{\sum p_0q_0}=\frac{100\times1.02+150\times1.05+200\times1.03}{100+150+200}=\frac{465.5}{450}=103.44\%$$

可见，报告期的销售量比基期增加了3.44%，由此增加的销售额＝465.5－450＝15.5(万元)。

(2)由于销售额总指数＝销售量总指数×价格总指数，所以价格总指数为：

$$I_p=\frac{I}{I_q}=\frac{102.2\%}{103.44\%}=98.80\%$$

可见，报告期的价格比基期下降了1.2%，由此减少的销售额＝15.5－10＝5.5(万元)。

14. 某家用电器生产厂家主要生产空调、电冰箱和洗衣机三种产品，2000年，空调、电冰箱和洗衣机的总生产费用分别为1500万元、1200万元、1000万元。2001年三种产品的总生产费用分别增长了15.36%、3.88%、2.6%，产品产量分别增长了12%、6%、8%。单位产品成本的变化情况分别是空调增长了3%，电冰箱下降了2%，洗衣机下降了5%。

(1)计算全部产品总生产费用增长的百分比及增长的绝对额；

(2)用2000年的总生产费用作权数，计算三种产品总产量增长的百分比，以及由于产量变动而增加的生产费用；

(3)用2001年的总生产费用作权数，计算三种产品单位成本增长的百分比，以及由于单位成本变动增加的总生产费用。［人大2002研］

解：设 p 为单位产品成本，q 为产品产量。

(1)全部产品总生产费用指数为：

$$\frac{\sum p_1q_1}{\sum p_0q_0}=\frac{1500\times1.1536+1200\times1.0388+1000\times1.026}{1500+1200+1000}=\frac{4002.96}{3700}=108.19\%$$

即总生产费用增长的百分比为8.19%。

费用增长的绝对额为4002.96－3700＝302.96(万元)。

(2)三种产品总产量指数为:

$$\frac{\sum p_0q_1}{\sum p_0q_0}=\frac{\sum p_0q_0\frac{q_1}{q_0}}{\sum p_0q_0}=\frac{1500\times1.12+1200\times1.06+1000\times1.08}{1500+1200+1000}=\frac{4032}{3700}=108.973\%$$

即总产量增长的百分比为8.973%。

由于产量变动而增加的生产费用为4032－3700＝332(万元)。

(3)三种产品单位成本指数为:

$$\frac{\sum p_1q_1}{\sum p_0q_1}=\frac{\sum p_1q_1}{\sum\frac{p_1q_1}{p_1/p_0}}=\frac{4002.96}{\frac{1500\times1.1536}{1.03}+\frac{1200\times1.0388}{0.98}+\frac{1000\times1.026}{0.95}}$$

$$=\frac{4002.96}{4032}=99.28\%$$

即三种产品单位成本下降了0.72%。

由于单位成本下降使总生产费减少了4032－4002.96＝29.04(万元)。

15. 表14-12是某地2009年粮食零售价格指数计算简表，请以表中资料，说明编制商品零售价格指数的一般步骤，并计算出2009年粮食类零售价格指数。

表14-12

商品类别	规格等级	计量单位	平均价格(元)		权数 W(%)	以上年为基期	
			2008年 p_0	2009年 p_1		指数 i_p(%)	i_pW(%)
粮食中类总指数					100	107.92	10792.00
1. 细粮小类					82	108.74	8916.68
(1)面粉	标准粉	千克	2.00	2.20	56	110.00	6160.00
(2)粳米	一等	千克	2.80	3.00	44	107.14	4714.16
2. 粗粮小类					18	104.18	1875.24
⋮	⋮	⋮	⋮	⋮	⋮	⋮	⋮

解:(1)计算出各代表规格品的价格指数:

$$面粉的价格指数\ i=\frac{p_1}{p_0}=\frac{2.20}{2.00}=110.0\%$$

$$粳米的价格指数\ i=\frac{p_1}{p_0}=\frac{3.00}{2.80}=107.14\%$$

(2)细粮的价格小类指数由各代表规格品加权平均得到，计算过程如下:

$$i_p=\frac{\sum iW}{\sum W}=\frac{110\%\times56+107.14\%\times44}{100}=108.74\%$$

(3)粮食类价格大类指数由各小类指数加权平均得到，计算过程如下:

$$i_p=\frac{\sum iW}{\sum W}=\frac{108.74\%\times82+104.18\%\times18}{100}=107.92\%$$